磨刀石

专注与圆融解码

黄晓春 著

中国青年出版社

作者修心养静掠影

一、养身在动

二、养心在静

三、柔者专圆

四、坚韧相济

五、天人合一

XIUXINY
ANGJING

六、"肩"如磐石

七、五十而立

八、乐从心起

目录

磨出来的智慧(序一) 张梅玲	001
改变心态与培养制感(序二) 吴瑞华	004
磨刀石(自序)	007

第一篇　揭开学习的神秘面纱　　001

一、情感准备——求知的力量源泉　　004
探究性情感准备　　007
实用性情感准备　　011
成长性情感准备　　016
激活学习的兴奋点　　021

二、思维——学习之灵魂　　027
思维品质　　028
学习的本质　　030
兴趣·毅力·思维品质　　039

三、不可小瞧了认知准备　　042
择校,准备好了吗　　042
好学生是学出来的,非教出来的　　050

第二篇　专注与圆融——伟大生命的两个元素　053

一、让生命富有质感　057
不专不圆是废才　058
只圆不专是伪才　059
只专不圆要屈才　064
既专又圆是英才　068

二、专注，源于精神的完整和谐　073
清除心中的敌人　074
静其心　083
宽其心　085
乐其心　086
善其心　089
静则生慧　090

三、独处创造奇迹　092
独处，是天才的禀赋　092
独处，是一种沉静的美德　094
独处，需要独立的人格　097

四、让中心意志点亮人生　102
构建中心意志　110
执行中心意志　114
坚持中心意志　120

五、心静身灵　124
本乱切忌标治　126
高分何以低能　133

培养宽泛的竞争力　　138

六、圆融是感性与理性的调和　　149
　　为炽热的感性注入清凉的理性　　151
　　让感性为理性加注圆柔　　160
　　撒娇，不失体面的圆融　　162
　　坚持的智慧　　166

七、走出自我天地宽　　174
　　烦恼是自找的　　174
　　放下，一切智慧的源头　　178

第三篇　驯服精神，做自己的主人　　183

一、思维形态与学习能力　　187
　　散乱形态　　187
　　慵懒形态　　193
　　跳跃形态　　195
　　专一形态　　196
　　纯一形态　　205

二、心理活动的生理透视　　208
　　心病缘于身虚体弱　　209
　　习得性无助　　216

三、青春躁郁症　　223
　　"气阻"，让我心不由己　　223
　　多动综合征　　227
　　不让一个孩子掉队　　231

四、教学相长 　　　　　　　　　　　　　　234
精神的三个维度　　　　　　　　　　　　234
教育的四种境界　　　　　　　　　　　　236

五、呼吸——心灵的保护神　　　　　　　244
用心呼吸精神爽　　　　　　　　　　　　244
现在开始呼吸　　　　　　　　　　　　　268

六、禅——打开智慧之门的金钥匙　　　　271
禅是有意识的呼吸　　　　　　　　　　　271
禅修是心灵的按摩　　　　　　　　　　　275
禅是富有内涵的积极　　　　　　　　　　278
禅的精髓是升华思维品质　　　　　　　　284

七、我的贵人是瑜伽　　　　　　　　　　289
瑜伽,健康之使者　　　　　　　　　　　290
瑜伽,帮助建立纯真理性的自我　　　　　291
瑜伽,提升生命品质　　　　　　　　　　295

第四篇　对"网瘾"说"不"　　　　　　　299

一、电子海洛因　　　　　　　　　　　　302
荒废学业,精神颓废　　　　　　　　　　305
危害健康,青春夭亡　　　　　　　　　　306
放纵欲望,道德沦丧　　　　　　　　　　308
造就"网络性格",自控力丧失殆尽　　　309
人格异化,引发暴力犯罪　　　　　　　　311

二、网络游戏成瘾探源　　　　　　　　　314
一是好奇期　　　　　　　　　　　　　　314

二是挣扎期　　316
　　三是依赖期　　317
　　四是梦幻期　　318

三、啼血的拯救　　324
　　黑心教育　　324
　　敢问路在何方　　329

四、用爱唤回理性　　338
　　"开花的佛桌"　　340
　　塑形必先熔化　　341
　　"不能做"与"该怎么做"　　344
　　心灵的觉醒　　346
　　让孩子心归正路　　350

| **感谢在后**　　354

| **参考书目**　　355

一个人实现了心静身灵，人生的字典从此不会再有"困难"二字，学习那点事就根本不在话下。

——黄晓春

磨出来的智慧（序一）

张梅玲

看到黄晓春先生所著《磨刀石》一书初稿，首先映入我眼帘的是封面上的三句话，即：一个困扰千千万万学生的热点问题；一个关乎每个家庭幸福的热门话题；一部历经十年读书炼心的心灵感悟。短短三句话道出了该书富含的时代气息和实践价值。《磨刀石》是作者十年来专心致志、洞察思索生活的成果，也是作者十年间在"磨刀石"上磨出来的智慧结晶。

作者23年的军旅生涯和军队地方高级机关不平凡的人生经历，让我不由自主地对他产生一份敬佩。他从儿子上初中始，每天看着一个稚嫩肩膀背着与其年龄和身高极不相称的沉甸甸书包早出晚归，没完没了的作业、考试，就想着有没有一种不用苦读可以取得佳绩的捷径，以解除孩子的求知之苦，并试图在广泛的阅读中找到这一答案。转业到北京检察机关工作后，每当看到未成年人触犯了法律，父母亲那种哭天抢地、撕心裂肺的场景，同为人父的他，心里免不了有一丝忧伤。于是，他开始聚焦未成年人健康成长这一永恒的话题，从此走上了感知心灵、探索生命潜能之路。历经十年时间，在其实践和学习思考中，作者立足心智研究，从心做起，写就了这部长达35万字的著作。

他在中国科学院心理研究所发展与教育硕士班学习时，作为《教育心理学》课程的授课老师，我相识了这位上课时总是坐在前排、思维深邃犀利又特别爱提问的中年人。他是班里年龄最大的一位，同学们都称他"大哥"，在和同班的年轻父母学习交流中，他深刻领悟到子女教育当务之急最需要改变的是家长本人而并非孩子，力求从改变自己做起，努力做一个称职的父亲。

在以后的学习思考中,他发现凡是人生"走偏"的孩子大都有一个共同特点,就是学业困难,升学无望,父母过高的期望值使他们很难感受到读书的乐趣和生命的意义,自私狭隘的父爱母爱让这些稚嫩的孩子几近于窒息而误入歧途。于是,他从揭示学习内涵这个青少年成长的核心问题着手,试图解决困扰未成年人成长的瓶颈。他认为,学习是在精神平和、内心安静的前提下进行的一项智力活动,与大脑思维品质、对待学习的情感准备和认知准备息息相关,和学习时间、做多少作业没有一一对应关系。其实,关于学习的内涵,一百多年前行为主义心理学家就把学习定义为个体经过练习和经验而获得行为的持久性变化;20世纪60年代,认知主义心理学家认为,学习是个体行为和倾向发生的相对持久的变化;20多年前,脑科学和神经心理学家则认为,学习是在认知、情绪和生理层面进行多层次信息交流的过程。个体在信息交流过程中,其注意功能的发展是关键的前提条件。在此基础上,个体才能实现情绪和认知等方面的社会化。

在撰写《磨刀石》的过程中,黄先生提出了"专注和圆融是伟大生命的两个主要元素"这个具有独到见解的观点,认为专注是精神和谐形成的有教养的意识,帮助孩子把专注这把"刀"磨得越锋利,思维穿透力越强,越有利于学生取得优异成绩。一千多年前,诸葛亮在《诫子书》中写道:"静以修身,非宁静无以致远,学须静也。"也就是说,如果不能静下心来,就不能有效地计划未来。可见,真正的智慧可以超越时空,历久弥新。

思维专注是注意力集中的表征。注意系统包括警觉网络、定向网络和执行网络。警觉网络具有警觉状态,定向网络具有定向感觉性物体的功能,执行网络具有维持行为持续和目标之间协调的功能,这些网络为个体自主行为奠定了基础。注意执行网络是受多巴胺调节的,因此,作者提出提高专注力不是说一说就能解决问题,通过太极、禅修和瑜伽,有意识地调理呼吸可以促进多巴胺的分泌,清除心中杂念,达到静其心、宽其心、乐其心、善其心的效果,进而强化注意的执行网络,使个体在学习过程中各种神经回路的链接更有效、更巩固。因为注意的神经网络功能是能影响其他脑网络功能的执行,是能调控其他神经网络的活动的。因此,我非常认同黄先生的观点。

"圆融是感性与理性的调和"的观点,也许是作者从禅的智慧中获得的顿悟,他以自己的实践体验告诉人们,借助循序渐进的禅修和瑜伽练习,潜心关照呼吸,把生物实体的废气和惰性物质呼出体外,以此培养淡定优雅的脾气秉性,把性格磨得圆柔一些,避免自伤或伤人,从而减少很多烦恼,保持轻松愉悦的心情,让身心充满活力,便于把精力集中在学习上。同时,还可以培养较高的情商,减少社会对立面,凝聚人气,提高成功概率。

近年来,哈佛、耶鲁等西方学府已经开始进行心智科学方面的研究,包括心念对细胞与物质的影响、禅修与身心的关系。心智科学是一门结合现代科学与内观科学开发内心智慧与潜能、探索生命实相的科学。近代西方流行身(body)心(mind)灵(spirit)学说,在佛法中,觉性是可以运用止观禅修的方法来亲自感悟而得到证实的。

青少年是祖国的希望和未来,他们的成长包括生理和心理的成熟,心理的成熟有智力、情绪和社会性三个层面。成长离不开家庭教育,需要温馨和谐的家庭生活环境。但成长又不是其他人能替代的,家长只能在孩子成长之路上作科学的引导。作者以独特的视角撰写的这部关于儿童学习教育问题的著作,可以说是教育百花园中的一朵既朴实又艳丽的奇葩。从某种程度上说,他倡导的借助心智修学驯服精神、培养制感与西方先进教育理念不谋而合。

(张梅玲,中国科学院心理研究所研究员、教授、博士生导师)

改变心态与培养制感（序二）

吴瑞华

在现实生活中，对于青少年普遍存在的学业困难、性格执拗、叛逆以及由此引发的厌学、早恋、离家出走、上网成瘾等弊病，相当一部分家长和老师，往往会归因于孩子成长过程中心态出了问题，即主观上缺乏理想抱负、思想认知跑偏，不求上进、懒惰等。于是，很多家长把"吃得苦上苦，方为人上人"作为口头禅，不遗余力鼓励孩子刻苦学习，勤学苦读，期望他们往后上个好学校，有一份体面的工作，乌鸡变凤凰，未来成为翘楚之才，光宗耀祖。

这样的教育鼓励真能奏效吗？现实令人很不乐观。学习和教育的核心是促进学生智力成长、心理健康，培养健全的人格。一个人的思维和行为方式，不仅涉及到认知水平和心理素质，深挖起来还与其身体健康状况特别是生物要素息息相关。但是，实践中，不少人对心理与生理之间的关系还仅仅停留在"熟悉"层面上，如，知道一个心理不健康的人，容易导致生理上的疾病；生理上的缺陷也会造成心理问题，影响思维活动及学习能力等。不少专家学者虽然能够从心理上分析其症结所在，但是，提出的改良对策更多的局限于通过说服教育如何改变认知，端正态度，强调学习时集中精力，并用伟人以及其他社会精英的卓越成就进行励志，或借助感情体贴、人文关怀来感化激发孩子的向善愿望云云。很少有人从儿童（学生）心理上某种"病态"，比如，心神、心绪、心境上分析其客观成因，或由于专业局限，从生理因素挖病根，对症下药提出改善措施的少之又少。

生理器官上的"毛病"对心理的影响虽然不是一个很新鲜的话题，但只有为数不多的人能够真正了解其要义，在现实生活中，更多的是从事心理疏导的专业工作者能想到主动改善某些器官的生理指标达到促进心理健康之目的。

　　黄晓春先生通过长期理论探索和实践修习后，认为，每个人从懂事的第一天起内里就有一种好学上进、与人友好相处的本能，谁也不甘屈居人下，让人小瞧。然而，有些人由于注意力难以集中，无法使看书学习的过程变为获得知识的过程，或内心烦躁导致他们青春期精神抑郁、秉性乖戾，无法像别的同龄人那样平和专注，全身心地投入学习。他列举大量实证表明，这些毛病很大程度上与身体器官功能或生化指标弱化有关，因此，这些儿童（学生）表现出来的问题，单凭个人主观努力或学校老师教育引导，很难有大的改观。

　　作者在《磨刀石》——"专注与圆融解码"一书中，首次提出了教育的"四种境界"，即低级层次——惩戒，初级层次——说教，高级层次——示范引导，最高层次——培养制感。"惩戒"，主要是批评教育，甚至运用某些惩罚的手段，这是一般的家长擅长的。"说教"亦即讲道理，包括向儿童（学生）讲清其行为的"利与弊"，而这种利弊往往从家长为他们设计的"前程"出发。"示范引导"就是身教，但因为对教育者提出了更高的要求，成人自己都难以做到，实施教育中常常被淡忘和忽视。"培养制感"是实现教育目标不可缺失的"内因"，然而，由于我们对其内涵认识不够深刻，自然家长和教育者会觉得陌生而无从下手，从这个角度来说，黄晓春先生可谓见解独到，令人耳目一新。

　　作者认为，既然注意力不集中引起的学业障碍，以及青春期精神躁郁症其根由有一些是与人体某些生理器官活动不正常有关的，当然就需要考虑改善孩子体内的某些生物要素，"清除"引起心理躁郁的元凶，从而改善精神（心理）状态，让机体细胞平稳适度兴奋，培养起制感，利于培养儿童专注的精神，坚持好的生活和学校习惯，才是教育孩子的重要方法。

　　在作者看来："惩戒"，一味地责怪埋怨孩子不听话，或试图用打骂惩戒的方式使他们学习专注起来并培养优雅的性格，也许当时能够起到恐吓或阻止继续犯错误的作用，但没有告诉当事人正确的方法是什么，往后还会旧病复发，甚或形成低自尊人格，这种低等动物式的教育方法万万使不得。采取讲道理来提高认知水平，或榜样示范的方式把孩子引上正路，此方法对于思想纯正、心态积极向上且有提高自己修为愿望的人能起到启发导向作用，但由于教育者倡导的普适价值观，对于气质躁郁、秉性倔强、个人构念（观念）渗透度低下的个体则显得苍白无力，很难从根本上解决问题。

作者认为，在人的认知过程中，此情此境的精神及其情绪主导着个体的思维和行为方式，不同的生理要素不尽相同，从而导致人的气质秉性和思维品质千差万别。制感是内心稳定和谐的一种精神状态，不轻易受外界刺激而出现波动。培养制感，通过有意识地调理呼吸，改变体内的生化指标，最终使情绪的物质基础发生改善，以此培养个体专注乐群的气质秉性和阳光淡定性格，提高人格的开放性、宜人性和稳定性。从而保持很强的自制力，使混乱的注意力实现生理性集中，思维更加专注，能够比较长时间地聚焦在一个点上，以此把人的潜质挖掘出来。同时，提高心理应激阈限，有效管控自己的情绪，渐渐培养起优雅气质，而不只是凭借改变认知或依靠意志努力改善不良心境。这样的观点不管从理论或实践的角度可谓另辟蹊径，具备一定的超前性，而且还具有广泛的现实意义，或许是实现教育崇高目标的一种有效手段。

当然，本书仅仅是一个有益尝试，如果我们能从作者的尝试中拓展教育视野，多一种思考问题的方式，或从另一个领域来审视我们平日对儿童（学生）教育中存在的某些不足，更新完善教育方式，想必是儿童快乐学习健康成长的福音，使更多的孩子和家庭从中获益。

（吴瑞华，中国科学院心理研究所研究员）

磨刀石（自序）

20世纪七八十年代，一群热血奔流的知识青年上山下乡接受贫下中农再教育。有一个小伙子兴致勃勃地来到东北某国有林场当了一名伐木工，血气方刚的他立志在这个广阔天地有所作为。第一天上工，仿佛浑身有使不完的劲，一口气伐倒十棵树，心里有一种说不出的成就感。回家的路上，他想，明天要更上一层楼，力争伐十一棵树。结果，第二天，忙活了一天，只伐倒九棵，他有些纳闷，昨天还伐了十棵呢，今天怎么还不如昨天呢。心有不甘的他暗自发誓：明天无论如何要超过昨天。第三天一早，当别人还在睡觉时，他就起了个大早马不停蹄来到工地，甩开膀子干了起来。令他没有想到的是，忙碌了一天，只伐倒七棵树，累得全身像散了架一样，手上还磨出了血泡。十分沮丧，不停地唉声叹气，心想，怎么一天不如一天呢？

收工回家的路上，正好遇到一位大爷，他问道："大爷，您伐了几棵树？"

"也就十棵。"大爷轻松地回答让他羞愧不已。

小伙子有些不好意思，过了一会儿说："大爷，我第一天也伐倒十棵，第二天伐倒九棵，怎么今天才伐了七棵，咋回事？"

大爷拿过他的锯子和斧子在手上当了当（试试是否锋利），然后告诉他："家伙钝了，回头我给你拾掇拾掇。"回到家，大爷将他的锯齿锉了锉，斧子磨了磨交给他。翌日，他终于心满意足地伐倒十一棵树。从此，小伙子真正地明白了"磨刀不误砍柴工"的真谛。

钝刀子割肉需要费很大劲，刀刃锋利，阻力小，穿透力强，能够轻而易举把肉切开。当今，不好说有多少家长只知道报补习班、请家教、延长学习时间、增加作业量来提高孩子的学习成绩，而不懂得怎么帮助孩子把学习的刀磨快。很多孩子带着一把"钝刀"去学习,结果,使出了吃奶的劲,仍然无法得到理想的学习效果,这和那个初出茅庐一味苦干而不知道磨刀的小伙何其相像。

青少年学生学习的刀,简单地说就是脑子,多数时候注意力无法集中,大脑思维散乱、飘忽不定的人脑瓜子笨,学习起来相当吃力,唯一的结果是对学习的厌恶和抱怨,求学像炼狱一样,苦不堪言,怨声载道。静则生慧,大脑思维专注纯一,一心向学,这样的学生聪明有钻劲,没有突破不了的知识障碍,当然容易取得令人羡慕的成就。

1965年,一名曾经在英国剑桥大学主修心理学的韩国学生,惊奇地发现,每天喝下午茶的时候,学校的咖啡馆和茶社总能看到很多包括诺贝尔奖获得者、知名教授、艺术大师、商界精英等社会名流的身影。他们个个优雅地在那里一边享受美味的茶饮,一边谈论学术思想,或天南地北地闲聊,交流心得,用瞬间的灵感碰撞出智慧的火花,或在舒缓的音乐陪伴下休息,生活是那样悠闲自得。

这样的场景,瞬间颠覆了他打小形成的一个根深蒂固的观念,即大凡成功人士都要历经艰辛,肉体和精神饱受空前的折磨和煎熬,才能苦尽甘来,出人头地。后来,他写了一篇《成功并不像你想象的那么难》的论文,告诉人们,只要你所从事的是一份真正有价值的职业,并对此抱有浓厚兴趣,专心致志地长期坚持下去就能够获得成功。因为人的一生中,有足够的时间从容地、体面地干好一件事。

论文一发表,即刻得到其导师及剑桥校友——当时韩国政坛一号人物朴正熙的赞和。于是,他将《成功并不像你想象的那么难》的论文写成了一本书,伴随着韩国的经济一起腾飞,作者成了韩国泛亚汽车公司的总裁。

英国知识精英通过无拘无束地学习工作和生活,潇洒自如地登上事业顶峰,在于他们有一个专注而睿智的大脑,形成了优良的思维品质,很容易通透知识的障碍,使成功显得从容不迫,不那么艰涩,还能够在读书生活中感受到人生快乐。相比而言,今天的中国孩子书包愈来愈重,压力愈来愈大,导致脾气暴躁,行为乖张,顽劣不堪,遭因于落后的教育理念使然。我们一向很少关注人的精神世界,一味地崇尚古人"头悬梁、锥刺骨",倡导读书不但要"三更灯火五更鸡"地苦练,甚或把"劳其筋骨、饿其体肤"奉为成功的圭臬。丝毫察觉不到这样实际上野蛮地打乱并破坏了孩子们生物节律,造成生理和精神紊乱,体内巨大的潜能长眠不醒,难以挖掘出来,生命的本钱严重透支。然后,勉强拖着"强弩之末"的疲惫身体去学习,不但无法取得理想的成绩,还会丧失学习的兴趣和热情,成人后生活和工作无任何质量可言。即便在我们的知识分子阶层也因为长期精神压抑,思想保守失去应有的灵光,平素同事间互相提防多于随性交流合作,各自为政,孤军闭门造车者居多,鲜有沙龙式的切磋。东西方学习氛围和文化理念上存在如此大的差异,值得每个教育工作者深思。

工欲善其事,必先利其器。再能干的理发匠也不能用钝剃头刀求得生意的发达;天下也找不到一个能工巧匠用钝锯、钝斧做出精良的家具来。因之,提高青少年的学习能力首要的是教会他们磨刀的方法,习惯于先把学习的刀磨快,把机体那股神秘力量的源泉激活,然后,让他们带着快刀亮剑去学习。即,帮助每个学生培养一个优质的心理硬件和条理清楚有教养的头脑,促使思维品质的提高。让他们在内心平静专注的前提下建立积极的情感准备,唤醒内在的巨大潜能,提高对读书的渴望和发现学习的水平,将一切不可能变为可能。以此塑造乐观向上的人生价值观,体味读书之乐,免受求学之苦,还孩子们幸福的童年,使他们快乐地成长成才,用有限的生命创造无限的辉煌,让人生以华丽的英姿亮相,以精彩的表演落幕。到了那个时候我们的"中国梦"一定能够变成伟大的现实,中华民族的伟大复兴指日可待。

2012 年 12 月 19 日
于北京景山雅阁

第一篇
揭开学习的神秘面纱

一个人来到世间，在父母哺育下习得爬行、说话、走路、吃饭、穿衣戴帽、与人交流等生活技能，学习唱歌、跳舞、算术、写字、图画，即便退了休，很多人还自愿上起了老年大学，研习书法、美术、音乐、简单的医学、保健知识……毫无疑问，学习和生活难分难舍，说它是伴随人类终身的一个实践活动一点不过分。

从人生启蒙到成长成熟，学习可以帮助个体建构知识和生活技能，累积人生经验，促进身心和智力发展，培养健全的认知、情感、意志，增长人生智慧。从这个意义上讲，学习能力的强弱决定了一个人未来整体素质的高下，影响着生命质量的优劣和人生价值的走向。

由于学习是在机体内部发生的变化，因此，人们历来都认为它是一个抽象而复杂的现象，好比刮风一样，看不见、摸不着，但可以预测（考试成绩）到它的效果。近百年来，心理学家、教育学家对人类乃至其他动物的学习机制进行了全面系统的研究，形成了一系列学习理论，从学习动机、行为特征、学习方法等方面阐述了学习所蕴含的内在规律，依据不同的视角和不同的兴趣点形成了行为主义、认知主义两大学习理论流派。行为主义学派，提出了刺激——反应学习理论，认为学习是在环境提供的刺激与个体做出的某种反应或奖励之间形成的联结，是一种机械性反应，几乎是无意识的行为，代表人物包括巴甫洛夫、桑代克、斯金纳等。以布鲁纳为代表的另一学派则提出了认知主义理论，认为，学习的本质是学习者主动收集信息并将这一信息转换到一种适合于解决当前任务的形式。强调学习者通过有意识的努力对外界接受的信息进行理解、加工和再认识的过程。

行为主义和认知主义学派关于学习理论的见解，最大的贡献在于揭示了人类乃至一切动物学习的本质内涵,从宏观上诠释了学习的普遍规律,使我们对人类学习的内在规律的认识由抽象变得更加具体和明晰。从儿童和青少年的学校学习来说,我们可以简单地理解为,学习是通过师长(包括老师、父母、家教)的辅导或看书钻研引起认知、行为能力和心理倾向发生的持久性变化过程。学习成绩优劣以及未来成就大小与学习的情感准备、思维的品质和认知准备等有着密切的关系。

一、情感准备——求知的力量源泉

每个学生从跨进学校大门的第一天起,关于居里夫人、爱迪生、达尔文、陈景润、莎士比亚的故事就会从不同管道进入人们的脑海。这些科学巨匠、文学泰斗的每一项发现发明、每一部文学作品的问世,给人类生活带来的福祉和美好享受以及为推动社会文明发展进步做出的卓越贡献,很快在每个幼小的心灵上产生一种敬仰之情。一代又一代学生无一例外地在伟人的感召下,期望自己通过读书学习在不远的将来能够取得辉煌成就,成为一个对社会有贡献的人,甚至让世界听到自己的声音,从而对学习产生一种难以名状的渴望。然而,很多学生往往一到中学,提到学习心里就发怵,打开书本立马头疼,学习常常处于被动应付状态。有的学生学习上出现偏科现象,喜欢文科,语文课上热情很高,但对理科没有丝毫的兴趣,打心眼里对物理化学没有好感;还有一些学生偏爱理科,压根儿与文科没缘。同一个老师,有的学生视之为至高无上的恩师,有的则被当成怨家仇人,学生对学习所持的态度,心理学称之为学习的情感准备。

情感是个体内心对某一事物喜欢与厌恶、赞同与否定所持态度的体现。一般来说只要是喜欢的东西,再大的困难人们都愿意干,不喜欢的东西再重要,怎么也打不起精神,更不会全力以赴,自然不会有好的收获。比如,有人让我们从山上背一个石头回城里去,人们肯定非常不情愿,但当我们知道这块石头是一块璞玉,背再远的路程谁也不会拒绝。原因很简单,这样的劳动具有非同寻常的现实意义,能够给人带来愉悦的精神体验。

学习的情感准备涵盖了学习兴趣、动机以及对待老师的态度等,是学习的力量源泉。比如,听课、做作业前的心理趋向、喜好,生理激活水平,心情愉悦、兴奋、精力投入程度,身心是否处于最佳状态,直接决定着学习(听课、看书和作业)的质量,最终影响着学习效果。

积极的情感准备包括两层含义,其一是所学知识与已有经验形成联结,好奇心得到满足,从而体验到学习的快乐;其二是不断增长的知识和由此而来的社会成就感对学习产生渴望,两者构成一种稳定、深刻的心理倾向,机体细胞能够兴奋起来并产生持续不断的学习冲动。

不同学生会对学习表现出不同的情感准备,在学习态度和效果上表现出很大差异。有积极情感准备的学生学习兴趣浓,对学习充满内在的渴望,自觉将学习潜在的动机转变为实际行动,长时间专注于学习内容。学习过程中充满积极愉悦情感,思维活跃,学习劲头大、动力足,在学习上与老师和家长形成默契,用不着外界督促,知道自觉完成学习任务。即便遇到困难也很有耐心,懂得用建设性思维去克服障碍,轻易不会对学习产生厌倦情绪,自然能够取得很好的学习效果。

一般人都有这样的体会,当我们比较喜欢某一学科时,有关该学科的种种印记时刻都会不停地在大脑中闪现,一定对揭示其中奥秘产生渴望,迫不及待地想搞清楚其来龙去脉。有了这种难以割舍的爱,学习起来容易上心,随时随地以喜悦的心情、专注的神情、活跃的思维、饱满的精神对待学习,表现出强烈的学习的欲望,朝思暮想地玩味学习内容。全身心投入其中,必然对所学的知识点理解领会得快、记得牢,遇到困难会主动找老师和同学帮助解疑释惑。反之,缺少积极的情感准备,对学习反应冷漠,思维兴奋不起来,当然难以取得优异的成绩。没准那些勤奋用功的学生,刻苦认真的态度也会退化,失去学习热情,从此惰怠起来。

一个同事的儿子贾杰以优异的成绩考取北京大学,我时常与她交流孩子学习的话题,试图挖出考上北大的秘诀。其中,有一件事让我产生兴趣。同事告诉我,儿子上中学后,她每天早晨六点钟起床后第一件事是打开录音机(后来改用 CD 播放机),播放英语磁带或光盘,让儿子利用穿衣、洗漱、吃早点的时间锻炼听力。从初中到高中整整六年时间从未间断,结果儿子英语成绩特别棒,高考时接近满分。

我的儿子上初中后,也非常勤勉,自发地制定了"燕园计划",雄心勃勃地要登上北京大学的殿堂。受同事的启发,我复制了北大高才生贾杰早晨锻炼听力这一做法，每天早晨起床后播放英语磁带。一开始儿子勉强接受，但两个星期过后，儿子告诉我，白天学了一天，实在太累，早晨起来需要安静和放松，不想再听英语磁带，希望能够看看电视，播放些轻松欢快的体育或音乐节目放松一下，我只好顺从他的意思。后来，我又问那个同事，一大早起来播放英语对话，儿子烦吗？同事告诉我，他没说喜欢，也没有反对，反正我们就放。结果可想而知，我儿子当然没有实现自己的"北大梦"，只上了武汉大学。不过，我们全家对这样的结果仍然非常满意。

这一事例再一次印证了一个哲理，态度决定行动，有什么样的内心需要，就有什么样的情感准备，而且学习的情感准备与学习效果正相关。

对于儿童和青少年来说，知情意与行动完美结合才能产生良好学习效果。学习的情感准备取决于每个人的内心需要，当个体某种需要没有得到满足时，动机的激活功能发生作用，必将促使人们产生某种行动。

人类动机理论研究领域杰出代表马斯洛认为，个体的需要包括生理（饥、渴、性等）需要，安全（安定、可靠、摆脱或威胁等）需要，归属与爱（被人或社会接受）的需要，自尊（被人赞许、认可等）需要，自我实现（个人潜能）的需要五个部分。认为前四位的需要是生存的需要，有明显的先天性的本能需要，自我实现的需要很大程度上是从精神层面满足一种社会价值，是一种无止境的高效需要。这一理论告诉人们，一个人学习的情感准备最原始的动机大都来自内心这些生存和生长的真实需要，而且，有什么需要就会有相应的情感准备。比如，有的学生做梦都盼望着未来能有个理想的职业、幸福美满的家庭，并清楚地知道读书是实现这些目标的最佳或唯一途径，于是，自觉地以刻苦认真的情感准备去对待学习。

美国人格理论鼻祖哈利·斯帝克·沙利文认为："需要是有机体内外环境的不平衡引起的张力。"20世纪70年代末80年代初，适值我的中学时代，生活相当困难。我们这些来自农村的学生，穿着打补丁的衣服和鞋子，吃了上顿还不知道下顿在哪，经常为学费、生活费发愁。然而，班上有几名厂矿子弟，人家穿着雪白的网球鞋、时尚的衣服，用的是中华牙膏、护肤霜等"名牌高档奢侈品"，一个个光鲜靓丽，精神抖擞，每每表现得趾高气扬。一到晚上，农村娃乖乖地坐在教室里复习、做作业，下了晚自习，教室、寝室熄灯后，有的学生还在路灯下看书;那些居民娃打球、约会、遛马路、看电影,如此时尚安逸的生活,让我们乡里娃好生羡慕和嫉妒。

同样是花季少年对学习表现出不同的情感准备,农民子弟玩命地啃书本,城里孩子却尽情地消费自己的青春年华,原因不言自明。农村娃因为物质和精神生活现状与内心需求严重失衡,体内隐藏着一种改变生活境况的强大张力,期盼着有朝一日跳出"农门"成为城里人。而丰衣足食、无忧无虑的城里娃不需要太用功读书,高中一毕业就可以内招或接班进厂当工人,过上"小康"生活,内外环境相对平衡,张力和压迫感不强,又何必去挑灯夜战呢。所以,当他们安逸地躺在热被窝里睡大觉的时候,农村的穷小子们正在发奋读书,锻炼肌肉,磨炼意志品质,积攒超越他们的本领。几十年过去了,我这个农村娃从大都市回到故乡,看到当年那些城里的"贵族"子弟多数已经下岗,心里难免有些酸楚。这就是不同学习情感准备造成的不同心态和不同命运。

进入互联网时代,基本解决温饱问题的国人思想空前解放,人的思想多元化,社会价值多元化,人的需求也呈现出多元化的发展趋势。相当多的家庭不再为生存发愁,不少青少年不再像父辈那样世俗和功利,有了多元的价值观取向,更多地关注精神需求,渴望个性化发展,对音乐、文学、自然科学等纯粹的知识产生了浓厚的兴趣,开始从更广阔的视野来满足自我价值的实现。从而导致同一个群体的学生因为不同的生理和心理需要和认知驱动,对学习表现出多样的情感准备。概括起来有:探究性情感准备、实用性情感准备和成长性情感准备。

探究性情感准备

苏霍姆林斯基有一句名言:"在人的心灵深处,都有一种根深蒂固的需求,这就是希望感到自己是一个发现者、研究者、探索者。在儿童的精神世界中,这种需求特别强烈。"大千世界,尽管人人都有吃喝享乐的生理性需求,不少人热衷于满足眼前美食、安全和情感享受。然而,人类终归和低级动物有着天然的区别,有追求精神满足和自我实现的社会需要。婴儿从娘胎来到世间,一睁眼,面对的是一个完全陌生的世界,感觉到周围的一切都是那样的新鲜。成长的每时每刻对各种声响，大人们的每一个动作表情，眼前形形色色的玩具、食物、饮料等所见所闻表现出很强的好奇心理。在下意识地模仿中与成人进行交流，试图弄清楚眼前各种事物的来龙去脉，由简单到繁杂逐步学会一些生活技巧，明白一些基本的生活常识。知事后，进入幼儿园学习游戏、唱歌跳舞、识字，内心会产生一种难以名状的愉悦和成就感，对所看到、听到的事物有强烈的好奇心，并渴望把这些新鲜玩意儿搞清楚。于是，人们发现许多小朋友，逐渐对幼儿园的生活产生兴趣，一旦消除因陌生引起的不安全心理后，有一天，父母想随意阻止他（她）不要上学，孩子肯定不会答应。在他们看来，学校每天都能增长见识，学到新知识，得到难以名状的精神收获，相比而言，待在家里则显得没有意思。

在我上小学的时候，放了寒暑假在家待上一段时间，都盼望着早点开学，原因再简单不过，待在家里生活单调，接受不到新的信息，感到无聊，学校能够收获在家无法得到的精神食粮。种种现象表明，学习乃人之天性。一个智力正常的学生，从懂事的第一天起，都会有天然的学习认识新事物的兴趣，有探求知识创新生活的原始冲动。

在一个信息社会，儿童和青少年接触的社会更加宽泛，探求未知世界的愿望愈加强烈，很多孩子好奇心使然，对生活中的新鲜事物喜欢刨根问底，常会提出一连串的为什么。从走进学校的第一天起，孩子们都期望能够上一所理想的中学，考一所有名的大学，受到好的教育，未来能够在某一学科、某一领域有所建树，使生命更加精彩。即令许多成年人，在满足基本生活需求的同时，也关注精神感受，对音乐、美术包括各种小发明充满向往。这种积极健康的心理需要，促使人们产生探究未知世界奥秘的愿望，以此实现自己的创新性思维，达到自我实现的目的。

格式塔心理学家认为，"真正的学习常常会伴随着一种兴奋感。当学习者了解到有意义的关系，理解了一个完型的内在结构，弄清了一个事物的真相，会伴有一种令人愉快的体验"。探究性需要引发的学习是在好奇心驱使下的纯粹意义的学习，学习的目的、方法着眼于了解事物的本质内涵，增加认知的清晰度及其与自己知识经验联系的广度和深度，而不是机械地记住解决问题的具体步骤，也不会带着其他功利性目的被动地学习。学习使一个人从混沌、杂乱无序的状态转变成清晰有条理的状态,帮助人们弄清事物的内在本质属性,感受到学习本身具有的潜在的社会意义。相伴而生的是一种令人精神愉悦的"高峰体验",这种体验是人的存在最高、最完善、最和谐的状态,是对学习者的一种自我褒奖。例如,当我们破解一道难题,发现一个解决问题的办法,形成了知觉重组,或写了一篇优美散文等都会隐现一种快感,这是人类所具有的最积极的体验之一。客观地说,为满足探究性需要为目的而学习的人所占比例虽然不是很大,但它确实是一种兴趣性、稳定性、持久性极强的内在驱力,是学习情感准备的最高境界,以此引发的是一种自觉自愿、终生不断的创造性学习。

把探究性需要作为学习情感准备的人,多半具有非凡的人格特质和浪漫主义色彩,对生命的意义有极高的感悟,有多元的价值追求,崇尚事本位的人生态度,能在人生道路上最大限度地发展自己最优良的品格。古今中外,众多志士仁人,他们性格超脱开放,内心始终对自然、社会科学和文化艺术的认识、探求充满渴望,期许提高认知水平以发现并突破某一科学命题,或以追求艺术的最高境界为无上荣光,在尝试新事物中体味一种精神上的美妙感受。他们看好所追求目标中蕴含的社会价值,把学习当作一种生活方式,一旦确立了目标,一定会以苦为乐,苦中取乐,以忘我甚至是癫狂的执着战胜并超越自我,全心全意地攻坚克难,破解科学技术奥妙。在别人看似一件不可思议的事情中寻觅属于自己的那份乐趣,并终其一生,乐此不疲,直到创造出惊天动地的伟大奇迹。

具有探究性需要的个体在好奇心的驱使下,内心深处隐藏着一种非同寻常的发现性学习潜质。他们遵循独自特有的认知程序,以积极探索者的身份参与知识获得过程,像猎鹰一样捕捉知识,主动发现思考问题,坚持不懈地寻觅解决问题的方法和途径,提出个人独到见解,直到建立完善该学科的知识体系。学习过程中坚持以我为主,把老师看作学习的向导和疑难问题的解答者。他们既不是被动地参与学习过程,也不是简单地记住老师和教科书上所讲内容,而是在老师没有告诉是什么之前,主动地思考、发现问题,自己来揭开谜底。它比接受学习被动地等待老师把现成答案讲解出来,对知识领悟得更快、更深、更活。

以知识探索者的身份进行发现学习，大脑始终处在高度的兴奋状态，不断调动机体潜能，从而使个体能够保持持续不断的钻研精神和饱满的学习热情，全身心地投入学习，愿意在学习上多投入一点时间。长此坚持下去，当然能够取得令人惊叹的成就。

对于大多数人来说，学习劳心费神算不上一件美差，一生能够拿一个硕士或博士文凭已经非常不容易了。但是，42岁的中东人后裔英国男子费尔哈特·侯赛因却在过去17年中做了一件一般人想都不敢想的事情：截至2012年12月，他先后在英国的牛津、剑桥、埃克塞特、曼彻斯特、爱丁堡、约克等10所大学获得了10个硕士学位，还计划拿下3个博士学位。研究领域包括历史、考古、古迹保护、国际政治、社会学、教育学、医药学等。

很多人听说他读书上瘾，百读不厌，前半生一直在当学生，几乎成了"读书狂"，感觉有些好奇。侯赛因却在接受媒体采访时表示，"我读书不是为找工作这样的实用目的，而是为了了解人类历史文化的方方面面，我是真的热爱知识"。除此之外，"过去20多年经历高等教育方面的技术革新和学习方式的变化，也是一件令人陶醉的事情"。

费尔哈特·侯赛因由于对多个领域都感兴趣，在如饥似渴地读书的同时，还担任海湾国家咨询顾问工作，经常到美国、加拿大、中国等国家做访问学者，并到世界各地为大众、公司和大学讲学。他还勤奋写作，除了自己在各个领域的论文外，还出版过一本有关北欧海盗的著作和一本教人如何提高学习技巧的著作。最近，他刚刚完成一本40多万字的著述，讲述全世界医院的历史，创作作品多达150万字。目前，他正在撰写《文化互动》和《欧洲史》以及一本学习及工作动力指南。

我们常常赞叹这些发现学习的高人具有拨云见日一眼看透事物本质的绝技，能够想到看到别人想不到、看不到的东西，觉得如此超人的智慧让人有些不可思议。心理学家布鲁纳一语道破谜底，他认为，"大多数发明创造的人之所以有发现学习的本领，关键在于他们具有直觉思维的特点，采取跨越走捷径的方式来思考问题，在丰富想象力的基础上形成的印象或图像式立体式思维,有别于常人靠语言信息形成的平面逻辑思维,能够在看似平常的事物中发现特有的学习意义。"

以探求知识为需要的学生,从小就会表现出非凡的理想和抱负,关心人类发展和文明,带着内心的冲动和情愫遨游于知识的海洋,最大限度地挖掘出个人潜能。他们崇高而执着的人生追求,为学习奠定了坚持不懈的情感准备,即便周遭环境噪音四起,思维一般不会受到打扰,遇到再大困难也不会轻易懈怠。可以预见,这样的学生终究会以惊人的成就受到世人敬仰。

享誉全球的苹果公司的缔造者——乔布斯,自幼聪明顽皮,性格叛逆,鄙视权威,然而,与众不同的是,他在父亲的影响下,打小对电子技术表现出奇特的爱好,喜爱捣鼓简易的无线电装置。11 岁时,这个理想主义色彩极浓的追风少年,把"活着就是为了改变世界"作为自己的座右铭,立志要在电子领域里干出一番事业来。带着这样的情感准备他借助邻近美国著名"硅谷"的便利条件,每个周末、暑假都加入惠普探索者俱乐部,参观全息摄影实验室,还到电子器材商店做仓库保管员,与先辈们探讨发光二极管等电子零件的功能及工作原理。当他还是一名中学生的时候,就制造了频率计数器和一台带有光感器的装置,展示了他在电子学方面惊人的天赋。由于乔布斯对电子计算机的热爱到了着迷的程度,几年后,这个在常人眼里有些怪异和顽固激情的青年,居然在大一那年表现出了超级叛逆的本性,突发奇想,做出退学的决定,成为雅达利游戏公司的一名职员。与一位朋友在自家的小车库里拉开架式琢磨便携式计算机,经过艰苦的闭门造车,成功制造出世界上第一台个人电脑,他本人因此成为信息产业界第一个登上《时代》杂志封面的人。最终,这个超人以伟大的创新发明福利于人类,以卓越的成就名垂千古。乔布斯兑现了自己改变世界的承诺,是他那炽热到有些偏执的富于创造力的个性使然,也是西方发达国家尊重人之思想自由这一先进教育理念的必然结果。

实用性情感准备

顾名思义,实用性情感准备是个体为满足当前或今后一个时期生活和生存需要,从自身利益出发而对学习产生的一种情感准备。当一个学生有了学习的实用性需求时必然产生学习的激情,进而在内心形成持续不断的学习动力。实用性情感准备与探究性情感准备的本质区别在于,动机上,前者遵循利本位思想,以追求现实利益为目的;后者秉承事本位思想,以探索问题追求真善美为中心,旨在最大限度地超越自己,追求崇高,把生命的潜能发挥到极致。态度上,实用性情感准备是外在的被动学习,多数时候仅仅用眼睛、耳朵等感官读书,浅尝辄止,学个皮毛;探究性情感准备是高度自觉自愿前提下全身心地投入,对学习的内容反复参研,长年累月地玩味,希冀洞见其真谛。效果上,实用性情感准备收获的仅仅是一些文字符号、理论或技能等;探究性情感准备在理论与实践的契合点上启迪了内在智慧与悟性成长,旨在用知识和经验解决现实社会问题,福利大众。当今我国的应试教育更多的是培养"高考状元"和"学霸",很难造就令世界侧目的科学家和发明家。

尽管实用性需要产生的学习情感准备程度不同地带有一定的功利色彩,但它符合人的生理和心理以及社会发展与竞争的现实需要,同样值得推崇。拥有巨大财富和美满生活是现代社会成功的标志,对绝大多数普通人而言,几乎每个人都清楚地知道,当今社会成功的学习在未来将会给自己带来丰厚的经济利益和至尊的社会地位。因此,现实社会几乎每个人都希冀通过寒窗苦读取得优异的学习成绩,考上名牌大学、学热门专业、拿到响当当的文凭等同于获得令人羡慕的就业机会,未来能够谋得一份好职业,在服务大众造福人类的同时,得到较高的收入回报和社会认可度,人生更加精彩。

期待是力量的源泉,比黄金、钻石还要珍贵,是每个成功者共同具有的人格特征。对未来前程有个良好的期待是一种积极乐观的生活态度,能够驱策我们把学习的需要变为实际行动。每个人只要有所期待就能够有所收获,期待有多强烈,成功就来得多快。即使在人生最迷茫、最百无聊赖的情况下,期待也是剂兴奋剂,它可以唤醒我们体内沉睡的潜能,产生一种足以令世界为之震撼的力量,迫使个体约束自己的行为,主动抵御外界的各种干扰,抑制足以毁灭我们前程的游戏和物质享乐的诱惑。

当今是个知识爆炸的时代,越来越多的知识精英和学界名流受到社会的广泛尊重,他们在业界取得的巨大成就正在使他们成为广大青少年学生崇拜的偶像,为每一个后生发奋读书提供了强大的精神动力。相当多的学生期望有一个很好的发展平台,有机会与其他顶尖高手比肩竞技,成为某一行业、学科领域的领军人物,为自己赢得鲜花和掌声,实现崇高的人生价值,也给社会乃至全人类带来福祉。于是,能够跨进名牌大学的校门正在成为一大批中小学生学习的直接动力,有了这样的学习目标,他们学习上更加自觉,更加刻苦努力。

对一名中学生来说,有什么样的需要和人生期待,就有什么样的学习动机,进而在学习上表现出不同的情感准备,学习标准、态度以及对自己的要求也不尽相同。一个有经验的班主任曾深有感触地说,有抱负、成就动机高的学生,会表现出积极健康的情感准备,学习时有毅力,遇到疑难问题不会轻易放过,积极寻求更好的解决办法。不但按时完成规定的作业,还自己给自己加压,超额完成一些课外作业,理所当然会取得优异成绩。2009年北京市高考理科"探花"顾湾湾,早年在妈妈的启发下,确立了考入清华大学建筑系的目标,为实现这一美好愿景,她在学习和生活上对自己的要求近乎苛刻的地步。湾湾和同龄女孩一样喜爱音乐和时尚的东西,但是为了实现人生梦想,每天学习任务不完成,再好的演出、电视节目她都不会动心,即使同学相邀,她也很难打破自己定下的规矩。

心理学家奥苏贝认为,"凭借真才实学获得褒奖的需要以及对职业的抱负,历来被认为是个性成熟的标志"。"担心学习失败以及与此相联系的惩罚——失去地位和自尊,这对于为维持学业成就而长期努力的学生来说,也是一种必需的动机。尽管许多教育家在理论上否认这类动机的作用,但实际上他们都依赖于这种动机,使学生为分数、学位和文凭而学习。因为大家心知肚明,仅凭学生的认知驱力来探索世界的奥妙、创新艺术新天地的期望,就能够使学生努力学习、按时完成作业、始终为学业付出艰辛的劳动,在现实生活中,这样的学生毕竟是凤毛麟角。"

奥苏贝同时认为,"失败的威胁也是引起学习动机的一种方式"。在人的一生中,入学、升学要考试,就业要考试,晋职晋级也离不开考试。考试几乎成了人生的一道道重要关卡,学习上的实用性情感准备在于顺利通过考试,避免失败,无疑是翻过这一门槛的直接动力。

小范是一个来自西部边远地区的小伙子,20世纪80年代,初中毕业就顺利考取当地一所有名的专科学校,成为同龄人中的佼佼者。当谈到他的学习动机时,小伙子饶有兴趣地说,他从小学到中学成绩一直名列前茅,每次考试成绩出来,别的同学都会投来羡慕的眼光,成就感带来的喜悦心情油然而生。特别是每当自己能够解答其他同学无法解开的难题,或帮助别的同学弄明白了学习上的疑点时就会感到无比自豪,学习劲头越来越足。然而,在后来的工作岗位上,作为一名教师,尽管业绩很出色,但由于自己只是一个专科生,得不到领导的器重,很多调职、进修的机会都让有本科学历的年轻同事捷足先登。这种有失公允的"唯学历"做法对他的刺激很大,同时再一次激发了他的学习热情,平添了无穷的学习动力。应该说,正是这种愉快的体验和不公的待遇驱使他不断地学习。在以后的几年时间里,小范通过自学成功地考上一所名牌大学研究生,获得硕士学位后,在参加国家公务员招考时以第一名的成绩被国家某机关录取,人生随之发生翻天覆地的变化。

期许优异的成绩给人生带来荣耀,忌惮学习成绩不理想未来可能面临糟糕的处境,而不是知识本身的诱惑产生的情感准备,纯粹把学习当作谋生或改善生存状况的工具,间或有一种愉悦的精神感受,却鲜有"高峰体验"。人生的需要是一种选择,体现的是一种价值取向。把实用性需要作为学习情感准备的人,以现实利益得失为驱动,其学习动机过于短浅和现实,这种功利色彩较浓的学生,一旦达到某一目的,学习动机随之降低标准,情感准备渐行渐远,学习成绩很快就会出现下滑之势。因此,实用性需求形成的情感准备是内部动机的低级形式,这样的学习很多时候并非自觉自愿,有很大被动成分在里面,平时想不起来学习,临考前突击一阵子。一些学生为了应付考试学个皮毛,很难领会知识的精华,大学毕业了,还不知道读书为了什么,学习意义究竟何在,当然无法提高生命的境界。

小屈就读某市级重点中学,中考前,期末考试进入年级前 50 名,按照学校规定,屈某顺理成章地与学校签约直升本校高中部就读。然而,由于屈学习目标不是很高或者自认为目标已经实现,后半学期放松了对自己的要求,学习劲头松懈下来,中考时砸了锅成绩下滑到年级 100 名之外,差点被学校拒之门外。

没有目标和期待就会失去学习的动力,被动地学习,很难有快乐可言。

这种失败的教训对每个学生都是一种难得的宝贵财富。在一个唯金钱论的社会里，很多在优裕环境下长大的独生子女，从小过着无忧无虑的生活，缺少艰苦生活的历练，思想肤浅，把追求物质财富当成人生的全部。在他们看来，人生在世不过吃喝玩乐而已，学习就是为了今后多赚钱，生活得体面一些而已。而当父母早已为他们准备好房子、车子、票子后，感到自己别无所需，别无所求，人生开始迷茫，认为成绩优劣对今后生活没有太大影响，没必要再苦行僧般地去学习。不乏一些天赋很高的学生满足于现状，没有生活的压力，自然缺乏强烈的学习动机，很难把精力集中在读书学习上，只期望有个大学上，有一份工作就万事大吉，干吗活得那么累呢。学习劲头不足，游戏、交友、网络、武侠小说等在他们的生活中处于不可或缺的重要位置，在外界干扰下这部分学生不但无法取得优异的学习成绩，不少人玩物丧志逐渐被社会边缘化。

人格特质理论的代表人物、美国著名心理学家高尔顿·奥尔波特的机能自主理论告诉我们，"人的很多动机是自主的，产生于以往系统但独立于他们的现有系统"。也就是说，这些动机与它原先赖以产生的需要已没有依赖关系，过去的动机与现在的动机在机能上没有联系，所以，过去的已经过去，一个人当下的动机是机能自主的。事实上，今天，在教育、科研、文艺创作领域内有所成就的人，很多人当初根本谈不上对所从事的专业有多么热爱，可能是为了谋生养家糊口，也可能受命于父母、组织，不辱使命。但是，随着学习探索和创作的深入，逐渐在感情上难以割舍。当他们成绩斐然，有了一定社会知名度，不再有生活上的顾虑时仍然乐此不疲，兴趣越来越浓，并把它当成了终生追求的事业，成就像滚雪球一样越来越大，这对每个青少年学习或确定人生选择都是一种很好的示范。

当今大多数学生的学习动机也都是混乱的或是复合型的，拿绩优生来说，他们拼死拼活地学习，既有为了和同学竞争、考取名牌大学出人头地这些外部动机，也有受好奇心驱使对未知世界产生兴趣，愿意在某一学科有所突破、有所创造的因素。完全有理由相信，不少青年学生随着人格的成熟，能够把实用性需要转化为探究性需要，开创一片真正属于自己的天地，使人生价值最大化。

成长性情感准备

父母、老师的赏识鼓励能够帮助青少年激发学习热情,坚定信心,战胜自身固有的惰性,诱发积极向上的情感准备,把精力集中在学习上,它和粮食、空气、水一样是儿童和青少年学习成长过程中不可或缺的精神补给。

不过,有实际学习效果支撑的鼓励和奖赏才能在学生的内心世界产生波澜,激发他们的良好愿望,把积极的学习情感准备长久地保持下来。对于许多学业困难的学生,学习上存在着难以突破的瓶颈,并一天天沉淀下来,质变成一种畏难情绪,从而失去学习的内在动力。此时,老师和家长的褒奖在短时间内能够起到一定的鼓励兴奋作用,大部分学生随着学习困难的阻挠,这种积极的情感准备会逐渐衰减直到完全消失。也就是说,对于学业有困难的学生,赏识鼓励仅仅能起到一种短期的心理抚慰,由此产生的情感准备是一种外在的学习动机,很难将它转化为对学习的内在渴望,其作用无法长久的固化下来,学习永远是被动的。但是,任何人都不能低估和忽视赏识鼓励潜在的作用,它能够对青少年学习和健康成长产生积极的情感准备。

每一个青少年从懂事的那天起主观上都有很强的成就欲望,有发奋学习的愿望,谁也不甘心掉队成为与现代社会格格不入的人。加之,这个阶段学习普遍带有一定的趣味性,竞争尚不激烈,功利性色彩不浓,一般学生都会对自己学习成绩感到满意,为习得知识、掌握新的技能而引以为自豪,能够程度不同地感受到学习的快乐,对人生充满无限的向往,在学习上保持良好的情感准备。因此,从幼儿园到小学阶段,几乎找不到没有学习愿望的学生。没有谁生来就甘于认输,即使那些成绩较差的孩子,他们也轻易不会承认自己在智力上与别的同学有太大差距这样一个残酷的现实,内心对取得良好学习成绩受到别人尊重有着无限的憧憬,仍然在学习十分吃力的情况下强忍着巨大压力和煎熬,披星戴月,一天不落地上学读书、做作业,期盼有朝一日出现奇迹,赶上和超过同学中的"牛人"。正是这种美好的期许,一些明知自己梦想难以实现的学生,从本意上也不愿就此放弃学习,心甘情愿地陪"太子"读书,很少有人在小学阶段就产生辍学的想法。

进入初中阶段,课程难度增大,学习任务加重,竞争激烈,很多学生的确努力了，在学习上使出了吃奶的劲，成绩却始终不尽如人意，学习上的失败连自尊心也输得片甲不留。思想压力随之增大，往往觉得自己比别人笨，怀疑甚至彻底否定自己的学习能力。尤其是每每看到别的同学取得很好成绩，洋洋得意的样子，就会恨自己不争气，经常心急火燎，在学校真有度日如年的感觉。

学习如逆水行舟，不进则退。学业困难的学生失去内在学习动力，因为糟糕的成绩使他们看不到希望，因此便产生自卑心理而信心动摇。好比江河中逆水航行的船只，自身动力系统出现故障不能发挥作用，又得不到外界的支持，很快就会被激流冲毁。

此时，老师家长一个真诚而甜蜜的微笑，一句赏识赞许的话语，甚至一个真诚友好的眼神都弥足珍贵，能够给自信心受到挫伤的学生以心灵上的安慰，使他们沉寂的情感准备又浮出水面，重新点燃学习的激情。心理上得到了必要的支持与帮助，这些年幼体单力薄的学生一般都会咬咬牙挺过去，把初级教育进行到底，轻易不会自暴自弃做出辍学的决定。

然而，残酷的现实有时候往往让人感到有一丝丝心酸和悲哀。在这个功利很强的社会里，人们习惯于锦上添花，而不愿雪中送炭。很少有人去同情弱者，谁的学习成绩不好，拖了全班的后腿，谁就是害群之马，成为同学羞辱欺负的对象。老师认为他们没有追求，朽木不可雕也，是人渣，批评和冷嘲热讽成为家常便饭。同学瞧不起，经常拿他们开涮，心灵遭受打击。从此，有的学生看不起自己，痛恨社会无情，人与人之间缺少真情和关爱。在他们思想出现困惑时，没有人真正地告诉他们学不进去的原因在哪儿？应该如何努力？一天到晚只能无助地在那里默默地忍受着精神上的折磨，形成消极的人生价值观，成为遭受学习失败和人格受辱双重打击最不幸的人。

人生起跑阶段一败涂地的孩子，在学校得不到丝毫同情和鼓励，他们会一遍又一遍怨恨自己无能，不够聪明，内心产生低人一等的自卑感，唯一希望能够得到最最信赖的父母精神上的支持和心灵上的慰藉。但是，很多家长在孩子们最需要关心的时候不知道真傻还是装傻，一点也不理解孩子的苦楚，反倒认为当学生的坐在教室里风吹不着、雨淋不上，用不着出力流汗，读书唱歌学知识多好的事，还不好好学习。片面地认为孩子没有抱负，不刻苦，不求进取，怀疑他们脑子进水了。有的家长骨子里觉得自己孩子学习成绩比别的孩子差，让自己没有颜面，气头上还骂孩子，"没出息""败家子""不可救药"，辜负了父母的一片苦心，一再往他们的伤口上撒盐，致使孩子一肚子苦水没有地方倾泻，产生被社会、亲人抛弃的感觉，常常陷入极度烦躁、对立、怨恨的情绪状态。

有一部分学生因为成绩差，得不到老师和家长诚挚的关爱，表现出消极的学习情感准备，人生理想追求可能会偃旗息鼓，产生放弃学习的念头。有的在矛盾和纠结中不能自拔，性格因此变得叛逆又自卑，上网游戏、交异性或志同道合的朋友成了他们的精神支柱，百无聊赖时以抽烟喝酒打发日子，遇到外界不良刺激便会鬼火乱冒发脾气、打群架发泄心中的不满。一些学生不堪忍受在学校这份洋罪，与其在挣扎中活着，不如寻求自我解脱到社会上找点事干，即便回家种地、外出做苦力，也不愿再受这些窝囊气。于是，他们中的一些人在初中或小学没有毕业就产生辍学想法，离开学校成了他们最好的选择。

我上初中时，班上有两名十二三岁的同学，身高不到一米五，家庭条件并不差，但他们却早早辍学回生产队劳动。当时有些伤感，不明白事情原委，现在回想起来，当初，他们在课堂上回答不出问题，或考试成绩不好时，老师经常当着全班同学的面训斥他们为"废物""二傻子""造粪的机器"，人格遭受侮辱，稚嫩的自尊心被无情抽打，使他们继续上学读书的勇气一天天丧失。

未成年人在心智发育尚未成熟的年龄被逼迫辍学，诚然，有家庭经济拮据、成绩跟不上、升学无望，对上学产生焦虑和畏难情绪等客观因素。但主要还是因为这些成绩差的学生经常受到同学的歧视，老师和家长对学习内涵的理解存在偏差，无视个体智力上的差异，把学习当作成功的唯一，强人所难，对学生提出不合实际的成才要求，使他们失去成长所必须的心理支持和精神支柱，永久性失去学习的信心，对人生做出消极的选择。

还有一部分学生学习能力本身没有问题，成绩也不错，但由于家长期望值太高，每当考试成绩出现波动，父母就认为孩子贪玩、学习不用功，对孩子很少有满意的时候,唠叨多于正面肯定,导致他们思想压力增大,感受不到学习的快乐而出现逆反心理,更体会不到学习的意义,渐渐由厌学走向辍学。有些学生失去生活目标,人生即刻陷入迷茫,只好用物质享受来填补空虚心理,常常把人生挫折归因于社会不公,在不良的社会环境下,稍有诱因,非常容易出现打架、抢劫、盗窃、报复杀人等反社会行为。

17岁的初中男生白杰(化名),本来是天真无邪的年龄,但他却因为身背9条人命,成为公安部通缉的最年轻的A级要犯。

白杰是出生在东莞的外来打工子弟,小学时常常考第一名,中学一度学习成绩也很不错。但他调皮、贪玩,经常遭到老师批评。学校怕承担责任几次下了"劝退令",父亲只好带着全家打道回府。

回到贵州后,白杰学习成绩开始出现下滑,白爸爸气头上的时候,顺手就给他两个耳光,白杰从不顶嘴,表面上认错态度很好,但内心里很不服气,一挨了打就开始旷课泡网吧。老师问及原因,他要么沉默不语,要么用"身体不舒服""睡过了头"进行搪塞。父亲母亲苦口婆心地讲道理,当时答应得很好,过后照样往网吧里钻,有时候,周末干脆背起书包直奔网吧,彻夜不回家。为了挽救浪子早日回头,父亲放弃了年收入5万元的工作回家看着他,每天接送他上学。白杰灵机一动经常和父亲玩"躲猫猫"游戏,从猪圈的窗子里往外跑,到附近的镇上浪荡、玩游戏。父亲每次把白杰从网吧找回来就是一顿暴打,有几次还用棍子打得白杰头上身上伤痕累累。白杰对如此严厉的惩罚,不但没有悔改之意,私下还做出辍学的决定,经常十多天不回家,气得父母直跺脚。有一年春节前,白杰离家出走,家人和亲戚四处寻找,直到正月十二才从县城一家网吧把他找了回来,但没在家待两天又消失得无踪无影,这一走就是四个多月。直到有一天,公安机关找上门来,全家才知道孩子摊上大事啦,尽管一开始他们根本不相信这样的事实。

据办案人员通报,白杰最后一次离家后,在社会上认识了一个叫何俊的混混,一同参与了犯罪团伙行动,先后在贵阳、安顺、毕节等地连续实施抢劫、杀人。他们冒充乘客搭载出租车,有时候是黑车,将司机或乘客杀害抢得现金等贵重财物,然后再把尸体藏匿山野密林之中,又开着车载客。前后共作案6起,杀死无辜群众9人。

在这个五人抢劫团伙成员中,多半都因为学业困难过早辍学,白杰是唯一的"90后"。有一个叫刘刚(化名)的青年,初中没毕业就辍学,开始在社会上混,闯荡世界,在他的日记中写满了仇恨的话语,恨自己不争气,是个"熊包",恨老师唯利是图,恨父母、恨社会无情无义……心中充满仇恨,只有杀人、报复社会才能慰藉他们失落的心灵。

青少年在成长的关键时期过早辍学,心不甘情不愿地去从事与他们年龄和心智水平不相符的体力劳动,是对人性的摧残,完全背离了青少年成长发育的规律,导致人生失去方向。过早辍学留在他们记忆中的全是失败的痛苦回忆,自信心荡然无存,永远觉得低人一等,一辈子都抬不起头来,沦为社会弱势群体是其中多数人的必然归宿,很多人会成为社会不安定的因素。

由此可以看出,未成年人的初级教育不单单是上大学和就业的需要,更是身体发育和心智健康成长的需要。中小学时期学习成绩出现好、中、差完全是一种自然现象,文化课成绩差,不等于没有自尊和人格,不等于其他方面也不行,不等于连职业技能、音乐、美术等其他课程学习也要放弃,不等于未成年就拒绝在学校的心智培养。事实上,只要学校和家庭能够平等尊重每个学生的人格,给这些学业困难的学生一个宽松的成长环境,精神上给予更多的理解和关爱,每个青少年都能够树立正确的求知态度,培养起健康的人生观,平安地度过躁动的青春期危险期。

恰如其分的褒奖无疑好比一场及时雨,可以使一个干渴的心田得到爱的滋润,使绩差生放松身心,振作精神,或许能对原本厌恶的学习产生好感,重新激活学习兴趣。对于那些在学习上打了败仗,失去生活信心的学生而言,赏识鼓励也许是他们最后一根救命稻草,它无法保证在学习上发生奇迹般变化,但完全能够使他们濒临枯萎的心灵得以滋养,使他们可以深切地感受到尽管自己学习不好,但人世间依然充满着温情和真爱,还有很多条路供自己选择,从而建立积极的成长性情感准备,对人生充满美好的愿景。

有了这样积极的心态,他们就能够平和理性地对待个体智力上的差异,发挥自己其他方面的优势,找到个性化的成才方向。坚持不懈地努力下去,同样能够得到成功,避免因学习失败过早辍学而对人生失去信心,消极地对待生活。退一万步讲，即使上不了大学，没有拿到显赫的学历，只要有一个健康乐观的性格，树立起"行行出状元""天生我材必有用"的自信，这些从夹缝中挺过来的人，心性和生存能力受到了很好的磨炼，一般都具有比较坚毅的性格，走向社会后纵然找不到高端的就业机会，或许可以凭借热情圆融、勤勉坚韧和吃苦耐劳的性格，在某一行业发挥自己的特长，找到咸鱼翻身的机会，同样可以获得成功，这样的事例在我们眼皮底下随处可见。

赏识褒奖是一种没有成本的精神关怀，很多时候可以使某些行将崩溃的灵魂得到拯救，帮助学业困难的学生建立积极的成长性情感准备，看不到这一点，无视孩子们这些起码的需求就是失职，必将受到良心的谴责。因此，满足孩子的成长性情感准备需要，关键是老师家长要回归理性，树立自然教育观，对孩子成功成才保持合理的期望值。

当然，给予褒奖满足孩子成长性情感准备也需要一定的智慧，不加分析滥用物质奖励，把学生的注意力引向奖励的东西而不是学习成长本身，弄不好还会分散学习精力，助长他们贪婪的欲望。

激活学习的兴奋点

在学生的学习成长过程中，社会环境道德水准高、价值观念和学校整体氛围蓬勃向上，越能够促使学生树立起远大理想，在学习上培养积极的情感准备，容易激发学生追求成功的愿望，用全部心思去钻研思考问题探索知识奥秘，一步步向人生目标迈进。反之亦然。

进入20世纪70年代末，拨乱反正，实行改革开放，国家恢复高考制度，"知识就是力量""知识改变命运"成为时代的最强音。知识分子地位显著提高并受到全社会的尊重。广大学生如梦初醒，切身感受到了读书学习的社会意义，求知欲望被唤醒，懂得了用知识武装自己的道理，如饥似渴地吮吸知识的营养。那些已经走上工作岗位的青年男女，为了避免在竞争中被淘汰，仍然利用业余时间读电大、学函授进行充电，更新知识，提高自己。伴随着市场经济的深入发展，凭知识吃饭，靠能力发财，学习优劣很大程度上决定着人生成功与失败，优秀的学生在财富、事业、家庭幸福方面抢得先机。越是竞争激烈的发达地区学习的紧迫感越发强烈，绝大多数学生能够以积极向上的情感准备投入学习之中,成功理所当然非他们莫属。

从人类最原始的学习动机来说,只有当我们真切感受到学习内容的现实意义时,才会对与其相关信息产生积极的探究性情感准备需要。"行千里路,读万卷书"。对于一个涉世不深的青少年而言,实践的机会越多、见识越多、眼界越宽广,越能够更多地感受到某种知识技能蕴含的社会意义。因此,越来越多的父母从本意上鄙视"填鸭式"早教,鼓励儿童和青少年走出家门、走向社会,在大千世界中培养好奇心,以自己的真实体验找到读书的兴奋点。

然而,在应试教育的大背景下,"不要让孩子输在起跑线上"的谬论时时撩拨着人们焦虑的神经,很多家长按捺不住急躁的心情,似乎不早点让孩子学习 ABC、参加奥数辅导班,进行智力开发,孩子真的就会输在起跑线上。不少家庭过早地把孩子关在家里教他们识字、记单词、背诵唐诗宋词,生怕干点家务活、多玩一会儿耽误学习时间。更为荒唐的是,有的父母把学习和青少年喜欢的游戏、文艺、体育及社会活动完全割裂,孩子们的视野被框得太死,根本不明白读书学习究竟为了什么。有的学生考试成绩不理想时,老师、父母不停地指责埋怨,学习留下的记忆除了痛苦还是痛苦,感受不到读书的快乐,这些消极的体验只能使学生产生厌学情绪。比如,我们提倡素质教育,让孩子学习音乐,掌握一两种乐器,本来孩子可以带着悠闲的心情享受音乐之美,借助音乐的美妙旋律促进大脑皮质发育,培养思维的专注力。然而,不少家庭把获得考级证书当成学习音乐的根本目的,以此作为上重点学校的"敲门砖"。带着这样的"紧箍咒"给孩子们平添了无形的压力,满怀喜悦地去学习音乐,一想到考级顿时紧张起来,音乐的益智功能打了折扣,培养积极的学习情感准备永远只能是一种奢望。很多家长不明个中原因,反而抱怨孩子没有读书学习的兴趣,殊不知,家长的功利思想不知不觉把孩子的兴趣和天赋扼杀在襁褓之中。

建构积极的学习情感准备,需要从培养孩子的学习兴趣入手,而且兴趣越宽泛、越抽象越好,越容易找到读书学习的兴奋点。中国传统教育倡导"无为而治",注重让孩子们学习一些自己喜欢但暂时没有实际用处的东西,培养起他们对事物的好奇心,也使专注力得到滋养,久而久之他们可能在兴趣的诱惑下成为一个贪婪的阅读者。诺贝尔物理奖获得者杨振宁的父亲,曾经是一位数学教授,在他发现儿子振宁身上的数学天赋时,没有为了让其早日成才督促他玩命地学习数学,而是让他熟读在当时看起来没有用的《孟子》,花一年时间背诵理解《孟子》的精华部分,学到了许多教科书学不到的知识,凭着对人生和社会的理解加深了他对读书的渴望。

  现代社会中具有国际大视野和高品位价值追求的家长也不在少数,他们不被眼前利益所蒙蔽,不再强求孩子过早地去学习那些实用知识。重视在实践中启发他们的灵感,尤其看重实践在促进孩子心智发展中所具有的不可替代的作用,尽可能地多给幼童提供玩的时间,经常带宝宝参加小工艺制作,让他们在自由自在的游玩中提高动手能力,开发幼儿智力,扩大头脑中见识事物的数量,不断丰富想象力,发现自己的兴奋点乃至创新灵感,培养创造性思维。不少智慧的家长带着孩子参观各种博物馆、科技馆、工厂、车间、乡村,在直接感受中引发他们对陌生世界的思考,诱使这些幼小的心灵通过阅读寻找答案,实现书本知识和实践的联结,体验读书的社会意义,对读书产生无限的渴望。让他们在充满兴趣的时候有效地完成学习任务,并使之养成良好的学习习惯。

  有些父母还抽出更多的时间和孩子一起参观美术馆、听音乐会,感受一些抽象的文化艺术,唤醒孩子对美的追求,把独立思考问题的习惯运用于学习,用习得的知识来解释现实生活中的各种现象,逐步培养起探究性需要的求知欲望。当孩子表现出阅读学习的愿望时,及时给予指导,让他们用自己的话语概括阅读内容的大意,归纳提炼其精髓,并对作者某些观点进行辨析,回答一些刨根问底的问题,引导孩子成为一个积极的读书人。

  一些有社会责任感的老师和知识型父母,还注重用自己正直、快乐、达观的性格帮助青少年在心灵深处埋下美好的种子,建构起丰富健康的情感世界,引导孩子把与同学竞争的动机转化为勇于挑战自我的行动,不断取得认知上的突破,以此在学习上形成取之不尽用之不竭的内在动机,从而培养起他们更加宽泛的竞争能力。

  学之不如好之,好之不如乐之。世界级数学大师陈省身自小酷爱数学,被誉为微积分之父。用他自己的话说,"一辈子只做了一件事,就是数学。"晚年住在南开大学,住所取名为"宁园",园内几乎所有的东西都与数学有关。他把自己在数学方面取得成就的秘诀归结为"好玩",永远怀着一颗年轻、快乐、开放的心,在游戏、寻找数学内在美的状态下进行科研,发现数学的无穷奥妙,最终走向人生成功的顶峰。

陈先生的辉煌成就给了我们这样一个启示,要想在学习上培养积极的情感准备,首要的是提高审美情趣,引导孩子用自己的眼睛发现学习本身具有的意义,自觉感受到学习不是父母强加给的,是真心地喜欢,连奖励都可有可无。学习过程不但没有痛苦,反倒像游戏一样好玩,越学越有味道和乐趣,驱使他们从内心深处对学习产生冲动,并在日常时间用所学知识本身的魅力把心拴在学习上,这样才算得上真正的学习教育。

美国匹兹堡大学语言教授斯托夫人,在女儿小维尼芙雷特5岁时教她学习世界语,后来,发现女儿有过于贪玩的毛病,学习时心不在焉,不是很投入。斯托夫人心里萌生了引入趣味学习的想法,从世界语年报上挑选了几名年龄相仿的俄罗斯、法国、日本小朋友,找出他们的家庭住址,让女儿与这些异国小朋友通信。每当小维尼芙雷特在信中看到不同国籍的孩子介绍本国历史、宗教、自然风光和民俗时,异常兴奋,急切地了解信中的内容,遇到疑难问题就翻词典,查阅资料。稍大一点,小维尼芙雷特渐渐对这些异域风情由一般性喜欢开始感到渴望了解,后来到了有些着迷的程度。小维尼芙雷特的心思从游戏完全转到了对世界语的学习上,一有空就经常到书店或图书馆查阅相关资料,消除疑惑,不间断地用俄语、法语、日语与这些异国同龄人交流学习和生活,饶有兴趣地探讨这些国家的地理气候、经济和人文特征,互相启迪。这种带有趣味联谊的学习方式,不单使小维尼芙雷特外语水平有了长足的进步,还培养了惊人的学习兴趣。

近代西方的发明创造一直领先世界,与其说是在技术创新上独占鳌头,不如说他们是在文化教育理念方面技高一筹。不管学校和家庭教育都十分看重青少年的个性培养和潜能挖掘,尽最大可能去发展他们的独立精神,鼓励孩子们带着激情去学习,在学习思考中提高原创能力。

迄今为止，没有一项证据证明爱因斯坦一出生就比别的孩子聪明，也看不出他天生就具备一个科学家的禀赋。但是，令人想象不到的是，在他四五岁的时候，一个偶然的机会父亲给了他一个磁性指南针，看着指针转动时他简直惊呆了。尽管根据当时的认知水平他无论如何也不明白为什么会出现这样奇怪的现象，然而，正是因为对指南针转动的不解和疑惑使他对这个小玩意儿产生了极大的好奇，以至于后来带着这样的好奇心促使他立志要解开心中一个个谜团。11岁时，他开始阅读绝大多数孩子尚看不懂的科学和哲学方面的书籍，深入思索科学与哲学方面相互矛盾的观点，并迷上了数学，深深地陶醉于欧几里得几何学的确定性和纯粹性之中。到12岁时，他快速学完了一本几何教材，当看到毕达哥拉斯定理时决定自己动手进行证明，经过三个星期艰苦不懈的努力终于证明成功。这种好奇心培养了他坚定的意志品质，随时准备为他感兴趣的挑战而做出长期坚持不懈的努力，促使他最终走上了科学之路。

无独有偶，以石破天惊的巨著《物种起源》闻名于世、带来生物学和人类学领域革命的达尔文，幼年几乎也看不到一点神童禀赋。学习成长及其生活环境并非想象得那么优越，他的父母也从未有过望子成龙的愿望，更没有刻意让他去和别的孩子竞争。但和其他赫赫有名的伟人一样，小达尔文早期很长一段时间贪婪的阅读兴趣使他学到了各种有用的本领，知识远远超过了同龄人，学习兴趣有了惊人的提高，能够一连数小时专注于自己的领域，即使在大部分时间里他未必有意地在学习，这种专注的态度对他日后的成功仍是至关重要的。

达尔文从小就喜欢收集蝴蝶、蛾和其他昆虫，当时他热衷于采集甲壳虫，这种热爱后来成了他生活的组成部分。10岁时，第一次到威尔士海岸度过了短暂的假期，这时他的标本采集活动已经开始系统化，按三题进行分类。他还意外地发现有些蛾子在威尔士海岸随处可见，但在什洛普郡却不见踪影。很多同学已经注意到，虽然达尔文功课平平，但在博物学方面知识却非常丰富，即使在校期间他也把很多空余时间用于采集标本，并擅长辨识同学拿给他看的各种标本。

随着知识的丰富,观察技能的成熟,达尔文采集活动的性质发生了相当大的变化,到了青年时代,童年很多兴趣爱好变成了达尔文生活的方式,从一个不加选择的采集者变成见多识广的博物学家,或者说从一个严格意义上的"业余"博物学家变成严谨治学的生物学家。由于长年跋山涉水采集动物标本,时常会感到疲惫和艰难,然而,兴趣与目标形成的直接驱动力很快就将疲倦一扫而光,所以,不管面临多大困难他从未懈怠过。

我们总是羡慕西方先进的教育理念、技术创新和浪漫的生活方式,殊不知,他们的血液里早已凝聚了多元的价值观念和超然物外的元素。西方文化中的理性思维使每一个家长在孩子的成长中能够从长计议,有意识地让他们多了解一些抽象知识,多接触或近距离观察奶牛、猴子、黑猩猩等动物,从动物的习性中发现其生活规律和大自然的无穷奥妙,在多彩的社会生活中刺激大脑发育,以此启发他们探索世界的好奇心。有一年夏天,乔布斯随同父亲去农场参观,无意中发现一只刚刚出生的小牛犊落地几分钟就挣扎着站了起来,跟跟跄跄地往前走。第一反应是:这样了不起的行为是与生俱来的,非习得所能。他还用软硬件的术语来解释这一奇特的现象:"好像是设计好的一样,动物的身体和他大脑里的某些东西在它出生后就立即开始协同作用,而不需要它去学习。"今天,当苹果品牌的电子产品风靡全球的时候,谁能否认他众多电子设备里很多人性化的技术其灵感不是源自于大自然的启迪。

二、思维——学习之灵魂

中国人重视教育由来已久,"书中自有黄金屋,书中自有颜如玉"是妇孺皆知耳熟能详的黄金定律。学习可以增长智慧、创造财富,使一个普通人变得儒雅,取得辉煌成就。学习作为个体通向成功的桥梁,其意义不管是青少年或者成年人都不言自明。客观地说,每个人从懂事的那一天起,主观上对学习都有着积极的情感准备,热切希望受到很好的教育,没有一个孩子自甘落后。但是,现实的确非常残酷,同样的年龄,同一个班的学生,差不多同样的学习、生活环境,大家彼此早出晚归经受了无数个寒窗的洗礼,不一样的是,有的学生学习天天都有新收获,付出一定努力就能够考取理想大学。学生时代既收获了知识、体验到了快乐,同时也把自信和幸福收入囊中,命运随之发生翻天覆地的变化。大多数人一天不落地坐在教室里听课、做作业,工夫没少下、苦没少吃,成绩始终平常一般,与自己的愿望差距甚远,无法到达理想的彼岸,也很难感受到人生的快乐。

当然,比这更惨的学生,他们和别的同学一样起早贪黑读书学习,成绩差了好几条街,老师家长横眉冷对批评挖苦,那些绩优生趾高气扬蔑视嘲笑,使他们自尊全无,一想到上学就直摇头。学业上的失败,每每觉得自己处处不如人,是个彻头彻尾的孬种,从此,连自信也输得精光,做什么事都畏首畏尾,人生变得黯淡起来。几十年过去了,夜晚常常从作业、考试、家长会的噩梦中惊醒,心灵创伤久久难以平复。足见,单有积极的情感准备、刻苦认真的态度并非就能取得理想的学习成绩。学习充满了神秘色彩,想说爱你真不容易,其背后一定有另外一只看不见的手,有必要从学习的本质中去揭示其内在规律。

学习是在老师、家长的辅导或看书钻研引起认知、行为能力和心理倾向发生的持久性变化过程,在学习过程中大致都要经过信息接受、理解加工、练习强化、认知重组四个阶段。仔细体味学习起来,我们会注意到,大脑有一项功能自始至终在幕后扮演着无可替代的角色,发挥着关键性作用。它就是——思维,它是人类特有的一种精神活动,与学习能力和效果有着密不可分的关系,思维一旦"脱轨",偏离了学习内容就谈不上真正的学习。

思维品质

思维是借助语言、表象或动作实现对客观事物的概括和间接认识,是大脑一种复杂而高级的认知活动,可以简单地把它理解为思考认识问题的方式。思维品质如何是衡量一个人是否智慧的核心元素。

儿童在学校的学习,一般是在对老师授课或看书接收到的信息进行初步理解加工的基础上,再由记忆、练习强化对其进行编码、存储和提取利用,最后对这些零散孤立的知识进行知觉重组,与原有的经验完形,形成知识体系。学习过程中,思维有别于感觉、知觉、记忆这些初步加工,类似于知觉重组,是对输入(听课、看书)的信息进行的深加工,揭示出事物之间的内在联系。又要紧紧依靠感知觉和记忆提供的信息,进行分析、综合、比较、抽象、概括推理和解决问题,从而实现学习之目的。

大脑认知活动的特点说明,思维在学习过程中发挥着非同寻常的关键性作用,不同的思维品质表现出不同的学习能力,产生不同的学习效果,主导着学生学习成绩的优劣。思维品质包括专注、机敏和建设性三个维度。

专注。是在精神和谐、思想纯粹的前提下,思维固定在一个目标上的强度和持续时间长短的表征。思维专注表现在对某个认知客体或活动保持长时间的注意,而且能够对其进行控制,意味着大脑有很强的"定力",收放自如,该发散时发散,该辅合时辅合,常想什么、少想什么、不想什么、先想什么、后想什么,控制得当。思维专注还表现在能够快速地把精力百分之百地集中在学习的对象上,想集中多久就集中多久,而且,同一时刻只想一个问题,很少有二心,想当下问题把前面的念头完全抛开,不藕断丝连。思维专注的学生,不管听课或看书,注意力和思维高度一致地契合于老师说的每一句话、写在黑板上的每一个符号,或所看书的每一行文字,并将它们理解掌握得清清楚楚,融会贯通,贮存在大脑记忆中。尔后,用这些理论知识解决其他问题,转化为改造现实的实践能力,学习的目的才算达到。

真正会学习的人其过人之处不是所谓与生俱来的才智,而是有着集中精力不断思索的性情,培养了长时间投入于纯粹思维活动的能力和更高水平的思维技巧,从而,能够获得丰富的知识和智慧。

财富如浮云,只注重财富积累而忽视精神的修炼终将归于贫乏,当我们得心应手地运用所学知识解决问题造福人类时,很容易感受到精神的充实和由内到外的富足,同时,专注形成的优质遗传基因还能够富贵千秋万代。常言道,"专注是金"。专注几乎是杰出人才的共同秉性,从众多天才科学家的成长过程不难看出,他们一旦认准要干某一件事,就会如痴如醉地投入其中,仿佛周围的一切都不复存在。爱因斯坦、陈景润、华罗庚等无一不是长期沉浸于自己感兴趣的领域进行自主思考,不局限于书本上习得的方法和要领,提出自己的观点,并运用学习积累的知识发现事物运行规律,形成自己独立思想和学派。可以毫不夸张地说,所有成功者无一不是从专注的思维中获得智慧的。

思维专注,具有管控自己的欲望的本领,延迟欲望满足,理性地表达自己的需求和愿望,不会因为不当的欲望而造成思维的混乱;思维专注表现出的可控性,能够以清醒的认知和坚定的意志管控好情绪,永远保持轻松愉悦的精神状态,准确归纳、表达自己的思想情感,温和地对待不公平的事件,遇到争执或冲突时思想有一定的弹性,平和地认同和接纳"灰色"地带,不是非白即黑,在挫折和诱惑面前保持理性和淡定。

机敏。在思维过程中,大脑机敏程度,理解接收信息以及分析综合概括速度的快慢,直接决定着听课、阅读的质量和效果。思维活跃,反应迅捷精准,能够高效地进行情境转换的学生,思维同步甚至超前于老师的讲课节奏,对授课内容理解和把握较反应迟缓的学生要好得多,自然能够比较全面地领会老师的授课内容。这种机敏的嗅觉使他们有极强的阅读能力,快速捕捉信息,为提高学习效率插上了翅膀。当然,反应速度快慢首先取决于脑细胞激活水平,同时也取决于思维的专注程度,专注的学生,思维形影不离地跟着老师走,对老师的授课提示没有时间差,第一时间做出快速反应。那些反应迟钝的学生，注意力多数时候不在课堂上，经常在别的地方忙得不可开交，老师提醒时，他们才如梦初醒，转过身来，匆匆忙忙往回赶，有明显的时间差，反应当然慢了半拍，无法全面深刻地领会授课内容。

  建设性。思维是借助对外界输入的信息进行分析、综合、比较、推理、抽象和概括来实现解决问题的目的过程。心理学家弗洛姆在他的论著中，把建设性概括为爱、工作和理性三个维度。有建设性思维品质的学生秉承事本位的人生价值观，从成熟的仁爱情感出发，一开始就把思维的基点定位在创造性劳动上，表现出一种积极勤勉高尚的人格特质。他们用纯粹的、发散的思维来探求知识，思维永远集中在对人生有建设性意义的读书学习上，始终不偏离主题。超级专注的思维长期聚焦于自己关注的对象，而对能够给人带来暂时愉悦的游戏保持足够的警惕。读书学习中，思维不囿于教科书上原有的定见，自觉不自觉地从不同角度突破思维定势，或沿着不同路径发现独具特色的新思想，发明创造出新事物，把习得的知识转化为造福人类、服务社会的实践，为人类创造出宝贵的物质和精神财富，在实现人生追求中体味精神之快乐，感悟生命的意义。他们与那些仅仅把思维局限于了解掌握老师要求的学习内容、考个高分、上个名牌大学满足自己功利性需要的学生来说，显然要哲学很多、高明很多、智慧很多。同时，具有建设性思维的个体思维方式非常理性，大智若愚，有反思的智慧，能够客观理性地评价自己、看待别人，有自我否定、自我纠错的勇气和能力，永远保持着健康的人格。而非建设性思维的学生思想贫乏、没有自信，以自我为中心，有强烈的占有欲望和剥削性格，缺乏创造性精神，只有物质财富才能够填补他们空寂的灵魂。

学习的本质

  热恋中的情侣，感情纯真专一，恋爱成功率大都比较高。学习中，思维纯一执着，听课、看书时，思维与接收的信息，一如恋人情投意合，相逢时，紧紧地相拥在一起，如胶似漆，专心专意，心潮澎湃，旁若无人地陶醉其中，难分难舍；课余时间仍然苦思冥想，像恋人别离，朝思暮想，一日不见，如隔三秋，自然可以取得丰硕的果实。由此观之，学习就其本质而言，是思维与认知客体的自然契合。当思维对学习内容爱恋到了疯狂的程度，一定会取得令人惊讶的成绩。反之,学习像儿戏式的恋爱,三心二意,若即若离,或吃着碗里,惦记着锅里的,不专一、不执着,只能是外显的伪学习,不会有好的结果。

纵观卓尔不群的绩优生与芸芸众生的绩差生表面上看没有明显不同,但是在思维的专注、机敏和建设性方面的差异显而易见,最终导致了他们之间人生差之千里。以刚入学的儿童为例,大家的知识水平相差无几,老师讲授同样的课程,有的学生一点就通,一听就懂,一学就会,学习像玩儿一样简单;而有的学生听课却很费劲,学了半天云里雾里,知其然,不知其所以然,作业时困难重重。有人可能说那些孩子聪明呗。没有错,是聪明,但聪明的标志又是什么呢?或者说,用什么来衡量一个学生聪明不聪明呢,答案是:思维的品质,它在学习的整个过程中起着无可替代的作用。

信息接受阶段。信息接受也可以称为感觉登记。学生在学校的学习,主要是借助听老师授课或看书阅读来实现的,而且,只有学习内容在大脑神经系统产生刺激,进入感觉登记,外界信息在大脑中形成初步印象对学习才算发生。如果学生没有参加听课,事后也没有对该课程进行自学研习,没有进行感觉登记,学习就没有发生。假设,一个新生婴儿,一出生就让他与外界隔绝,只给他提供必要的营养品,周围人不与他进行语言和肢体交流,不让他接触其他任何复杂的情境。除了吃喝之外,大脑没有受到任何刺激,一片空白,没有形成其他任何印记,十年数十年后,他仍然学不到任何东西,智力上,不可能有丝毫长进,不会说话,没有复杂的思维,也不会发生认知和行为能力上的实质性变化,日后注定成为一个白痴。英国有一项对不同阶层的 3 岁孩子掌握词汇量的调查显示,出生在知识分子家庭的孩子,父母日常生活中与他们交流的平均词汇比普通工人、农民家庭的孩子高出三分之一,比靠社会救济过活家庭的孩子高出三分之二。显然,后者白白地浪费了与孩子交流的机会,在孩子智力开发上存在严重缺失,十分可惜。因之,现代社会很多年轻父母已经或正在认识到启发式学习对幼儿智力开发的现实意义,经常与宝宝进行眼神和语言交流,通过对神经系统刺激开发大脑,促使他们持续专心地分析思考问题,搜寻合适的词语表达自己的意思,达到提高孩子的智力水平的目的。

信息接受阶段是学生能否学得进去的第一道门槛，学习的内容是否登记成功，不但要看个体是否参加了听课或看书学习，关键还要看思维能否牢牢地专注于学习（刺激）的对象，并与刺激形成一一对应的联结。假如，听课了、看书了，但思维专注程度不够，老师授课、看书的内容没有在视觉、听觉器官上留下印象，大脑受到相关内容的刺激不够强烈，或者说没有进行感觉登记，学习只是过了一下脑子，与没有学不无二致。也就是说学习唯有全身心地专注于老师讲课所传达的每一个信息，而不是关注老师穿什么衣服、留何种发型，方能把授课内容的精髓在自己的大脑神经系统打下深深的烙印，否则，就谈不上真正的学习。思维不够专注的学生，注意力像天上的浮云忽来忽去，永远处在飘移不定的幻想之中，遇到什么新鲜刺激就追求什么。漫无目的胡思乱想，学习积极性再高，决心再大，由于注意力飘忽不定，对学习对象的关注时断时续，表面上也在听课，但似听非听，学习的内容没有或只有部分进行了感觉登记，没有留下太多的印记，只能了解个皮毛，不能够很好地领会掌握学习内容的完整意义及其深刻内涵，如此糟糕的学习能力，别指望他们有好的学习成绩。

早些时候我在机关工作时，参加某一次会议，事前，按照领导要求要把会议某个重要讲话的主要内容记录下来（没有带录音设备）。尽管带着任务我一边听一边用笔做速记，但由于领导讲话语速快还是遗漏了一个小问题。会后，我找同行的其他几位同志帮我补充一下，遗憾的是先后问了四位同事，得到的共同答复是：没记住。后来，我才知道，这些空话、套话，若不是带有任务性地记录，很难引起人们的注意，不会对大脑产生太深刻的刺激，也就进入不了感觉登记。很多知识枯燥乏味，若没有专注的思维，当然无法透彻理解掌握学习内容。

同时，思维专注还有个持续时间长短的问题，思维可控性强、专注时间长的学生，整个听课、阅读过程中，能够长时间专注于学习内容，保证听课、看书能够全面完整地进行感觉登记，形成完整的故事情节。否则，听课看书获得的信息断断续续，也就无法建构完整的知识体系。

理解加工阶段。听课作为感觉登记只是学习的第一步，并不是学习的实质性阶段,学生只有理解学习内容、了解其社会意义,并将相关内容牢记在心,才算得上是真正地学习。因此,教育心理学一直把理解和记忆看作是学习的两个最核心的阶段。在理解加工阶段有两项任务,其一,是把老师的授课或阅读内容理解并融会贯通,搞清楚每个问题的来龙去脉,然后将这些知识与以往的经验进行联结,建立起该学科的知识体系,转化成为学生的经验和知识技能的组成部分;其二,把感觉记忆变成短时记忆。进入感觉登记的信息只是一种瞬间记忆或工作记忆,是记忆系统在对外界信息进行加工之前的暂时登记,只停留 0.25 秒~2 秒时间,几乎是一晃而过,很容易消退或遗忘,需要在对老师授课的主要内容以及阅读的每句话进行理解、加工编码(《学习论》布鲁纳:对信息进行分类组合)的基础上,然后把这些知觉信息贮存在短时记忆里,便于将习得的知识"迁移"过去解决其他问题,学习的目的才算达到。靠自学走向人生辉煌的著名数学家华罗庚先生,把读书"由薄到厚"又"由厚到薄"两个过程作为自己的学习经验。这种"由厚到薄"量变引起质变的过程,实际上就是分析理解的加工过程。

通常说,理解领会了学习的内容等于学习任务完成了一半,一点也不过分。假如,我们对老师授课、看书的内容没有搞清楚,对这些信息只是进行了简单而机械地累积,很多问题似是而非,不但进入感觉登记的信息成为过眼云烟,也会因为该知识环节没有理解掌握好,而给下面的学习、阅读造成障碍,学习看书就无法继续下去。同时,在这个阶段,进入感觉登记的信息包括有用信息和无直接作用的信息,要求学生在全面理解知识的前提下根据自己的需要经过选择性知觉,对注意的内容进行认知筛选,过滤忽略掉无关紧要的信息,认真理解加工有用信息,并将它纳入短时记忆范围,从而形成相对稳定的知识体系。

理解加工的重要性提醒人们,学习是一种能动建构的过程,越是理解得深刻透彻的学习内容,特别是顿悟得来的知识,不仅有助于与自己原有的经验形成联结,自如地迁移出去解决其他问题,更有利于把这些知识和技能恒久地贮存在记忆里。皮亚杰认为,只有在学生仔细思考问题时才会形成有意义学习。在理解加工阶段,思维专注,上课专心听讲,反应机敏、理解速度快的学生,思维会更多地集中于有用的信息,忽略掉无关信息,把老师讲课的内容完整地领会下来。思维不专注的学生，老师讲课津津乐道，他们脑子里正在想别的事，距离老师的授课内容十万八千里，或反应迟钝，跟不上趟儿，无法全面领悟到授课内容。纵然学习的对象已经进行了感觉登记，由于理解不深，无法与原有知识进行联结，大脑神经接收到的信息，左耳进、右耳出，很快就会遗忘，难以达到令人满意的学习效果。

　　这一点很容易理解，一堂课45分钟，老师要简单复习上一节课的内容，讲授本课的新知识，中间可能还会回答解释某些学生提出的疑难问题；可能要纠正个别学生的不良行为，讲个笑话、来个小插曲，说两句与课内无关的话，帮助学生们把情绪调整好，尽可能地让大家稍微放松一下，然后把注意力和学习的积极性调动起来。能够驾驭自己注意力的学生，当老师讲到学习的重点内容时，他们的思维与老师的授课高度契合，会紧紧地跟着老师移动，直到把老师所讲的每句话、每个知识点的精髓吃透。当老师话题转到与学习无关紧要的话题时他们也不会闲着，不是跟着去瞎凑热闹，而是抓紧点滴时间反复理解深入思考那些重要的问题。偶尔有点疑难问题，及时找老师解疑释惑。思维一直忙正事，知识掌握非常系统，学习上很少留死角。

　　毫不夸张地说，思维品质好是众多优秀生的共同特质，这些学生的聪明之处在于他们非常推崇意义学习，因为，从理论上把所学知识的基本原理和深刻内涵搞懂弄通是学习之关键。反过来讲，没有理解，就谈不上记忆，更别说运用它去解决其他类似问题。为此，学习中，在理论知识没有搞清楚之前，他们轻易不去做练习。有一名高考状元把发现学习这一积极主动的学习方法视为自己成功的一条经验。每次上新课前，都要提前对学习的章节进行阅研预习，了解学习内容的大意，发现重点难点问题，适当加以内化，形成初步印象。对于理解不了的疑点问题反反复复多看几次，直到看懂为止。实在搞不懂的地方会标注出来，上课时有意识地听老师讲解，或课后找老师同学释惑，保证每堂课的学习内容当堂理解消化，不欠账，也就没有知识的盲区。可见，能够自始至终把精力集中在学习内容的理解加工的过程中，是学习丝毫不能忽视的重要环节。

　　阅读对思维的品质也有非常高的要求，思维专注的学生，阅读过程中眼睛浏览着书上的文字，大脑即刻呈现出由文字表达出来的情景画面，这些感觉印象加深了学生对阅读素材的理解,形成完整的情节链,阅读才能够顺利进行。如果学生在看书过程中思维不专注,眼睛瞅着书,心里想其他事,把一段文字草草地浏览过去,没有明白所阅读内容的大意和深刻内涵,或者对阅读的内容一知半解,看了半天书没看出所以然,书中的故事情节抓不住心,成为无效阅读,很多学生出现阅读障碍概因如此。不能在读书学习中摄取人类思想的精华,当然建构不了智慧的大脑,想取得惊人的成就只能是痴心妄想,这样的无效学习是学习兴趣的最大杀手。由此可见,思维专注程度如何、反应的快慢,直接决定着理解加工的深度,影响学习和阅读质量的优劣。

过去有些书没看明白,我常常认为是因为内容太深奥,或作者表述不够翔实,要么觉得自己很笨。可当我回过头认真看第二遍时一下就明白了其中的意思,除去再次看书时掌握阅读内容的梗概后,承上启下,便于系统地理解全部内容。仔细回想一下,刚才阅读该段落时思想开了小差,在想其他问题,没有把阅读内容完全理解吸收进去。同样的道理,对于听课时,大凡没有听懂的环节,有时候可能属于相关知识基础差,认知准备不够,但多数情况下还是因为思想开了小差,思维发散,没有把老师所讲内容听进去,当然理解消化不好。

练习强化阶段。学习获得的一些新概念、原理大部分进入短时记忆,或浅记忆,停留时间短,一般只能保持 1 分钟左右的时间,且记忆的容量、范围非常有限,约为 7 ± 2 个单位。以记阿拉伯数字为例,我们看一眼一般只能记住 5~9 个数字。学生上一节课、阅读一本书,会接受大量信息的刺激,即便有些学习内容已经完全理解并融会贯通,但这些信息如果仅仅停留在短时记忆阶段,不再回忆、复习强化,过不了多久习得的知识就会部分或全部遗忘。因此,要把学习的新知识、阅读的新内容变成自己知识的一部分,需要通过回忆、精细复述、做作业、复习、考试或提取部分信息解决其他类似问题等强化练习。再经过继续不断地对重要信息进行联想、加工编码,借助长时记忆把这些新的信息同化到已有的认知图式(《学习论》皮亚杰理论:个体对世界的知觉、理解和思考方式识架构),并与以往的知识重新组合完形(《学习论》韦特墨:把知觉到的东西用最好的形式呈现出来),不时地重复强化,使之永远保持下来转化为长久记忆,在头脑中生根发芽,变成自己的知识和经验,才算得上是完整而有效的学习。

学习需要强化,更离不开强化。但是,强化不是机械地重复,是在理解基础上的强化,而理解的本身是在思维专注的情况下的一种认知过程,思维品质不好无法全面深入地理解学习内容,作业困难,很难达到强化目的。我上小学时,那些很业余的老师经常让学生把一个生词抄写三五十遍,但考试时还有人重复这些低级的错误。原因很简单,这样的练习只是简单机械的重复,没有心理主动参与建构进行内化,抄写几十遍仍然记不住就再正常不过了。对于用心学习的学生,遇到一个生字、词,非常认真地去翻字典,学它的发音,了解它的意思、出处,有什么典故,通过积极参与构建,将这个字的相关信息其本身内涵形成刻骨铭心的理解和记忆,和其他信息一起同化到自己的认知图式(知识体系)中去,折腾这一次就会终生不忘,这样的学习才是真学习。

心理学有个实验,让两个组的学生背30个单词,要求第一组记住单词,以后要复述的;第二组则要求他们用每个单词造句。两天后测验,第一组平均只记住50%的词汇,而第二组则能够复述其中95%的单词。第二组的记忆效果之所以好于第一组,关键在于其通过造句,提取其他熟悉的词汇与其联结,加深了对单词词性的理解。如果没有理解学习内容的意义,去死记硬背各种毫无关联的知识,这种机械记忆得到的信息只是简单地加进一些新痕迹,是孤立的,对事物的知觉还处在未分化状态,看不出它们之间的联系,只能应用于非常具体的情境和类似问题的解决。

单纯从记忆的角度讲,学习需要不断把新接受的知识和已往的经验长久地保存到头脑之中。思维专注的学生,自控力超强,大脑主要接受学习方面的信息,把其他无关的信息过滤在外面,保持了大脑整洁和思路清晰。课堂上每时每刻都专心专意领会老师的授课内容,随时通过心记趁热打铁对习得的一些重要内容适时进行强化,纳入自己的知识体系,并能够举一反三,快速地提取已有的知识解决新的问题。当老师处理一些无关紧要的问题时,他们也不会轻易放松自己,更不会走神胡乱想其他无关琐事,细心的学生会不失时机地对老师所讲的重要内容进行记忆加工。有很多学生养成了记笔记的习惯,对老师授课的关键性词句、重要概念以及脑海中稍纵即逝的灵感,及时用自己的语言记录下来,课后再进行概括整理完善,经常翻看,以便课后复习巩固,达到永久性记忆。

对于那些思维散乱的学生,一般都认为自己记性不好,前学后忘。其实,根本原因在于他们有程度不同的注意力多动障碍,大脑装满了杂七杂八的东西,像个废品仓库一样。听课或看书时,脑子不停地受到已往那些烦心事,或当下其他"重要事儿"的骚扰,精力分散,学习内容理解不了,本该记的东西记不下来,原先已经掌握的知识渐渐淡出遗忘。

记忆、复习、巩固是学习的重要环节,要想取得优异的成绩更需要大量艰苦的练习,没有一个优秀学生不是经过几年长期有规律的练习能够取得骄人的学习成绩。即使那些所谓的天才,幻想凭借自己的聪明不花费太大努力就取得惊人的成绩也是绝对不可能的。古人语,学而时习之。有些思维散乱自制力较差的学生生活没有规律,也没有养成好的学习习惯,不能按时对学过的东西进行复习练习,也不能定期对已有的知识进行再认记忆,只能像狗熊掰棒子,掰一个丢一个。

积极的情感准备强化了大脑对记忆内容的好感和天然联系。当我们喜爱某一样东西或对它有着特殊的感情时,大脑中早已存在大量堆积如山与其相关的回忆,一遇到类似问题的信息就会与原有的经验碰撞火花,注意力很快就集中起来,很容易接受这方面的信息,并把它们理解透彻记忆下来。

一般情况下,再笨的人都会把自己家人或要好的朋友的电话号码记下来,当他换了一个新手机号,过不了多长时间新的电话号码就会镌刻在他的脑海里,几十年后仍然记忆犹新。如果遇见一个无关紧要的人,比如说保险推销员,每次见面送你一张名片,但你没有购买保险的意向,也不会对其产生亲近感,更不可能将这个保险推销员记在心上,名片在抽屉里睡觉,他的电话号码你永远记不下来。所以,提高记忆力的诀窍,除了要有专注的思维,倘若能够对认知客体保持情人般的好感和兴趣,记忆就能过目不忘。

知觉重组阶段。心理学家韦特墨认为,学习即是知觉重组。这一观点早已得到学术界的广泛认同。从小学、中学到大学,真正的学习是以原有的知识经验为积淀学习新知识,不断超越已有知识的过程,使认知从未知的混沌模糊状态到清晰的有意义状态不断地升华过程。而不是对所学的各种概念、定义、原理的机械叠加积累,也不是用新获得的知识简单地替代原有知识,整个学习过程都在不断进行知觉重组。即,通过对原有知识经验进行改组、综合概括和更新,厘清事物的内在联系、结构,重建完形,形成一种科学完整的方法和技能,并把新的能力迁移过去解决其他类似问题,最终使自己的行为和心理趋向发生一种潜在性变化。

比如,幼儿或小学生学习朗诵,当老师讲解了朗诵的方法要领后,孩子们经过练习(强化),就能朗诵几首简单的儿歌。按照孩子当时的理解水平,自认为已经掌握了朗读的要领,但是,客观地讲孩子只是掌握了最基本的朗诵方法而已。在以后的学习中,老师会进一步引导他们如何准确地利用发音部位、怎样做到抑扬顿挫,朗诵的水准又会提高一步,孩子对朗诵有了新的认知;紧接着学生还会学习到朗诵的表情、肢体语言,朗诵又向专业化迈了一步;随着年龄的增长,知识和生活阅历的丰富,学生对朗诵内容有了更深的理解,朗诵时倾注了浓郁的感情色彩,懂得利用自己的生理条件,从而形成自己的独特风格。由此,我们看到,要让学生掌握朗诵的基本要领,不是把老师传授朗诵知识、方法简单的积累起来,而是不断地学习新的方法要领,总结经验,提高认知,修正不合适不科学的环节,利用自己的音域条件形成独特的朗诵风格,一次次完形,最终达到知觉重组。

初级教育是一个极其漫长的过程,学习的内容是一个庞杂的知识体系,每一天、每一堂课都有全新的学习内容,单单把这些知识理解好、经过练习强化记忆下来远远不够,还需要进行知觉重组。实现这一目标,要求每时每刻都要专注于学习这个主题,保持思维的连续性,全神贯注所学内容,每个问题都要理解得全面深刻,概括得非常精准。思维不够专注,某一时刻思想开了小差,或反应迟钝,在个别板块出现知识缺口就很难形成知识链,漏洞太多,无法保证所学知识的系统性和完整性。

同时,还不能忘记学习是为了解决问题,实现学习这一终极目的客观上要求学生要发挥好思维的建设性作用,善于运用创新性思维对学到的理论知识和经验进行改组、重建,不断丰富灵活多变的新路数,方能够提出解决各种理论和现实问题的建设性办法。

兴趣·毅力·思维品质

有人可能认为，思维品质固然重要，尤其是专注必不可少，但是没有积极的情感准备对学习产生不了兴趣，或缺少坚强毅力，学习不能持之以恒，一曝十寒，同样不可能取得骄人的学习成绩。一点没错，情感准备和毅力的确是两个好东西。但皮之不存，毛将焉附？没有好的思维品质，积极的情感准备和坚强的毅力都无从谈起。

知识是新奇而鲜活的，本身具有凝心聚力的功用。学习上积极的情感准备来自于学懂了一个全新的概念，弄清楚了一个理论的深刻内涵、内部逻辑关系，或对一个物理现象的原理有了透彻的理解，往往会产生一种顿悟的快感和少有的兴奋。但是，这一切都是以思维专注为前提和基础，思维专注的人，能够长时间地不厌其烦地对学习内容进行深入思考，才能够全面深刻地领悟所学内容。没有专注，不能吃透学习对象的核心，找不到解决问题的办法，心中困扰已久的谜团无法解开，新的知识不能与原有的经验形成联系，学习的社会意义显现不出来，不能产生积极的情感准备，学习兴趣很难培养起来。

在一般人眼里，一个学生有较强的学习自觉性和优异的学习成绩，大都因为他们学习踏实认真，勤学苦读，有非同寻常的毅力。其实，这些认识难免有些肤浅。毅力与认知驱力息息相关，它同样是在对自己所追求目标有了愉悦精神体验的前提下的自觉坚持。

学习是一个充满着兴奋与抑制的矛盾，一方面因为学习中的疑惑解决而茅塞顿开，给自己带来一种极大的满足和欣快，从而铸就个体与众不同的自信和坚强毅力，愿意花更多的时间、投入更大的精力积极学习。不管遇到多大阻力，学习劲头不减，追求目标的信心不会动摇。即便偶尔出现失败或挫折，往往归因于自己努力程度不够，或其他客观原因，绝对不会气馁，总是不断地为自己加油鼓劲，直到成功为止。这样坚强的毅力很大程度上来自于成功学习所获得的愉悦感受，以及由此转化而成的强大的精神动力；另一方面，学生本身有积极的情感准备，也下了相当大的功夫，因为注意力障碍，很多问题百思不得其解，习得性无助，学习困难重重，跟不上趟儿，每次考试都当副班长，内心充满煎熬和畏惧，再有决心的学生也很难坚持下去。客观地说，这真的不是学生没有追求、缺乏毅力的表现，而是因为学生大脑神经系统的生理性原因，比如，思维散乱，在学习上出现了不可逾越的障碍，或者说不是读书的那块料，可以看作本能的放弃。

  有一个老师跟我说，把思维不专注作为学业困难的挡箭牌，道理上说不过去。原因是，他们学习不专注，为什么玩游戏时那么专注，一玩七八个小时不吃不喝，那又怎么解释。这是一个很有意思的话题。游戏也算得上一种简单而机械的智力活动，游戏商开发制造软件时为了吸引更多的人使用他的产品，整体设计上由简单到复杂，环环相扣，一关一关过就到了顶峰。如果你是个新手或反应慢点过不了关，没关系，可以退回去重新来，随着熟练程度的提高，一般人都会完成游戏的全过程，非常人性化。其次，游戏的节奏感很强，把你的思维紧紧地抓住，根本没有机会想其他的事，连肚子饿的感觉都没有了。再笨的人往游戏机前一坐，一学就会，一玩就上瘾，只要你稍有进步，闯过这一关，马上就能够得到相应的奖励。游戏的内容最符合心理学关于人类行为动力学原理，即追求快乐，避免痛苦。在游戏的世界里，可以满足你任何要求，那里有楚楚动人的大美人，可以与你结婚生子，过温馨的家庭生活；给你封地授衔，有千军万马听从你指挥调遣，让你成为战无不胜的至尊王；给你现代化的武器装备，名车、豪宅，现实世界想要而得不到的东西，在这里应有尽有，让你感受到至高无上的心理满足，瞬间就能找到人生的价值（虚拟）。身临其境，给你一种积极的反馈和暗示，令人神往，很快就会把虚拟世界当成现实社会，游戏会成为天堂，想入非非，神魂颠倒，产生难以割舍的心理依赖。

  学习作为一种复杂的智力游戏，根本没法与游戏比。虽然学习也是由浅入深，但很多知识枯燥乏味，学起来很费劲，一个知识点没有搞懂，前进道路上就多了一个障碍。此时老师非但不会停下来等你学懂再上新课，而且还会把你当成累赘，成为指责发泄嘲笑的对象。知识链上现在的缺漏会成为下面学习的障碍，更多的内容听不懂，出现恶性循环，被大部队甩得越来越远。像古代打仗一样，指挥官只会带着精兵强将拼命往前冲，抢占制高点，摧城拔寨,那些残兵败将则成为追兵的美餐。学习上困难堆积如山,感受不到丝毫乐趣,沮丧、埋怨、愤怒、物欲等不良情绪找上门来,脑袋瓜子全是负面的想法,思维当然无法专注于学习。

所以,撇开思维的专注,单纯把毅力的重要性及其作用强调到不适当的程度,纯属非专业人士错误认知,误读了毅力的属性。即使有一部分玩性大的孩子,学习不上心,简单地归因于学习态度问题,认为他们没有毅力,对学生同样不够公平。他们中的大多数人贪玩的毛病并非完全出自本意,不排除思维品质出了问题,在学习上找不到乐趣,只好把多余的精力释放在其他地方。只有那些专心下来也能学得进去,但自作聪明,华而不实的人,遇到点困难就退却放弃,这种缺乏韧劲才是没有毅力的表现。由此观之,判断有没有毅力要看在什么情况下放弃努力,不能一概而论。

思维不专注,学习钻不进去,要让他们攻克知识的堡垒,有心而无能为力。好比一个发动机功能较差的汽车,司机有天大的本事也不可能像别的奔驰、宝马一样高速飞奔。对思维品质不好的学生,家长看不清问题的症结,不停地在后面让学生加油挺住。超越人体极限的过分要求,则是对人性的摧残,诟病学生没有毅力,绝对是鲁莽而危险的玩火。

三、不可小瞧了认知准备

学习本身不见得是一件多么困难的事,只要有积极的情感准备、良好的思维品质和认知准备,一步一个脚印地跟着老师走,每堂课都能很好地把老师的授课内容理解领会好,学生一般都能取得不错的成绩。即便个别学生反应慢一点,只要学习态度端正,与老师保持良好的互动,有疑难问题虚心向老师和同学求教,成绩不会差到哪儿。

在现实生活中,一些具备积极的情感准备和良好思维品质的学生,之所以没能取得理想的成绩,不排除存在着认知准备不充分的问题。

认知准备,是学习新知识前必须具备的基础知识。简单地说,就是学习复杂的理论和技能,要具备必要的认知基础,这样所学的新知识才能与原有经验进行联结,形成全新的认知结构和知识体系(指学生现有的知识量、清晰度和组织方式),引起思维和行为变化。

教育心理学家加涅认为,学习任何一种新的知识技能,都是以已经习得的、从属于他们的知识技能为基础的(见《学习论》)。也就是说,前一次学习都是后一次学习的基础和先决条件,完成一项新的学习任务还要看你与之相适应的基础知识建构得是否牢固。任何新的学科都有深奥、复杂的理论,而这些理论又具有连贯性、逻辑性强的特点,客观上要求学生在学习某一新知识时务必具备与之相关的简单、具体的知识,所需的基础知识掌握得越广博、熟练,越能够把所学的新知识理解吸收好,越容易迁移过去解决其他更新的复杂问题。

择校,准备好了吗

在独生子女时代,一个孩子的成功与否代表着一个家庭的未来,甚至影响着整个家族的兴衰,为数不少的父母把子女教育当成了家庭的头等大事,孩子学习重于一切。相当多被就业竞争急红了眼的家长,很少有理性的时候,在他们心目中不管三七二十一,只要能上个好学校,请个名气大的老师当家教,任何学生都能够考上名牌大学。

谁也不否认好学校和优秀教师在学习教育中的作用,然而,学习的确是个自主性很强的智力游戏,学习的过程是主动理解、消化、吸收知识的过程,学习效果的好坏,学生是关键中的关键。重点学校教学水平、难度系数、教学节奏总体上高于普通学校,那些高水平老师已经把所教的书读得很薄很薄,教学过程中技巧新颖、语言简洁、精练,优秀的学生听起来很来劲,所学知识能够很好地消化吸收和利用;但是,基础不扎实、认知准备不充分的学生,理解接受能力差,老师讲了半天,云里雾里,费了老鼻子的劲,很可能像听天书一样,没有听出所以然来。授课内容不能与学生原有的经验形成联结,无法变成自己的知识,老师水平再高也是白搭。一堂课下来百思不得其解,除了增添更多的紧张焦虑和怨恨外一无所获。

赵强(化名),原是西安某重点中学一名高三男生,在距离高考前15天的时候,以极其残忍的手段把同班一位交往不是太深、无冤无仇,也没有任何情感瓜葛的漂亮女生强暴并杀害。令人蹊跷的是,当办案人员询问他作案动机时,这个眼神有些冷峻凶煞的小青年却说,"我自己也不知道!"

一起无由的杀戮,一连串令人费解的疑问,难道这个浑小子患有精神病或是天生恶魔,非也。赵强,生于河北省雄县,身高1.85米,聪明伶俐,健壮彪悍。上初中时,学习成绩拔尖,是个绝对阳光帅气的男孩。在大家的印象中,他为人热情,正派仗义,充满自信,常给人大哥哥那种感觉。即便犯下如此不能让人饶恕的罪孽,认识他的老师和同学都不敢相信这事他能干得出来。

初中毕业后,经在西安某军校担任教官的大伯转学到西安××一中读高中,期许以后报考军队院校,未来能够顶立赵家门户。从小城镇来到西安这个繁华大都市,一下子远离了往日的亲朋好友,他觉得自己像一只漂泊的孤舟,完全被淹没在陌生的茫茫人海之中,孤独让他内心感到一丝忧伤,做梦都盼望着"找几个能够帮助我的朋友"。幸好,住在大伯家里,优越的生活环境和大妈无微不至的关怀使他孤寂的心得到暂时慰藉。

很快，凭借挺拔的身材和热情开朗的性格渐渐适应了新的环境，并自荐当了副班长，还是校篮球队绝对主力。球场上他激情似火、拼劲十足，越是比赛处于下风的时候，越表现得沉着冷静，从不慌乱，关键时刻别人上不去的时候，他能够勇敢地站出来，担当起精神领袖的角色。

尽管赵强在老家上初中时成绩还是比较靠前的，但毕竟是普通中学，现在就读的学校是陕西省升学率排名前三甲的重点中学，他所在的虽然是个普通班，仍然高手如林。因为基础差，上课时，赵强腾云驾雾一样，很多时候听不懂，不时举手提问。有时因为所提问题过于简单幼稚，招来同学哄堂大笑，学习异常吃力。

老家河北雄县，属于经济欠发达地区，爸爸妈妈靠做塑料制品维持全家生计。同龄人大都早早辍学外出打工，寒暑假回到家乡，儿时的伙伴听说他在西安这所大城市里读书，为自己的理想奋斗，很多同学投以期待和羡慕的眼光，他发誓要混出个样子来报答父母的养育之恩。尽管他学习非常刻苦，可是，高二时成绩却一直排在全班四十名开外，常常为此沮丧。

学习带来的压力和焦虑，使这个阳光少年突然变得敏感多疑起来。住在大妈家，有时晚上看会儿电视、周末早晨起床晚点，不时听到大妈的唠叨声。赵强感到十分郁闷，常常有寄人篱下的感觉。从此，开始有些沉默寡言，总是在电话中向母亲抱怨大妈管得太多。

转眼间到了高三，学习成绩依然没有多大起色，每次考试后都会觉得自己输得体无完肤，有被高手淹没的感觉。眼看着大学梦即将破灭，他越发愧疚，身心疲惫。

一天，大妈在整理房间时，无意从赵强的日记中发现了关于"性"这一敏感话题。晚饭后，大妈委婉地与侄儿谈了谈这个话题，提醒他要以学习为重，别为男女间的事分散精力。小赵对大妈触动自己隐私的举动非常伤感，认为自己唯一的空间受到了侵犯，严重地超越了底线，并在日记中对大妈做出了警告。也许是精神压力太大的缘故，一个看似不起眼的刺激即刻引起他的强烈反弹，心灵也开始出现扭曲，对人生充满了疑惑。

高三寒假前的一次期末考试，小赵只考了最拿手的语文就请病假回到了老家准备过年。小赵酒过三巡，伤心地哭了起来，一股脑儿把自己三年来的苦水全部倒了出来:大妈唠叨、学习成绩跟不上、高考无望……无颜面对父母,辜负了亲人的希望。父母一再开导他要坚持到底。

看得出,此时正在挣扎中的小赵精神压力已近极限,但仍然对上大学充满着渴望,期望通过努力实现人生目标。然而,思想混乱,心静不下来,学不进去,听课、看书写作业时总想其他事,没完没了的烦恼和自责压得他喘不过气来。在他日记中反复出现"让我为了自己的未来做出最后一次努力""有效学习时间:无""浪费的时间""坚持下去就是胜利""挺住""要战胜自己""一直战斗到最后"等挣扎的字眼。

心里想着要挺住,然而,超负荷的精神负担早已超过极限。眼看高考临近,学习成绩一再下滑,很难跟上全班的步伐,他开始有些绝望,打算离开学校回大妈家复习。可刚回大妈家复习两天,因为一点小事与大妈又发生口角,情绪几近失控状态。

少小离家、思念亲人、寄人篱下、成绩落后、高考无望、看不到人生的出路在哪、愧对亲人、青春期躁动不安等伤心的回忆一起涌上心头,不顺心的事也接踵而至,几乎让他窒息。于是,萌生了彻底清算和大妈恩恩怨怨的念头,并制定了详细的行动方案。从此,可以与自己的痛苦、烦恼进行一次性了断。他在遗书中称自己本来梦想"当一名和尚",但这个梦想无法实现,只好去追求更高层次的清静(永远地走了)。

案发前的两天,学校举行模拟考试,赵强在每张卷子上只答了选择题,总分只有100多分,此时,他的精神已经濒临崩溃,不再在乎学习成绩,甚至漠视周围的一切。

正当他按计划要杀害大妈刘××时,这个为他做了三年饭的恩人却得到了老天的保佑,回到了老家河北。于是,他想起了本班同学晓蕾(化名),这个长得水灵的班花便成了大妈的"替死鬼"。

现在想来,按照赵强初中时的良好成绩,继续在河北老家的学校就读下去,考一个普通大学一点问题没有。退一步讲,即使考不上大学,他那英俊潇洒的外表、开朗的性格和超强的组织协调能力,干什么不成呢?然而,他的父母和那个有些业余的教官叔叔,本身对青少年学习成长不专业,偏要越俎代庖,用所谓专业者的权威来设计孩子的未来,结果弄得鸡飞蛋打。

这一事例提醒我们，学习除了情感准备、思维的品质外，认知准备也万万不能忽视。有些男孩子小学时玩性太大，不知道好好学，到了中学开窍懂事了、醒悟了开始发力。但是，知识架构中缺漏太多，认知准备不充分，新知识学习过程中到处是"拦路虎"，学起来吃力费劲，虽然很刻苦，下了很大功夫，结果，很难达到满意的效果。

具备相当的认知准备是学习一切新知识的前提。很多有责任感的老师除了能够科学地确定教学难易程度，合理安排教学进度外，常常在学习新课前复习相关的基础知识，尽可能地为学生学习新知识做好铺垫和准备。但是，每个学生都有自己不同的弱项和知识"短板"，单指望老师帮助查漏补缺显然不很现实。对一个基础不是很扎实、想要取得佳绩的学生，则需要能动地建构知识，比如，进行课前预习，了解即将学习章节的重点内容，哪些问题还存在疑点，有针对性地做好认知准备，并在上课时对重点内容随时注意，不懂的地方课后及时找老师释惑，这样才能全面地理解掌握新的学习内容。

通常学校都是按照中等学生的水平安排教学内容，确定教学进度。提高学习效率，不但要在课前从微观上做好学习的认知准备，学生的学习能力总体上具备学校中等水平这种宏观上的认知准备也不能小视。很多家长过分迷信名校在开发智力、提高成绩上的作用，不惜一切代价为孩子择名校，实际上陷入一种教学的误区。让学习能力和成绩三流的学生就读一流水平的学校，本身不具备重点学校、重点班学生所必备的水平，教学的难易程度超出学生认知能力太多，认知准备差一大截，适应不了重点学校的教学水平，跟不上老师的授课节奏，课堂上别的同学听得津津有味，咱们的孩子却像听天书一样，知其然，不知其所以然。坐在教室使出浑身解数，丈二和尚摸不着头脑，作业质量没法保证，每次考试都落在后面，免不了常常受到同学的白眼和冷落。不但会影响到孩子的学习成绩，学习兴趣，自信心也会受到挫伤，精神上遭受折磨。

因之，奉劝那些望子成龙的家长一定要明白，不管是从学习或培养孩子自信心的角度讲，择校是选择适合孩子学习能力水平的学校，而不是一味地把教学质量高的重点学校作为首选目标。可以择略高于孩子现有水平，但目标一定要适度，通俗地讲，让学生蹦一下够得着。否则择校就是择痛苦。

这样说或许有些家长不以为然,不妨看看从网上下载的《一个中学生的死亡日记》。

8月9日

今天,爸爸妈妈非常高兴,因为我终于被市重点中学录取了。妈妈高兴地说:"儿子,好好学习,将来考北大,考清华,出国留学,妈妈就是吃糠咽菜也供你。"爸爸不爱说话,只是说:"小子,别给我丢脸!"

老师都说我不是读书的料,不知爸爸妈妈为什么非要让我进重点中学?也许因为爸爸妈妈没上过大学,我就一定得替他们上吗?干别的就没脸面吗?我想开车,可爸爸说开车没出息。现在还说这干什么,为那5万元的择校费,为了爸妈的辛苦,我只能拼了!

9月1日

下午妈妈参加家长会。班主任陈老师在会上说:"这几位学生是怎么进来的你们家长心里明白,这里竞争非常激烈,每次月考都是全校10个班排大榜,你们要给孩子找补习班,别让他们拖我们全班的后腿。我这个老师还想保住饭碗呢!"我感到十二分地忐忑。

爸爸下岗,摆地摊;妈妈还上班,可每月只挣400多元钱,还经常开不出工资来。为我上学,家里已经一贫如洗了,正常上学就得一大笔费用,哪还有钱上补习班呀!但是,为了不想看人家的白眼,爸妈还是让我双休日补两整天课,希望不要掉队。

10月9日

今天学校公布了第一次月考成绩,全校初一450名学生,我考了437名,陈老师在班上说:"后10名的同学,从明天起每天晚走1小时,我们几个老师轮流给你们补课。"

我低下了头,如果有个地缝,一定钻进去,可没有。我知道,当时同学们的目光齐刷刷地扫在我的脸上,我是罪人,对不起爸爸妈妈,对不起陈老师。可是,我用功了,每天晚上11点之前没有睡过觉,周末补课也用了心。我真的很笨吗?为什么努力用功,还是学不好?

2月12日

昨天下午,参加期末考试,我突然昏倒在考场上。

躺在病床上，心里真不是滋味，怎么能这个时候病倒呢？我要证明自己不比他们差。期中考试，我考了406名，比第一次月考的成绩好，可在班里还是倒数第一名。陈老师摸着我的头说我尽力了，让我慢慢地赶，不要上火。爸爸妈妈都安慰我，可我不敢看他们的眼睛，我知道他们失望极了。全家收入的80%都被我花掉了？我却这么不争气。当时死的念头都有，可是，不能死！我死了，爸爸妈妈就没有希望了，他们多伤心呀！我一定要好好学习，为他们争光。

2月24日

今天是大年初一，昨天我跟爸爸妈妈都去爷爷奶奶家过年了。可是，今天早晨我就赶回来了，跟妈妈说我要回家写作业。其实，我是害怕见人。看着人家过年，我真难受，真难受！

最不敢见的就是舅舅，为了我上学，他求了那么多人，到头来我给他丢人。姨妈都不敢见，他们给我拿了5万元上学，我的成绩这个样子，还有脸见他们吗？

6月18日

今天是我最高兴的一天，我考了全校327名，全班我考了31名，不再是差生了，真高兴。爸爸妈妈笑得也很开心。晚饭，爸爸竟喝了两瓶啤酒，还边喝边唱，妈妈搂着我一个劲地傻笑。我知道，他们的快乐是我带来的，是我这不算好的成绩带来的。我得更加努力，要不太对不起爸爸妈妈了。

我越来越觉得身体没劲，也许真的像医生说的那样，疲劳过度。我的视力越来越差，不过，眼睛瞎了也得拼命学，我还有别的路吗？下决心要更刻苦学习，让爸妈的脸上永远有笑容。

7月2日

这几天，我每天晚上11点钟之前就得睡觉，否则头都抬不起来，看来真的是严重睡眠不足和疲劳过度。可是，我的功底差，跟不上，老师讲课内容好多听不懂，作业做得慢，我只好4点起床，写作业背课文背单词。到了学校刚开始上课，就困得睁不开眼睛，不得不一把一把地拧自己的大腿，真觉得生活比在地狱里都苦。

7月4日

下午放学了,我走进自行车棚发现车胎瘪了,还以为路上扎坏了,刚一抬头,我们班的张强过来边说边喊:"大家看,就是这个小子,每次考试都是全班倒数第一,这次更出彩了,全校倒数第十。气是我放的,想怎么着?就你这德行,大家给你背分,我们班的脸都让你给丢光了……"我推着没气的自行车走了,我没有资格跟他理论、打架。他说得对,我是什么东西?倒数第一,还有资格跟人打架吗?

9月23日

暑假补课班的考试成绩出来了,两个班96个人,我考了第89名。一个假期,天天补课,花掉了家里许多钱。为了供我上学,妈妈从不买新衣服,爸爸不再喝酒,可是,我的成绩越来越差,一考试就紧张,常常看着考题满脸冒虚汗。这次又考这么差,我真的想到了死,可又一想我才14岁,死了不值呀!

12月8日

今天是上初二的第一次期中考试,我知道成绩一定会很差。一进考场,我就浑身发冷、哆嗦,平时会做的题都不会做了。明天还有两门,但愿能好一点,要像今天这样,肯定还是全班倒数第一,那我就只能去死了。

12月12日

期中(终)成绩下来了,又是全班倒数第一,好不容易挨到了放学,我背起书包就逃出了教室,害怕这个教室,觉得每个人的眼睛都在看我。

我第一次走进游戏厅,因为我一直是爸爸妈妈的好孩子。玩了一会儿口袋里两元钱就花光了,半夜才回家。

妈妈坐在家里,问我去哪儿了,并说爸爸去找我了。一会儿爸爸也回来了,他们都没骂我,也没问我成绩,我更没脸说了。昨天晚上我做了个梦,梦见全班同学排着队,所有的手指向我,大家齐声说:"陈奇生,滚出去,滚出去!我们不跟这样没出息的人做同学!"被自己的梦吓醒了。现在明白了,我应该滚了,可是,滚到哪里去呀!?要滚,只能去死了。

2月6日(自杀前夕——引者注)

再过两天就要期末考试了,失眠睡不好觉,上课没精神,连作业都常做错。再考不好,我怎么面对老师和同学,怎么面对爸爸妈妈还有那么多亲人。

爸爸妈妈呀,不是儿子不孝,我真的不是上大学的料,我尽力了,真的没办法了。

读完日记,我为这位身在天国的孩子感到十分痛心。这样的父母太可怜,省吃俭用,四处借债让孩子上重点中学,是用爱的名义对孩子实施精神暴力,分明是把孩子往悬崖下面推,这和杀戮有何区别?孩子更可怜,哪里是在读书,简直就是花钱买罪受。

好学生是学出来的,非教出来的

学习也好,教育也罢都有其内在规律,任何人都必须遵循青少年成长教育的规律,急不得,更逼不得。对大多数家庭来说,多理解并从精神上给孩子关心就是最好的教育。然而,有相当一部分家长学生时代适值"读书无用论"盛行的年代,与大学擦肩而过,便把自己没能实现的理想寄托到孩子身上,希望下一代能够圆自己的大学梦。不管孩子是不是那块读书的料,一概要求孩子上重点中学、考理想的大学,结果事与愿违。孩子因为压力太大,幼小心灵受到无情地摧残,自导自演了一幕幕悲剧,这是家庭和社会的不幸。

一些企业老板、社会白领等所谓的成功人士,试图把自己的成功延续下去,孩子一上学就开始制定"3岁方案""5年计划",请一对一的家教,认为只要能进入重点中学乌鸦也会变成金凤凰。从不考虑孩子的学商水平,不惜一切代价择名校,很多孩子能挑50斤,家长非要给他80斤的担子,稚嫩的心灵过早地承受着巨大的压力,因为精神紧张学习受到影响,在学校时常遭到老师批评和同学轻蔑的目光,觉睡不好,饭吃不香,自尊心受到严重伤害。

在这个多元的世界里,有钱可使鬼推磨,可以成为影视明星,可以买到暂时的情感,甚至可以成为宗教领袖等。但是,再多的钱、再高的地位都无法换来孩子好的学习能力。道理很简单,学习作为人的大脑的一项高级智力活动,是人的主观能动过程,外在环境再好,老师教学水平再高,传授的知识你吸纳接受不进去,天大的本事都是白搭。

学习所具有的内在规律告诉我们,好学生是学出来的,绝不是教出来的,因为教仅仅起个辅助作用。也就是说,学习上的事家长真的帮不上多少忙,管得太多只会帮倒忙。真要孩子出息起来,家长首先要自己平静理性下来，少唠叨两句、少制造点不和谐杂音，不帮倒忙，用自己的淡定创造一个静谧温馨的学习氛围比什么都强。真要想尽点责任，不妨在闲暇时给自己补补课，学习一点教育学、心理学知识，理性客观地评估孩子的智力水平和学习能力，确定合理的成长预期是对孩子的最大帮助。到了中学阶段，孩子学习任务日益繁重，压力较大，父母业余时间能够看点书，与孩子一同学习，探讨一些学习、人生方面的话题，让孩子感觉到不是他一个人在"战斗"，你就是一个称职的家长。

第二篇
专注与圆融——伟大生命的两个元素

成年人一般都有这样的体会，当你打开小学或中学时代的毕业合影照时，你会发现照片上所有学生男俊女靓，几乎个个五官端庄、眉清目秀、乖巧可人，单看表面似乎人与人之间没有多大差异。但一个可怕的事实是，几十年后大家生活境况却天壤之别，有的人博学多才、睿智贤达成为学界政界精英；有的人风度翩翩、激情四射在文体圈内一言九鼎；有的人明达事理、有勇善谋，在商界乃至产业界驰骋纵横，成为叱咤风云的社会名流，人生也随之辉煌灿烂。大多数人则波澜不惊、平平淡淡，碌碌无为地苟活着。不乏小部分人经济窘迫，穷困潦倒，或因为意想不到的波折而一蹶不振，在贫困线下挣扎，处境十分凄惨。

人们不禁会好奇地问，究竟是什么原因导致生活在同一片蓝天下，享受同样水土、阳光的滋养，有健全的四肢和看似相同大脑的人，人生结果却存在如此大的差异。有人可能认为大凡事业有成的人一般都生长于比较显赫的家庭，非也，细数身边的成功人士，绝大多数出身乃普通工农家庭，有的条件还相当艰苦，自小饱受艰辛和屈辱。即使在美国这样的国家，他们多半以上的总统和社会名流都是诞生在乡间"黑色小屋"的穷小子。或许有人会说，成功者大都聪明过人，他们青少年时期学习出类拔萃，智力过人，为自己的成功积攒了充足的人生资本。其实，也不一定完全如此，综观商界或产业界的名流，并非人人都毕业于名牌大学，有响当当的学历，出自草根阶层的大有人在。综观那些有别人可望而不可即的教育背景的人，又是何种原因帮助他们在青少年时代在学习上先拔头筹？即便同样是绩优生，为什么只有少数人能够延续学生时代的精彩，大多数人书读得很好后来却在复杂的社会舞台上过早地销声匿迹？分析来分析去，根本原因在于心，古人讲，"万事皆由心起"就是这个道理。

人的一生面临两大课题——做人与做事。生命的意义在于做对他人对社会有益的事,用自己的爱心向身边的人传递正能量,给更多的人带来幸福和快乐,共同营造文明美好的世界。在实现人生这一崇高目标的过程中,专注习得过硬的知识和技能,奠定了做事的看家本领;圆融的人可以更多地释放善意,广结善缘,做起事来顺风顺水。少了这两个要素,做人做事都会大打折扣,追求卓越人生想都别想。

每个人来到这个世界,受遗传和成长环境的影响会出现不同的气质秉性,它所蕴含的专注和圆融两个重要元素形成了人与人之间本质上的差异,导致事业和家庭生活千差万别。

专注好理解就是专心和专一,因为神情专注,打小学习专心,领悟记忆能力、信息加工能力、阅读能力都很强。不管学什么都有很高的悟性,一点就通、一学就会,从小博览群书,学习成绩拔尖,能够考上自己心仪的大学,受到良好的专业教育,他们在人生的前半程一定是同龄人中的佼佼者。专注的人有过硬的专业技术,长期专心致志做一件事,认准一条路走下去,成功概率当然是那些朝三暮四的人无法比拟的。

从圆融的字面看,圆是一个集喜庆、成功、美善于一体的字眼,有圆满、圆熟、圆和、圆通、圆润、圆浑之意。圆满指的是不缺少,圆熟意味着不生硬苦涩,圆和圆通指做事灵活不拘泥固执,圆润表示饱满、含蓄、润泽、完美、不事张扬、不伤他人,圆浑则内敛完美。融有融洽、融解、融合之意。融洽,重友谊,不制造感情障碍;融解,主动消解矛盾,不与人冷战,不形成对立面;融合,具有团结合作意识,能够与不同个性的人友好相处。圆融意味着成熟内敛而又厚重,圆融的人性格平和儒雅,思维缜密,时时事事都能周全理事,即便窘迫时分也依然理性如故,哲学地、辩证地待之思之行之,而非以偏概全、顾此失彼,即使遇到无法调和的问题也轻易不与人死磕,天大的冤屈都能保持淡定。

如果说把专注看作是汽车、飞机上质量精美的发动机、操纵杆等实际功能件,圆融则相当于润滑剂,二者互相作用,方能保证汽车、飞机正常运行。

专注与圆融融于一体,在秉持各自鲜明个性和独立价值观的前提下,能够与人和社会和谐相处,当直则直,该曲则曲,习惯于用协商辩论来解决利害冲突,轻易不搞对立。又好比旅行箱或小推车下面的四个万向轮,虽然彼此独立,一旦确定方向后,大家会在保持高度一致的基础上向同一个方向前进,"君子和而不同"就是这个道理。古今中外,具有高尚灵魂和睿智思想的世界级伟人,如周恩来、邓小平、林肯、甘地等,属于当之无愧的集专注与圆融为一体的具有全面性智慧的代表性人物。

毫无疑义,无所作为的平庸之辈,问题也都出在"心"上。心思不够专注,从小在学习上打了败仗,有的连自信心都输得荡然无存;他们心性冷漠,性格乖戾,到处招惹麻烦,谁见谁烦,当然干嘛嘛不成。

一、让生命富有质感

杨树、柳树木质松软，密度硬度差，耐磨耐腐蚀性低，木性脆缺乏柔韧度，除了挡风护沙，美化环境等，价值低廉，用途局限性较大。黄花梨、紫檀、花梨木、酸枝木、鸡翅木等，因其结构致密细腻匀称，材质硬重、强度高，耐磨耐腐耐久性强、韧性好，并称为特有珍稀木材。尤其是黄花梨，木色金黄而温润，纹理交错，清晰美观，如行云流水，非常美丽，很有质感。用这些稀有优质"红木"做成的各种精美家具和工艺品木性极为稳定，在寒暑干湿等各种环境下不变形、不开裂，高贵庄重典雅，成为收藏界的抢手货。

生铁僵硬死板，不够坚韧，遇到重压或强力颠簸容易折断，当然不能派上大的用场，只能做一些农用工具和普通的建筑材料。一旦经过烈火锻造成为合金钢，柔韧而不失刚性，身价倍增。镁合金、钛合金等合金材料，具有较强的耐热、耐冲击性能和阻燃性，是一种综合性能极好的材料，广泛地应用于通信器材、家用电器、汽车、电脑及外设部件。还有铝合金、钛合金、耐高温合金、高强度钢等复合材料，由于其重量轻、强度高、韧性好、耐腐蚀，不但能够在航空航天技术领域派上用场，还广泛地应用于医疗器械、化工设备、军工及运动器材等领域。用钛合金制作的高档自行车车架，能够减轻重量，具备结构稳定和很好的抗疲劳性能，且耐酸雨、紫外线、潮湿等侵蚀，经久耐用。

同样的道理，作为一个活生生的人，思维不专注无法习得过硬的专业知识，做事会受到很大局限性，难以培养起真正独立的精神。性格不柔和圆融，做人不合格，无法与人和谐相处，到处是对立面，工作和家庭关系搞得一团糟，事业上也不会有大的作为，必将痛苦一生。只有专注和圆融有机结合，方能建构多元的文化素养和不同凡响的人格特质，这样的生命才有质感，注定是一个民族、一个国家复兴和发达的栋梁之材。

不专不圆是废才

　　思维不专注的人心神涣散,反应迟钝,理解记忆能力差,导致学业困难,求学道路半途而废,无法建构合理的知识结构,注定是一个思想肤浅、理论水平低下无厚重而底气不足的人。学不到过硬的专业知识,思想摇摆不定,人生无目标,长时间处在一种迷茫状态,不知道自己究竟适合干什么,东一榔头、西一棒子,啥事都干不成。即便有些人吃苦耐劳,因为专业知识的局限,起跑时比别人慢了半拍,做任何事都事倍功半,很难获得真正的成功。

　　性格不够圆融的人鸡肠小肚,凡事斤斤计较,不容人、不容物、不容事,挑三拣四,对不习惯的饮食、服饰等生活用品一概排斥,适应生活和工作环境的能力极差,对自己不感兴趣的事打心眼里抵触,父母、老师的建议不管正确与否只要不符合自己脾气秉性爱理不理。成长过程中,既不能从书本中学习借鉴前人的智慧,又不愿接受长辈或他人的善意劝导,无法从他们人生经验教训中获得滋养,智力水平永远只能在低位徘徊。一些有神经质倾向的人,少见多怪,以小人之心度君子之腹,凡是特别敏感,性格非常挑剔,看谁都不顺眼,喜欢评头论足,看不惯、容不下有点小毛病的人,对别人个性化的言行举止尽管无碍自己的利益,也会感到不舒服,同样无法逃脱卑微的噩运。

　　性格不圆融的人心胸狭窄或性格褊急,内心没有热源,缺乏热情和耐心,自己的情绪低落,打不起精神、提不起信心,也放不下贪心、瞋心,内心像冰窖一样阴冷,多数时间充满抱怨和愤怒,让周遭无法安生,是不折不扣的晦气鬼,地道的麻烦制造者。常常为很小的事百般计较,患得患失,与人发生摩擦不知道用心平气和沟通来消除误会,工作生活环境到处树敌,无法结交真正优秀的朋友;他们总是人为地制造、积攒矛盾,几乎没有消融纷争的能力,遇事不知道迂回,把争吵、用硬碰硬对着干作为解决问题的唯一的办法,多数时候都会造成两败俱伤。这些本事不大脾气大,智商不高情商逆商更低的平庸之辈,很容易被各种烦恼和思想负担捆住手脚,纵令有十八般武艺也无法施展自己的拳脚,成功总是与他们擦肩而过,只能窝窝囊囊地生活一辈子。俗话说，丑人多怪。心胸狭窄、性格抑郁焦虑的人，由于精神长期紧张压抑，有些可能造成发育不良，身材矮小。同时，经常处于怨恨、愤怒表情，眼睛含有敌意，这种愤怒而焦虑的表情很容易在面部定格，长成一副丑陋的苦相。因此，漂亮的脸蛋总会展现出热情乐观的性格，丑陋的面容里面大多隐藏着一颗抑郁烦躁的心灵。

既不专注也不圆融的人没有真才实学，舅舅不疼，姥姥不爱，四面楚歌，无法与他人合作共事，做人做事都很失败，由此，被人瞧不起而自卑。其中一部分过于自我的人，本来能力水平一般，你说他不行，但他就是不服气，为了补偿自卑感，证明自己的存在，心血来潮时可能会抱着赌博的心理去干"大事"冒风险，十有八九会一败涂地，有的人心灰意冷，用消极的方式草草收场。做事不专注自制力差、做人不够圆融容易走极端，契合了犯罪心理学中犯罪的两个构成要件，可谓是犯罪型性格，这样的人在刑事犯罪中占有相当大的比例。

只圆不专是伪才

人的能力有大小，学生时代因各种原因未能受到很好的教育，没有把书读好，或因生理原因智商低一点，只要不失本分，诚实厚道一些，干不了轰轰烈烈的大事，脚踏实地过日子，照样活得有滋有味。生活中，很多学历高的实干家，也是社会所必需的，同样受到人们尊重。

然而，在今天的中国社会，许多人因为注意力障碍，不能静下心来学习，不愿踏踏实实修炼内功，知识底蕴不深，心沉不下来，拼命用表面上的华丽来掩饰内心的虚脱，结果，人生缺少真知灼见，没有内涵，更没有特立独行的价值观，灵魂像墙头芦苇一样随风飘摇。也使圆融这个值得称道的性格特征部分地变成了圆滑，一事当前只管敷衍变通，毫无规矩原则可言，很多事情失去了本来面目。

学生时代没有建构起真才实学，费尽心思包装掩饰自己，任凭那颗骚动不安的心让缺乏品质的热情无限沸腾，成天穿梭于各种交际场所，练就了一身八面玲珑与人周旋应酬的表面功夫。太多性格外向满场飞的"外交家"，把整个社会搅得尘土飞扬。于是，人们越来越同质化，思维不再深邃，生命随之变得浅薄和虚华，在各种社交场合包括工作单位大家见面彼此客客气气，互相恭维、吹捧、打哈哈，背地里各打各的算盘，利益面前你捣鼓我，我捣鼓你。逢年过节祝福短信、贺年卡满天飞，但大家又互相提防，不敢交心，有了委屈无处诉说，内心的苦闷找不到真正的倾诉朋友，难免有"相识满天下，知己有几人"的伤感。

　　选择了生命的表象，必然丢掉真诚，失去宽容善良，丧失真实的自我。这样的人得到再高的权位再多的金钱，即使得到全世界，也掩饰不了内心的寂寥，无法和谐安生，最终是竹篮打水一场空。

　　不管干什么事，牛皮吹得天花乱坠，结果与现实差之千里。由此延伸到社会，学校、机关的大门一家比一家盖得高大、豪华、气派，学术腐败、以权谋私却愈演愈烈；城市建设今天建明天拆，外表富丽堂皇，实则豆腐渣工程，稍遇地震、水灾房倒桥塌，大家习以为常；山寨、水货充斥市场甚嚣尘上，假烟、假酒、假药、假奶粉屡屡发生，不觉为奇，没有人从文化上去刨根问底。我们可以办历史上规模最大、人数最多的奥运会、世博会，可以盖摩天大楼、建世界最高的佛像，全社会都在赶热闹，很少有人潜下心来搞点基础性研究，在象征全球最高智慧和荣誉的诺贝尔获奖名单中寥若晨星。技术落后，软实力不够强大，没有人能看得起你，小国都敢跟你叫板，让你没有一点脾气。英国前首相撒切尔夫人曾经说过，"中国人一百年也不会产生新思想并对人类有所贡献"。实在没必要去争辩此话的对错和真正用意，只有当我们更多的学生有了专注的思维，能够把事本位、探究性学习需求作为主要的学习情感准备的时候，有更多的发明创造被世界承认，到时候这个"铁娘子"一定会哑口无言。

　　日本经济战略家大前研一近期出版著作《低智商社会》，将泡沫经济破灭后日本社会的种种问题归因于"集体智商衰退"，引起各界的广泛关注。他认为"低智商社会"的主要表现在三个方面：一是"集体不思考"，人云亦云，广告里如果说"纳豆对减肥有帮助"，第二天超市里的纳豆就会被一抢而空。很多人丧失对事业的欲望和进取心。二是"集体不学习"。大前批评现在的日本人不怎么读书，偶尔看到有人在看书，也仅仅是漫画、棒球而已。他接受采访和演讲后被问得最多的是"怎样变成强者""怎样赚到钱"之类的肤浅问题。三是"集体不负责"。政客们热衷于选举、权力、人脉和任人唯亲,导致政界的集体素质下降,遇到困难就撂挑子不干。大前罗列出的种种现象,何止日本社会独有,急功近利、肤浅浮躁、缺乏思考的社会现象简直就是对中国现实社会最真实生动的描写。然而,让人揪心的是,面对日本的"低智商社会"其知识阶层和社会精英还敢于理直气壮地进行鞭挞,而我们的学者精英似乎对此见多不怪,习惯了、麻木了,哀莫大于心死,值得国人深思。

耳濡目染了当今庸俗的社会关系学,许多青少年学生被各种流行色弄得眼花缭乱,本来是读书的年龄,该用知识武装自己,为人生奠基,却热衷于穿戴名牌,煞费苦心修饰外表,希望自己能够像"超女"那样风光火爆;频繁参加各种联谊、同学聚会和生日派对,处心积虑建立人脉,扩大自己的势力范围;忙于疏通各种关系,在请吃请喝上费尽心思,少了该有的清纯和安静,心思无法用在书本上,读书的意义逐渐模糊,学习兴趣也随之淡化。

如今的大学校园更像个小社会,莘莘学子们过早地把成人的市侩习气带入学校生活,看到那些把理性丢在一旁,盲目热情玩关系走红的人吃香受到上司器重,看轻专业知识的学习,沉溺于眼前的利益得失,在人际关系上大做文章,把锻炼酒量、美容武装外表当成大学的必修课。被各种外事活动忙得晕头转向,内心难以宁静,真正学习的时间少之又少,鲜有精力去思考深刻而有内涵的管长远的专业知识技能,更不能奢望去培养沉着、内敛的意志力。思想无法深入,生命开始肤浅,人的智力在很多方面开始退化。走向社会后急功近利,干任何事都大而化之,大事干不了,小事、费力的事不愿干,在困难或挫折面前开始打退堂鼓。有的学生看似适应环境很快,但没有真才实学,中看不中用,自信心不足,更经不起艰苦条件的摔打,受到一点挫折就心灰意冷,失去上进心,年纪轻轻开始碌碌无为地打发日子,一步一步地回到祖辈才有的图安逸、守摊子的老路上去。

我曾接触过一些新毕业的大学生,交给他一项工作单看表面还说得过去,但仔细琢磨没有自己的特点更谈不上新的创意,深究起来还会发现很多漏洞。根本原因在于学习工作不求甚解,缺少对生活的深度体验和思考,一事当前拿不出独到见解。这样没有追求,盲无目的地生活,只能像大海中的一叶小舟漂到哪儿算哪儿。

　　我们正处在一个权力社会,一个人可以决定另一个人的命运,于是大家拼命拉关系,大学毕业到一个新单位四处打探找老乡、找校友。心思没有用在工作上,干任何事都不愿做深入地思考,随大流、盲目跟风。有的寄人篱下、因人成事搭顺风车,也许一时得到了实惠,但不乏有人被带到沟里,或被他人扔到一旁,成为一个可怜虫。

　　圆融有余专注不够的人思维跟着感觉走,永远只对让自己感官系统快乐的事物保持兴趣,凭借超级热情、超强的社交能力或执着仗义,讨得上司欢喜。穿梭于商界、政界,玩潜规则、投机钻营,往往因为利欲熏心一发不可收拾而马失前蹄。据胡润研究院调查显示,10 年来,中国先后有 48 名曾经演绎过精彩绝伦财富神话登上《胡润百富榜》的大富豪,因为逾越法律底线被判刑落马。像擅长买空卖空的牟其中、资本游戏大玩家顾雏军等最终身败名裂,或失败陷入困境,下落不明,他们也成为人们茶余饭后的笑柄,这是社会和文化的悲哀。

　　悬崖峭壁上的松柏傲霜斗雪,巍然屹立,在于它深深地植根于石头的狭缝中,与大山浑然一体,坚不可摧;城市绿化带新植的风景树周围纵然有人字架支撑,平时安然无恙,由于根扎得太浅,韧性不足,一遇到狂风暴雨就会连根拔起趴在地上。表面光鲜亮丽,没有深厚功底和涵养的人,像街头的风景树一样根没有完全扎进土壤,无法得到大地的滋养,生命力不够强大,经不起折腾,充其量是一个中看不中用的伪材。

　　塑料花和鲜花都有同样美丽的外表,但塑料花没有生气和芳香,鲜花有活力、有个性和质感,能使人燃起对生命的希望,更受人们的宠爱。在喧嚣的社会诱惑面前,人若要生活得有品位,必须要富有质感。在这个人情社会里,积极适应外界环境这一点儿没有错,重要的是真正地认识自我,学会深化自我,建构独立人格和丰富的思想内涵。从小把书读好,搞清楚自己的特质在哪里?专长在何处?适时找到与社会接轨的人生定位,然后把思想深入进去,生命之根扎得愈深,吸收大自然营养愈多,生命才能够绽放出灵性来。

　　基于这一认识,一个人要想活得真正有价值有意义,首要的是摘下自己的面具,摒弃虚荣回归真诚,看远一点,内敛一点,在必要的时候笨拙一点,把眼前利益看淡一点，不要去为那些表面性的东西瞎忙乎。学点真东西是人生最可靠的资本，一定要专注于人的本真，潜下心来看书学习，用知识武装自己，有自己独立的东西，用真本事说话，靠能力吃饭，倾注全部热情发自内心的而不是被迫地把自己该做的事做好，长期坚持下去就形成了自己的核心竞争力，本固枝荣，根深自然叶茂。相信，只要有自己的真本领、真家伙，是金子总有发光的时候，生命就有了质感，人生自然会变得更加伟大而有意义。

有一个青年从小善于思考，个性非常鲜明，学生时代写作文时，别的同学都写"五星红旗飘扬在校园上空"，他的作文却写成"五星红旗耷拉在校园上空"。老师在课堂上一边读着他的作文，一边非常恼怒地对他进行批评，课后还把他叫到办公室进行教育，希望他改掉"哗众取宠"的毛病。他站起来反驳道："老师，这个成语你用错了！"老师说："你给我坐下。"他说："我说完就坐下，我的作文是交给您一个人看的，而你把我的作文当众念给全班同学听，哗众取宠的是你而不是我。"老师面红耳赤，不知如何是好，只好让他回去反思反思。

出门时他自言自语地说："明明白白的校园里没有一点儿风，五星红旗怎么会迎风飘扬？"老师一听，气得满脸发青，咬牙切齿恨不得揍他两下，最后要他请家长来学校。他的父亲到学校后，父子俩一起被老师教育了一番。当着父亲的面他再没有反驳，但他想到回到家免不了会挨一顿臭骂。然而，没想到，下学回到家，父亲居然笑着说："没什么了不起，不就是说几句实话吗，她不让你说嘛。"父亲的宽容让他如释重负，也保护了他说真话的特质。

这位创业者仅仅高中毕业，曾经卖过旧书、倒过药材、卖过电脑散件，打了十多年工都没有成功，他在考"GRE"的时候把自己关在一个鬼都不住的地方背单词，背到接近精神崩溃时，阅读成功学的书进行励志，看到热血沸腾时又立马停下来，抱起单词书背，背到精神再次接近崩溃时，又拿起人物传记看，就这样永远保持了旺盛的学习激情。他的名字叫罗永浩，从一个社会底层打工仔一举成名天下晓，不是靠关系背景照顾，靠的是艰苦奋斗练就的一手绝活，凭借坚强的毅力最终登上了新东方的讲台。2006年6月，他辞去新东方的工作,创办博客网站牛博网,成为大学生、文学青年、媒体从业人员和知识精英中最具影响力的中国本土网站之一,两次当选"百度十大年度风云人物"。两年后,他又创办了"老罗和他的朋友们教育科技有限公司,即北京市海淀区至圣嘉德培训学校。之后,他以自己传奇的经历和独特的人格魅力在全国各大高校进行励志演讲,其"彪悍的人生不需要解释"等语录已经成为许多青年学生的座右铭。

只专不圆要屈才

相比较那些思想肤浅没有内涵,热衷于游戏人生的"变色龙",一部分自我意识特强的青少年,从网络以及铺天盖地的媒体中接受了一些新思想新观念,对传统的文化理念压根儿不屑一顾。进入中学后身体发育快,身高超过了父母,仿佛一夜之间自己长大成人了,啥都懂,出现自我评价虚高的倾向。觉得父母知识老化,思想保守过时,自己已经是一个独立的个体,思想行为越来越自负,不再愿意接受这些"陈旧观念"的管束。青春期的叛逆导致他们主观偏执,孤芳自赏,总认为自己的想法千真万确,崇尚"我的青春我做主"的理念,听不进别人的意见和见解,内心里渴望独立,习惯于我行我素,很多人在利好的情况下大脑开始膨胀,夜郎自大起来。心性冰冷僵化的人,思想缺少弹性,思维单一,非白即黑,受到挫折后容易心灰意冷。

岂知,在与父母抵触的那一刻,其思想就开始悄悄地偏离人生的正确航向。人生经验告诉我们,小时候与父母关系处得好不好是检验孩子们做人做事是否圆融的试金石。可以肯定地说,绝大多数不能与父母和睦相处的学生在学校也会常常抱怨老师,与同学关系绝对好不到哪儿去。可以预见,这些学生走向社会后这看不惯、那不满意,怨声载道,与同事领导关系紧张,必然会处处碰钉子,高不成低不就不断跳槽;别的同学早已成家立业,他们则因为抱怨挑剔沦为"剩女""剩男",好不容易有个着落,三天两头吵着闹着要掰。命运如此多舛,真的并非智力低下,也非肢体容貌等硬件出了问题或物质条件不好,在于他们倔强乖戾的脾气秉性。不懂得忍让包容必将成为孤家寡人,即使一肚子学问,但由于性格僵硬刚烈,缺乏活力,生命会残缺不全或留下很多遗憾。

性格不够圆融的人盲目自信，总觉得真理在自己这一边，自己的想法千真万确。习惯按照"我的风格"行事，排斥他人的见解，干什么事很少从别人的角度考虑问题，希冀别人来适应、服从自己，结果处处给自己制造障碍。有一个毕业于国内著名医科大学的好朋友，出生在偏僻的农村，因为聪明好学，30岁获得博士学位，勤奋敬业，胆大心细，很快成为一家三甲医院小有名气的"一把刀"。踌躇满志的他发誓要干一番事业实现人生的抱负，报答父母的养育之恩。但是，要强的性格也和他在手术台上一样干脆利落，眼里容不进一粒沙子，不但喜欢与同事较劲，还会因为一点小事让领导下不了台，把团队关系搞得相当紧张。眼看业务能力一般般的人成了他的顶头上司，更是气不打一处来，牢骚怪话越来越多，工作热情慢慢降温，乃至于人生追求偃旗息鼓，早早地被社会边缘化。生活中，这样看似优秀却处处失意不得志的人很多，他们忽视了中国人情社会这个特色：不管谁，只要伤害了我的利益，天大的本事都狗屁不如。无视这一现实的人，总是按照自己的想法行事，得理不饶人，结果哪个单位都觉得他不好处，活儿没少干，力没有少出，最终付出的与得到的不成比例，确实有些屈才，根子都是性格使然，怪不了别人。

圆融意味着在遵循客观规律、坚持个体独立人格的前提下，灵活、弹性地看待处理问题，既钻得进去，也能跳得出来，而非直线机械地思维。F·斯克特·菲茨杰拉德在《崩溃》一书中写道："考察一个人是否是一流的天才，要看其头脑中是否同时存在两个完全相反的办法，同时大脑还能够保持正常的思维运转。"这是一种非常哲学的思考方式，可谓生活的大智慧。人生的失败乃至不幸其实是一把"双刃剑"，心性柔和、心态积极活泛的人，冷静地思考问题，对于不符合自己心愿的事会柔性接受，坦然面对，常常把噩运变成人生转折的动力，另辟蹊径以图东山再起。

倡导人格特质，并非任何时候都一意孤行，无视周遭的一切，为了实现自己的追求，不知道退让，人为地制造对立面，这样做不但目标难以实现，还使自己受到伤害。读书、做事需要专一，需要精致，泾渭分明。但更要防止读死书，拘泥于书本知识与社会脱节，使自己的思维变得狭隘，不能客观地看待自己和别人，无法与人和谐共事。尤其是那些高学历的人，过于精专的知识容易使人思想机械，心性僵硬呆板，刚愎自用，认知风格简单，一味地钻牛角尖，做人做事缺乏必要的弹性，纵然才高八斗怎么也不能与聪明人画等号，充其量是个不合群不知人情世故的书呆子。由于直线式思维，抗压性太差，脆而易折，遇到问题不知道迂回，认死理，不是伤人就是自伤，实在令人惋惜。

宁铂，曾经的风云人物，13 岁跨入中国科技大学少年班，成为同龄人追捧的偶像，让全国不少父母为"制造"神童着迷。谁知 24 年后，他的命运却发生逆转，遁入了佛门。

宁铂出生在江西省赣州市一个普通知识分子家庭，两岁半能背诵 30 多首毛泽东诗词，4 岁时认得 400 多个汉字，6 岁时看完《中医学概论》就能替人开药方，看完围棋书后与高手对弈难分伯仲，而且多才多艺。1977 年恢复高考后，父亲的朋友倪霖给当时国务院副总理方毅写了一封推荐信，经过专家考核，宁铂被破格录取到中国科技大学少年班学习。一夜之间，这个戴眼镜的神奇少年成了那个年代的红人，"第一神童"的光环一直伴随他的大学生活。然而，踏进大学校门，宁铂发现自己并不喜欢所学的物理专业，学校根据他的爱好准备推荐他到南京大学学习天文学。后来，因为其他原因转学受阻，宁铂内心充溢着苦涩。突如其来的挫败感也给这个内心脆弱的骄子造成了很大的心理影响，学习和生活的热情直线下降。本科毕业前，他连续三次参加托福考试，均未通过。专业不对口、转学受挫、考托福失败，想赢怕输，过分恐惧，一连串的打击，给他的心灵造成极大的伤害。接着，又三次报考研究生，然而，每次报名之后在走进考场前的一刻又退缩了，尽管如此，他还是带着往日的光环留校任教，并在 19 岁时成为全国最年轻的讲师。心理脆弱的人容易感情用事，很多时候对人生的重大决定会简单地用喜欢或不喜欢来做出不理性的决定。由于宁铂从一开始就对物理没有兴趣，心里一直想着逃避，把大量时间用于围棋、哲学，还醉心于佛学，很少再把精力用在教学和研究上，以至产生了出家的念头。婚后，他热衷于练习气功、吃素，与常人的思维方式和生活习惯渐行渐远。后来，因为与妻子的一次小口角，他离家出走四处游荡半个多月，最后，流落到了五台山，皈依佛门。一个天才少年人生如此跌宕起伏，在于他僵硬死板的个性。很多同学和老师认为，他表面很腼腆，但性格急躁,说话语速极快,凡事我行我素,说一不二,有些怪异,从不在乎别人的感受,遇到不合自己心愿的事容易情绪激动与人死磕,结果,把自己逼到悬崖边没有了退路。

与宁铂齐名的耀眼神童中还有谢彦波、干政,他们都是十二三岁考入中科大少年班的才俊,似乎同样不知道如何与他人友好相处。

谢彦波,15岁在中科院理论物理研究所跟随于渌院士读硕士,18岁在中科院副院长周光召院士旗下读博士,被看好在20岁前获得博士学位。然而,这个智商高、情商超低的偏才和宁铂如出一辙,不知道怎么与人打交道,和几位导师都闹得不可开交,博士学业没有完成就不欢而散,只好转而去美国重新攻读博士。在美国普林斯顿大学,谢彦波可谓因祸得福,得以跟随大名鼎鼎的菲利普·安德森教授学习。然而,谁也没有想到,一起合作不长时间,这个性格有些怪异的晚生竟然与他导师不睦的关系成为公开的秘密,甚至有传闻说,谢彦波曾用手枪、菜刀威胁过安德森。为避免事态进一步恶化,中国科技大学不得不让谢中断留学生涯回国。后来菲利普·安德森教授因为在聚态物理研究方面取得突破,获得了诺贝尔物理奖,他在自己著作中描述谢彦波"性格中有着令人无法容忍之处,那就是比他本人还要傲气"。

干政与谢彦波有着相同的命运和相似的人生轨迹,同样在普林斯顿大学学习理论物理,同样与导师关系非常紧张,被迫中断学业,铩羽而归。令人惊讶的是,干政回国后,中科大一位主管老师曾主动找他,希望他回科大继续完成博士学业,但这个傲气十足的愣头青居然一口拒绝了学校的好意,赋闲在家。之后,牛脾气不改,高不成,低不就,没有找到一份合适的工作,导致出现精神疾患,最终,成了名副其实的"宅男"。迄今为止,说不清楚我们有多少灵气才气俱全的少年被孤傲自大的个性葬送了美好的青春年华。

聪明地认输是圆融者必须具备的内在涵养。有这样一个寓言故事,河边有一棵又高又大的树,总表现得趾高气扬,咄咄逼人,动不动对下面的小草小树奚落道:"瞧,我是多么高大、强壮,能看到很远的地方,什么稀奇古怪的东西都见过,谁也不敢碰我,多风光。你们这些小不点,多没劲,整天趴在地上、受人践踏、蹂躏,活在世上有啥意思。"小树和小草,没有理它。两天后,乌云密布,雷电交加,一场豪雨使河水暴涨,大树不依不饶地挺起腰杆与洪水抗衡。雨越下越大,洪水越来越凶猛,冲垮了岸边的房屋,大树终于挺不住了,被拦腰折断,而小树和小草弯下腰,任凭洪水在它们头上肆虐。又过两天,雨过天晴,洪水退去,小树和小草抬起头抖了抖身上的泥水,在阳光和露水的滋养下很快恢复了原样,大树树身折断后不知被洪水冲到何处,只剩下可怜的树根在痛苦地呻吟。

以柔克刚,守弱曰强。小草战胜大树的故事告诉我们,做人也应该像小草一样,谦虚和柔韧,善于向不同政见的人妥协让步,等自己有了足够竞争力再去坚持自己主张,设法改变环境,而不应该像大树一样不可一世、宁折不弯。

我国南方盛产竹子,性脆易折,用途单一,但在火上熏烤之后变软,即刻弯曲可做成各种家具和工艺品,大有用武之地。圆融的性格是走遍世界的通行证,在任何一个地方都会畅通无阻,生活得有滋有味,是人生一笔取之不尽、用之不竭的财富。因之,每一个思维专注的人既要有充满自信的仁义爱心,更要培养足够大的心量,使自己的心胸如广袤的苍穹,像一个无底的垃圾桶,再糟糕的人都能够容纳得下,不管是群星还是尘埃都能相安无事。为人豁达大度,善于从全局利益出发思考问题与对手交往合作,甘于舍得,才能使自己的思想更有弹性,实现双赢目的。

圆融的性格也有赖于身体各种器官和神经系统的均衡发展,如果只重视文化知识的学习,坐在书桌前死读书,等于只对大脑部分组织进行了锻炼和开发。其他机能过早衰退或丧失,造成身体特别是大脑功能区某一部位细胞过度活跃,而另一部位细胞长期缺乏相应的刺激,使思想和精神失去平衡,从而形成偏执、倔强等不良性格和僵硬的思维习惯。青少年是人生心智成长的关键期,文化知识是"主食",体育、音乐、美术以及生活技能习练是"副食",主副食搭配,营养均衡方能够促进心智平衡发展。

既专又圆是英才

思维专注的人有较强的学习能力,人生目标清晰,很自觉地把学习当作主宰人生命运的关键,并始终如一地对此保持执着,为做事建构了一个很好的开端。专注的人,生活自律并条理清晰,对给人带来暂时愉悦的游戏娱乐保持必要的警惕和克制,成长过程中很少受外界不良因素的影响,单这一点足以帮助他们建构过硬而合理的知识架构,成为他们夺取人生先机的最可靠的资本。一旦走向社会后,思维专一衍生出的工作严谨细致、精益求精、敢于担当等其他优秀品质,自然就会在实践中凸显出来,很快会在某一岗位崭露头角。专注的人认识问题深邃,见解独到,反应精确,考虑问题周全,从而形成他们独立的人格特质,在新的领域不断有新的发现、新的创造,能够轻而易举地领先别人一步。在人生起步阶段尝到知识甜头的他们会产生一种文化自信,同样一件事,比别人站得高、看得更远,能够把握先机,坚持不懈地按照自己的志向努力学习奋斗,即便遇到困难也永远保持着一股韧劲,始终不渝地坚持自己,这样的人成功指日可待。

圆融的人具有一颗轻松欢畅的内心,思维活跃,反应机敏,造就了他们的高智商。不管是学生或成人,我们都有这样的感觉,当你舒心的时候,一定会以积极的心态对待人生,对世间的一切东西都保持着好奇,从小培养了强烈的求知欲望,从而为学习做好了积极的情感准备。兴趣是最好的老师,有了这样好的老师,自然会在读书中找到快乐,能够在学习中领悟到人生的幸福。圆融的人性格开朗、心情舒畅,细胞非常活跃,身心充满活力,记忆理解能力超强,不管是听课、阅读和作业效率都很高。具备了学习这些关键能力的学生,自小都非常自信,公众场合不怯场,课堂上踊跃发言,大胆发表哪怕是一些不成熟的见解,课下主动与老师和同学讨论问题,随时消解学习上的困惑,知识架构中不会有太多的疑点,使他们在人生的起跑阶段奠定了领先的优势。

圆融的人内心充满快乐和善意,造就了高情商。他们热爱生活中的万事万物,与人为善,再厌恶的人,也能够发现其可爱之处。于是,容易得到老师和同学的好感,快乐幸福指数高,很少有忧愁的时候,比起那些性情冷漠的学生能捡到很多便宜。学习好、心情愉悦,内心有取之不尽的"乐源",不需要外界条件随时随地保持着愉悦的心情,滋养了饱满的情感,从而形成比较开放的人生,眼中的世界一切都是美好的,即便再乏味的工作他们也会发现它的崇高与神圣，不管从事什么职业都会百分之百地投入，积极耕耘，很好地将理论知识转化为改造社会的实践能力，成为一个智慧的人，成功概率当然很高。

圆融的人始终保持着积极的心态，造就了高逆商。人生在世免不了与人、与社会打交道，不可避免地会产生各种摩擦，对待、消解生活纷争和矛盾，是任何人一生都绕不开的哲学性课题。圆融的人率性，豁达大度，内心小九九少，一般不会主动制造矛盾，更不会让那些鸡毛蒜皮的事来耗费精力，乐观向上的性格，筑就了他们坚强的意志品质。这样的文化自信能够藐视一切困难，面对生活中的困境懂得发挥元认知的作用，知道怎么修正自己，及时准确地校正人生航线，有很强的适应社会和抗击打能力。由此观之，心底宽广，内心豁达，性格圆融是一笔无形的财富。

专注又圆融是我们通常所说的内方外圆，外化而内不化，即内心方正专注，独立有主见，自制力强，自觉排除干扰，在外界诱惑面前能够保持必要的克制，专心专意地学习工作，不会为暂时的挫折停滞不前或改变方向，一直朝着理性的目标稳步前行。对外则圆熟、圆通，顺人而不失己见，圆柔地处理生活的各种摩擦和纠葛，人缘非常好，容易得到贵人相助，工作生活都打理得井井有条；遇到分歧一般采取沟通协商的方式来消解纷争，绝不会因为暂时的困难和挫折，半途而废。老天不负有心人，这样的人不成功谁能成功？

有人可能认为，同一个人很难同时做到既专注又圆融。在大家惯常的想象中，凡是学习成绩好、事业有成的精英人物，一般都性格孤傲，凡事高调，不可一世。尤其是那些有文化的读书人或在某一专业领域有点造诣的大家更是离群索居，终日把自己囚禁在阴暗的小屋里苦思冥想，和一个不懂得人情世故的冷血动物没有两样，这样的认知未免有失偏颇。诚然，许多从事科研和文化艺术的专家学者，之所以能够取得了不起的成就，很重要的一点是他们从小养成了安静专注的秉性，长年累月沉浸于自己的研究领域，看起来性格孤僻有些怪异。但是，真正聪明的人生活中一般不失真诚和谦卑，更懂得隐忍，知晓友谊与合作在成就事业过程中所具有的意义，明白如何用更为微妙的方法与别人保持适当的距离，并不是想象得那么狭隘。很多智慧的人思想富有弹性，对于一些好心人的合理化建议和忠告一般不会当场拒绝。哪怕没有丝毫的建设性意义，仍然会对他人善意地表示感谢，而自己该怎么做还怎么做。纵然受到排斥挤兑也会保持沉默，用柔性的方法来对待难以接纳和不公平的批评，很少与批评自己的人争执辩解，用良好的修为避免为自己树敌。

培养专注又圆融的习性，姚明无愧于年轻朋友的楷模。"小巨人"从二十刚出头踏入 NBA 赛场的第一天起，举手投足就成为了社会和媒体关注的"焦点"。面对高手如林的竞争和东西方文化差异甚至不怀好意者的冷嘲热讽，他从不在乎别人的挑衅，不抱怨所受的不公平待遇，坚持自己独立的人格和追求，强体能、练技术，场内场外不卑不亢、真诚待人，专心专意做自己最该做的事，依靠勤勉和努力打出了属于自己的一片天地，用东方人特有的温文尔雅和出色的团队合作精神征服了那些桀骜不驯的 NBA 大佬。当他成功成名后，没有陶醉于鲜花和掌声中，不被浮躁的社会潮流裹挟，始终保持那份清醒和理智，每天雷打不动地关闭电视和电脑，杜绝外界干扰，全身心地投入于自己钟爱的篮球事业，专心学习训练，始终保持良好的竞技水平。面对数百万的粉丝，他时刻提醒自己淡定再淡定，身居高端但做人低调，从不张扬，在球迷面前每每表现得那样平易近人，彬彬有礼。队友巴蒂尔评价他"拥有着不可思议的耐心，除了甘地和马丁·路德·金之外，他是我所听说过的或者所见过的最有耐心的人，他的性格简直只有在神话里面才有"。毫不夸张地说，是专注和圆融的风格成就了姚明的辉煌，否则要想成为一个伟大的球星是痴心妄想。

心理学家马斯洛提出过一个"约拿情绪"，他认为天才常常会陷入这样的内心冲突：一方面要发挥自己的全部潜能，另一方面又要像圣经中的约拿一样学会掩饰自己、贬低自己，以避免他人的攻击。也许正是这些特有的伟大气质秉性才造就他们伟大的事业。科学家阿尔伯特·爱因斯坦一向被认为是独立的思考者，但他却十分依赖于自己的交际能力和技巧，与同事们保持随和友善的关系，如果不具备较强的合作意识，想必他也不可能有如此卓越的建树。

了解达尔文的人都知道，他长年累月醉心于自己感兴趣的动植物研究领域，一直过着隐士般的生活，沉默寡言，数十年如一日很少有机会迈出自己那间小屋。由于长时间专注于自己的研究领域，许多人把他想象成为"独行侠"，连身边的人也误认为他是个不食人间烟火的遁世者。尽管他没有因为不被理解而苦恼，然而，这位思想睿智的人生怕脱离生活而使自己的事业受掣肘，不但在接人待物上很低调，还尽可能地与相关科学家保持友好的合作关系，总是从他依赖和信任的人那里寻找慰藉，抽出空来设计出别开生面的娱乐形式，与志同道合的人一起休闲游戏，得到了很多人的好感。不仅使他成功地为自己的进化论学说赢得了许多实证方面的支持受益，也令他在该理论发表后仍能站稳脚跟。试想，倘若他心性高傲，自命不凡，没有众多知名科学家的支持，一人孤军奋战，哪怕是偶尔一次失败也可能会被来自四面八方的嘲讽和批评淹没了。

　　思维专注的人的确有些内向，常常因潜心思考问题或学习工作太投入而变得性格孤僻，对人缺少热情，在处理问题时难免有些主观。一些个性太强的书呆子不仅让人感到不舒服，说话办事甚至会让人觉得讨厌，很容易在一个单位被孤立起来。但是，不乏有些智慧之人为了避免复杂的人际关系对自己的事业造成伤害，他们主动承担一部分社会责任，以此弥补性格上的缺陷。像科学巨匠迈克尔·法拉第总是在百忙之中乐此不疲地举办讲座，与大家一起分享科学方面的最新发现和心得，从而赢得了更多人的支持。

二、专注，源于精神的完整和谐

激光强大的穿透力，在于它将能量高度集中而变得犀利无比。太阳散落在人的身上，充其量会感到炽热难耐，一旦将它经过凸透镜聚焦处理，热量剧增就会灼伤身体；如果空气中飘浮着尘埃杂物，它的热能会骤然减弱。任何知识的获得无不是让思想专注于某一课题或领域，长时间深度思考玩味，才会有不同寻常的发现和发明；倘若思维不知疲倦地东想西虑，真正需要关注的对象想不明白，悟不透，道不明，干什么都是业余水平。由此见得，专注能够充分调动和分配大脑资源使其凝聚成难以想象的力量，去忠诚地履行好最重要最关键的工作，它是世界上无与伦比的最大财富。只要专注，心无旁骛，把精力百分之百地集中到一个点上，凝聚成巨大能量，就没有攻不破的知识堡垒。任何思维专注的人都有可能成为天才。

思维由需求推动，需求愈简单，思维愈专注纯一；反之，需求愈多，思维愈乱，专注性愈差，智慧愈少。当今社会正处在一个经济快速发展，财富极大丰富，泛竞争化的时代，贫穷遭人白眼，落后受人歧视，全社会正在遭受着疯狂的痉挛，像是集体性的精神错乱，思维的专注面临诸多挑战。

生活中，我们很容易发现，茶余饭后人们闲聊时评价成功总是以赚多少钱、当多大官为标志，人生追求浅薄，评价体系如此单一，审美情趣和价值取向的功利化色彩已经到了极致。在金钱至上、功利主义大行其道的大背景下，一向静谧的校院幽静中夹杂了几分不协调的聒噪。商业化气息越来越浓，新潮流、新概念应接不暇，各种玩具、游戏花样翻新，不少中学生甚或那些不谙世事的小学生也常常在流行与传统、喧嚣与安静的世界里无所适从，对时尚、流行的新玩意儿趋之若鹜。一些学生在物欲的诱惑面前迷失了方向，沉溺于游戏、网络，抽烟喝酒，早恋、同居比比皆是；拼命追求名牌服装，高档手机、电脑,同学之间过生日互相请客送礼不再稀罕,过早地把成人的游戏移植到校园生活。很多缺少定见的青少年被社会铜臭气息浸染,心灵出现荒漠化倾向,不再守望自己的精神家园,盲目跟风,仿佛一个在大海航行的人干渴难耐时只好用咸海水来止渴,结果越喝越觉得口干舌燥;又好比一个瘾君子不停地用吸食毒物来满足自己的欲望,仅仅只能满足一时,内心的不安永远难以平复。

清除心中的敌人

应试教育带来的竞争愈演愈烈,儿童和青少年几乎从跨进学校的第一天起就开始承受着大大小小每一次考试带来的压力,稚嫩的心灵受到超极限挤压而扭曲,每个学生无一幸免地在焦虑、抱怨、恐惧气氛中备受煎熬,包括那些原本很有才华的学生也因为复杂的人际关系压得他们喘不过气来,开始变得木然愚钝,生命不知不觉被负面情绪消耗。

美国生理学家为研究心理状态对健康的影响做过一个试验,把玻璃试管插入冰水容器(温度为零摄氏度),然后收集人们在不同情绪下体内呼出的"气水",结果发现,人在心平气和时,"气水"没有杂质、澄清透明;悲痛时,"气水"混浊有白色沉淀;生气愤怒时,"气水"中有紫色沉淀。若把这些白色、紫色"气水"注入大白鼠体内,12分钟后大白鼠死亡。足见,经常情绪低迷,生气、抱怨、愤怒不断的人,机体会产生大量毒素,这些毒性物质污染我们血液,大量蚕食脑细胞,机体营养被无度挥霍。本来天真烂漫的年龄,因为体内毒素太多,活泼可爱的天性受到摧残,变得神情呆板、冷漠,常常陷入无尽的烦恼和忧虑不能自拔。大脑像麻团一样杂乱无章,注意力难以集中,心静不下来,书看不进去,理解领悟能力差,记忆力下降,出现阅读和学业困难。即使再有雄心壮志,但萎靡不振、有气无力的精神状态,要想在学习和事业上取得令人惊诧的成就比登天还难。

时下,很多小皇帝在夸赞中长大,学习的重压与青春期生理反应交织在一起,心理极度脆弱,很容易产生自卑心理,喜欢把自己封闭起来,远交近攻,与小伙伴因为一点纠纷便老死不相往来。现实生活中没有知心朋友,只好热衷于网上交友,长期独来独往使他们心胸狭隘,感情脆弱,自身没有化解矛盾分歧的能力,整天心境不好,满脑子烦心事,这样糟糕的心情哪有精力去学习。

现代医学也证明,生气对人有百害而无一利,人在生气时会出现精神紧张、情绪激动、心跳加快、血压上升等一系列不良的生理反应,秀发多种疾病,导致呼吸骤停甚至气绝身亡。奥里斯·马登在《唤醒心中的巨人》中有这样的论述:"有人因为怀了几个小时的悲愁、忧郁的思想,而所蒙生的生命力的损失,竟超过了几星期苦工的损失。"很多情绪低迷、性格抑郁的青少年学生,机体像生锈跑冒滴漏的水管一样,能量白白地流逝,精气神受到严重损害,精力被无为地消耗,青春的水源枯竭,必然反应迟钝、经常丢三落四,无法聚精会神地学习。今天的作业推到明天做,成绩每况愈下,大部分人过早辍学,浑浑噩噩,开始一步一步由颓废走向堕落。

水有冰点和沸点,超过这样的临界点,水的物理性质就会发生质变。同样,每个人的大脑也有一个产生应激阈限的基点,外界刺激超过这个基点就会发生心理应激,引起人的情绪发生剧烈变化。精神放松,心胸开阔大度的人,心被大自然的清气滋养,平和而踏实,应激阈限基点高,对外界刺激心理承受力强,能够包容万事万物,悦纳与自己不一致的观点和主张,一般的言语、肢体刺激或许流露出不满和遗憾,但不会引起过于强烈的反惑。遇到挫折和打击时,内心会受到一定干扰,但不至于过分痛苦和悲伤,能够保持淡定,平和理性地接受现实和眼前的暂时困难,并懂得进行自我调节,一般不会影响到学习和生活。

神情紧张、心性褊急,特别是那些有焦虑倾向的人,应激阈限基点低,对外界刺激心理承受力弱,正常情况下尚能心平气和地与人和睦相处,思维清晰。但对外界刺激比较敏感,稍有风吹草动容易受惊,经常发出"妈呀、吓死我了!"惊叫声,甚至看到不合口的饭菜痛苦的感觉立马溢于言表。情绪不好的时候,多少遇到点不随心的事,或个人要求得不到满足,大脑思路陡然变得狭窄,立刻翻脸不认人,剑拔弩张。与人发生争执寸步不让,非要一决高下,争个鱼死网破。

有的学生本来自己不够大度、应激阈限基点低,承受外界刺激韧性差,父母很平常的一句话都可能点燃他的火气，不从自身找原因，反倒怪罪家长唠叨多。随意发脾气，紧张的神情使自我调节功能衰退，无法控制自己的情绪，使起性子来十头牛都拉不回来。即便家长和老师的一些合理化见解和主张，只因为不合自己的脾气，不分青红皂白一概抵触、排斥，甚至从此与老师或父母成为冤家对头。如此有神经质倾向的人心底脆弱而任性，坚持自己的错误想法，轻易不转弯，看似有个性，其实纯属固执，是一种极端的认知方式，成长过程中吃了大亏还不明白咋回事。

刘洋本是一个体智美兼优的帅小伙，语文成绩一直很棒，对语文代课老师十分敬仰。打上高中起，繁重的学习压力使这个小帅哥鲜有轻松快乐的时候，青春期反应比其他同学来得强烈，对事非常敏感，动不动就抱怨这不好、那不对，老师稍微批评一下就暴跳如雷。尤其是接受不了新来的语文李老师的教学风格，一听到李老师讲话就感到特别别扭，就莫名其妙地与老师较上劲来，课堂上不再那么专心，发言也不再像以前踊跃，作业敷衍了事，顶撞老师成了家常便饭。老师多次找他沟通，希望他能够把心收回来用在学习上，他非但不领情反而觉得老师啰嗦，从此不再搭理老师，潜意识中对语文失去兴趣，导致成绩下降，结果高考时语文成绩刚刚及格，分数落了一大截，连他也没有想到性格固执会吃如此大的亏。本来一个天资聪慧的学生，却因为不良心性在人生起步阶段受到惩罚，但愿这是上苍送来的一剂补药。

可以肯定地说，能够与父母一起平和交流的孩子一定胸襟开阔，心态积极向上，主动吸纳先辈成功的人生经验为己所用，以失败的教训作为镜子，取长避短，集先辈智慧于一身，人生经验厚实，遇到困难和挫折才有自己的主意，不至于手忙脚乱。那些在家里无法与父母平和沟通交流的人，只要不符合自己心愿就与父母抬杠、制造家庭紧张气氛的人，对父母宝贵的精神财富不屑一顾，没有经验的积累，由着自己的性子想当然做事，生活处处会受到掣肘，永远无法摆脱狭隘、卑微的境地。

不管从理论或现实的角度看，抑郁、焦虑等低落紧张的情绪都是人的精神世界的头号敌人，尤其是那些性格内向、气质敏感的个体，抑郁最容易找上门来，他们是敌人俘虏的最理想人选。抑郁这个讨厌的家伙一旦潜入人体,就会被郁闷缠住,损害青少年学习能力,还会使一个健康的人萎靡不振、六神无主,在神不知鬼不觉的情况下使意志土崩瓦解,自信心受挫,对尚未发生的事做出消极的判断。通常情况下,一个积极心态的人,任何时候都会抱着"面包会有的"人生信条,而那些有抑郁倾向的人,生活中常常变得敏感多疑,每每产生"面包还有吗?"的疑虑,让自己惶惶不可终日。

再比如,别人说话稍有不慎或做事不符合自己的心愿,立即在他的内心引起强烈反应,产生怨恨、嫉妒的负面情绪;看到别的同学在一起聊天,首先想到的是不是在议论自己,说自己的坏话;父母偶尔没有按时下班回来,他们第一反应是,会不会在路上发生交通事故;一件事情未做之前把困难想了一大堆,瞻前顾后,迟迟不敢行动,再好的想法也无法实现。因为抑郁情绪产生消极甚或错误认知,心灵被阴霾笼罩,走向社会后生活工作中处处是障碍和对立面,好比一个迷失的羔羊到处徘徊,让自己成为孤家寡人,在痛苦中不能自拔。

在我们身边不少很有才华和过硬专业背景的人,做人也没有太大毛病,因为经常性心情沉闷,缺乏激情,没有活力、亲和力,只能平庸地走完一生。有些性格孤僻冷漠的人本来没有坏心眼,整天像别人借了他的米没还似的耷拉着脸,与人交流时态度生硬,火气冲天,增加别人的心理负担,造成周遭关系紧张,工作生活处处不顺心。自己由此变得敏感而脆弱,很容易产生挫折感,老觉得社会对自己不公,把自己当作人生旅途中的弱者。这样可怕的现实告诉我们,不管是儿童青少年或是成人都要对沮丧、抑郁情绪高度警惕,防止这些精神世界不共戴天的敌人糟践了我们的美好年华。

抑郁、焦虑是个狡猾险恶的敌人,一旦盯上你,就会悄悄地潜入你的心灵,帮助主人关闭心门,死死地把你缠住。如果不采取断然措施,终其一生都会让你痛苦不堪。生活中很多学生已经有了抑郁倾向,经常睡眠不好,发无名火,烦躁不安,但出于虚荣心理,不承认自己抑郁,或希图通过个人努力来摆脱困境,每每把阳光和快乐严严实实地挡在门外,只能在痛苦中挣扎。北京一名高中女生小雨,因为早恋问题受到妈妈的批评,便认为母亲多管闲事,爱唠叨,随即与母亲展开一场"冷战"。亲戚朋友多次开导,但性格倔强的她就是打不开心结,翻不过那一页,从此不再与母亲搭话,有事就写纸条、发短信，连续 13 个月没跟妈妈正面说过一句话。姑且不论小雨和妈妈冷战谁是谁非，但姑娘如此执着就让人看不懂了。

发火赌气，害人又害己是双重灾祸，谁也捡不到一点便宜。人与人之间有点矛盾再正常不过，宽容一下，放别人一码，等于也放过了自己。揪住别人过错不放，同样没有自己的好日子过。有的小朋友受点批评或委屈就沮丧，摆开冷战架势，一点小摩擦就气上心头，认为不愉快都是别人造成的，忌恨敌视对方，想方设法报复委屈自己的人，气人等于气自己，内心总有个仇恨的情结，自己当然也无法安生。再说了，别人事情一过啥都忘了，专心看书学习，天天有新的收获和进步，你还在那里傻乎乎地生气，纠结那些毫无意义的琐事，背着如此沉重的包袱，把精力用在与人赌气上，无为地消耗体内能量，学习结果可想而知。一天、两天彼此间学习上差距不起眼。经常生气，一个月、两个月差距就会让你大吃一惊。

青少年是吮吸文化知识、快乐成长的黄金时代，理应开心地度过每一刻，在快乐学习成长中感受人生的幸福。倘若生活在没完没了的抱怨烦恼之中，被抑郁情绪牵着鼻子走，不但无法专注于学习，健康成长都会受到直接影响，无异于浪费美好的青春年华，有负上苍的恩赐，让人感到痛心和悲哀。

心理学有这样一个实验。在一次午饭前，随机抽取 10 名学习成绩接近的小学生参加一个实验，实验开始前，每个学生面前都有三块巧克力，老师告诉学生们，眼前的巧克力有三种情况供大家选择，第一种，现在就可以吃，但没有任何奖励；第二种，过 15 分钟后吃的学生，可以获得 5 块巧克力的奖励；第三种，30 分钟以后再吃的学生，可以获得 10 块巧克力的奖励。实验结果，有三名学生选择了第一种情况，当即吃了面前的三块巧克力，选择第二种情况的有五名学生，而选择第三种情况的学生只有两名。老师随即对这一实验进行了存档。30 年后，对这 10 名学生进行了全面回访，选择第一种情况的三名学生生活窘迫，境遇较差；选择第二种情况的五名学生日子平平淡淡，说不上优越但还挺安逸；而选择第三种情况，30 分钟后才吃巧克力的两名学生，分别毕业于两所名牌大学，其中一名拿到博士学位，他们在学界或商界取得赫赫成就，人生辉煌而精彩。这两名学生之所以能够在事业上取得成就,很大程度上在于他们都有一颗专注的心,很好地控制了自己的欲望,鄙视眼前的蝇头小利,思想没有受到外物的干扰,大脑清明,人生目标清晰,必然在学习和事业上获得丰硕果实,遗憾的是这样的学生永远是极少数。

以需要为基础表现出来的欲望,从本质上说是个好东西,以此为动力可以激发机体的潜能,让生命更有活力,是世间一切发明创造和辉煌人生的力量源泉。但是,名利欲望太强烈,偏离了道德的规范,则会使我们变得自私、贪婪。贪婪是潜伏在体内的寄生虫,平时管控得当它会长年冬眠不醒,纹丝不动,一旦对外界的诱惑失去控制它就会骚动不安,魂不守舍,不知道自己究竟缺什么,需要什么,似乎只有物质享受才能使灵魂得到慰藉。于是,开始疯狂索取,美好的心灵被腐蚀,原本鲜活的生命因遭受污染而腐烂,产生埋怨嫉妒心理,总觉得别人亏欠自己,社会对自己不公,从来不考虑自己为别人做了什么,为社会贡献了多少。从这个意义上说,过度的欲望是我们精神世界最危险的敌人一点不过。在这个五光十色的世界里,每个人时刻都面对着名利得失的诱惑,我们的心被外物所打扰,常常忽视眼前所拥有的一切,觉得事事不如人意,长期沉浸于对未来的设想和幻想之中,对尚未得到的东西充满无限的期待,心情难以平静,以至于生活和工作的乐趣全无。塞满欲望的大脑很难绽放出灵光。青少年学生人生价值观尚未完全形成,心一旦被网络、游戏、吃喝享乐、爱恋等迷惑慑服,思想就会一下子从教室、书本飞到遥远的他乡,大脑整天波澜起伏,想入非非,患得患失,学业就有荒废的可能。

高航,是一个英俊潇洒的初中男孩,学习之余喜爱球类运动,但生活有些挑剔,运动服、鞋子、袜子非耐克阿迪不穿,家长稍有不从就气不打一处来,妈妈怕宝贝儿子闹情绪分心影响学习,只好做出让步予以满足。有一天,高航又提出要买一个耐克运动包,爸爸说:"买个李宁牌运动包,质量、款式都蛮好的。"但小高不干,情绪急转直下,妈妈心太软,为了图个大家欢喜只好答应了宝贝的要求。崭新的耐克包背在肩上,高航当然乐开了怀。没过多久,他又嫌自行车旧了,要换个新的,而且是捷安特。爸爸又说,"自行车只是个代步工具,能骑就先骑着。"小高立马心情不爽,脸上的笑容瞬间消失……读书学习乃中学生之根本,生活标准太高,对名牌、时尚等外在的东西有太多的奢望,追求物质享受几近失控的地步,满足了需要就高兴,遭到拒绝就沮丧,自己掌握不了自己快乐的钥匙,完全被外物左右、奴役,上课不走神才怪呢,学习成绩当然好不到哪儿去。

印度圣雄甘地曾经说道:"地球能够满足人所需,但无法填满的是人的欲壑。"在全社会崇尚金钱的大潮下,追求前卫生活方式的学生被绚丽多姿的世界弄得眼花目眩,很多学生压根儿不知道挣钱的艰辛,没有金钱的概念,不珍惜父母的劳动,更不知道感恩,一味地纵容自己的消费欲望,去满足口福眼福,一天到晚想着如何穿好吃好,经常在消费问题上与父母发生矛盾。有的学生对觊觎的东西昼思夜想,本来期望有了某样东西后就得到满足和快乐,可是,在占有的同时被所要的东西控制而失去自由,每每在物欲的诱惑下陷入生活的漩涡不能自拔,像被判了"天刑"一样痛苦不堪。而且欲望多迫切,痛苦就有多么强烈,欲望什么时候得不到满足,什么时候都会被痛苦死死地缠住,不经意间使自己正念丧失殆尽,道德底线被完全颠覆,令人痛心疾首。

重庆某技校学生蒋超,好吃懒做,花钱一向大手大脚,年迈的父母亲靠种地打工维持全家生计。每个月除了负担小蒋生活费外,还要再给他400元的零花钱,就这样蒋超还嫌父亲给自己的钱少,经常对父母怨声载道。有一天,他向父亲要钱遭到拒绝后,一气之下与同学合计,导演了一幕儿子诈骗老子的双簧戏。小蒋让同学扮成陌生人给自己的父亲打电话,称蒋超欠下一笔赌债,要老蒋速寄5000元,否则永远别再想见到自己的儿子。蒋超爸为搞清楚事情的真伪,提出让儿子听电话,只听电话那头一个熟悉的声音向他发出痛苦地哀求声:"爸,快把钱寄来吧!"说着就挂断了电话。焦急万分的老蒋听到儿子的求救声急忙按对方提供的账号把5000元汇了出去,同时,也向当地公安机关报了案。经过公安人员的侦查,发现始作俑者竟是自己的儿子和他的一位同学,后蒋超被法院依法追究刑事责任。

最让人痛心的是,当问到小蒋,需要钱为什么不好好向父母解释沟通时,这个任性的青年似乎一直没有找到自己犯罪的根源,他说:"自己性格孤僻,自认为可以做的事,从来不愿与别人商量,更无法与父母沟通交流,不但现在而且将来也永远不会与他(她)们交流,因为从7岁到20岁,她(小蒋的妈妈)整整唠叨了13年,我受够了。"

因纽特人有一种独特的捕获猎物的办法,十拿九稳。他们利用动物贪婪的秉性,在每年的严冬季节,往锋利的刀刃上涂一层新鲜的动物血液,待血凝固后再往上涂第二层、第三层,反反复复刀刃就冻上厚厚一层血成了血棍,然后,刀把插在地上刀尖露在外面。

冰天雪地里,饥肠辘辘的狼、猎豹顺着血腥味跑过来,像孩子吃冰棍一样舔食血棍。融化的血液散发出的扑鼻的野香味使这些贪婪的动物胃口大开,越舔越兴奋,节奏越快,几近于疯狂的地步。瞬间,锋利的刀刃露了出来,割破了动物的舌头,血液流在刀刃上,但嗜血如狂的动物却感觉不到疼痛,麻痹的神经也全然不知舔食的是自己的血。在血腥味的诱惑下,它们变得更加贪婪,舌头抽动的越来越快,血流如注,直到动物失血过多,筋疲力尽瘫倒在地上。

生活中的蒋超同学很像故事中的狼和猎豹,对钱财的欲望已经使他感觉系统失调,神志混乱、价值观错位,也许在他的心目中吃喝玩乐、贪图安逸才是其人生的全部意义所在。畸形的人生价值取向彻底颠覆了传统的道德底线,父母的说服教育自然就被看成是过时的老古董,充耳不闻,这样的学生做人的资格都不够,更谈不上学习,只寄希望法律的制裁能够使这个昏睡的青年醒悟过来。

作家野奔写给儿子的信:"是一棵小树,它的任务是茁壮成长,因此不能节外生枝,要聚足所有动量向上长;是一只雄鹰,它的梦想是做未来的航天家,因此,不能追蜂逐蝶,要努力磨炼翅膀。"

青少年时期是积累知识、培养心智、丰富情感的美好年华,是一个人成长成熟成才的关键阶段,不管是青少年学生或是大学生,务必清醒地看到,持久抑郁、焦虑、贪婪这些负面情绪造成心神不宁,或执着于自我的某个目标,没完没了地抱怨算计别人,晚上入睡后脑海一直处于激越状态,始终缠绵于某一个扰人的念头,没有达到休息的目的,满脑子梦魇。第二天起床后心烦意乱，像干了一天重体力活一样疲惫不堪，造成思维混乱，瓦解学习能力。如果放任下去，负面情绪累积起来的毒素会侵害人的血液和其他器官，使整个精神出现扭曲，积极健康的进取心被抹杀，自信心丧失殆尽，甚或导致是非观念颠倒，道德底线崩溃。它的负面影响对人格的杀伤力比肢体残废有过之而无不及，足以弄得一个家庭鸡犬不宁，不良的遗传基因让几代人难以翻身，属于不折不扣的精神癌症。

　　成人也罢、学生也罢，想必没有一个人愿意自己家里的东西被小偷盗走。同样的道理，谁也不希望抑郁、贪婪、烦恼这些精神世界的敌人任意消耗体内的能量，盗走我们心中的恬静和快乐。基于这样的认识，一个学生要想在学习和事业上有所收获，势必要对影响生命健康、限制人精神自由的敌人保持高度警惕，一旦发现这些危险分子侵入我们的机体，莫名其妙地出现沮丧、抑郁、烦恼、贪婪等不良情绪时，坚决果断地把它们驱逐出去。

　　我在部队时，有个战友在某后勤分部担任汽车运输连的排长，负责运送西藏驻军战备生活物资。每次通信中都要提到他们是如何对车辆进行精心的保养。当时我有些纳闷，心想，运输连把车开好就行了，干吗用那么多的时间去保养汽车？后来才知道，川藏线海拔高、气候恶劣、线路长且路况复杂对车辆技术性能要求相当严格，如果途中有一辆车因为安检疏忽出现机械故障抛锚，可能会影响到整个车队行进。每次上路前必须对所有车辆的油路、电路以及动力系统进行全面检查，排除一切可能的事故隐患，方能够保证所需物资安全准时运抵目的地。

　　学习是一个漫长的过程，同样需要学生有一个健康的身体、清爽的大脑、愉悦的好心情，始终保持专注和机敏的思维捕捉每一个需要掌握的知识点，以平静而轻松的心去生活，高效学习、健康成长成才就有了保证。倘若动不动因为外界各种新鲜玩意而分心，今天与同学不快，明天与老师、父母斗气闹情绪，有事没事胡思乱想，不但会影响学习效果，在社会不良思潮诱惑面前失去自控能力，很可能会走向歧途。可见，思维专注首要的是保持精神完整和谐和思想的纯粹。做到这一点需要静其心、宽其心、乐其心、善其心。

静其心

在很多学生看来,穿戴不如人、手机不时尚、零花钱不宽裕或家庭境况窘迫使人烦恼透顶。其实不然,痛苦缘自于比较。古人有,"好饭耐不得三顿吃,好衣架不住半月穿"之说,现代人的沮丧缘于欲望,一切烦恼根子不是得到的太少,而是欲求太多。人的眼睛和耳朵这些感官总是不知疲倦地去外界寻找东西来满足自己的欲望,一旦得到想要的东西,也许能够高兴一阵子。然而,欲壑难填,这种满足和高兴永远是暂时的,过不了多久就开始对现有的一切习以为常,贪得无厌的欲望又会拿我们与家庭条件更优越的同学比,越比越觉得自己的衣服不是名牌,穿不出来,手机有些落伍,拿不出手,开始向往新的更好的东西。于是,心灵就陷入向往——满足——厌倦——再向往的怪圈,不断循环往复,欲望不停地在大脑里掀起波澜,烦恼开始形影不离地缠着我们,对我们的思想进行骚扰和百般折磨,成为挥之不去的思想阴霾,让你不得安生。如果不加以觉醒被欲求牵着鼻子走,则会演变成无法医治的心病,永远难以获得真正的幸福。

万物静观皆自得。在一个财富型社会,人们试图在外物中寻找快乐,结果心跑远了,人生迷茫找不着家,常常与快乐擦肩而过,得到的只能是沮丧和懊恼。贪婪让人的大脑锈蚀愚钝,务必把游移不定的念头拒之门外,我们的头脑才会清静,使思维专注精锐锋利,通晓事物的本来面目。伟人们早就把现代人的这种贪欲看透了,哲学家尼采说,"幸福就是适度贫困"。这绝不是唱高调,否则就无法理解有那么多明星、老板等成功人士跳楼,而很少听说贫困农民自杀了。迄今为止,没有发现一个热衷于物质享受的人能创造出响当当的伟业来。老子智慧中有"不欲以静,天下自定"之说,告诉人们没有太高欲望的人心自然容易安静下来,促使家庭和睦,天下太平也就顺理成章。老子还用"知足者富"来开示人们要学会用智慧来平衡心态,这是一种真朴的辩证法,少一份需求,则少一份痛苦,多一份快乐。

抑制外界诱惑需要智慧的视野。阅历、年龄决定着我们对生活的态度和对人生的选择。小时候我们喜欢各种玩具,常常为了一支玩具枪、一个电动车、一个游戏机与父母讨价还价,随着年龄增长这些都变得可有可无。走向社会后又开始为票子、位子、车子、房子打拼,有的人精于算计、疲于应酬搞坏了身体。等这些东西一一齐备，心里还是空当当的，很多人常常对曾经垂涎的东西会付之一笑，发出无限感慨，钱、权位、大房子并没有给我们带来想要的幸福，不是我们真正所需，更不是人生的全部意义，但它却骗了我们一辈子。有的人因此耽误了对子女的言传身教，有的人触犯了法律，人财两空。现在用全新的眼光重新审视生活定位，平心而论，每个人真正需要的是内心和谐平静，家庭平安和睦才是最珍贵的财富。假若早点具备这些智慧的视野，我们就可以把欲望控制在最低限度。没有了不切实际的期望，不被成功和失败困扰，没有对立和愤怒，无休止的大脑变得轻松和纯粹，能够将能量导向建设性的有益渠道，可以减少很多没必要的烦恼，从而，获得别样的精彩人生。

  知足是幸福的起点。青少年朋友的快乐是全方位的，一本好书让人回味无穷，经常阅读那些饱含智慧的经典，用这些充满伟大灵魂的思想把我们从单一片面的思维中解脱出来，以至于能够用多维的眼光透视世界的本质，找准人生方向，精神世界的充实富有会给我们带来难以名状的幸福感受。

  心静源于正确的心态和智慧的选择。一个人与其在那里苦苦追寻本不该属于自己的东西而煎熬挣扎，不如轻轻地转移一下注意力，换个念头从错误认知中清醒过来，放松精神，把心从遥远的地方收回来；也不要把精力浪费在对外物的幻想之中，多珍视现有的一切，栖息在真正属于你的家园，静心享受当下快乐时光。这样，方能够从对物质财富的占有欲望中解脱出来，少了烦恼也就获得了心灵上的自由。简单造就伟大。习惯于简单生活是制服贪婪的可靠筹码，一个学生要做到心静，同样需要习惯于一种简约式生活，只有当欲望少了，内心安静下来，自然就能够欣赏到物质世界之外的美好，感悟到书中的"黄金屋""颜如玉"，体味到人生的真正幸福。

  "苹果"创始人史蒂夫·乔布斯从读大学起就习惯于过简单的生活，自己选择过苦日子。成名后，随时提醒自己要无条件地拒绝所有不相干东西，防止被钱和私利自毁前程，不管多么富有，仍然坚持吃素食，居住的房子依然是那样朴实低调，家中没有豪华家具，摆设之简单，即使一个清教徒看了也会自惭形秽。他过着最简单的日子，却追求着崇高的事业，把创业的理念定位在"不是打败竞争对手,或者是狠赚一笔钱,而是生产最好的产品,给自己的员工注入了持久的热情"。绝不允许对利润的追求凌驾于他对制造伟大产品的狂热之上,始终把精力放在自己的心灵以及对个人觉悟的追求上。在苹果产品的研发过程中按照父亲所教导的那样追求完美,即便是别人看不到的地方,对其工艺也必须尽心尽力,从而把兴趣发挥到了非理性的极致状态。

宽其心

项某是位毕业于名牌大学的女研究生,分到一家企业总部,业绩相当出色,但刚刚工作两年时间就感到"办公室政治"活得太累。心想,凭借自己这么好的专业背景,在哪不能吃碗饭,何必受这份洋罪。于是,她一不做二不休跳槽,以高薪走上了一家私企副总的位置。在分管的业务上可以自个儿说了算,还有一定话语权,很快就找到了至尊的感觉。

上班一年以后,她说一不二的性格与老总的矛盾又渐渐浮出水面,很难再看到她往日那种灿烂的笑容,回到家,经常因为鸡毛蒜皮的事摔盘子、扔碗,与先生闹得不可开交,里外不是人。

有一天,她来到一座寺庙,把自己的苦恼向禅师做了倾诉:"我把全部心思用在工作上,也为家庭做了很大牺牲,好人为何没有好报?"

禅师二话没说,倒了半杯水加了一小勺盐让她喝,刚喝了一口就急忙吐了出来,直喊,"咸!"禅师又带她到水缸边,往水缸放了和刚才同样多的盐,舀了半杯水递给她,她一口气喝了下去。禅师问道:"还咸不?"她直摇头。

禅师告诉她:"每个人的痛苦就一勺盐那么多,肚量像水缸一样大的人,放一勺盐在里面,喝起来一点感觉都没有;肚量像水杯那么小的人,放半勺子盐,水喝起来都会痛苦。生活中,同样的挫折,度量大的人从来不当回事,鸡肠小肚的人,丁点儿事都像世界的末日一样,惶惶不可终日。"项小姐会意地点点头向禅师作了别。

泰山不让土壤,故能成其大,江河不择细流,故能就其深。单一的饮食只能养育出单薄的身体,而强壮的体魄来自五谷杂粮的营养。青少年要想获得精彩人生,在习得知识、成长成熟过程中应该有一个开放的人生,放松身心,自信一点，豁达一点，包容一点，拆除篱笆，打开心扉，内心自然宽畅明亮起来，才会受到智慧的启蒙，把纠结的地方彻底放下，身心的压力也会减小很多，快乐和幸福必然走进你的心田。

要学会理性地看待自己性格的弱点及其给生活带来的不良影响，懂得用多元化的营养武装自己，抱着谦卑的心态主动从不同人身上摄取我们精神所需的微量元素，积极吸纳不同的主张、价值观，让大自然的光辉照亮思想上阴暗的角落，使自己内心更强大、更有涵养，人生有了大智慧必然会有大境界大作为。

烦恼人人都有，对待烦恼的态度不一样，造成的影响也会有天壤之别。对于一般性低迷情绪，它和人的感冒一样来得容易、去得也很快，我们完全不必大惊小怪，只要改变认知方法，不良情绪完全能够通过自我调节有所改善，并得到有效遏制。

思想开放，有无限大的心量，自心清静空旷坦荡，内心自然变得纯朴。对于经常情绪低迷的人，趁年轻的时候就要做些生理性改良，经常运动，张开双臂尽情吸收大自然的清新空气，让心胸开阔一些、气量宏大一点，让血热起来、心活起来，努力培养纯正而开放的气质。相信，长期不懈地坚持下去完全可以把低迷情绪拒之门外，方能收获一个健康的人生，生命自然会绽放出绚丽的色彩。

乐其心

神经科学家布拉森的科研团队曾进行过这样的实验，他们向年轻人和老年人出示一系列高兴、严肃、悲伤、恐惧的人脸部表情照片，发现大多数人都喜欢更多地观看表情高兴的照片。然后，及时对这部分人的大脑进行扫描，表明大脑控制情绪的部分——吻侧前扣带回皮质活跃度增加。后经过与实验者交流得出这样的结论，当一个人处在轻松、愉悦的精神状态时，会出现比其他人更加敏捷活跃的思维、更加开放的世界观和更加积极的心态。同时让注意力长期制造"积极效应"，使个体保持健康的精神状态。

乐观是一种迷人的性格特征，是成功者须臾不可缺少的人格特质，它蕴含了很多智慧的元素，心情愉悦可以使人精神放松，思维机敏，对书籍乃至于学习产生好奇。思想乐观是自信的表现,对生活中的挫折、不幸能够产生很强的心理免疫力。有一个人力资源部主管说,除非特别专业的岗位,否则宁愿雇用一个小学毕业但有灿烂笑容的人,也不愿要一个表情冰冷刻板的博士。

　　快乐是内心无缘由的喜悦。很多人把快乐建立在吃喝享用和功利上,吃得好、开名车、住豪宅、战胜对手才有快乐,否则就不高兴。欲望无止境,这样的快乐注定只是一阵子,无法避免沮丧和失落。真正的快乐不是建立在物质财富的满足和他人失败的基础上,而是自己内心安静平和。因此,培养友善的态度,快乐不请自来。从更大范围来看,绝大多数成功归功于聪明的才智和不懈的奋斗,但有的人认识问题总带有偏见,看到同事、同学事业做大了、出了名,心理失去平衡,认为这小子的成功全靠某人提携,他自己啥本事也没有,是靠不正当手段发的财,总有一天会栽的。这是一种嫉妒心理,也叫"仇能"。这样没有一点意思,人家能力强,你嫉妒诋毁他,他不在乎,事业不断发展壮大,对他丝毫没有影响。吃亏的是你自己,内心的平静被打扰,生气,影响健康,还会失去创业的激情,与别人差距越来越大。真正的聪明人,看到身边的朋友成功了,首先应该用"他比自己付出的多,压力比自己大"来平衡自己的心态,然后抱着友善的态度感同身受,随他人而喜,并分享其成功,尽可能地成为其朋友,学习借鉴其成功的经验。有了随喜的心态,才有积极向上的创业精神动力和成功的可能。

　　智慧的人都有从平淡的生活本身找到属于自己快乐的本领,积极心态是滋养乐观性格最廉价的补品。有这样一个故事,很早以前有一群印第安人被白人追赶,处境万分危急,酋长立即把大家召集起来严肃地说:"告诉大家一个坏消息,除了水牛的饲料外,我们已经没有什么东西可吃了!"话音刚落,族人便骚动了起来。他马上又说"现在再告诉大家一个好消息,"身边的人翘首以待他快点把好消息抖出来,他慢条斯理、喜笑颜开地说道:"我们还有很多水牛饲料。"同胞们立即高兴地尖叫了起来。一个人面临生死关头还能保持几分幽默,绝对是智慧之人。

　　任何时候都不能专注消极的事物。一个人反复思考一个问题的时候,思维空间会变得狭窄,思想会走向这个事物的极深处。佛陀说,苦是普遍存在的——是生活的一个要素。如果我们遇到烦心的事就翻来覆去地责怪自己,可能使精神不堪重负。比如说,有的同学成绩不好可能怪罪自己笨,痛恨自控能力差,一遍又一遍自责。这些负面情绪长期积压形成消极认知,很容易想到自己之所以智商不高、性格不好都是遗传基因不良,这种不良性格遗传下去,后代将来都不会有大出息……越想越黑,越想越觉得自己点背、命苦、倒霉,慢慢形成自卑心理,陷入痛苦的深渊不能自拔,长此下去很容易精神崩溃。

保持觉醒是管理好自己情绪的一个简单易行的好方法。当无端出现低迷情绪,发无名火,在没有太大刺激的情况下比其他人忧心忡忡时,马上自觉到是自己精神负担过重的缘故。依据这一信号设法减缓工作节奏,调整期望值,注意休息和体育锻炼来放松自己,找医生进行调理,让自己尽快走出烦恼的沼泽。

笑一笑,十年少。即使你是一个抑郁免疫力较差、正在遭受烦恼折磨的不幸人,也不用着急,有一个对付抑郁最简单、最有效的办法不妨去试试,那就是,笑,放松身心,开怀大笑。笑,可以带动呼吸和面部肌肉运动,使口腔、肺部还有膈膜都得到很好锻炼和良性刺激。美国心理学家说过,经常抬头挺胸,下巴微收,让你的胸腔和肺叶里充满新鲜空气,快乐不请自来。清理呼吸道,激活身体的快乐细胞,心血随之鲜活旺盛起来,等于为人体发动机注入了新的能量。笑还是一种藐视困难的精神胜利法,为你带来想象不到的收益,完全可以把被敌人夺走的幸福重新再夺回来。青年学生正值豆蔻年华,笑是我们的天性,任何人无权剥夺。一旦感到情绪低迷、抑郁这个危险分子潜入我们的机体,就要自己找乐子,连续不断地哈哈大笑,直到彻底地把我们心中的敌人驱逐出心境。当出现生气发火的苗头,把一切停下来,不说话,缓慢地仰起头来做点深呼吸,或看书、与人聊天,把注意力转移到快乐的话题上,情绪就会平静下来,只要坚持下去完全有可能成为一个性格开朗的人。

美国保险业的龙头老大富兰克林·贝特格,有再大的烦恼也始终保持着微笑,偶尔遇到不顺心的事,他总要想两件愉快的往事来平衡自己的情绪,直到脸上涌现一丝发自内心的微笑,才走进办公室。

最近社会上流行大合唱，大家聚在一起放声高唱欢快激昂的经典歌曲，用这种简单实用的方法治疗抑郁症契合了神经医学理论。旁若无人地放声高歌、大声吼，把心中的苦闷和不良情绪吐出去，烦恼就能够销声匿迹，使DNA得到改良。这是一种廉价而实用的增加快乐指数的好办法。要紧的是，那些性格内向总感觉到不好意思的人，要消除顾虑，把紧张的神经放松再放松，打开心扉，让清新的阳光照射进去，心灵上的阴霾即刻烟消云散，就会发现世界原来是如此美好。心中有了活力，一定会得到一颗自由、平和、安静的心，自然能够品味到学习的乐趣，从书中找到属于自己的精神家园。

善其心

很多学生因为与人发生争执吃了亏，或受到老师指责心里委屈，或考试成绩不理想而沮丧，看到别人有困难需要帮助时，心想自己还正难受着呢，谁管谁呀，压根儿不愿意给他人帮助。乍一听，不无道理，实际上是自私和卑微的表现。如此心态的人，永远无法走出沮丧的泥沼，即便遇到贵人帮助，幸福也永远与他无缘。

从生理学的角度说，多做一些不需要他人回报的事，于人于己都能感到欣慰和幸福。英国苏塞克斯大学心理学家戴维·刘易斯博士，曾连续9天对做好事的男女志愿者心理变化进行实验观察，结果发现，从事慈善事业和做其他好事的人，情绪稳定，压力水平降低，使身心得到放松，有利于减少心脏病和中风的发病率，有效防止血压升高，并提高自己的快乐指数。人生如照镜子，你对镜子笑，镜子当然还给你一张笑脸，你对镜子哭，镜子同样对你流泪。同理，对待他人的态度是爱与恨，这些来自自身的情绪最终都将悉数返还给你。所以，驱逐心中郁闷的最好办法是扔掉一切烦恼，集亲善于一身，保持一颗善良的心，多想高兴喜悦的事，力所能及地帮助他人，创造愉悦的心境来冲淡体内沮丧的毒素，使忧愁的心情得到净化。俗话说，帮人等于帮自己，不管你眼下受到多大伤害，多么不顺心，一定要有一颗怜悯之心，以同理心对待家庭条件差、成绩不理想的同学，多给身边那些老人、社会弱势群体一点实际帮助，用爱和善意给他们带去快乐和欢喜。这是一个亘古不变的道理，当你用爱心对待生活中的他人，爱就会赐福于你，让你感受到内心有一种神奇的积极向上的喜悦。

有一位中年丧夫又折子的女士，因为家庭不幸痛不欲生。由于长期被悲伤和自怜的感情所包围，患上了重度抑郁症，多次自杀又幸运地活了下来。后来，她把自己的悲惨遭遇倾诉给一位心理医生，医生给她的处方是：多做能够使他人快乐的事情。一开始她有些不解，认为自己遭受了那么大的精神打击不但得不到别人的帮助，反要去为别人做好事，哪有这个理。考虑到医生这样说了，不妨先试试看。

她开始喜欢上了养花，一锄一锄地把自己荒废了多年的一个小花园进行整理，施上肥料，播下种子，定期浇水除草，它们很快就发芽开出鲜艳的花朵。看到生机勃勃的花卉，她的心情豁亮了很多。之后，隔几天她就剪些花送到医院和敬老院给那些病痛之中的人，说几句安慰的话。她用自己的爱心和温馨的话语赢得了患者和老人的赞誉，还经常收到病愈者寄来的感谢信。每当想到这一张张笑脸和感谢信中温馨的话语，她看到了自身存在的价值，仿佛一股暖流注入了心田，由衷地感到高兴。从此，脸上抑郁的表情和内心的孤独消失得无踪无影，觉得自己能够给他人带来快乐，也算得上是一个对社会有贡献、有价值的人，重新获得了别样的人生。

静则生慧

风钻钻头圆平，受到的阻力大，即使想钻通质地柔软的物体也要使很大劲；假如把钻头锉得尖锐锋利，阻力减小，稍微用力则可以穿透坚硬的物体。这就是说，拥有专注就拥有无坚不摧的力量。前提是，首先要有纯粹透明的思想，保持专注的思维，智慧和成功才会变成囊中之物。

《大学》中说："知止而后定，定而后能静，静而后能安，安而后能虑，虑而后能得。"当我们没有了挑剔、抱怨、烦恼等非分之想，思想纯粹，心灵很多时候都会处于一种极其静谧的沉静状态，全身肌肉和神经很放松，心情也会变得平静愉悦起来，每一个细胞都会充满活力，精力充沛，使焦躁变为淡定，混乱变为清明。这个时候思维专一机敏，反应快捷，只要稍加注意，很容易把精力集中在有意义的事情上。大脑精进，随时闪现出智慧的火花，能够调动出潜藏在体内的伟大智慧,彰显出意想不到的强大的统治力量,再笨拙的人都会表现出很高的情智水平。此时,对每个学生而言无疑是看书学习的最佳心理和精神状态,再高深的理论一点就通,上课岂有听不懂、学不好之理,世界上自然就没有攻不破的知识堡垒。静则悦、悦生善,人在心情好的时候,能够保持积极向上的心态,考虑问题比较周全,善待他人,从而建构起好的人缘,朋友多了,于己于人都方便,幸福指数肯定高,成功很快会找上门来,想躲都躲不过。

三、独处创造神奇

松树是一种再普通不过的乔木,除了四季常青,形态优雅,原本没有什么特别稀罕之处。然而,黄山迎客松素以苍劲挺拔、雍容大度的身姿独树一帜,成为黄山风景区的标志性景观,享有华夏第一松之美誉,令中外游客流连忘返。一棵普通松树能够如此吸引眼球,追本溯源,在其平凡身影背后令人叫绝的却是它破石而生、独自成景、甘于寂寞且阅尽沧桑色更艳的坚韧个性;在于它生长于恶劣环境下不卑不亢、傲霜斗雪800年,依然满身葱绿、青翠欲滴,那种顽强的生命力,不愧为孤独者的伟大化身。

独处,是天才的禀赋

一心一意活在当下,不被外界诱惑所打扰是专注乃至于独处者共同具有的品质,但后者耐寂寞的强度、持续时间以及抗干扰能力是专注者难以企及的,甘于孤独无疑是专注的最高境界。独处者生活中有一双智慧而独到的眼睛,有哲人以空观有的睿智,早已通透了人生的真正价值和意义,有理想而不盲从,可以穿透各种虚妄的硬壳看到生命的本真,始终以做事为本,以创造为乐,想别人不敢想、做别人不敢做的事。一旦认准要干某一件事就会以独面旷野的决心,如痴如醉地投入其中,用毕生的精力去实现自己的人生追求。独处者不看他人脸色,无须别人陪伴搀扶,在追求中满足爱的归属和需要。好比一尊表面冷峻内里自信的活雕塑,永远充满活力和坚毅,用独特的方式来领略生命的莫大愉悦。

一个伟大的发现、发明往往是数年或数十年无数次反复实验的经验结晶,一部传世的经典艺术品的诞生同样需要数以万次简单重复的练习,唯有那些思维专注到乐于独处的人最终能够把梦想变为现实。周国平先生在他的文章中说,"唯有在孤独中,人的灵魂才能与上帝、与神秘、与宇宙的无限之谜相遇"。如果说思维专注能够使一个人长时间以旺盛的精力去从事艰苦而有意义的创造性的劳动,是所有在学习上取得优异成绩的学生所必须具备的重要特征,那么,独处则是天才的禀赋。他们习惯以其人格特质选择一条与众不同的探索之路,远离闹市,长期遁迹于大千世界一隅,超然物外,自由自在地守望静谧,让灵魂游离于身外之物,在浩瀚的知识海洋里远航。在漫漫长夜中产生一种神奇的力量,对事物做出深刻而清醒的体察,创造出令世人惊讶的科技文化成就。反之,那些看起来才华横溢的人,因为急功近利,不能忍受孤独,最终只能半途而废。

"文革"时期,陈景润、杨乐、张广厚等知识分子冒着被"戴帽子""打棍子"的危险,将个人生死置之度外,对各自的研究领域不离不弃,像傻子一样把自己关在研究室里看书、做实验,如饥似渴地阅读欧美、苏联一些资深专家的巨著和优秀论文。张广厚在患视网膜炎、不能看书的情况下,由杨乐朗读论文,他一人当听众,进行学术报告。然后,两人进行透彻的讨论,从而,很好地跟踪了世界数学发展的新动向。经过艰苦卓绝的努力战胜了恶劣环境,在各自研究领域获得了重大突破。陈景润的哥德巴赫猜想以及杨乐、张广厚的函数值分布论,分别被评为"国际一流"的研究成果,得到了国际上同行的高度关注。他们的成功是对孤独的奖赏兑现,是独处者创造的奇迹。而那些与他们同一个时期很有见地的科研人员生怕被当作"资本主义的苗"打成"反革命",宁可去装配收音机、打制家具,或下放农村劳动也不敢去冒风险从事自己的研究,不少才华横溢的青年才俊专业被荒废,年华付诸东流。

站在心理学的角度看,独处的人具有场独立性特点,思考问题时对内在参照有很大的依赖性,习惯于以内在标准决定事物的取舍,不像场依存性者处理问题往往依赖于"场"的作用,过多地考虑别人的感受。他们有主见,为自己活着,冷眼看世界,长期沉浸在自己感兴趣领域苦思冥想,满腔热血去追求自己的事业,并积蓄了巨大的能量,使灵魂得到锤炼和升华,能够在艰难困苦面前表现出无比坚韧的毅力。

人造珍珠是把珍珠沙砾(人工蚌球)放置在蚌类贝壳中，蚌因受到刺激分泌珍珠液把珍珠沙砾层层包裹起来钙化后形成珍珠。有一则寓言故事，一个养殖珍珠的人，在海边寻找珍珠沙砾(人工蚌球)，几乎遇到的所有沙砾都认为，成为珍珠固然很好，但要钻进暗无天日的蚌壳体内被珍珠液包裹得严严实实，见不到太阳，吸收不到新鲜空气，只能与黑暗、潮湿、孤寂相伴，太恐怖，不愿屈从。

只有少数几颗珍珠沙不声不响地跟养珍珠的人走了。有的沙砾还在一旁直嘀咕，骂它们全是"傻帽"，没事自己找罪受。

斗转星移，几年过去了，那些不起眼的珍珠沙出脱成了一颗颗晶莹剔透价值连城的珍珠。而曾经骂它们"傻帽"的同伴们，依然是一颗颗无人知晓的沙砾，有的已经风化成土。珍珠一夜成名天下晓，有的沙砾没吃到葡萄说葡萄酸，背后议论说：当年我比它条件好多了，老娘就是受不了那份苦才把机会让给它，我要去了，现在肯定比它还漂亮。

独处，是一种沉静的美德

独处者不一定隐身深山古刹与世隔绝，可贵的是他们身上契合了专注和坚韧两大要素，秉性中有宗教大师的恒常，用超然独立的思想淡化对名利得失的欲望，把纷繁世相统统当作过眼烟云，身处茫茫人海但静如处子，能够感受到自己心脏的跳动；生活在喧嚣闹市仍然心无杂念，默默地享受着属于自己的那份寂静。少了功利的束缚，内心随之变得自由开放活泛灵动，混沌的思维变得清明，人生态度更加积极，求真求善求美求精华，乐于吸收一切新思想新观念为己所用。他们知晓自己追求的目标所蕴含的特殊价值，以此确立的中心意志能够转化成为一种信念和忍辱负重的耐力，甘愿牺牲眼前利益，对前行中黑暗而艰苦漫长的隧道有足够的心理准备。他们以追求淡化痛苦，有时为了理想心甘情愿把侮辱当饭吃，遇挫折而永不言败、永不放弃，一旦成功当然会绽放出绚丽的色彩。

从我的学生时代起，伟大的科学家达尔文、伽利略、爱因斯坦、牛顿，包括音乐大师莫扎特、大文豪莎士比亚等，像英雄一样令人顶礼膜拜。他们以杰出的成就改变了人类对地球的认识，推动了人类文明的发展进程。在我等普通人眼里,这些天才一定有很高的天赋,聪明过人,其实并非如此。从史料记载,达尔文小学时功课中等,正规课程丝毫没有可圈可点之处。蒸汽机车发明者乔治·史第芬森也没有接受过特殊的早期训练,18岁之前是一个大字不识的文盲,多数时间仅仅是个炉工。迈克尔·法拉第父亲是个铁匠,母亲是农民的女儿,基本没受过什么教育,出生在这样一个清贫的家庭,他只好在13岁辍学,当了一名学徒工。至于爱因斯坦,很多资料显示他考试成绩差、多门功课不及格,很晚才会说话,语言方面尤其落后,的确看不到他们生来就有着超乎常人的智力,与"神童"二字相去甚远。

然而,这些看似平常的人之所以能够成为伟人,专注乃至于独处是他们共同的秉性,由思维纯粹专一形成独特的品性使他们对所追求的事业保持了浓厚兴趣,以至于自觉抵御外界的干扰和诱惑,困难面前不退缩,长时间地专注其中,并乐在其中。

独处者超级专注,他们充满好奇,懂得享受寂静和阳光,通过对一个客体持续不断的深入思考,厘清事物本质特征以及与其他事物的内在联系,从中发现其价值所在,从而在学习和工作中获得精神上的收获,感受到内心的愉悦。有时尽管这些工作枯燥、烦琐,但他们由于打心眼里喜爱,所以,不会像别人那样厌恶和感到劳累。牛顿经常钻进实验室一待就是一整天,废寝忘食。有一回,一个朋友来住处看他,按约定先在起居室等着,但他坐在地下室的地板上绞尽脑汁思考数学问题以至于忘记了来访的客人。到了吃中午饭的时候客人将佣人准备好的午餐吃完了还是不见牛顿出来,只好遗憾地离开。几个小时后,牛顿终于走出了实验室,当他看到饭桌上的残羹剩汁时,自言自语地说,"我已经吃过午饭了",再次走进了实验室。

独处者有一种沉静的美德,大都以其独立的个性为自己做了一个坚韧的"保护壳"来屏蔽外界的干扰,在生活上保持很强的节制,独善其身,守望自己的心灵,从不为各种杂念分散精力,拥有一个属于自己的天地,以旺盛的精力投入自己追求的事业。

进化论的发现者达尔文,家境富庶,从小性格不疾不徐,没有为了名扬天下的志向而发奋学习。父母也没有刻意从小培养他要成为一名科学家,或鼓励他与别的孩子竞争，完全凭借着对动植物那份难以割舍的感情，在他20岁的时候决心成为一流的博物学家。与其他做出突出成就的人一样，达尔文耐得住寂寞，不愿出风头，谦虚而不张扬，只管埋头用心学习，连续几个小时沉浸于自己感兴趣的领域，与自然界的一切生灵保持着亲密的情感交流，而且是长年累月地坚持着。在剑桥求学时，学校周边到处林立着诱人的娱乐场所，家境殷实的他完全可以像其他富家子弟那样，去享受打猎、骑马等消遣，随时能够在猎鸟欢宴（把鸟作为餐中美食）上取乐。然而，在剑桥的三年生活中，他体验到了自律对于学习的重要意义，能够成熟地安排好自己的时间，养成了有规律的学习习惯，从没有在舒适迷人的生活方式面前动摇过意志。因为，他内心很清楚，喝几杯啤酒算不了什么，但是，长此受酒精麻痹会削弱人的决心和意志，即使一个很有追求的人也会变得慵懒甚至颓废。当然，在他孤独背后掩藏的是一个鲜为人知的坚韧，不轻易动摇的品性和钢铁般坚定的意志。连他的父亲和姐姐也从来都没有意识到这个小儿子居然有这么坚决和明确的雄心壮志，甚至想不到这样的孩子也会有不可撼动的志向。所以，他把自己的成功归结于数十年如一日百折不挠地探索同一个问题。可以想象，假如当初不能约束自己，沉溺于与朋友的享乐之中，他的一生绝不会如此精彩。

对于家境贫寒的迈克尔·法拉第，从小几乎没有得到家庭的温暖和智力支持，青年时期也一度对喝酒、摇滚等舒适迷人的生活方式有着极大的兴趣。然而，这个有追求的青年凭借超脱世俗的人格特质和自律养成的有规律的学习习惯，总是把职业和私人生活截然分开，对每天的学习进行了切实可行的规划，严格限制社交活动，尽可能地减少娱乐游玩时间，有意识地培养自己两耳不闻窗外事的出世态度，保证将精力集中于科学研究。整日完全沉浸在自己的思考中，没有因为外界的诱惑对他的事业造成影响。一些有创造精神的学者和艺术家之所以能够长期在枯燥乏味的实验室从事繁重的科研任务，在强大的社会舆论压力下坚持学习工作，同样得益于他们有其他人不具备的自律意识，近乎苛刻的自我要求和管控，使自己的思维忽略了其他方面的爱好，摆脱了外界的干扰。

独处,需要独立的人格

孤独者要有独立的人格和独立精神,甘于把生活和享乐置之度外,不为个人的利益和前途担心,不去理会别人怎么评价,不惧怕别人说三道四、打击报复,只为自己活着,这样高尚的人格值得全社会尊重。

牛顿孤独的性格使他把优先权完全放在自己的兴趣上,毫不在意别人说三道四、恶意中伤,保证将全部的精力用于工作,最终成为了创造发明的拓荒牛。

中国新文化运动的领袖、思想界的旗手鲁迅先生,曾用过一个"铁屋"的词,喻示当时那个死气沉沉的社会。许多国人麻木地沉睡在"铁屋"里,不知道表达自己的见解,不敢起来与当权者斗争,任人宰割。即便很多有见地的知识分子,在仕途失意或者看透了世态的丑恶之后,每每让身心纵情于山水之间,从此过起归隐的生活。鲁迅却是铁屋中少数几个独醒者,虽然内心对当时那个世界失望透顶,仍然不离不弃,甘于忍受那份孤独和焦虑,积极奋斗,以单薄的身躯与命运抗争,用自己辛辣的笔抨击黑暗统治和社会丑恶现象,迎接新时代的曙光。郁达夫悼鲁迅先生说:"一个没有伟大人物出现的民族,是可怜的生物之群,有了伟大人物,而不知拥护、爱戴和崇仰的国家,是没有希望的奴隶之邦。"

20 世纪博古通今、学贯中西的学术大师,原广东岭南大学、中山大学教授,陈寅恪老先生,青少年时期曾留学柏林大学、苏黎世大学、巴黎大学、哈佛大学等。孜孜求索于各大学图书馆,提出文化高于种族,认为学问无须学位。他通晓德、法、英、梵、巴利、波斯、突厥、西夏等十几、二十来种语言,唯不考学位。傅斯年评价陈寅恪说:"陈先生的学问近 300 年来一人而已。"后来陈寅恪与梁启超、王国维、赵元任,成为清华国学研究院四大导师。

陈先生一生不论为人、为文,始终如一秉持独立、自由之精神,在当时的政治纷争中超然独立,大义凛然,出类拔萃,保持了自我,实为我华夏难能可贵之奇人。

1953 年,陈寅恪在《对科学院的答复》中,重申"我的思想,我的主张完全见于我所写的王国维纪念碑中",重申"没有自由思想,没有独立精神,即不能发扬真理,即不能研究学术","我要请的人,要带的徒弟都要有自由思想,独立精神,不是这样,即不是我的学生"。这是秉承学术独立的原则。陈寅恪提出了让他担任中国科学院历史所所长的条件之一是"允许中古史研究的不宗奉马列主义,并不学习政治"。又曾经说:"我虽事学问,而决不可倚学问以谋生,道德尤不济饥寒。"不仅独立于政治,还要独立于金钱,成为学人们的吟唱,声声不绝。

晚年,在右腿骨折、双目失明的情势下,用口述完成了《柳如是别传》这一人生最后一部巨著,演绎了这位奇女子身上反映出的民族独立、自由之意志。难能可贵的是,在20世纪60年代,他明知这样的作品不可能出版,但他依然孜孜耕耘不问收获,如纤夫般,从心里牵出了这部八十多万字的巨著,可谓步步卓绝,声声啼血!他最终不能幸免地受到了"史无前例"的冲击。1969年贫病而去,凄风苦雨!《柳如是别传》面世后,世人才开始感动他那虽目盲而思想自由,虽腿折而精神独立的铮铮风骨!

车尔尼雪夫斯基说:"才华总是通过独立的(精神上)活动成长起来。"新中国成立后,唯一本土诺贝尔文学奖获得者莫言,一个连初中都没有上过的农村娃,从小酷爱读书,别的小朋友整天热热闹闹在一起玩游戏,他一个人经常躲在磨坊里看书,小学五年级时就翻来覆去阅读《林海雪原》《青春之歌》《三国演义》《水浒传》等,实在无书可读时就翻《新华字典》,这种特立独行的个性形成了他独立思考的风格。在他创作的鼎盛时期,经常以作家特有的社会责任感和独到的视角鞭挞体制和社会弊病,曾受到过权威部门的"禁令",但他始终保持自己的鲜明个性,创作出令世人震惊的佳作。他认为,一个作家最好的状态就是独往独来,"只有独往独来,才有可能冷眼旁观。只有冷眼旁观,才有可能洞察世态人情。只有洞察世态人情,才有可能创造出好的小说或者别的艺术作品"。

获得诺奖后,面对媒体的追捧,他一再表白,"我什么活动都不想参加,我就想在家呆着……希望大家不要邀请我,无论多么光彩的事儿我都不想参加。希望借媒体向社会呼吁一下,第一不要邀请我,第二不要到我的老家去，大家各干各的，然后，我用我的新作来回报你们。"在这个浮躁到极致的社会，他却始终把注意力放在收回自身上，在超越现实的同时成全一个完美的内心世界，让生命在孤独中变得更加伟大。

在常人看来，喜欢独处的天才们表情呆板、内心封闭，机械顽固不化，沉默寡言，不太愿意用过多的语言表达自己，对人总是爱理不理。他们思想主观，以自我为中心，排斥他人，很多时候显得高傲而不可理喻，俨然一堆僵硬的死尸无任何生机可言，这样的评价有失公允。独处者并非孤高自傲，大都是理想主义的化身，既有宗教家的孤旷，以出世的态度入世，鄙视物质和虚名，又有哲人以空观有的睿智，习惯用沉默来咀嚼自己的奇思妙想，用心灵感悟交流传递有深度的信息。不像那些功利主义者，放弃操守尊严和坚持，随大流，人云亦云，常常为五斗米折腰。在他们的脑海里真理重于生命，因此在涉及学术上的某一个理论问题时喜欢较真，有时会顽固地坚持自己的主张，不轻易妥协让步，即使你很有权威，只要不能提出比他更高一筹的理论就甭想真正拥有和征服他。达尔文从小就学会了用自己的方法来对待他认为难以接受的主张，对于有失公允地批评他会咬紧牙关低下头一言不发，根本不理会对方，既不做任何辩解，也不浪费时间去争论是非对错，义无反顾地集中精力做自己感兴趣的事。纵令姐姐中肯的劝告，他也在点点头后，自己该干吗干吗。

澳大利亚科学家沃伦早在 1979 年就获得了对幽门螺旋杆菌的初步发现，因有悖于当时的医学方面的认知而在相当长的时间里不为人所承认，可是，他始终坚持自己的想法是正确的。为了证明致病机理，他的同事马歇尔甚至喝下了含有病菌的溶液，结果大病了一场。两位科学巨匠不惜用自己身体做实验的固执而务实的作风和献身的精神，最终获得诺贝尔生理学和医学奖，赢得了世人的尊重。

的确有不少科学大家和艺术家由于长时间投入特定而单一的工作领域，好像思维狭隘得只知道工作一样，很多时候他们的行为方式在别人看来都有些怪异，与众不同。比如，莫扎特一头扎进创作室而达到忘我的癫狂状态。爱因斯坦则从小就培养了强烈的好奇心,他精力集中,长时间地思索一个问题,一心只想着工作,随时准备迎接新观点的挑战,并乐在其中,甚至连袜子都忘了穿;阿基米德会一连几天专注于自己感兴趣的问题,不仅对身边的人和事漠不关心,常常连自己的饮食起居也全忘在脑后。

　　不能独处之人思想必然肤浅,当然不会有新的发现,也很难生产出令人惊讶的精神产品。今天,我们的经济发展取得了举世瞩目的成就,但在技术创新方面与大国的地位极不相称。很多智者把责任归咎于受儒家文化的影响太深,一向推崇中庸之道,不允许标新立异,的确不无道理。中小学教育,任何考试要的是标准答案,从小禁锢了人的想象力。大一统的思想,使那些身居要职的领导往往拿一把尺子量长短,不断用剪刀修剪长得过高的枝干。"枪打出头鸟",想方设法压制那些有个性、"不听话""个人主义者",让你不敢冒头。于是,大家开始当乖乖,习惯于油腔滑调唱赞歌,说上司爱听的话,真正的人才最终只能与大家保持一致,形成同样的风格,磨圆了棱角,也就把人的创造力抹杀得一干二净。

　　没有了思想之独立,造成中国人天生喜欢凑热闹,最怕寂寞,一个人待在家里心慌,隔三岔五老朋友都要在一块聚一聚,搓一顿,发一阵子牢骚。即便一向儒雅的知识分子都害怕"脱离群众",丢了选票被孤立。根本原因在于唯官是尊,唯利至上,没有自己独立的精神追求,人们越来越浮躁,很少有人甘于寂寞。上海有一位院士经过无数个春秋的艰苦探索,取得了一项重要的科研成果,组织为了体现对该科研项目的重视,任命他担任领导,从此没完没了的开会、学习、应酬,使这项科研成果不幸胎死腹中。

　　思维专注、甘于孤独,对于每一个立志于干大事、创伟业的人而言都是一门必修课和无法逾越的门槛。培养青少年独立的思想和价值追求,需要从成人做起,让人性得到最大解放,共同营造一个甘于孤独的文化氛围。能够把纷纭世相当作过眼云烟,从发现培养孩子好奇心入手,倡导创新冒尖,让心永远沉浸于自己感兴趣的事情,依附在自己真正想要的东西之中。同时,鼓励他们把自己不同的见解和主张说出来,对个性化的错误保持足够宽容,尤其是那些不同的观点哪怕尚不够成熟,甚至听起来幼稚可笑,只要有独创性都要给予肯定。

美国马克思·斯多姆有一句名言：快乐没有固定的形式。培养独立的精神和原创思想，重要的是为人父母、老师、当权者要树立多元的价值观，把人生追求从官本位、钱本位、利本位思想扭转到事本位上来，不要一味地向外寻求精神满足和快乐，需要从内里挖掘适合自己的修心养性方式，先让自己的心静下来。只有自己安静自信起来，内心强大起来，才有容人之心量、识人之慧眼。

独处者的秉性涵盖了身体的孤独、思想的孤独、人格的孤独。第一步要甘于独处。简单才有快乐可言。意味着要习惯于过简约式生活，把自己从那些热闹的应酬场合抽出身来，少一些社交活动的繁杂就会添一份内心的恬静，少一份珍馐美味的贪图就多一份闲适的心境，少一份名利欲望就多一份从容淡定和真诚，才有心思在幽静的环境下品茗读书，独自远行，深度地思考人生和社会。第二步是要从各种纷扰的事物中孤立出来，给自己心灵的底片上留得一片清静的天地，让思想和情感暂时远离尘世，不再纠缠与当下学习工作无关的杂事，做到心无挂碍。第三步是把自己从前念后念孤立出来，专注于当下，让全部精力聚集于眼前和手头的事。这样做一开始可能有些孤寂，长此下去，学着享受孤独，内心深处也许不断有意想不到的发现，人生一定得到新的提升，出现另一番景致。

让内心安静下来达到独处的程度，去拥抱孤独，也并不是想象得那么难。只要在空闲的时候，书桌前、排队等人的时候，最好每天安排一个固定时间，比如，睡觉前、起床后，保持沉静，不管是坐着还是站着，闭上眼睛，沉静三五分钟的时间，让身体的每一个部位放松，有意识地观照我们的呼吸，并使呼吸变得柔和、细长。伴随着缓慢而轻松地呼吸，大自然中的清气会渗透到身体的每一个部位，体内的浊气和惰性物质就会从身体各个部位排出体外，使全身的每一个器官和经络得到滋养。一旦全身心投入沉静之中，僵硬的心变得柔和起来，所有的抱怨、私欲都被统统拒之门外，不再被外物烦扰，心灵则会处于彻底的宁静状态，内心会更加豁亮快活自在。这时，生命就有一种充电般的神奇美妙，精力旺盛，感受到内心的强大，从而长时间沉浸在自己的深度思考中，任何坚不可摧的障碍都会被击破。

四、让中心意志点亮人生

老师在课堂上给学生讲了一个猎狗和土拨鼠的故事："有三只猎狗追一只土拨鼠，土拨鼠赶忙钻进了树洞。猎狗只能在树洞口等着，不一会儿，从树洞里钻出了一只小白兔，兔子飞快地向前奔跑，三只猎狗飞奔过去围追堵截，兔子急了，'噌'的一下蹿上了另一棵大树。兔子趴在树上，仓皇中没有站稳掉了下来，砸晕了正仰头看的三只猎狗，兔子便逃之夭夭，土拨鼠也乘机撒腿跑了。"故事讲完后，老师问学生："这个故事有毛病吗？"学生七嘴八舌地说："兔子不会爬树""一只兔子不可能同时砸晕三只猎狗……"

直到学生找不出问题了，老师抖开包袱："可是，还有一个问题，你们都没有提到，土拨鼠哪去了？"趁学生思考之际，老师由此引发话题教育学生："猎狗追逐的目标本来是土拨鼠，由于兔子这个新猎物的出现，猎狗改变了目标，结果，偷鸡不成蚀把米，土拨鼠竟在猎狗的头脑中消失了。我们在人生的旅途中由于缺少中心意志，有时注意力容易被新奇的风景诱惑，思维在不知不觉中开了小差，精力被一些新事物分散，迷失方向，或走入歧路，从而忘记了最初追求的人生目标，这是人生之大忌。"

伴随着信息时代的到来，物质财富的极大丰富，导致青少年学生眼花缭乱，金钱、游戏、武侠小说、时尚装饰充斥大脑，以至于许多儿童和青少年注意力散乱，多动症的儿童越来越多。一些擅长幻想的追风少年在绚丽多彩的世界里活泼有余，专注不足，人在教室心在闹市，一心只读圣贤书的人少之又少。即使原本踏实认真的学生，也在万花筒般的世界里迷失了方向，难以把主要精力用以学业。上课分心，学习事倍功半，有的人把读书当成了沉重的负担，疲于应付，逐渐失去最原始的学习热情，人生开始迷茫，不清楚自己该做什么，更不知道将来拿什么立足社会，许多青年每每陷入极度困惑之中。

儿子考上大学后,我送他到了学校,顺便与孩子的几个学哥学姐聊聊,他们争先恐后地向学弟指点迷津,话里话外异口同声地传达着一个信息:到大学参加社团活动是第一位的,学习只要不挂科就 OK 啦!让我感到有些诧异。大学本是拓展技能、发展个性、确定人生航向的关键。但是,很多学生在中学学怕了、学烦了,到大学好像进了保险箱,没有父母督促、老师的管束,开始放任自由,学业上当然要出现问题。四年匆匆过去了,蓦然一回首,发现没有学到多少真本事、实功夫。岁月蹉跎,人生理想滑坡,与当初入学时豪情满怀差之千里。名牌大学的学生都如此浮躁,其他大学的情况更让人不敢想象。

前两年,河北某学院一名来自农村的女大学生杨婧(化名),在她人生最美好的年华连一声招呼都没有来得及和家人、朋友打,就悄悄地离开了人世。而且,走得如此匆忙,如此绝情,令人扼腕。一开始,包括小杨的父母、身边的同学,无一人能说得清楚这位风华正茂的女生走上不归之路的根本原因究竟是什么,后来,从小杨生前留下的一本 10 万字的日记中,才披露了一些她悲观厌世的心理轨迹。

……

"一个人没有自己的生活目标,老是看着周围人的生活方式,是何等的痛苦和无奈……上课注意力集中不起来,整个人变得精神恍惚,有时真想离开这个世界,因为它不再让我眷恋。可是,唯有含辛茹苦的父母让我放心不下,我不能对不起他们,自己再痛苦也要撑着,虽然很累,很累……"

"逃避现实,是最无奈、最懦弱、最愚蠢的表现,而现在的我却一味地逃避。想着辍学,可又一想,亲人、邻里会怎么看,堂堂正正一个大学生竟然连个工作都找不到,面子又往哪儿放……总想找个地缝钻进去不出来了,一直睡着不要醒来,因为醒来就要面对现实。我该怎么办?自己已无法主宰自己的人生。"……

"本想利用十一期间搞促销,今天去商场学习,看似低级简单的活儿对我来说却是那么难,我连洗衣机的功能和型号都记不住,大脑完全迟钝了,连最起码的与人打交道都不会。一个大学生,最终却什么也干不了,整天抱怨这个,抱怨那个,眼高手低,粗活不屑干,细活又找不到,结果是什么也干不成!这就是一个大学生的悲哀!"……

"一个人最大的痛苦莫过于不能做自己想做的事。如今我的大脑好像失控了似的,一看到课本就头疼,想着挣钱之类的,而且压力特大。挣钱吧,走出校园来到社会,感觉自己像个傻子似的,什么都不会。"……

"……"今天去参加有关话务员的培训,出乎意料的是竟然有近200名同学报名了。原以为没多少人会干,一个小小的暑假兼职竞争就如此激烈,可想,就业有多么的艰难!"……

"自从升入大学就一直萦绕在耳边的是'找工作难',多少大学生毕业后没有工作,一直感觉压力很大,常听人们形容招聘市场人山人海的壮观,但从没有真正见过那样的场面,既想去看看却又恐惧,内心极矛盾。"……

"昨天是第一次去参加一个小型的招聘会,尽管来招聘的不少,但大学生更多,每个桌子前都被围得水泄不通,好不容易挤进去了,一看都是招聘业务员,促销一类的,没有适合自己的……想找一份满意的工作真不容易!转来转去,也没有签下几个,与想象中的差远了,这就是现实与理想的差距。现实总是那么残酷,让人无奈!"……

"爱面子、虚荣足足可以摧毁一个人,而我就是这样一个失败的人,直到今天我才发现原来自己的选择是这么的错误,明知道家里穷得叮当响,只要不欠外债就OK了,自己不去打工挣钱,还偏偏选择了上大学。"……

"每年花着高昂的学费,不但没有学到本领,反而变得郁郁寡欢,遭受着精神上的折磨,一边花着钱,一边受着罪,这是干什么呢?毁了自己也欠了父母……当初就是因为想做个大学生,过过瘾,让别人羡慕下,虚荣心占据了上风,就为了面子,明知道家里穷,还硬要上学,全然没考虑父母的痛苦,然而现在却异常痛苦。唉,真的很懊悔啊。"……

"要毕业了,我却不知道如何主宰自己的人生,自己成不了自己的主人,而是奴隶,只在压力中度过,能不痛苦么?""感觉好累,好累……每天都感觉不到生活的美好,看不到未来和希望……总是没有信心,没有目标,过一天算一天,不知道前方的路如何,就这样消极地度日……"

"我该怎么办?活着还有什么意义?谁能救救我?……"这是杨婧生前最

后一篇日记中记录的心灵感受。

一个不知道珍惜生命的女孩,一个不懂得感恩的女孩,一个肢体健全身强力壮却精神残疾整天无病呻吟的女孩,是一个多么可悲、可怜又可恨的女孩。这样懦弱的学生在今天的校院里并不稀罕,只不过杨婧在挣扎过后用一种快刀斩乱麻的方式了结自己年轻的生命,这是对生命的亵渎;还有千千万万个杨婧虽然没有如此极端,却正在人生的十字路口徘徊,在半死不活的无奈中煎熬,这些可怜的学生似乎遵循这样的人生轨迹:

——思维程度不同地有些散乱,面对复杂、混乱的社会现实他们心慌意乱,不知所措,总在那里空想、幻想,抑郁、烦恼、沮丧接踵而至,白白消耗体内的能量。

——社会浮躁、竞争的压力加剧了自身精神的痛苦,使他们气不平、心难安,精神恍惚,干什么都打不起精神,心思无法用在学习上,一看书就走神、犯迷瞪。一晃几年过去了,啥本事也没学到,大脑钝化手脚变懒,什么都不会,临毕业前两手空空,艰苦的工作不想干;轻松体面的事干不了,想到严峻的就业形势,恐惧忐忑一起涌上心头,两眼一抹黑,不知道何去何从。

——没学到生存的本领,不知道怎样立足于社会,自信心荡然无存,对未来充满困惑,不停地自责,在抱怨中消磨时光,蹉跎岁月。看不到人生的出路在哪里,在埋怨中度日,埋怨烦恼越多、思想越乱,学习、生活出现恶性循环。

——一个人静下来的时候,想到父母辛苦劳作,省吃俭用,自己花着他们的血汗钱却学无所获,在良心的驱使下羞愧难当,寝食不安,深感愧对家乡父老。被沉重的思想包袱压得喘不过气来,便陷入痛苦的深渊不能自拔,抬不起头,无奈、自卑一起袭来,出现生不如死的想法。也许小杨就是今天相当一部分大学生的一个缩影。

杨婧就读的是一所专科学校,表明她的智力水平中等,不排除是注意力不够集中的问题导致她学业平平、人生迷茫。但是,还有一个不容忽视的原因在于她缺少一个可以统领、调遣、凝聚其他一切念头的中心意志。中心意志代表着一种理想信念,可以满足人们无限高尚的愿望,凝聚精气神,在思想上形成定见和特有的人生追求,以便在内心产生为之投入量与质的冲动,内化为斩钉截铁地态度,增强抵御外界诱惑的免疫力。忙以忘忧,有了坚定的中心意志会少去很多烦扰,郁闷、狐疑、恐惧望而却步,可以保持思维的专注。再大的困难都无所畏惧,不会懈怠,跌倒后还会爬起来继续前行,把充足的能量导引至人生的目标,绝不会轻易改变初衷。确立中心意志是一切成大事者必须具备的精神品质,也是他们取得伟大成就的开端。

可怜之人必有可恨之处,像杨婧这样的大学生,缺少中心意志,心无所定,什么本事没学到,什么都不会干,什么都不想干,终日无所事事,推销洗衣机时说不清楚洗衣机的型号、功能;遇到陌生人脸红耳赤,不知道怎么与人交流,干啥事都打不起精神,这样一副丢了魂的病态样子,不是没有合适的工作,而是她不具备胜任工作岗位本领,还能怪谁?

人生如登山,期望通过自己的勤奋努力抵达事业顶峰,尽情地饱览旖旎风光,眺望云海日出,领略大自然的神秘和雄奇,享受上天的恩赐。但是,为数不少的青少年学生人生很茫然,心中没有目标,好比一个游客来到一座风景如画的山脚下,被眼前千奇百怪的小玩具、微不足道的"古董"和匠心独运的纪念品迷住了双眼。在好奇心的驱使下这个想去瞧两眼、那个也想买几件,全然忘记了此行的目的究竟要干什么。遇到各种诱人的小吃,迫不及待地要去品尝享受一番;再看到有人玩杂耍、游戏,手脚痒痒的,千方百计想玩两把,等到吃饱喝足玩够了,一抬头,"坏了!"同伴早已不见踪影,发现自己掉队了。有的同学玩得云里雾里,分不清东南西北,在山脚下迷失了方向,不知道究竟该往哪里去。一转眼,看到别的同学高兴而归,只好傻傻地在那里望洋兴叹。更可怕的是一些激情似火的人感情用事,玩起来无所顾忌,乐极生悲,还未登山就伤了身体,失去登上顶峰的机会,遗憾终生。

每个人一出生就成了社会人,自然有自己追求目标的正诱发力,同时在追求目标过程中也会遇到各种物质享受、游戏、电视娱乐等负诱发力的干扰,我们无时无刻不在正、负诱发力之间博弈。如果有了强大的中心意志,内心淡定,正诱发力占据上风,能够保持思维专注,把精力倾注到学习和工作上,引导我们去克服生活道路上的一切困难和障碍,实现人生的目标。反之,缺乏坚定的中心意志,心神不定,思维散乱,正诱发力苍白无力,负诱发力大行其道乘虚而入,人的精神无从附着,思想必然游移不定,精力无法投注到读书学习上。整天心猿意马、唉声叹气,外界稍有点风吹草动都可以使她原本平静的心灵受到打扰,一点困难或挫折可能使他不知所措,信心动摇人生目标当然会成为空中楼阁。

外面的世界精彩而喧嚣,委实太诱人,缺少健康中心意志的青少年,没有定见,没有追求和约束,也不想去执行哪个意志、实现哪个目标,很容易沉溺于眼前的利益被各种流行色诱惑。中心意志不坚定,一旦心被外物慑服,思想的天秤失衡,很快就会对财富、名利等产生难以割舍的心理依赖,灵魂随之被欲望主宰、奴役,甚至连自由也交给了他们。从此,天空变得混沌黯淡,内心被阴霾笼罩,一个个自私狭隘的念头足以遮住他们的视线而导致头脑发晕,理性丧失,关于伦理、道德统统视而不见,纵令冒天下之大不韪也全然不知其危险所在。

李敬(化名),出生于江西贫困山区的一名大学生,自小聪昕好学,小学时多次跳级,高中每次考试全班第一,16岁时考入北京某重点大学自动化专业,成为家乡同龄人心目中的偶像。刚来北京时,首都的神秘与华丽并没有在这个朴素的青年心灵中掀起太大的波澜,他依然保持着勤奋好学的品行,学习非常投入。从大三下学期开始,小李看到别的同学玩电脑、打游戏、喝酒、交朋友活得好潇洒自在,便羡慕不已,怦然心动,曾经的中心意志屈服于流行的快餐文化,他很快就像大海中失去指南针的小船迷失了方向。由于家庭贫寒买不起电脑,他经常翘课当家教,用打工挣来的500元钱买了一台二手电脑,一有空就窝在宿舍玩浩方CS游戏,平时,除了看家教方面的书,很少再去学习专业知识。

有一次考试作弊受到处理,小李受到打击,学习兴趣一落千丈,每天早出晚归在外打工,临毕业前多门主修课不及格。在延期毕业的两年中,他一方面靠打工为生,一方面在游戏中打发日子,学校先后给了他6次重考机会,他却由于心情沮丧无心学习,多门功课挂科,未能完成毕业设计。一个农村娃,苦读6年,花尽了全家的所有积蓄,最后拿到的是一张肄业证,这样无情的现实使原本有些抑郁的他一下子傻了眼,沉默寡言起来,不再与任何人来往，完完全全把自己封闭了起来。

　　人的一生受点挫折走些弯路再正常不过，但是不同的人对待挫折的态度大相径庭。一个心理健康有中心意志的人，当遇到困难和失败时会淡然处之，理性地反思自己的问题症结，下决心从哪里跌到，再从哪里爬起来；假如没有中心意志，面对挫折根本不从自身找原因，往往把失败归因于社会对自己不公，仍然重复自己原来的错误想法，我行我素，甚至不惜拿青春来赌明天，盲目蛮干往往碰得头破血流。

　　不知从何时起，这个有点神经兮兮的青年学生打算弄点钱寄回老家，以此报答母亲的养育之恩，然后自杀告别人世。于是，一向手无缚鸡之力的他来到一家储蓄所，拿出水果刀挟持了正在办理业务的两名女客户，向银行索要10万元现金，很快被警方抓个正着。多么荒唐可笑，为了金钱眼睁睁地看着人格贬值、道德颓废、人性沦落。有人可能把责任归罪于教育体制，其实根子在于小李同学中心意志的丧失。

　　史密斯在《生命中最重要的》一书中借用大雾天驾车对人生目标进行了生动的论述。假设你正沿着公路高速前进，却突然遇到大雾迷漫，此时你会怎样？一开始你肯定有些惊慌，对吗？你可能会马上松油门、踩制动，把车速降下来，以免撞到前面车辆造成交通事故。很快，雾越来越大，能见度低得不足五十米、三十米，但为了避免追尾，脚丝毫不敢离开刹车，前怕老虎后怕狼，心情糟糕透了，只好小心翼翼一步一步地往前挪，期盼着早日雾散日出。一阵清风过后，云消雾散，车道逐渐清晰起来，前方一百、三百、五百米处一目了然，踩制动的脚终于有机会休息一会儿了，先前紧张的神经和肌肉随之放松，手心不再出汗，内心可以平静下来，重新在飞驰中享受美妙的音乐，顿觉心旷神怡，开足马力全神贯注去接近你的目标，对路旁的风景则视而不见。驾驶车辆与人生何其相似，当我们学习生活没有自己的目标，等于人缺少中心意志，你的感觉和浓雾中驾车一样，左顾右盼，焦虑不堪，裹足不前，内心充满煎熬。一旦有了清晰的目标和中心意志，就能够满怀喜悦地地向前行进。

　　相信很多人清楚中心意志对人的一生来说意义非同小可。但是，不排除一些人因为确立的中心意志偏离社会主流价值观，或目标与自身的能力素质差距太大而虎头蛇尾的搁浅。作为一名受过系统教育的大学生，可以有选择对待环境的态度，该做什么不该做什么，完全有能力做出自己的选择，主宰自己的命运。关键是我们能否理性地思考社会，在大环境有些污浊的情况下保持清醒的头脑，勇于做出有个性的选择，然后确立符合自身特点的中心意志。

当今是个崇尚物质金钱的时代，但是，财富只能给你暂时的满足，不能带来永远的快乐和幸福。年轻人选择职业最忌讳的是以名利为指挥棒，为满足暂时的欲望两眼只盯着工资单，坐视自己能力和人格昏昏欲睡，过早地失去学习和创业的激情。这样狭隘的眼光会使生命中伟大的品性慢慢地退化，很多有才华的青年甚至可能会灵魂消亡，成为一个自私、庸俗、腐朽的人。现在很多青年学生羡慕那些金光闪闪的商界大鳄、影视明星、政界精英等，只看到这些所谓成功人士风光的一面，不了解他们成名前怎样艰苦卓绝奋斗和打拼，以及在创业道路上曾经受到委屈和鲜为人知的伤心往事，更体会不到眼下正面临的压力和烦恼。当这些学生浅薄的思想被世俗的社会风气所蒙蔽，执着于追求个人狭隘的人生目标，必然偏离社会主流，抱着侥幸的心理在邪门歪道搏杀，与魔鬼赛跑，成为一个受人唾弃的可怜虫。

西安音乐学院大四学生药家鑫，驾车撞伤一名女服务员后，发现伤者正在记自己的车牌号，随即掏出身上的刀子将受伤的女子连捅八刀，使其当场毙命，引起社会和媒体一片哗然。一个勤奋好学的优等生，拿过奖学金、钢琴已达到十级，当属音乐方面天赋高、很有造诣的青年学子。一个接受了系统教育，心智和经验渐入佳境的时候，本该立志发挥自己的聪明才智造福社会，但他却被拜金主义遮住了视线，痴迷于当家教、赚外快，发财致富，迫不及待地玩车享受生活，使自己变得极端自私和卑鄙。从更深层次的原因看，是囿于狭隘的人生价值观，缺少远大理想，人生目标太短视、现实，眼睛只盯着钱财，内心只考虑自己的存在和幸福，从而把责任、道德、法律和做人的底线丢得一干二净。这种贪图个人享受的利己主义表现必然受到良心的谴责，只知道追求个人幸福而视他人生命如蝼蚁的卑劣兽行理应遭到社会的唾骂。

构建中心意志

冰山任凭惊涛骇浪撞击岿然屹立,稳如泰山,始终表现得那样恬静,缘于它八分之七的巨大容积都埋在水下。同样,有些学生任何时候都表现得那样镇静、沉着,心无旁骛地潜心于知识的海洋,缘于坚定的中心意志使他们精神和谐、内心变得超乎寻常的强大。

有强力中心意志的学生眼睛炯炯有神,很少左顾右盼,懂得练心涵养精神,时刻保持思维的专注,生命中所有细胞统一有序而非杂乱无章,充满无限活力而非消极沉睡。别人眼中乱糟糟的环境在他们看来永远是那样平静和和谐,甚至是清新而美好;即使周遭乱如闹市,他们也能够保持独自清醒,以书为伴,积累更多的知识和经验,储备充沛的体力、智力和能力,聚积正能量,这样的学生走向社会后一定会成为"香饽饽""抢手货"。

不妨看看身边那些取得骄人业绩的成功者,他们从小就有坚强的中心意志,注意力始终如一地守望着他,机体的能量就像箭头一样死死地瞄向他,每天都会收获新的知识和经验,总是用激情把体内有建设性、创造性的潜张激活,全力以赴对待学习工作,每件事都做到极致。尽管他们也是肉身凡人,免不了有这样那样的思想杂念,可贵的是他们知道适时用中心意志收拾精神,很少有闲工夫去想那些晦气、虚妄的东西,更不会用喝酒、打牌、闲聊来挥霍青春。前进道路上不管遇到多大坎坷,始终坦然面对,用披荆斩棘、破釜沉舟的坚毅品质攻坚克难,绝不会怨天尤人,更不会轻易退缩放弃,以此领悟和见证生命的真正意义。

实行高考以来,每年都有一部分理想远大的中学生,在高考志愿中只填写北京大学或清华大学,为了实现自己的中心意志,甘愿在玩的方面做出牺牲,甚至情愿掉几斤肉,连续复读两三年仍非北大、清华不上,他们的执着精神可见一斑。

有一次,电视播放一个关于青少年上网的节目,一位家长深有感触地说,五花八门的网络游戏对人的诱惑太大了,别说青少年,成年人也很难经受住这种诱惑。她的一位同事,两口子一人一台电脑,双休日一玩就是一整天,因此,强烈呼吁对网络进行适度管制。主持人接着采访清华大学一位大学生,问及这位大学生在高中时是否也经常上网,这位大学生非常自信地回答说,"我上初中时,就期待自己未来能够考上北京大学,到了高中阶段成绩稳步上升,感觉离自己期待的目标越来越近。后来,一想到上了名牌大学,登上人生的制高点,可以有更多选择人生舞台的机会,在更大范围内去实现自己的梦想和追求,心里有说不出的高兴。这个时候,每当有同学谈到网络那些虚拟的东西,我就想到忒小儿科了,的确没啥意思,完全没必要因此空耗光阴。所以,至今我对网络都没有丝毫兴趣"。这样的学生自小就树立了远大的理想,从实现人生价值需要出发产生的强大学习动力,能够鄙视网络游戏,避免对学习造成的影响。

每个青年学生要想有个精彩人生,受到更多的人尊重,首要的是清楚自己想做什么,趁早树立健康向上的中心意志,有了自己的人生目标和追求,并以巨大的勇气来收心定神,让散乱的精神专注起来,把主要精力投入其中,生活当然就会有滋有味。

五彩斑斓的社会里,各种社会诱因常常会麻痹人的神经,模糊我们的视野,稍不留神就会一脚踩空跌入生活的陷阱。构建中心意志务必要有一个多元的文化品位和价值追求,具备寻找幸福的智慧,知道自己到底需要什么。当我们学会了选择和放弃,积极健康的中心意志就会浮出水面,引领生命驶向幸福的快车道。即便物质上不是很富有,也能在学习和工作中体验到生活的乐趣,避免成为名利金钱的奴隶。

人都是感情动物,需要有能够寄托感情的事把心拴住,才能长时间把精力投入其中。确定符合个人气质秉性和兴趣爱好的个性化发展方向,做有趣的自己喜欢的事不仅不累,还有利于发展自己智力、张扬精神、完善人格,同时还可以激活学习和工作热情,提高生命品质。但是,只考虑趣味,忽视其社会意义,目标太过功利化,时间长了可能因为事情本身渺小卑微而觉得没意思,同样无法体会到真正的幸福,再多的钱都是一堆废纸。

著名音乐家谭盾初闯美国时,举目无亲,只好到街头拉小提琴维持生计。没过多久,结识了一位黑人琴手,两人携手在一个闹市区的商业银行门口寻到了一块卖艺赚钱的风水宝地。干了一段时日,谭盾收入不菲,有了一些积蓄,便与这位黑人琴手作别,来到一所音乐学院进修深造。

10年过去了,谭盾把全部精力投注到提升音乐素养和琴艺之中,创作了一曲曲脍炙人口的音乐作品,一举成为国际知名音乐家,经常应邀在维也纳等著名音乐大厅登台献艺,名扬海内外。有一次,成名后的他路过当初来美国闯荡的那家商业银行门口时,发现昔日的黑人朋友仍在最赚钱的那个地盘拉琴卖艺,而且表情还是一如往昔地得意和满足。当他见到谭盾突然出现时,很高兴地上前握手寒暄,并问他在哪里拉琴挣钱。谭盾回答了一个很有名的音乐厅名字,但黑人朋友不解地问道,"那家音乐厅门前也是个好地盘,赚钱很多吗?"

谭盾淡淡地笑着,点点头说:"还行,还行!"

一个年轻人不能只盯着眼前利益,必须有长远的眼光,立志于行正道、造福大众,才能攀登生命高峰,感受到人生的甜美。中华传统文化把选择对大众有益的职业称为"正命",也就是说创造人间有正面价值的工作方可安身立命,可以帮助我们活得更快乐一点,所谓"正命引长生""大德必得其寿"就是这个意思。做有益的事,有了社会成就感可以给自己带来喜悦,反过来还会成为做事的内动力。

当然,一些对公众有益的事缺少趣味性,时间长了容易懈怠,遇到困难决心难免会动摇。因之,确定中心意志最理想的是能够同时满足两个条件,即,有趣和有益。作为青少年围绕学习兼顾兴趣爱好确定中心意志,可以挖掘生命潜能,最大限度地发挥自己的聪明才智,在学习中找到永恒的快乐。

人生的意义在于追求真理、公正和美好。一个成熟的有社会责任感的大学生,作为国家的栋梁之材,民族兴旺发达的生力军,确定中心意志除了考虑个人兴趣外,不能忘记自己所肩负的社会责任。要有勇于担当的精神,把个人奋斗与大众福祉统一起来,想前人不敢想的事,走前人未走过的路,更多地把自己的智慧用于服务大众的社会实践。由此看来,有趣加有益的选择模式是人生的最高境界，也就是把兴趣与责任完美结合，做自己感兴趣且对社会有益的事，把事业和生命的意义紧紧地融合在一起，自我追求与社会文明发展共生共荣，自己成功也给他人带来福祉，共同分享幸福，积福积德。有些公益事表面看没有太大乐趣，可能也满足不了个人物质生活方面的需求，但它一定有很强的社会公众需求，这正是它的价值所在，有了它就有了社会意义，同样能够带来精神上的愉悦。假以时日，完全能够干出一番让别人不敢小瞧的事业来，在推动社会文明的同时让自己的人生附加值最大化，生命不至于留下遗憾，人生的演出才能叫座又叫好。

当一个人确立的中心意志有了很强的社会价值感，自然会形成坚定的信念，以此统摄精神，抵御外来各种干扰和诱惑，在追求目标的过程中更加坚强，面对艰难困苦不抱怨，遇到挫折不气馁不动摇，始终保持思维的专注，做好自己该做的事。

中国科学院数学物理学部委员（院士）、著名基础数学家杨乐，自小对代数和几何有着深厚的兴趣，初中时便萌生了一个伟大的想法：以后要上国内顶尖大学，并且一辈子从事数学工作。并将我国最高的学术机构——中科院作为人生追求的目标。高一新课本下发后，雄心勃勃地在新书的封皮上写下了"中科"两字。有了这样的中心意志，他的心就死死地被拴在了数学上，所有课余时间都用来广泛阅读数学方面的书籍、做数学习题。高中毕业后顺利考入北京大学数学力学系，四年后，与张广厚一同成为中科院数学研究所的研究生，并以函数论方面的重大研究成果开始了他在中科院研究所的人生历程，在国内外获得了一系列重大奖项。

知识浅薄导致目光短浅，视野狭窄难以辨识事物的本质。在社会能见度很低的时候，不容易一下子看清楚前面的路，选准脚下路实属不易，越是在这样的情形下越需要宽泛的知识、视野开阔些，防止被阴霾模糊了视线。也就是说，要获得准确的人生定位，坐在那里空想不会有好的结果，需要在读书中启迪灵感，用辩证的思维客观地认识自己，以睿智的眼光拨云见日甄别是非。当然，有时候书本知识局限性同样很大，多听高人的指点，勇于在实践中去尝试感悟更为重要。失败不足为惧,挫折中得到的直接经验教训感受至深,最为宝贵,值得珍惜。从人的一生来看,小时候摔跤比成年后跌倒更容易爬起来,因此,年轻时候多闯一闯,犯些错误交点学费值得,不过,一定要从错误中长记性,否则学费就白交了。

有抑郁倾向的人由于自信心部分丧失,看不到自己的优势特长所在,中心意志被掩埋得很深,体内巨大的潜能不容易被唤醒、发掘出来。一个聪明的父母亲和老师首先应该清楚孩子内心真正需要什么,学会用爱去暖化他们那颗冰冷的心,发现微不足道的闪光点不失时机地予以赞许,引导他们看到自己的闪光点。多创造机会让他们接近那些有上进心的成功人士,一起见证事业有成创业者的人格特征,把他们善良的愿望激发出来。只要冰封的心门被融化,中心意志就会露出冰山一角。

执行中心意志

盖房子有了设计图纸后,还要有足够的水泥、钢材、沙子、资金……如果这些东西准备不充分,当然无法建成理想的大厦。水力发电需要在雨季把水库蓄满,方能保证一年四季不间断的发电,而且水量越充沛发电量越大。

同样的道理,一个学生有了积极的情感准备和良好的思维品质,确立了人生的中心意志,有了一定目标,还要像把钱存入银行一样,为生命注入足够的资本,使中心意志得到执行而更有感召力。

歌德有一句名言:"人的一生中最重要的就是树立远大的目标,并且以足够的才能和坚强的忍耐力来实现它。"如果我们的中心意志得不到滋养,不但生命中向上的力量会渐渐泯灭,懒惰、拖沓的毛病还会束缚住我们的手脚,让本来鲜活的生命变得惰怠颓废,最终把美好的理想葬身于大海。因之,执行中心意志的过程中,需要不断地努力,利用好点滴时间,力争每一天都有新的收获,并学会为自己的每一个小进步,取得的每一点小成就鼓掌喝彩,内心有了更多的喜悦和自信,中心意志当然会变得坚定而不可动摇。

世界著名文学家高尔基说过:"书籍鼓舞了我的智慧和心灵,它帮助我从腐臭的泥潭中脱身出来,如果没有它们,我就会溺死在那里面,会被愚笨和鄙陋的东西呛住。只有知识才能够使我们在精神上成为坚强、忠诚和有理智的人。"

韩国女总统朴槿惠,学生时代初衷是研究电子工程,希望自己能够成为专业人才。但是,当亲眼目睹了时任韩国总统的父亲朴正熙遇刺时,悲痛欲绝的朴槿惠,为了尽快从撕心裂肺的痛苦中振作起来,开始大量阅读包括冯友兰《中国哲学史》等中国传统文化历史,在自己的笔记本上抄满了良言佳句,其中令她最难忘的是诸葛亮写给儿子的话:"非淡泊无以明志,非宁静无以致远。"中国古典书籍改变了她的人生理想。她投身政治后,时时警告自己"人生一世,终归尘土,充其量是历史长河中的一个涟漪。因此,要活得正直和真诚"。"无论遭受多大考验,也要视真诚为道路上的灯塔,在绝望中锻炼自己"。

青少年执行中心意志的关键是要用心阅读那些用生命和爱写就的励志书籍,以谦卑的心走进主人公的内心世界,默默地与作者进行心灵的对话,将其智慧的火花融入自己的血脉,成为思想的一部分,提高甄别良莠区分是非的能力,理性地面对各种诱惑。满腔热情地读书,既可以储备知识、升华思想、消除无知、启智开慧,又能够培养健全的心智,练就应对困难和挫折的毅力。当我们把学生在不同阶段该做的事做好,机会来临时好运气一定非你莫属。

每个人不管智力水平优劣,真正付出了劳动,一定会有意想不到的收获。房地产大亨潘石屹来自西部的草根阶层,连名牌大学的边都不曾沾过,却创造了地产界的神话。他坚定地认为,读书,是他走向成功的一大秘诀。早在创业初期就把阅读作为生活的必修课,《平凡的世界》前后看过 7 次,每看一次都给他增添一分力量,每次遇到困难他都能够从书中找到摆脱困境的答案和动力。

有些学生可能说,我们父辈读书不多,没有更多的文化和专业知识,不是照样当厂长、经理,事业干得风生水起热火朝天。没错,过去的生产或者经营对专业技术要求不高,能吃苦、品行好、善管理的人都能成就一番事业。如今是知识资本时代,吃的是专业饭、技术饭,各行各业都需要训练有素的人,如果知识力量储备不充分,心智不健全,哪个出彩的岗位也不敢用你。即使你有很好的关系和背景，专业不精，好差事准会被你搞砸。经常听到许多成年人后悔地说，学生时代没有把书念出来，知识匮乏，短板太多，工作后错失了好多发展良机，眼看着青春年华白白流逝。但愿父辈们这些发自内心的人生告白能够使想干大事但又不愿流太多汗水的青年学生有所觉悟，从现在开始就要与书结缘以书为友，在每天的用功上体现中心意志。

水烧到一百摄氏度才能沸腾变成水蒸气，产生动力推动火车奔驰向前，温水没有达到沸点，当然难以产生动力。理想与现实之间往往有很大的距离，需要脚踏实地的劳作才能把二者连接起来。生活中，许多青年学生总是用温热的态度对待学习，学习中缺少韧劲和钻劲，不愿吃苦，舍不得下功夫，希望付出很小的劳动取得好的收获，世界上哪有这么便宜的事。一些学生懒惰成性，学习上心沉不下来，懒散的行为举止决定了他们的人生积攒不了太多资本，理想自然难以变成现实。

从前有一个小和尚在寺院司职撞钟工作，每日早晚各撞一次钟，一开始小和尚积极性很高，撞钟的时间分秒不差，不论刮风下雨从未间断。一晃三年过去了，千篇一律的工作使小和尚有些厌倦，渐渐懈怠起来，钟声也没有过去那么庄重。

有一天寺院住持从旁边经过，看到小和尚漫不经心的表情，把他叫到身边镇静地说："看来，你这种精神状态已经不能胜任撞钟的工作了，还是回后院干你担水劈柴的工作吧。"

小和尚不解地问："师父，我撞钟时间从没出现过差错，声音仍然还像过去那样洪亮，难道撞钟还需要其他特别的能力和要求吗？"

住持语重心长地说："你撞钟准时、声音洪亮没有错，但确少庄严肃穆的韵味。"小和尚挠着头不解地看着师父。住持继续说道："钟声不仅仅是寺院里的作息信号，更重要的在于它能够唤醒沉迷的众生。因此，钟声准时洪亮只是一个方面，还要轻重、节奏适度，听起来圆润、浑厚、深沉、悠远。而你仅仅把撞钟当作一个简单机械重复的差事，没有理解其深刻的内涵，更没有投入感情真正用心去撞钟，心中无钟既是无佛，不虔诚就是不合格，怎么担当撞钟之责？"小和尚脸上即刻露出了愧疚的表情。

为人生注入足够资本需要专注,更需要热情和执着精神。如果一个学生学习标准不高,愿望不是很强烈,打不起精神,缺乏激情,总是像穷人给地主家干活一样,不是出于自觉情愿地积累知识,而是带着被动、厌恶心理让家长老师逼着去学习,把读书上学当作服苦役,丝毫感受不到求知的快乐和喜悦,遇到困难就会退缩,很难取得优异成绩。纵令是一个很有天赋的学生,有气无力的拖沓毛病还可能使专注的思维变得散乱懒惰起来,也会使生命失去应有的光彩,绝不可能取得真正的成功。

中国外语培训教育"航母"、新东方创始人俞敏洪在北大求学期间,利用北大汗牛充栋得天独厚的读书条件,平均每年阅读近600本书,从中国文化精粹中吸取了丰富的营养,学会了深度思考,练就了为人处事和治学管理的真功夫。熟读了《论语》《资治通鉴》《曾国藩家书》《孙子兵法》等历史和文学典籍,单《三国演义》前后看了十余遍,有人说他是完完全全地在用"三国"智慧经营新东方,细品起来别无道理。

生命的资本不单是书本知识,更需要有条理的习惯、百折不挠的毅力和从小事做起的实干精神。即便像俞敏洪这样高智商者,假如一味地躺在名牌大学的招牌下,认为偷偷地出去代课赚外快是犯贱、丢份,无法积累培训经验,英语教育这一商机就可能与他擦肩而过;假如他当年没有"像做贼一样"提着糨糊桶四处贴小广告那份执着精神,当然不会有新东方英语培训学校今天的辉煌成就。

中学基础教育的内容多为生僻的词句、抽象的概念、公式、定义和枯燥的数字图形,大多数知识学起来枯燥乏味,鲜有喜悦可言,大脑容易疲劳而出现抑制。经常还要面临着铺天盖地的游戏、阅读武侠小说、体育比赛、流行音乐、同学聚会、外出游玩等活动的诱惑。执行中心意志务必要有一定的自控能力,从培养淡定沉稳性格入手,有主见,有条理,养成准时、信守承诺的习惯,勇于战胜自己的惰性,让一时的欢乐服从长期平静地坚持。当学习和娱乐活动相冲突时要有铁石心肠,始终把学习放在第一位,首先想到的作业是否完成,考试准备的如何,然后有选择地参加一些课外活动,把游玩放在次要位置。相信只要你坚定中心意志,同样能够在取得的成就中感受到别样的快乐。

学习需要充沛的精力,精力是体内能量的表征,是学习和工作的力量源泉。青少年是身体发育、聚积能量的黄金时期,如果沉溺于游戏、通宵达旦地狂欢,或整天抱怨,毫不吝惜地消耗体力和精力,体内能量也像锈蚀的水龙头一样白白地流失,精神萎靡,老态龙钟,说话办事有气无力,甭说学习工作,想有个愉悦的生活都很困难。

毫无克制的生活必然造成身体透支和心灵荒漠。电视上曾经播放过这样一个节目,山东一名初三学生邓某,成绩优秀,爱好广泛,是个公认的好苗子。中考前,他向父母提出,考上重点高中后给他买个电脑,尽管家长很不情愿,但也没有提出反对意见。两个月后,邓果然接到那所重点中学的录取通知书,父母念及儿子读书用功,成绩优秀,兑现了他们的承诺。可电脑买了不到三个月的时间,小邓的学习每况愈下,家长第一反应是电脑惹的祸,于是立即把电脑拆了。然而已经上网成瘾的邓一下子很难接受没有电脑的生活,变着法子逃课进网吧,母亲只好辞了工作对他进行全程监护。小邓发现母亲在跟踪自己,感觉像个犯人一样失去自由,干脆偷了家里的钱一走了之。一个月后,家里几经周折,才在省城的一家网吧里找到小邓,此时,出现在大家面前的小邓蓬头垢面,骨瘦如柴,目光呆滞,所有亲人谁也不敢相信,这就是那个曾经文静帅气、理想远大的优等生。

著名乒乓球世界冠军邓亚萍说过这样一句话,"我不是特别聪明,但我能够控制住自己。"看似平常,却揭示了很深的道理,一个人要获得非凡的成就聪明是一回事,关键还要看你是否能够控制约束自己,能否抵御负诱惑的干扰。

小时候,看到大人们把庄稼地里茂密禾苗中的一部分拔掉扔了,当时有些不理解,觉得可惜,长大了才知道,拔掉多余的那部分,留出一定空间,余下的幼苗才能长得高大,结出饱满的果实。有经验的花匠,经常把一部分快要开的花蕾剪掉,目的是为了留下的花枝能够接受更充分的阳光和养料,其花朵开得更加鲜艳硕大。人生是有限的,当我们确立了自己的中心意志后,还需要对游戏、各种欲望做必要的控制,与那些杂乱无章的念头、非分之想完全切割,把生命的能量聚合起来,始终专注于学习,用全部精力来为自己中心意志浇水施肥。长期不懈地坚持下去,想必一定能够取得令人惊诧的丰硕果实,让生命展现芬芳。反之,什么都喜欢、都想去尝试,大脑里东西太多太杂,即使有了中心意志,精力被分散,最终一样都干不好。

自我约束是中心意志的重要体现,自控能力强的学生在纷繁复杂的诱惑面前,不浮躁,把全部心思和精力集中在学习上,并长期坚持下去,当然会有好的收获。2009年夏天,儿子高考过后,初中同学李豪打电话到家里找他玩,我随口问小李子报志愿情况,小李告诉我,他报的是北京大学,令人羡慕不已,我真挚地祝福这孩子梦想成真。并告诉他留个手机号,待儿子回来后给他回电话。小李子的回答让我大吃一惊,"我没有手机"。我感到十分惊讶,在手机高度普及的时代,一个北京的高中生,一个如此优秀也不乏时尚的小年轻竟然没有手机,简直太不可思议,与许多家庭只要孩子考个好成绩就许诺买这买那大相径庭。我想,不是小李子家里买不起,也不是他本身不需要,想必小李子肯定清楚,有了手机就多一份打扰,多一份牵挂。没有它就多一份安静,少分散一点精力,学习少受点影响。霎时,我立马想到这无疑是一个成熟的理性青年,一个有很强自制力的了不起的棒小伙,尽管他还稚气未脱,但瞬间在我心目中树起了高大坚毅的大男人形象,令人肃然起敬。果不其然,小李后来如愿以偿地叩开了北京大学的校门。

在这个红尘滚滚的时代,人们的思想每时每刻都受到名利的撩拨,要想在学业上取得佳绩,领悟到学习带给人的乐趣,积攒充足的人生资本务必要有一颗安静的心。做到这一点首先要有操纵心力的勇气,把自己的心思管控起来,学会收拾精神,远离污染我们灵魂的精神垃圾,保持思想的纯粹,绝不在毫无意义的事情上糟蹋点滴能量。相信有了安静的内心,大脑清明机敏,自然就能够领悟到知识所释放出的精神之美以及给心灵带来的美好享受。

李敖先生不抽烟、不喝酒、不上网、不看电视,专心致志,博览群书,在学海遨游,才有著作等身这样辉煌的成就。他"不怕吃苦的人吃半辈子苦,怕吃苦的人吃一辈子苦"的至理名言,再一次向我们阐释了"天道酬勤"这样一个朴素的道理，以其特有的人格魅力启示我们：一个人要获得卓越成就，喊空口号、玩花拳绣腿摆摆样子不行，必须从这一刻开始，管得住自己的心，拿出实实在在的行动，学真本领，练真功夫，有了自己的真家伙还愁干啥不成，这些成功的秘籍值得每一个青少年用心去玩味、去效法。

坚持中心意志

学生时代是一个相对漫长的过程，求知道路充满艰辛，一个知识点，不经过连续几个小时反复思考、练习很难真正弄清它的基本原理和深刻内涵。一个学习单元包涵数个概念、定理定义，一个理论接着一个理论，只要某一环节没有搞清楚，很可能成为下一个知识板块学习的拦路虎，当然无法建立完整的知识体系。因此，取得优异的学习成绩，不啻是学习能力和勤奋的较量，更是毅力和韧性的博弈，只有具备了超级耐心，能够把心沉下来长期坚持不懈努力的人才能笑到最后。

应试教育带来的激烈竞争和压力，对每个学生的意志品质是一个现实的考验，一曝十寒，凭一时兴趣、三分钟的热情很难取得好成绩，唯有坚持方能够在激烈的竞争中处于不败之地。这好比一场马拉松比赛，单前半程领先不行，还要有韧劲后劲，永不松懈，咬紧牙关坚持到底才能获得最终胜利。综观那些优秀学生，他们性格沉稳，学习踏实，始终一步一个脚印地跟着老师走，自觉地、不折不扣地完成老师布置的作业；不管平时测验或综合考试，都抱着一颗平常心，考好了不骄傲，偶尔考砸了，也不气馁，总是有条不紊地复习，通过长期准备奠定了坚实的基础。

有一部分聪明灵秀的青年学生，他们有思想、有抱负，反应机敏，脑袋瓜子非常好使，但不少人思维细胞发达，运动细胞多数时候没有被激活，处于沉睡状态，执行力差，说得多做得少，想到做不到，充其量是个空想家。成天幻想着用自认为聪明的办法不费太大努力就想取得好成绩，美好的愿景最终成为泡影。有的学生凭兴趣学习，把学习看得很简单，浅尝辄止，高兴的时候刻苦认真，偶尔一两次考试取得好成绩，便沾沾自喜，骄傲自满，放松自己，由于基础不扎实，考试成绩起伏不定，他们看似灵巧的兔子，最终跑不过步履蹒跚但永不歇息的乌龟，不可能取得最后的胜利。其中不少人聪明反被聪明误,理想很丰满,现实很骨感,由于人生目标难以兑现,小小年纪就失去信心,从而使一个原本踌躇满志的青年因得不到实际效果的支撑理想泯灭,非常可惜。

人与人之间在智力上千差万别都不重要,重要的是在学习上是否有坚定的中心意志,只有舍得在学习上投入更多时间和精力,老天才不会让你空手而归。过去我身边很多老同志小学文化,或大字不识几个,年轻时吃尽了没有文化的苦头,但这些看似很平常的前辈工作几十年后,文化程度达到了很高的水平。他们让人刮目相看的一个重要秘诀就是四个字:坚持学习。因为坚持学习习得了做人做事的本领,在事业上捷足先登,每次职级晋升对自己都是一种鼓励和鞭策。尝到了有知识的甜头,从而对读书学习充满了持续不断的热情,日复一日、年复一年,在努力与奋斗中去拓展自己的知识结构,也在事业上取得了辉煌成就。

我是恢复高考后由战士考入军队院校的一名中专生,学的是军事专业。后来,在攻读心理学硕士这门全新的课程时,一下子遇到很多陌生的概念和专业理论,学习非常吃力,我厚着脸皮向其他人讨教,费了比别人多几倍的劲才入了门。随着阅读信息量的增大,对心理学的兴趣越来越浓。但是,在读一些专业性较强的专著时,有时读第一遍看过去一头雾水,读了二三页根本搞不清楚什么意思,没有留下一点印象。我不气馁,也不着急,总是提醒自己要坚持,再坚持,看不懂的地方回过头来再读两遍,脉络一遍比一遍清楚;遇到疑难问题就翻词典、找老师,等搞清楚了再往下读。这样循环往复,一段一段地阅读、思考,把零碎的知识积累连接起来,形成了知识体系,终于品出了心理学的味道。现在回过头来看,学习并没有那么可怕,可怕的是我们脑子里非分想法多了一点,思想浮躁,缺乏坚持和毅力,遇到一点困难思想就松懈打退堂鼓。

学习文化知识有同样的道理,付出了多少劳动,就收获多少知识。每个人都羡慕那些高考状元,他们的学习方法和风格千差万别,但所有人内心都有一个共同信念,即,勤学苦练坚持到底,多数学生做的试题成麻袋地装。这样的事实,提醒那些有志青年,再聪明的人要把中心意志变成为现实,重要的是要牢牢地把握当下,把体内的能量聚积在业已确定的中心意志上,以饱满的热情把学习付诸行动。贪图不用费太大力气就能取得好成绩,恐怕没有这么便宜的事。相信,只要坚持下去,成功就会悄悄地向你走来,美好的愿望一定能够实现,不信你试试看。

很早以前,哲学家苏格拉底在回答学生提出的如何获得成功问题时,他没有用高深的理论来作答,只是说"大家尽量把胳膊举起来往前甩,然后再往后甩,从今天开始每天做100下,大家能做到吗?"学生们都笑了,这么简单的事有什么做不到的?

过了一个月,苏格拉底再一次问学生"哪些人坚持了?"有九成的学生自豪地举起了手。

一年后,苏格拉底再一次问大家"谁还坚持每天的甩手练习?"这时,只有一个人举起了手,他的名字叫柏拉图,一位古希腊大名鼎鼎的大哲学家。这一简单的实例告诉人们,坚持是金子般的品质,半途而废,三心二意,不管天资多么聪慧,终将一事无成。

爱迪生有一句名言:"天才是百分之一的灵感,百分之九十九的汗水。"历数古今中外,惯常刻苦努力和积累几乎是一切成大器者具备的共同特点。没有一位否认过自己有着健康发展的好奇心和执着、坚毅的刻苦精神,对学习和追求的目标倾注了全部热情,总是带着一股狠劲脚踏实地去学习和钻研,即使前进道路上荆棘遍布也绝不放弃。达尔文大约从10岁起就以万分的热情喜欢上了有关动植物方面的知识,通过阅读大量的自然科普书籍来积累知识,到他22岁离开剑桥时在博物学上花费的时间至少有几千小时,投入到观察采集标本的时间和精力远远超过了年轻的同行。在他看来,一个人要真正干一件有影响的事,一定要有坚定的决心和倾尽全力的热情,乐意为自己选择的道路付出一切。如果像打高尔夫或桥牌一样,单凭一时兴趣,高兴了玩一阵子,不高兴时就放在一旁,永远只是个半拉子的业余选手。

爱因斯坦认为决心和努力工作是他取得成就的有力保障,他承认自己在学习、工作中常会出现让人绞尽脑汁的难题,数量之大,令人不堪重负。但他不会轻易放弃,总是耐心地进行一次又一次的返工和修改,一旦超越了前进道路上的绊脚石就会有一种豁然开朗的感觉。

牛顿曾坦率地承认，他是在不计其数的一遍遍苦思冥想中发现重力法则的，要不是自己在困难面前表现出坚韧不拔的超凡毅力，永远不可能取得一点成就。有位与牛顿同时代的人这样评论牛顿："他是那么的投入，以至于若非不是为了停下来动手做一些实验，他一定会把自己累死在永不停歇的思考中。"

有音乐天才美誉的莫扎特，从幼年时期起每天就要花很多时间练琴，几乎没有机会出去玩或与其他孩子交往。伟大的英国画家 J.M.W.特纳在回答"什么是你成功的秘诀？"这个问题时直抒胸臆："我唯一的秘诀就是进行该死的刻苦工作。"这些科学巨匠和艺术大师非凡的成就表明，一个人唯有执着、坚毅，长期集中精力于某一事物才能够登上生命最高峰。

实现中心意志不是吹来的，也不是等来的，而是实实在在的劳动和汗水换来的。一个学生假如不在意眼前的每一分、每一秒，把青春年华都消耗在无意义的小事情上，那么一天一月一年也就会在转眼间不知不觉地浪费掉了，恐怕再有天赋的人也难以避免卑微渺小的结局。每一个有志青年想要为人生注入充足的资本，把中心意志变为现实，从此刻开始就要下决心，趁年轻抓住生命的分分秒秒，立即动手为自己储备知识，一步一个脚印，有意识地在艰苦的环境中锤炼自己，有了厚实的人生资本何愁事业不成，人生自然会精彩纷呈。

五、心静身灵

2400年前,德漠克利提出人类存在的最高境界是心灵平静。人的身体和情感浑然一体,心灵被沮丧、怨恨和烦恼所纠结,大脑思绪不断,机体能量被无谓损耗,体内细胞失去原有活力,身体僵硬,懒散乏力,腿上像灌了铅一样沉重,行动迟缓,干任何事情都不可能百分之百地投入。波澜不惊的湖水蕴藏着巨大的能量,当内心安静喜悦,精神放松,机体细胞运动步调一致,互相碰撞内耗少,激活程度高,精神、情绪和思维都会达到一种平和澄清的境地,交感神经和负交感神经得以保持心态平衡。此时,一定会感到身体轻盈,四肢灵巧,充满活力,神采奕奕,虎虎有生气,与心情郁闷的人有着截然不同的精神面貌,走起路来很带劲。心静身灵的人,机体潜藏着无与伦比的正能量,与此相伴而生的当然是挺拔的身材,端庄的容貌,高雅的气质和睿智的头脑,形象地说就是坐如钟,站如松,行如风,这虽然是人间活佛的化身,同样是现代人追求身心健康的最高境界。此时思维清晰,不受欲望的驱策和恐惧的干扰,能够理性行事,有很强的执行力,愿意把一切美好的构想付诸行动。如此平和淡定又不乏灵气的生命状态能够建构全面性智慧,做事雷厉风行,无疑是人类理想生活生存期盼的终极目标。

中华民族经历了漫长的贫穷落后岁月,饱受列强屈辱,把国人的自信心糟蹋得所剩无几。国门开放三十多年后,越来越多的中国人兜里钱包鼓起来了,看起来财大气粗,但是,一些人因为信仰缺失,精神贫乏,视野狭隘,生活中少了几分浪漫和潇洒。人生价值需求比较单一,一味地追求物质财富等浅层次需要,没有内涵,过着富足而烦躁的生活,即使腰缠万贯也感受不到真正的幸福,还被讥诮为"土豪"。全社会焦急浮躁,不管干什么事情喜欢把形式搞得光彩夺目,很多内心虚弱的人绞尽脑汁包装外表,打肿脸充胖子,不注重内心修炼和涵养，必然虚胖而底气不足，以至于我们在国际舞台上每每给人"纸老虎"的印象。从这个角度看，决定生命意义的是精神平和以及思想富有内涵，而不是拥有物质财富的多少和外表的靓丽豪华。

中国男子足球逃不过人们的眼睛，也许它是当今中国社会的一个缩影。改革开放以来国足一直裹足不前，于是，决策层提出了"走出去、请进来"的发展战略，一批有天赋的足球苗子到欧美足球水平发达国家留洋，世界金牌教练纷纷来华执教。然而，二十年过去了，男子足球依然没有起色，令国人大失颜面。

终于有一天，具有国际视野并长期关注中国足球的圈内知名人士米卢·蒂诺维奇、特鲁西埃、郝海东等看出了破绽，认为中国足球病根在心理素质差。决策层在选拔球员时眼光只盯在身高速度上，平时练体能、技术、战术多，忽视了心理稳定性的培养。比赛中场内场外舆论环境恶劣，致使很多球员内心不够强大，精神不专注，缺乏想象力，赛场上很少看见行云流水般的配合。因为精神急躁，在高强度对抗时动作变形，脚下活粗糙，传接球失误多。由于心太急，关键时候"临门一脚"总是不尽如人意，很好的射门机会不是打偏就是打高，一次又一次破门良机白白浪费，屡屡出现不应有的低级错误，红黄牌满天飞，大好局面被葬送。心理素质差，场上队员缺少统一意志，比分领先时，怕失球，进攻乏力；落后时急着扳平比分，猛打猛冲，漏洞百出。热身赛时尚能够放松身体和心情，有很好地发挥，每每战胜强队，一遇正规比赛自信心全无，想赢怕输，精神高度紧张，球场上阅读比赛的能力欠缺，孰攻孰守，战术思想无法形成默契。

有人可能说同为亚洲人，难道韩国、日本人心理素质就比中国人好。一点没错，2012年10月，由世界知名办公方案提供商雷格斯发布最新调查结果佐证了上述看法。调查显示，中国在全球80个国家和地区的1.6万名职场人士中，认为压力高于去年的，中国内地占75%，排名全球第一，大大超出48%平均值，表明中国是目前世界上压力最大的国家。

中国球员的心理素质差的缘由说来也很简单，都是官本位、钱本位思想惹的祸。我们什么事都要提指标，成绩决定着足协领导的政绩乃至于升迁。官员们每次上任前要提出"冲出亚洲，走向世界"等空洞的政治口号和目标；

洲际大赛前,习惯为球队立下必须进入前×名的"军令状",进行"为××争口气!"要"有血性"的思想动员。结果给这帮平时水平不咋样的球员戴上了一个"紧箍咒",过大的压力使他们在场上心理紧张,注意力难以集中,在对抗性最激烈、最需要配合的足球运动中,身体柔韧性差,比赛中腿脚僵硬,动作变形,难以发挥出应有的技战术水平,低级错误和犯规频频。

再看媒体记者,他们早已成为功利化的急先锋,有点像街头围观者,喜欢跟着瞎起哄。某一个年轻球员一两场比赛进了球、发挥抢眼,头脑一发热就给他封上"超白金""中国的马拉多纳"的称号;倘若球队成绩不佳立即制造一个"恐×症",让缺乏自信的球员一会儿欣喜若狂,一会儿垂头丧气,混乱的角色定位导致他们思想分裂。

本乱切忌标治

如果说体育运动中以封闭、高强度等超极限训练手段伤害的是青少年的身体,那么被应试教育绑架了的中国教育则使数以万计的中小学生精神压抑,美好心灵遭受严重的摧残,以致性格变得怪异,能力素质退化,这绝不是危言耸听。

现实社会,绝大多数家长和老师对青少年的学习究竟有哪些关键要素不甚了解,思想仍然停留在"铁棒磨绣针"的理念上,在他们看来只要肯吃苦,谁都能上大学。很少有人冷静下来从根子上去思考学习成绩上不去症结在哪,不知道从心灵、成长环境上分析问题,更不会从遗传、父母自身行为以及家庭气氛方面分析原因,采取积极的应对措施。当然,不排除有些文化素养较高的父母或许考虑到专注这个学习的关键性要素,但他们似乎又觉得注意力的问题具有生理性神秘,后天恐怕难以改变,家长根本无能为力。即或有些家长意识到思维专注的培养,也只是停留在口号式的提醒孩子学习时要注意集中精力,一般不会用心去了解孩子心智是否健全、有没有注意力障碍的倾向。至于思维散乱的原因是什么,怎么样集中精力自己也说不清楚,对如何提高专注力等问题做深层次思考的家长更是凤毛麟角。

不排除有些家长了解一些集中注意力的方法,然而,他们内心本身都不消停,每天像热锅上的蚂蚁烟熏火燎,忐忑不安,抑或认为培养孩子的专注力费时费力见效慢，一时半会儿难以从根本上解决学业困难的根本性问题，提高孩子注意力仅仅停留在口头上。许多父母受高考指挥棒的影响，为了让孩子能上一个像样的中学，考上大学，绞尽脑汁通过增加作业量和延长学习时间来提高学习成绩。对孩子心灵上的需求从不过问，压根儿不知道他们想什么，内心需要什么，以至于孩子们自由玩耍的时间被剥夺殆尽，连正常的打球、娱乐等文体活动都成了奢望。不少家长无视青少年教育的本质规律，以"为孩子好"的名义不惜血本四处报课外辅导班，逼他们学习，异想天开地蛮干，把本来温馨的家庭亲情割裂，为青少年健康成长埋下了不幸的种子。

以下是网上披露的一些中小学生真实的学习生活状况。

刘子凯（化名），是一所示范中学初三学生，几乎每次大型考试从未出过前三名，是老师公认的冲刺中考"状元"的种子选手。在同学们眼中，子凯很聪明，学习好像很轻松。但诚实的子凯还是坦率地道出实情，"其实，好成绩全是苦出来的，我每天晚上7点半回到家，吃罢晚饭来不及休息，一口气就得做5门功课的家庭作业。上初中以来，从未在晚上12点钟前睡过觉，有时会学习到凌晨，第二天早上6点，又被闹钟叫醒去上学。由于休息时间少，中午只能趴在课桌上眯一会儿。每天只能睡5个小时的觉，只有我知道自己有多累。"

与平时相比，子凯的周末一点儿也不轻松。从小学开始，爸爸妈妈就为他安排了数学、英语、化学三个培优班，到处参加比赛，不上不行。迄今，他参加的学科竞赛不计其数，拿过的最高奖项是全国数学竞赛省级二等奖，这样的成绩足以让其他同学引以为自豪。但子凯说："爸爸妈妈对我的成绩却不以为然，认为只有拿到全国奖项才能上顶好的高中，多郁闷呀。"

父母望子成龙，15岁的子凯自己压力相当大。对于考试，这名尖子生又爱又怕，考好就是幸福，要是考砸了，他会觉得对不起爸爸妈妈。和身边的同学一样，"郁闷"是子凯经常挂在嘴边的一个词。一想到将来升入高中还要再熬三年，他称"快要崩溃了"！

有人说，今天世界上最辛苦的群体是学生，学生中最辛苦的是中国学生,中国学生中最辛苦的是初三高三的学生,此话一点儿不假,他们在人生的起步阶段所承受的精神压力比普通人要大得多。尤其是示范高中,有人给它一个恐怖的称呼,叫"学生集中营",听起来有些极端,不过,从某一个学校的作息时间表可以看出这样的说法并不过分。

早上 5 点起床,洗漱、跑步,6 点钟早自习,7 点早餐,然后开始第一节课到 12 点,一上午要上 5 节课。

中午 12 点半,高一、高二的学生可以进寝室休息,高三的学生则要回教室上自习。

下午 2 点 10 分上课一直到 6 点半,其中 5 点 40 后的第五节课为课外活动时间,高一、高二学生可以室外活动,高三学生则要上自习。

晚自习从晚饭后开始到夜里 11 点结束。高三学生每天学习时间将近 16 个小时,加上吃饭,真正能休息的时间不足 5 个小时。这只是学校一天的作息时间,一所全封闭的高中,学生每月只休息两天;寒假,高一、高二放 10 天,高三只有 7 天;暑假,只放 20 天。一年到头除了上课、考试,休息的时间少之又少。

单单学习时间长也就罢了,来自学校、老师层层施压,让学生苦不堪言,身心疲惫,整个学校氛围使身临其境的人几近窒息。高二的学生几乎每天都有各种测验,每周有年级组的文综、理综综合性考试,每月有学校组织的月考。进入高三以后,要参加市里的模拟考试和学期例行考试,每一次考试成绩都要分成三六九等张榜公布。同学之间、班与班之间的竞争异常激烈,一向静谧的校园俨然成了没有硝烟的战场。

学生休息时间所剩无几,一个姿势长时间趴在教室里,久坐不动,造成肌肉紧张,身体劳损,体质羸弱,课堂上注意力无法集中,影响听课效率,导致恶性循环,许多青少年不堪忍受考试的压力而离家出走。湖北曾经发生过有两所中学的 10 名初中生(9 女 1 男,年龄最小的为 12 岁,最大的仅为 15 岁),分两批离家出走的事件。原因非常简单,学习成绩不理想,经常受到父母的辱骂生闷气,产生厌学思想,或准备辍学外出打工挣钱。而在他们学校的另外一名女生上初中以后,几乎每个月都会玩一次失踪,家里只好安排 78

岁的爷爷每天像接幼儿园孩子一样,接送这名初中女生上下学。

充足的睡眠是保持青少年思维专注和健康成长的先决条件,没有任何人能够剥夺孩子们多睡一个小时觉的权利。但是,有的学校为了提高升学率甚至提出"生时何必久睡,死后自会长眠"等极端违反人性的口号,校园内充满浓浓的火药味。越来越多的中小学生在学校学一天,晚上回到家还有一大堆作业。熬到很晚上床睡觉,带着疲倦心情入睡,普遍感到睡眠不足,体内压力荷尔蒙升高,产生过度焦虑,精神长期处于紧张状态,干扰大脑处理情感的能力,导致青少年性格怪异、叛逆,动不动发脾气以示抗议。

张子健(化名)是个懂事的孩子,他看到父母下岗,只能靠打工维持全家生计,想到他们还要供自己上学因而生活十分节俭,学习异常刻苦,中考考入所在县的一所重点高中,还进了实验班。

高一期中考试时,子健名列全班第 8 名,母亲兴奋不已,做了一顿丰盛的晚餐,为儿子庆贺,并要求子健以后每次考试都要保持班级前十名。然而,正是这一苛刻的违背常理的要求埋下了家庭悲剧的种子。

子健妈妈秦女士算得上性情中人,因为早年没有读几年书,吃尽了苦头,受够了别人的白眼,和很多女性一样内心虚弱,不够自信。子健学习上的出色表现让她喜出望外,朝思暮想巴望着儿子能够考上一所重点大学,有出息,不再受别人的窝囊气,所以,子健每次考试成绩都牵动着她那敏感的神经。也许是更年期提前的缘故,尽管秦女士平时还算通情达理,一旦遇到不符合自己心愿的事,常会部分地失去理智,用极端粗暴的方式对孩子进行惩罚。

心理学表明,适度的压力能够助力学习,压力超过学生的承受范围,像膨胀的气球一样随时都有爆炸的可能。高二期中考试,子健成绩下滑到全班第 19 名,按说一个学生因为考试题目偏离复习范围或马虎大意出现成绩波动实属正常,更何况子健成绩下滑并不是太离谱,按照全班的水平,前 30 名都能进入重点大学。秦女士参加家长会了解到儿子糟糕的成绩后,气不打一处来,回到家就用皮带给儿子一顿暴打,并警告喜欢踢足球的子健:"今后再去踢足球,就把你的腿打断。"

每次对孩子动粗后,秦女士都会一个人哭半天,觉得孩子学习辛苦,挺不容易。但哭完之后过不了几天就忘了,看到孩子做得不好的地方,又旧病复发,冲着儿子发泄一通,搞得子健忐忑不安。

静则聪慧躁则愚。一个人在心情平静、精神愉悦的前提下思维最专注,机敏,并表现出较高的智力水平和学习效率。反之,思维散乱,注意力不集中学习能力下降。考好了妈妈就夸就笑,考不好又打又吵,让子健觉到母亲有些过分,令人厌恶。再说,"前十名"的目标要求实在高得望尘莫及,认为妈妈不近人情,心情十分沮丧,也就在这一刹那萌生了做掉母亲的念头。他在日记中写道:"杀掉她我就可以不用学习了,不再有那么大的压力。"但是,一度成绩有所提高,这一邪念暂时搁浅。

硬逼着孩子实现难以达到的目标,必然要做好承担风险的准备,显然,子健妈妈没有这样的心理。一个周末的晚上,上了整整一个礼拜课的子健想看一场足球比赛转播,休息放松一下。刚刚在电视机前坐下不长时间,妈妈就大声嚷嚷着说:"马上就要期末考试了,你要保证考进前十名。"子健说道:"太难了。"妈妈反问道:"那你看什么电视,还不快去学习!"接着噼里啪啦就是一顿臭骂。

子健感到特别委屈,打上高中起,从未在晚上 11 点半之前睡过觉,能保持中上等成绩已经不容易了,母亲却总是不满足,天天唠叨个不停,不堪忍受的他气愤地离开了客厅。也许是压力太大、压抑太久,子健瞬间的火苗从内心升腾起来,转化为巨大的张力和攻击性冲动,最终将所有的不满裂变成火山爆发,随手抄起门后的一把木柄榔头,疾速走到母亲身边,朝正在绣花的妈妈后脑勺狠狠地砸去。母亲一边反抗,一边大喊"儿子,你疯啦,我是你妈!"急红了眼的张子健根本顾不了这些,使尽全力对母亲头部进行击打,眼看着母亲被活活打死。之后他有条不紊地将母亲尸体包好隐藏起来,清扫完战场,写上"妈妈去×州看病"的字条欺骗父亲,然后大大方方地返回学校参加了考试。

案发后子健的父亲痛苦地说,"确实,子健妈妈平时对儿子管得太严,整天逼他学习,节假日也得上补习班,很少有玩的时间,给儿子压力太大,造成他心理扭曲"。

尖子学生杀死亲生母亲,血淋淋的命案令人不寒而栗!我实在不忍心再继续描述下去,面对这惨绝人寰的一幕,怪罪孩子残暴没有人性、蔑视生命都是徒劳。最该抨击的是功利化社会、功利化学校和功利化家长,为了孩子成绩好,上个好大学,一味地向学生索取分数,让孩子备受精神折磨,导致脆弱的心灵在一次次挣扎的过程中良知衰竭、人性泯灭,把母亲当成了敌人,自己也蜕变成一个杀人凶徒。

这样的案例不是虚构的小说,是活生生的真实故事,在今天的社会并不少见。有人可能会说,难道成绩的好坏真比生命还重要吗,其实,对一个学生而言成绩和排名只是表面现象,背后隐藏的却是难以承受的压力、自尊心的伤害和心理挣扎所引起的无法挽回的挫折感。

一位朋友上高中的孩子正处在叛逆期,每天作业要做到晚上12点甚至1点。他爱人心疼地坐在旁边陪着,但催得多了,孩子也烦躁,经常对妈妈说:"你再催,我就再晚一个小时睡觉。"从此,这位妈妈一到晚上便开始焦虑,真不知道如何是好。

学生一肚子苦水,家长更是叫苦不迭,认为孩子一点都不体贴父母,没有孝道,他们一个个像老祖宗一样,什么事必须由着他们。客观地讲,青少年性格越来越叛逆有独生子女政策的原因。然而,不得不承认根子还在于学校和家庭正在把青少年变成为"学习机器",孩子们不分白天黑夜疲于做题、考试,由于睡眠严重不足,体内的压力荷尔蒙含量迅速升高,使人产生焦虑感,处理情感的能力下降,很多学生整天烦躁不安,本来天真活泼的性格变得沉默寡言,频繁地发无名火,用极端的办法处理生活中遇到的问题。

尽管全社会都在呼吁给学生减负,然而,极度功利化的思想最终使减负仅仅成为一种口号,繁重的学习负担把孩子学傻了、学疯了。生态学理论认为,人有基本的侵犯本能。新行为主义者则把侵犯行为作为挫折的结果,认为挫折总是导演侵犯行为,攻击可以减轻挫折的痛苦。当个体精神上经常遭受骚扰、折磨时,不能对遇到的挫折或委屈做出积极正面的解释和归因,试图采取攻击性行为与正在遭受的痛苦进行一次性了断,看似温顺的孩子被逼无奈出现变态,成为杀人狂魔。

中国青少年研究中心调查显示，我国中小学生平均睡眠时间为7小时37分，比国家规定的时间少了1小时23分，比美国、意大利、瑞士的同龄人每天要少睡四五十分钟。在高中阶段，这个差距更大。

小松，是一名懂事且有上进心的女孩，父亲是个成功人士，一直被女儿视为偶像，她也想成为弟弟的榜样。为了考上理想的大学，进入高三，小松经常拼命地学习到凌晨1点，5点钟又从床上爬起来，这样没日没夜的学习，成绩并没有明显提高，反而出现下滑，经常急得抓狂，一个题做不出来就摔笔、撕本子。有一次，还把椅子从窗户里扔了出去，幸好是半夜，没有伤到人。

一位从事心理咨询工作的老师说，他经常深夜接到一些心理热线电话，家长第一句话就是："快帮帮我吧，我都要崩溃了！"学生要崩溃、家长要崩溃。现行高考制度确实不是很科学，但是，这只是一个方面，问题的关键还是人心浮躁，很多成年人已经或正在失去慢的能力，赚钱要趁早、成才要趁早、智力开发要趁早，对孩子期望值太高，使他们把压力内化而出现暴戾性情，甚至是心理障碍。

出生于东北某县的晓晓是一个身材高挑的女孩。人长得漂亮，学习成绩更是拔尖，立志非清华大学不上。晓晓是父母亲的骄傲，也是村里人教育孩子的榜样。妈妈说，女儿很争气，学习和生活从不用她们操心，放学回家就进屋里学习，很少出去玩。三年前，在一片赞扬声中她考入县里唯一一所示范高中。不管谁问她，将来考什么学校，晓晓都自信地说，"清华大学"。

打高中起，她把全部精力用在了学习上，很少参加集体活动，也不和同学一起玩。高一期末考试，从未出过前三名的晓晓考试成绩全班排名第六，回家大哭一场，之后更加沉默寡言。寒假回家后，每天晚上学到半夜还不肯睡觉，妈妈劝她早点休息，她总是说，"我总感觉害怕，特别累，但就是睡不着。"晓晓妈没当回事儿，只是淡淡地劝女儿，"小孩子，别想太多就睡着了。"

高三期中考试前的一天，妈妈发现女儿看书时把书倒拿着，嘴里嘟嘟囔囔，语无伦次，神情有些不对劲，有时一会儿哭，一会儿笑，动不动就精神崩溃。赶紧带她去了医院，经过心理医生的精心调理病情出现好转。高考前第一次模拟时，由于思想压力太大，试卷下发后，晓晓瞪着眼，干坐那儿一个字也没有写。老师问她为什么不答题,她说:"没看见,我答得满满的?"家里只好让她休学回家治病。后医生检查结论为,焦虑引起的精神分裂症。晓晓一边服药,一边进行康复治疗,病情时好时坏,犯病的时候打人,把妈妈的胳膊上咬的到处是伤,还经常摔东西,好好的一个家被她折腾得一团糟。这样的案例,在一向静谧中充满欢声笑语的校园不再稀罕。

学习本来是在享受读书快乐的前提下体、智、美的健康发展,以牺牲休息时间和健康为代价单纯追求学习成绩,很多青少年不堪忍受繁重的学习压力而精神分裂或自杀、犯罪,这是彻头彻尾的蛮干虐心,严重背离了青少年成长教育的本真。

高分何以低能

有一位资深中学老师跟我说,现在的学生虽然知识面宽了,懂事早,个子高大,外表英俊帅气,穿戴时尚,一表人才。然而,孩子们普遍沉闷有余,活力不足,体质和灵活性很差,懒惰成性,没有一点激情。有的像抽了大烟一样,缺乏年轻人应有的勃勃生机,往那里一坐四仰八叉,有人从他身边过,连腿都懒得收;走起路来,勾腰驼背,一晃三摇,老态龙钟,小老头式的。再听他们说话,唉声叹气,牢骚满腹,很难看到他们天真烂漫的表情、生龙活虎的身影,更听不到他们关于人生、理想、社会责任等积极向上的声音,看不出年轻人应有的精气神,没有不达目的绝不罢休的气概。这样死气沉沉的精神状态、浅薄的知识架构,走向社会后一点困难就可能把他们压垮。还有一部分学生心理脆弱,像吃了炸药一样,稍微受到批评就与老师大动干戈,指望他们在事业上有所作为比登天还要难。

慵懒和脾气暴躁学生增多的主要原因,归因于独生子女这个有悖于青少年健康成长的政策,一些家庭下意识地对自己的独苗苗娇生惯养,百般宠爱。要什么,给买什么,使他们过着饭来张口、衣来伸手的生活。很多父母为了让孩子专心读书,什么家务活都不让孩子干,过分溺爱,孩子劳动少,久坐不动,丧失了在实践中增长才干的机会,实践能力差,生活中遇到困难束手无策。

眼睛只盯着成绩单,只想着好好学习,连洗衣服这样简单的事都由父母全部包办,孩子没有养成劳动、做事情的习惯,啥也干不了,能力弱化。大连一名大一女生父母在外打工,一直跟奶奶生活在一起,开学刚刚一星期,奶奶收到一个快递包裹。打开一看,是孙女刚刚穿过的脏衣服,包括7双袜子和几件内衣等,还告诉奶奶等洗完后再寄过来。一个十八九岁的大姑娘连洗衣服、做饭这样简单的家务都干不了,好端端的孩子给宠坏了、带废了,不知我们父母有何感想?

一些学校片面追求升学率,最有益于青少年发育成长的竞技体育被数学、英语竞赛所替代,连体育课也怕学生摔伤改成了自由活动身体,音乐、美术更是流于形式,孩子们不折不扣成了学习的机器,本来天真烂漫的他们失去了应有的灵气和活力。

心烦者意乱身懒。孩子因为学习压力大而叛逆,习惯与父母唱对台戏,很多家长为了管住这些"不听话"的孩子,想办法让他们吃好、穿好,尽量满足物质生活上的需要,以求得他们的欢心。这样无微不至的关心体贴,或许得到孩子暂时的欢喜,但并没有减轻他们的精神压力,对增进父(母)子感情无济于事。长期娇生惯养,剥夺了孩子锻炼手脑并用的机会,使他们身体协调性下降,笨手笨脚,弱不禁风,独立生活的能力差得出奇,无法适应艰苦环境,多少有点压力和委屈就喊爹叫娘,不知道怎么生存下去。

15岁的小男生潘登,皮肤白皙,高大帅气,是一所职业学校的新生。新学年开始后参加军训刚刚四天,每次集合站队都掉在后面,班长提醒他动作快点,免得拖了班上的后腿,但潘登磨磨蹭蹭已经成为习惯,怎么也跟不上趟。教官批了两次,又罚他做几个俯卧撑,小潘羞愤不已,委屈得打电话给父母诉苦,认为军训是摧残身体,不是人过的日子,要求退学。父母知道孩子懒散的毛病,鼓励他一定坚持下去,并决定不再接他电话。潘登没有了依靠,软磨硬泡只好选择逃避,其他人热火朝天地在操场训练,他一个人躲在宿舍泡病号休息;别人在那里整理内务,他坐在一边抱怨发牢骚,很多同学都看不起他。

无独有偶,小潘的另一个同学杨学凌,军训一开始就觉得训练强度大,整天给家里打电话叫苦,吃不下,睡不好,嚷着要退学。父母一问原因,令人啼笑皆非。原来,小杨从小没住过校,军训不能天天洗澡,晚上没法睡觉;同时吃不惯食堂伙食,天天吃泡面,很显然,他们患了同一种病"适应集体生活障碍症"。这样的学生还指望他们将来干什么,人们不禁要问,泱泱大国今后谁来接班,谁来担当?

即便那些所谓的乖巧听话、成绩优秀的好孩子,很多人学了一肚子没有实际用处的知识,得了一大堆荣誉证书,从小灵气和个性被标准答案扼杀,中规中矩,有理想无目标,不清楚自己适合干啥,有个性无智慧,动不动盲目蛮干,有知识没自信,关键时候不敢担当,有学历没能力,遇到实际问题拿不出解决办法,缺乏激情和活力,像小绵羊一样,成了没有人格特质和创造性的书呆子。

王远曾取得过湖北省咸宁地区初中生双科联赛第一名的佳绩,高考时又获得过××县状元头衔,本应该进入大学遨游在知识的海洋,在实验室里探索未知世界的奥秘。然而,十多年过去了,他却不得不把垃圾场当成了自己的工作场所,每天在垃圾堆埋头翻捡废弃的书报、饮料瓶子……

至今他的妈妈还像祥林嫂一样逢人就说:"我家阿远从小学到初中再到高中,一直是班上的学习委员,年级第一。"那时候,她们全家的确以孩子会读书、学习成绩好而格外自豪。然而,谁也没有想到命运之神却跟王远开了一个不大不小的玩笑,高考成绩出来后他以2分之差与清华大学失之交臂,无奈"下嫁"到第二志愿的中南工业大学。跨进大学门槛之初,性格内向的王远依旧保持着勤学苦读的习惯,从不参加文体活动或社团组织,整天在教室、自习室学习,成绩一直遥遥领先。但时间的流逝并没有冲刷掉心中那个"清华梦",终于在大二的某一天他做出了一个大胆的决定,申请休学,放弃学业回到了自己家乡。在家"闭关"一段时间后,面对乡亲的非议,他只好悄悄外出去打工。可是,打工也不是那么一帆风顺,由于他一无文凭、二无技术,体面工作没人要他,力气活他又放着不上,不得已只好打道回府把自己宅在家里。

王远妈妈下岗后和丈夫离婚,靠捡破烂维持娘儿俩的生计。小王性格腼腆,自从高考落榜、打工失败再也不好意思出门,偶尔家里来了客人也不愿跟人多说两句话,白天看电视,晚上继续翻看高中时的学习资料,试图东山再起。一晃三年过去了,妈妈怕他一个人在家憋出毛病来,动员远儿出去和自己捡破烂增加点收入,一方面也散散心。一开始王远不愿意出去干那"丢人现眼的活",但看着母亲天天忙碌辛苦,他恨自己不能分担家庭责任,捂在被窝里号啕大哭一场,改变了主意和母亲一同"上班"。为了避免熟人看见他捡垃圾而尴尬,每天天黑以后戴着一顶草帽,把帽檐拉下来遮住眼睛,去垃圾场上班工作,来去手里还特意拿着一个蓝色的文件袋,很少和人打招呼。

　　一个高考状元沦落到今天这样悲惨的境地,归罪于应试教育没有一点意义。从王远高考数学147分(满分150)的成绩来看,他是一个非常严谨而追求完美的人,一味地苦学,眼睛只盯着分数,思维机械,不懂得人情世故,结果人生之路越走越窄。当做出休学的错误决定后,他不能原谅自己,整天被后悔、羞愤、自责等负面情绪所困扰,提不起,放不下,实际上是心胸狭窄束缚住了自己的手脚。他的妈妈也承认自己教育上的失误,从小为了学习不让王远干家务活,以至于他干活笨手笨脚,也很少让他跟小朋友一块玩,长大后只要和陌生人说话就害羞很不自在。只知道埋头苦读。与社会严重脱节,注定要成为一个懦弱迂腐的人。

　　一位教育工作者也有同感,她在参加一所中学校庆时,看到学生清一色戴着近视眼镜,勾腰驼背,目光呆滞,与人交流时低着头,眼睛瞟来瞟去,不敢正视对方,有气无力的样子没有一点自信,让人十分揪心。难道这就是国家的栋梁、中国的未来吗?

　　北京电视青年频道《谁在说》栏目曾经播放一档节目,一名博士生,自小家境贫寒,父母下岗后依然摆地摊、当保洁员。看到父母含辛茹苦供自己上学,他发奋读书,以优异的成绩考入西安某名牌大学,从没有让父母操心。母亲逢人就夸自己的孩子懂事听话成绩好,为了让他安心读书,家里从不让他干任何家务活。由于自小养成了很好的读书学习习惯,在学校学习,回到家包括寒暑假仍然大门不迈二门不出,一天到晚把自己关在房间里,阅读中外文学,即便上了大学也很少参加集体活动,与同学的交流少之又少。博士临毕业前,他经常感到郁闷,没人的时候偷偷流泪,想给父母打电话,可一听到母亲的声音就哭得像个泪人,泣不成声,话都说不出来。后经医生检查和心理测试,发现他患有轻度抑郁症。医生问他为什么难受,他惭愧地说,"自己并不优秀,什么都不会干、不想干,一想到马上博士毕业了,不知今后能干什么,该干什么?拿什么去报答父母?"实践中得到的知识才是真正有用的知识,只有把所学知识运用于实践才是智慧。死读书、读死书,无法从书中跳出来,不接触社会怎么知道社会需要什么,也就看不到自己的价值在哪;不去亲自实践,当然不知道自己能干什么,适合干什么。这样的博士学习再好,读的书再多有何用?

在当今的青年学生中,不少学生为了实现功利性目的,本能的喜好被埋没,个性和张力被束缚,创造力被压抑,在缺乏内在学习热情的情势下学习自己不喜欢的知识,硬着头皮苦读。单一的追求、单调的生活形成了单一的价值观,稍不顺心就心情抑郁,不停地抱怨他人和社会;违心地学习生活机体能量释放不出来,没有激情有气无力,打不起精神,消极处理事情,结果处处碰壁,把自己禁锢在象牙塔尖慢慢地走入死胡同,成了令人鄙视的"软脚虾"。

L,从小学到高中学习刻苦努力,高中毕业后考入上海交通大学,成了全家的骄傲。失去土地、依靠打工为生计的父母原以为熬过四年,等孩子大学毕业后,全家可以过上体面的日子。L大学毕业了,制作了精心的个人简历,每天抱着毕业证、个人简历,跑人才市场、到企业参加应聘,希望能从事太阳能、半导体等与应用物理相关的制造专业。万万没有想到每次都是高兴而去,唉声叹气回来。一晃一年多过去了,L先后找过十来份工作,不是觉得专业不对口,便是用人单位嫌他没工作经验,没干几天就跳槽或被炒了鱿鱼。就业受挫后,他萌生自己创业的想法,但是,既无资金又无项目,个人创业的想法不得不搁浅。母亲又托熟人给他联系了一家道路建筑公司,L又觉得专业不对口主动放弃。一个偶然的机会,他来到一家保险公司当业务员,3个月过去了,一个单子都没拉着,车船费就花了父母1000多元。失败的经历太多,渐渐失去工作热情,开始变得内向甚至自卑,一年出门不到10次,成天待在家里上网玩游戏。凌晨1点后上床睡觉，次日上午9点起床，除了吃饭、上厕所，哪儿都不去，眼睛一睁就打开电脑玩游戏。一晃3个月没有下过楼，头发像鸡窝一样，胡须足足有一寸长，衣服皱巴巴的，穿着拖鞋，屋里凌乱不堪，坐在一台陈旧的电脑前聚精会神地敲打键盘，父亲急得头发全白了。一个名牌大学毕业生，不缺少专业知识，迟迟得不到社会认可，在他看来是社会不接纳他，其实，是他缺少对生活的热情和耐心，放不下名牌大学生的架子，看不上小事情，无法与社会相融合，只好选择逃避现实。

有人可能说，在"一考定终身"的体制下除了追求学习成绩我们别无选择。事实上，高考几乎是全世界通用的一种升学考试模式，高考制度本身没有错误，要说错就错在社会严重功利化，把青少年学习好能上大学当成了好孩子的唯一标准，一好百好，唯有上大学方能够找到人生的价值和幸福，从根本上忽视了心智健康、人格特质以及实践能力的培养。结果，费尽千辛万苦造就了一拨又一拨的高分数、高学历的庸才，这是怎样的悲哀啊！

培养宽泛的竞争力

我经常奉劝一些年轻家长，没必要过早地给孩子报太多知识提高班，几乎每次都得到一致的答案："我不想这样做，但别的孩子都在学，我们不学孩子啥都不懂，跟不上。"反映出我们家长是何等焦虑，至少不够淡定，跟着感觉走，完全被"别输在起跑线上"给忽悠了，造成年轻家长的"群体性恐慌"。父母都像热锅上的蚂蚁一样内心乱成一团，还有我们孩子的好日子过吗？

越来越多的家长抱着"学生的任务就是一个——读书"的理念，不惜花大价钱给孩子择校、请高水平家教。单纯重视对孩子的智力培养，但从另一个长远来看非常重要的问题却被彻底地忽视了，即，包括动手能力，敢于担当、承受挫折、接纳他人和适应社会的能力。尽管这些年轻的家长理论上都知道培养实践能力的重要性，然而，为了让孩子专心学习，父母甘当保姆，把属于孩子干的家务活全部包办，"小皇帝"不会做饭、洗衣服，不得随便出去串门与朋友玩。四肢没有得到很好地锻炼开发，笨手笨脚，性格孤僻，不知道怎么与人打交道，发生矛盾纠纷不知如何采取柔性理智的解决办法。

罗曼·罗兰说："痛苦是一把犁，它一面犁破了你的心，一面揭开了生命的新起源。"伟大的人格是从失败和成功的交替前进中得来的,不经风雨,难以看见彩虹,只有那些栉风沐雨、饱经风霜的人,在风风雨雨中摔打过的人,才能从生命中飘溢出缕缕清香。因此,现代教育迫切需要提高孩子实践技能尤其是从逆境中站起来的本领,鼓励他们学会自己做决定,打造独立自主、敢于担当这样成熟的个性,这些非智力因素可以帮助青少年成长为有人生方向感、能够满足自我需要的人,从而增强孩子更加广泛的社会竞争能力。

大量的事例证明,小学、中学基础阶段学生的成绩优劣、上什么学校并不见得那么重要,它与今后的社会成就没有直接的对应关系。除去高端专业技术领域外,一个人能否成功,起决定作用的并不是智力因素而是非智力因素,学习成绩并不完全与事业成功画等号,这涉及一个成功智力问题。研究发现,很多行业真正能干的人多半不是高学历的人,而是教育背景不显赫,但他们积极进取、全力行事,也就是说他们对工作的执着占90%,才干只占10%,一个能把别人看来不可能的事坚持做到底的人,他的成功一定令人惊讶。

中国校友会网总编、"高考状元研究"课题组专家赵德国,曾组织调查了自1952年至2011年全国范围内的1400名高考状元,现有的职场精英名单中,比如,两院院士等,有高考状元的身影,但交集非常少,且都是20世纪50年代的高考状元。1977年以后的高考状元无一人成为职场的领军人物,当然不排除像人文社科类专家需要深厚的文化底蕴,其影响力和知名度45岁以后才能显现出来。湖南省自1977年到2011年的73名高考状元中,稍有点职业影响力的仅9人,绝大多数都已销声匿迹,其中,1988年的湖南一名文科状元早已成全职太太。

上海南洋模范中学从20世纪50年代以来培养出23位院士,学校完整保留了他们高三时的学习成绩。调查发现,从分数上看,在这23人中,当时位居年级前十名的只有5人,居于前30%的有15人,居于中间40%的人有2人,居于后30%的有6人。

近年来,教育界提出了一个"第十名现象"。也就是说,学生时代成绩在前几名的学习尖子走向社会后并不见得吃得开、玩得转,真正离开学校十年、二十年后把事情做大,活得有头有脸的人,往往是那些学习成绩"中不溜",有的甚至是调皮捣蛋的差学生。这一结论说明,学习成绩无法与人生成败画等号已经是个不争的事实。

对于"第十名现象"我们可以这样理解。

其一,学习成绩并不等于成功智力。所谓成功智力是一种用以达到人生主要目标的智力,是对现实生活能够真正起到影响作用的智力。它包括三个要素,即涉及解决问题和判定思维成果的质量,强调比较、判断、评估等分析性思维能力;发现、创造、想象和假设等创造性思维能力;运用知识解决实际问题的实践能力。而学习成绩只反映学生的学业智力,它与成功智力有着本质的区别。斯腾伯格将学业智力称之为"惰性化智力",它只对学生在学业上的成绩和分数做出部分预测,而无法衡量在现实生活中解决实际问题的能力水平。

其二,前十名的尖子生在学校时勤奋刻苦,把自己的潜能开发殆尽,走向工作岗位后劲不足。同时,他们学生时代学习太过投入,而没有时间和机会发展自己的个性、兴趣等,以至于在非结构智力上存在短板。"中不溜"的学生爱好广泛,注重全面发展,有后劲,属于"潜力股",他们综合素质和实践能力强的优势走向社会后能很好地表现出来。

其三,一项研究结果表明,在公司做得最好的20%的员工和最差的20%的员工,他们的智力水平是一致的。唯一的区别在于是否具有良好的性格、人际关系、情绪调控力和坚强的意志。学习成绩好坏取决于思维专注程度,成绩处在前几名的学生思维专注,而过于专注的学生思维不是很开阔,眼光乃至胸襟相对比较狭窄,很容易醉心于学习而忽视周围其他人的存在。有些成绩优异的学生有个致命的弱点,即高傲自大,团队意识差,对别人看不上眼,群众关系大多不好,处理和解决现实生活中问题的能力比较欠缺。成绩处于尾部的学生,注意力又过于发散,贪玩,没有真才实学,学业智力低下,且自由散漫,很难成就大事业。成绩中游的学生那太牛了、太了不起啦,他们思维专注而不拘泥保守,深邃而又广博,智商情商兼备,分析性智力、创造性智力、实践性智力均衡发展,既有理论水平,又具有实践创新能力,思维开阔,豁达大度,善于沟通,智慧而又精明。中国是个人情社会,职场上有"性格决定命运"之说,"中不溜"的学生朴实无华,具有乐群性,进得了厅堂,下得了厨房,既能与成绩前几名的所谓智者交流一些理论和科技含量较高的深层次问题,又能与成绩较差的浪荡哥们儿打成一片,生活中到处都是朋友和贵人,想不成才都不行,一旦发起来挡都挡不住。

"第十名现象"给我们很多启示,要克服急功近利的错误教育观,淡化唯分数论恶性竞争思想,树立顺应孩子天性发展的自然教育观。每个学生和家长在学习问题上要达成这样的默契,即小学、中学阶段的学习是人的一生成长的基础性教育阶段,主要任务应该是在保持身体和心理健康的基础上,着力培养学习(阅读)习惯、独立生活能力和提高心智成熟度,让学生懂得感恩,知道与人分享。到了大学阶段,学习的重点任务应该放在发展个性,让知识落地,培养敢于尝试、勇于担当的精神,出类拔萃,力争使自己成为一个纯粹的人,而不是整天盯着工资表,期盼成为日进斗金的暴发户。

有了明确的心理定位,对学生而言,开心地玩、专心地学同等重要。静则生智,愉悦、平静而稳健的心智是学习需要的最佳心理状态,没有专注的思维,缺少学习热情和对知识的渴望,很难取得优异的成绩,更谈不上创造性劳动。青少年是人生最甜蜜、最幸福美好的时期,任何人都没有忧愁的理由,每时每刻都应该保持愉悦的心情。活在当下,不再悔恨抱怨往事,不去幻想未来怎么样,不在乎别人怎么说,只关注你现在正在做的事,全身心地投入其中,让内心专注强大起来,这是衡量一个人心智健全的首要标准。

神经系统是由中枢神经系统和周围神经系统两部分组成,它的平衡和谐是思维专注的起点。其中,周围神经系统分为脊神经、脑神经和植物性神经三个部分,脊髓神经和脑神经是周围神经的桥梁。植物性神经系统有两个子系统,即交感神经和副交感神经。交感神经系统负责加速心跳,增加血糖,增高血压,提供机体所需能量,暂时缓解或停止消化器官的活动,动员全身力量使身体兴奋起来,为肢体一切行动做好准备。交感神经系统与生存环境息息相关,而且生来占据主动,只要受到外界刺激它就被激活,产生兴奋、恐惧和愤怒,以此应对各种危机。副交感神经系统则作用相反,负责身体的营养、治愈和再生,降低心跳和血糖血压、增加消化和腺体活力,抑制体内器官的过度兴奋,以此放松肌肉缓解压力,维护神经系统总体平衡。

植物性神经系统不受中枢神经系统的支配,人们不能随意地控制内脏活动，但通过特殊训练能够在一定程度上降低心跳、控制血压，这种特殊的方法就是运动、睡眠。

1998年，在索克大学进行生物学研究的弗雷德·盖奇及其同事发现，如果进行身体锻炼和瑜伽训练并保持充足的睡眠，能够聚集能量，抑制交感神经的兴奋，使副交感神经系统得到营养和兴奋，让神经系统放松下来，维持一定的动态平衡，避免亢奋或躁动。为身体机能提供清新的营养，增加新的更多的海马体神经细胞，对提高专注力和记忆力有很大帮助。

对于中小学生来说，坚持体育锻炼，勤动四肢，进行有氧运动绝不是个人喜好问题，而是健康生活方式的象征。它不仅可以释放身体积存的压力，培养坚强体魄和热情活泼的性格，还有利于丰富脑神经，促进大脑发育，提高思维的机敏性，无疑是健康成长的保证。在我们身边，那些从小爱玩、爱劳动的孩子思想活泼，聪明智慧，充满活力，热爱生活，做事情踏实认真。很多喜欢运动的学生学习效率高，很容易转识成智，把高分数转换成较强的实践能力，让所学的知识落地开花结果，走向社会后成功概率和幸福指数远远高于不爱运动的学生。

特别要注意，白天以积极正面的思考代替消极负面的想法，保持精神放松愉悦，晚上才能够以平静的心情入睡，少做梦、不做噩梦。没有疲倦、忧伤的感觉，这样高质量的睡眠可以轻松地睡到自然醒，第二天起床后精神饱满，神清气爽，很容易进入学习状态。

重视孩子动手能力培养，是西方基础教育的一大特点，非常值得我们学习借鉴。德国7岁前的儿童几乎没有识字和数学、语言方面的作业，他们把运动、情感体验、对自己身体的认识，自理生活，人格养成作为必修课。美国的初级教育以玩为主，孩子们的基础知识不扎实，据说有的初中生连乘法"九九表"都背不出来，既没有考试压力，也很少为奥林匹克竞赛忙碌，而是在玩中学知识，在玩中培养能力，从而玩出了丰富的想象力和惊人的创造力，玩出了那么多国际顶尖发明家和诺贝尔奖获得者，让人不得不佩服。

在史蒂夫·乔布斯童年的记忆里，宁静而又温和的父亲——保罗·乔布斯，做柜子、搭栅栏、翻新出售二手车……什么都会做，而且设计感很好，尤其是对手工技艺的专注给他留下很深的印象，他对父亲的聪明才智佩服得五体投地。在中国，许多条件优越的家庭认为让孩子学习钢琴、英语、打高尔夫才算时尚，然而，家庭条件并不差的乔布斯这个充满个性的父亲却把自己对机械和汽车的热爱传递给了儿子，常常在下班后带着史蒂夫在他自家车库里欣赏谈论车辆设计的艺术构思。同样富有人格特质的史蒂夫虽然对引擎盖下的修修补补从来没有丝毫兴趣，却很快受父亲的熏陶对实体物质产生了强烈的喜好，在修理汽车电路过程中与电子设备结下不解之缘。之后，每个周末父亲都会领着他进行一次废品站之旅，在那里寻找废弃的发电机、化油器以及各种电子元件。正是这样的实践机会使他的想象力得到极大丰富，萌生了立志为广大民众制造出最有品质电脑的梦想。

日本幼儿园似乎完全不重视知识教育，孩子们没有课本，只有每月一册的绘画本；教学计划中没有数学、绘画、音乐这些项目，也不学轮滑，不教游泳，更别说英语、奥数了。但通过每天的穿衣、系鞋带、洗碗等，提高幼儿的动手能力；从小教孩子们学说谢谢！懂得感恩，笑眯眯地与人交流，培养他们乐观向上的心态。冬天无论多么冷，日本让孩子必须穿短裤上学，目的在于锻炼意志品质。在中日中小学生夏令营活动中，日本学生所表现出的"狼性"与中国学生"绵羊性格"形成的鲜明对比，与中日两国教育理念的差异不无关系。

日本山中伸弥教授在他50岁时获得诺贝尔医学奖，但是，让人不可思议的是，他在青少年时期却热衷于体育活动，并不是一个捧起书本埋头读书的好学生，甚至被视为异类。

山中父亲是一位经营缝纫机零部件的街道小工厂老板，受父亲的影响，山中很喜欢拆解家里的各种物件，有一次，他把家里祖传的一个闹钟拆开，复原以后多出了3个零件。但是，恢复钟表失败以后，山中并没有因为"传家宝"被弄坏而受到父母指责，好奇心得到培养。打高中起，其他同学都在认真学习，山中却热衷于体育活动，梦想成为日本奥运会柔道选手。高中3年时间，因为练习柔道脚趾和鼻梁曾经十多次骨折，从此，培养了百折不挠绝不放弃的精神，也成为他后来事业成功取之不尽的前进动力。每当山中看到医生严谨认真地为病人治疗伤痛、减轻痛苦时,他渐渐对医生这个行业产生了敬畏之情。高中毕业后顺利地考入国立神户大学医学部,立志成为一名医生,为人类服务。凭着对医生的崇敬和对医疗事业的热爱,他渐渐培养了一丝不苟、严肃认真的敬业精神,每次在手术台上,不单单把手术做完就万事大吉,他还常常透过病人的痛苦表情发现病理原因,同样的手术别的医生只需要20分,他往往要两个小时才能做完。

后来,他甘愿放弃收入比较高的临床医生,立志做一个解决疑难杂症的基础研究者,自费留学美国并把单性干细胞(万能细胞)作为研究方向,发现了可让老鼠体内成熟细胞变回初级状态的方法。回国后,由于缺少资金、没有讨论问题的对象,只能跟实验用的老鼠打交道,研究工作差点中断,一度曾产生放弃研究转入临床的想法,身体也出现明显抑郁症状。在这节骨眼上,他受聘为奈良先端科学技术大学副教授,加之同事的鼓励,给了他重生的机会,重新振作了起来。经过长期艰苦卓绝的努力,终于发现了4种重要的遗传因子,并且利用试验老鼠,研制出多变的万能细胞,正式取名IPS细胞(人工多功能干细胞)。

与山中伸弥比肩的另一位获得诺贝尔医学奖的英国医学教授约翰·格登,学生时代也是运动场上的活跃分子,有壁球高手之称,身体很棒,因贪玩学习成绩平平。1949年格登在学校的成绩报告显示,中学时代他在250名学生中,各科排名非常靠后,生物科成绩排在最后一名,被同学讥笑为"科学蠢材"。老师如是评价:"我相信格登想成为科学家,但以他目前的学业表现,这个想法非常荒谬,他连简单的生物知识都学不会,根本不可能成为专家,对于他个人以及想教导他的人来说,这根本是浪费时间。"

虽然格登成绩不是很突出,不过,从少年时起,他除了喜欢运动处,对生物学也有着天然的兴趣,在学校养过上千只毛毛虫,并看着它们变成飞蛾,一度引起老师的反感。但是,格登仍然坚持自己的想法,没有人能阻止他对生物学的热爱,还将这份成绩报告以及老师轻蔑的评价表放在自己办公桌上,每当遇到什么麻烦,比如,实验无法进行下去时,来提醒自己要努力坚持,不然真的就被以前的老师言中了。

几十年来,他对生物、遗传学的爱好到了痴迷的程度,并把它作为终生的职业,直到79岁还坚持兢兢业业全职工作。当他获得诺贝尔医学奖,一名英国记者曾试图对他进行连线采访时,格登在实验室答复称:"格登正在工作,请不要打扰。"后来,剑桥大学计划为他办一个庆功宴,格登同样表示自己很快会回到实验室继续工作。

山中、格登两位教授他们有很多相似之处,学生时代酷爱运动,成绩很一般,可以说是玩出来的诺贝尔获奖者。好玩的特性孕育了他们活跃的思维和好奇心,使他们心灵手巧,在玩中产生灵感,发现了自己的兴奋点,尤其是体育运动培养了他们超级坚强的毅力。

今天的应试教育让数以万计的青少年密密匝匝地去挤"独木桥",束缚了孩子们自由之思想,抹杀了广大青少年的想象力和创造力。我们没有选择体制的权利,但我们完全可以树立多元的价值观,每一个父母作为成年人只要稍微淡定一些,不被同质化,不再那么功利,对孩子学习目标保持合理的期望,从全面发展的角度科学安排他们的学习和生活,让孩子回归玩和动手劳动的天性,多一点活动,多一份快乐,一定可以使他们的聪明才智迸发出来。

人在心静的时候精神平和,满足感强,安贫乐道,思想不受外界世俗东西的滋扰,有钱没钱都能生活得舒心和安逸。此时,思维纯粹而活跃,能够表现出很高的智力水平,可以习得过硬的专业知识,培养建设性性各和统一的意志,很容易在不起眼的事物中发现自己的兴趣所在,对生活和工作充满热情,甘愿投入更多的精力干那些眼下看起来不实惠,但自己喜欢且对社会有益的事,发展自己的爱好,实现人生抱负,而不是削尖脑袋去追求财富和功名。相信,长期孜孜不倦地坚持下去,干什么事焉有不成功之理。因此,静心是给人生注入资本的第一步。

人的气质秉性包括思维品质千差万别。优秀的运动员上场前都要虔诚地双手合十放在胸前,闭目养神,让自己精神放松、安静专注起来,以聚积机体能量,在比赛中展现出较高的竞技状态。学习是高智力活动,每个学生从跨进学校的那一刻起就要把先前的一切妄念和烦恼拒之门外,彻底把各种名利、纷争放下,专注学习,启动思维兴奋的按钮,接受处理各种信息,专心专意品味知识,一定能够在知识和经验完型的过程中感受到精神的愉悦。对于注意力不是很集中的学生来说,不妨每次上课前抬头端坐,挺起胸膛,慢慢闭上眼睛,调整自己的呼吸,把心收回来,安神静心,上课时才能听出门道,并对学习产生兴趣。当我们想入非非,坐不住,没有心思看书,或作业上碰到难题萌生玩耍或放弃的念头时,可以起来走一走,做两次深呼吸,然后,静静地有意识观照呼吸三五分钟,待心慢慢安静下来,一种神奇美妙的感觉就会在你身上出现,这样就会进入到一种渴望看书学习的状态。

当很多学生把高考视为"战场"一样恐怖的时候,2012年,19岁的深圳姑娘刘诗仪一下接到美国12所大学的录取通知书,且绝大多数是全美排名前20的名校。最后,她如愿以偿地被享誉全球的加州理工大学物理系录取,跨进了爱因斯坦、钱学森曾执教过的大学校园,并通过竞选成为该大学中国学生学者联合会副主席。

在深圳读完小学和初中的诗仪姑娘,学习成绩一直在班级名列前茅,是名副其实的获奖专业户。17岁那年,她独自远赴美国读高中,不但学习成绩出类拔萃,爱好也很广泛。对于这个外人眼中的普通女孩,如果说有什么过人之处的话,那就是她能静善动的秉性成就了她今天的精彩,彰显了很多现代成功人士身上应有的优秀元素。

诗仪无论干什么事都异常专注投入,按她自己的话说,"就像脑袋里有个按钮一样,一掀动按钮,就可以把全部精力集中起来"。一般人只有在比较安静的环境下才能看书,但是,诗仪阅读能力超强,从小书不离手,很小的时候就看了《老夫子》《阿拉蕾》等漫画集。稍大一点,手里经常拿着一些科普书,上了中学后,每次出门都会带上一本书,不管在哪里随时随地翻开书就旁若无人地看,至于身边的人说什么、干什么似乎与自己丝毫没有关系。课堂上,她的眼睛像锥子一样紧紧盯着老师,听课非常认真,把每堂课的学习内容理解掌握得十分精准,课后,三下五除二就可以完成作业,学习效率高得出奇,感到像语文、数学这些课程学起来很简单、很容易。所以,初中三年,她并没有在文化课的学习上花费太多精力,而是把大块时间用在阅读课外书籍上,利用零星时间看了不少闲书。从这个意义上说,凡事注意力集中是诗仪成功的首要秘诀。

专注的思维提高了学习效率，也培养了很好的自律意识和良好生活习惯。她虽然没有详细的学习计划表,但是,生活主次分明,学习在她的心目中永远处于至高无上的地位,学习任务不完成任何游戏、活动都没有兴趣和心思。在学习和做事情上她的专注似乎到了有点强迫症的地步。比如,做练习或者玩走迷宫游戏,遇到疑惑或走入死胡同时绝不轻易放弃,一直憋着,直到解开难题,弄出结果才肯罢休。

在实践中找到做事情的兴奋点是诗仪成功的一个重要秘诀。诗仪刚刚懂事的时候,父母经常带她去公园玩,有意识教她对照地图看路标方位,增加空间感;在动植物园,通过近距离观察了解各种小生命的习性和生长发育情况,发现生活周围或大自然一草一木的奇妙变化,使她对大千世界的万物生灵十分好奇。上学后,每次外出回来,对于所见所闻中存在的困惑,比如,看到蜗牛的爬行,回家就翻书了解蜗牛的生性特点、演变等。在好奇心的驱使下渐渐养成了看书的习惯,以至于家里到处都是书籍,零星时间就翻阅这些科普类书籍,了解谁发明了什么东西,是怎么发明的。还自己动手在家做小实验,与同学一起出去找蜗牛、蚯蚓做生态实验,或者去学校菜园种地,试着进行一些小发明。

诗仪同学成功的秘诀还在于她擅长在玩耍中丰富智力。诗仪的母亲刘道溶女士是深圳市南山中小学心理健康教育指导中心主任,她不像别的妈妈动不动花数千上万元给孩子报各种智力开发班,也没有整天把孩子关在屋里做作业,而是创造条件让女儿多接触大自然,让她了解周围的一切。尽可能地设法把书本上的一些概念理论与现实生活联系起来,让孩子在动手玩耍的过程中亲身感受事物的变化,理解一些复杂的理论知识。小时候诗仪很喜欢云和彩虹,细心观察彩虹出现和消失过程,对彩虹的颜色顺序有了更深的理解;她和很多女孩子不同,从小在积木堆中长大,看着说明书将一堆材料拼成一个复杂的物件;经常跟男孩子一起在院子里抓蜗牛、捉虫子,还会和同学一起品尝自己摘的"能吃的花和草"。她不爱看电视,也不喜欢《十万个为什么》这样的书籍,认为直接把答案说出来限制了人的想象力,最拿手的是阅读那些可以引导自己做实验的书籍,通过实验自己去体会得出结论，这样不但印象深刻，还能够发现很多意想不到的新东西。

诗仪学习成绩优异，爱好也非常广泛，喜欢跳舞、打球、跑步、跟同学外出郊游，还学做陶艺、模型，有时也在网上游戏换脑筋。很多人经常好奇地问诗仪姑娘同样一个问题："兴趣如此广泛，'杂事'那么多，为什么还能保持很好的学习成绩？"她淡淡地说，"这得益于自己学东西比较快，积攒了较多的空闲时间来玩，去干自己愿意干的事"。到了加州理工大学，专业课学习任务的确很重，但她依然要挤时间来玩乐器，演奏起长笛、葫芦丝来如痴如醉；还参加学校的合唱团、辩论赛，做学校广播主持人，承担学校中国学生学者联合会一部分工作，在她身上任何时候都能看到年轻人应有的热情、自信、充满活力又不失沉稳的性格。

英国著名的"科学英雄"霍金每年都要从剑桥大学前往美国加州理工大学驻留一个月，其中，进行一次公开演讲，挑选博士、硕士、本科生各1人与其同台"对话"交流是活动的重头戏，几乎每个学生都想得到当面与霍金对话这样千载难逢的机会。然而，霍金挑选对话的对象可谓别出心裁，首先要让全校所有学生把自己对话的问题提交霍金，由他依据问题的综合价值最终决定对话人。结果在激烈的竞争中，诗仪提交的问题得到霍金的青睐，活泼开朗、自信独立的她最终成为与霍金直接对话的本科生。霍金回答了她在高中时就疑惑不解的关于未来时间的问题，与伟人面对面的交流使这个东方女孩感到了少有的兴奋。

诗仪姑娘能走多远，能否成为"大家"，现在的确难以预料，但凭她超强的综合素质，相信，没有人否认她会成为一个自食其力的人。

六、圆融是感性与理性的调和

2013年初春季节,朝鲜半岛发生了冷战以来最严重的核危机,搅得东北亚地区硝烟弥漫,剑拔弩张。南北双方互相交锋,起因是美国长期在韩国驻军并不时进行军事演习,朝鲜政府则以进行核试验和导弹试射抗衡韩美。为了实现半岛无核化,韩国一方面通过国际社会对朝鲜政府进行制裁,同时联合盟友美国大兵压境进行联合军演。联合国以及中国、俄罗斯等国大声疾呼重启"六方会谈"解决危机,但朝鲜方面置若罔闻,面对韩美强大的军事压力毫不示弱,率先提出撕毁朝鲜和平停战协议,中断朝韩高级热线电话联系,扬言对美韩及日本进行无情的武力打击报复,放话各国外交使馆在规定的时间内撤离驻朝外交人员,给人战争一触即发的感觉;韩国则冷静地文攻武备,呼吁朝方放弃核试验计划,通过和平对话解决半岛危机,并以大规模军演保持高度军事戒备。纵观朝鲜半岛这场危机,把人的理性与感情暴露无遗,韩方多数时候表现得相对冷静和理性,朝方则一直以极端的情绪化思维感情用事,不顾国际社会的劝告,要求各国驻朝使馆人员撤离,要对美韩日进行毁灭性打击,应验了中国一句古语,"秀才遇到兵,有理说不清"。

感性,可以理解为通过人的眼、耳、鼻、舌、身与外界事物接触形成的感觉、知觉、表象等直观形式的认识,它是夹杂着个体的情绪对事物表面现象的初步认识,是认识的低级形式。感性的人很多时候表现出双面人格,时而慈悲善良,为社会带来柔和安定,时而在情绪的驱使下非常任性,不顾后果地采取极端的行为处理问题,过于感性会被现实世界淹没。

理性,则是对情绪进行驯服后内心相对平静时通过辩证思维对事物的内部规律做出的客观反映,旨在追求事物的真善美,是认识的高级阶段。理性的人思想内敛、成熟,以清醒、沉稳的心情对待一切事物;做事讲究规范,宠辱不惊,无大喜大悲,遭遇不测时镇静自若,轻易不会动摇自己的信念,总体上算是一种健康成熟的人格。尽管理性思维反映了事物的本质规律,但纯粹的理性,严谨有余,灵活不足,略显呆板和墨守成规,有时固执地坚持自己,互不相让,理性之争就会演变成感性的对峙,产生无法调和的矛盾。

正在朝鲜半岛危机四伏的时候,地球另一端的英国前首相撒切尔夫人与世长辞,英国政府为这位享有"铁娘子"美誉的老人举行了简单而庄严的葬礼,全世界一百多个国家派要员向这位世界政坛风云人物进行最后的告别。值得注意的是,整个葬礼过程尽管人们的表情凝重,但包括铁娘子的亲人在内很少有人哭泣,甚至失态的痛苦,自始至终表现得那样彬彬有礼,好像是一个黑白电影艺术节,处处充满肃穆庄严的气氛,彰显出一种理性的文明。

感性和理性作为认识的两种形式,二者存在着很大差异。(1)感性的人依据情绪、情感和欲望来考量事物,多数时候都被功利绑架部分地失去了自我调节功能,常常为了自身利益的"预设立场"自我过分膨胀,崇拜强权,蔑视弱小,排斥对方哪怕是正确的见解;理性的人崇尚事本位思想,摆脱或部分摆脱了私欲的控制,心胸宽阔,尊重并欣赏人与人之间的差异,知道如何与不同习惯和思维方式的人相处,强势的一方懂得尊重弱势的一方;(2)交往中,感性的人以利益为前提,不加选择地取悦迎合他人;理性的人以共同志趣为本,亲疏适度;(3)感性的人遇到矛盾分歧精神紧张,把交流变为唾沫横飞的辱骂,从而制造隔阂对立,撕裂共识,或因为观念交锋异化为某种意义上的"党同伐异",出现"剑走偏锋"的现象,最终将故步自封;理性的人严谨中带有几分灵动,擅长心平气和地沟通辩论,借助各种思想观念的交锋探求真理、达成共识,构建文明理性的议事规则;(4)人与人对立时,感性的人采取攻击行为与对方死磕;理性的人在竞争中超越他人;(5)感性的人改变观念较难,很多时候受某种私利困扰而身陷囹圄不能自拔,丧失纠正错误的功能,成为一个"永远叫不醒的装睡的人",难逃走入死胡同的噩运。朝鲜政府金氏三代就属于典型的感性人格;理性的人做事规范,有清晰的自我意识,有一定反思和自我修复能力,能够主动检视自我,乐于接受他人正确的主张。

圆融倡导的感性与理性调和，不是没有自己的独立人格，一味地不讲原则，不守规矩，不求真理，做没有规矩和分寸的"烂好人"，凡事搞变通，而是有礼有节，秩序井然。今天的中国社会庸俗"关系"泛化，严重地拖累了法治社会的进程，有人形容说从生小孩开始要关系，上幼儿园要托关系，入学要找关系，有时候就业靠关系，职级晋升更要看关系，看病住院要关系……进火葬场还要有关系，没有关系我们几乎寸步难行。"关系"盛行的直接原因是感性泛滥，情绪失去应有的控制，理性丧失时，把温良恭俭让甚至是道德、法律全部抛在脑后。每个人在本能欲望的驱使下，什么都敢想，想要得到本不该属于自己的东西；什么都敢干，只要想要的东西，都会凭借不理性的热情削尖脑袋托关系、找门子，投机钻营，想方设法得到它；什么都不怕，只要对自己有利，甘愿冒风险，放弃原则办出格事，而且不计后果干了再说。这样乱干的结果是，每个人只图自己一时方便成为游戏规则的破坏者，到头来又都是混乱秩序的受害者，出门就会遇到麻烦，谁也别想消停。人格心理学家奥尔波特有一句名言，"如果每个人都尽力去工作而只索取能够维持家庭生活的回报，那么这个世界就会变得非常富足"。收敛欲望当然需要理性一点，秉持本分和做人的底线，不巧取豪夺不属于自己的东西，也不去破坏应有的秩序，展现在我们面前的将是一个大同美好的世界。

圆融的行事风格很大程度上又取决于个体的气质秉性和认知水平，过于感性和纯粹理性的人都会走向极端，被现实世界排斥在外。

为炽热的感性注入清凉的理性

感性缘于个体的情绪、情感和欲望，由于主观性和利己主义色彩较浓，每每满足于个人喜好，去获得暂时的快乐，容易失去事物的本来面目。实际上，心情多数时候只是内心一种瞬间的情绪反应，是外界刺激引起的情感波动，带有很大的不确定性。一个过于感性的人很容易把心情和心理等同起来，往往被情绪、情感欺骗，造成大脑思维出现暂时性混乱，这个时候很难做出正确的抉择，如果遇到关键性问题十有八九把事情搞砸，而且还会抱怨别人不理解自己。

朱琦是一名高一男生，有一天，他在放学回家的路上发现一只流浪狗，顺手就捡了回来。小朱的妈妈是个白领，里里外外干净整洁，一想到这个不速之客的到来可能把一向整洁的家庭折腾得底朝天，便劝儿子把小狗放生让真正需要的人带回去养。心地善良的朱琦听到妈妈要把可怜的狗狗拒之门外难过地说："本来看到你下班回家有些寂寞，想让狗狗陪伴你给你找点乐子，没想到你这么无情，一点爱心没有。"感性的人做事一般从主观愿望出发，从不考虑对方的感受，时常把自己的想法强加给别人，结果好心好意却给对方带来痛苦，埋下矛盾的种子。

妈妈看到儿子对小狗有一种难以割舍的爱，只好做了让步。可是，未经驯养的小狗整天在家里乱撒乱拉，原本整洁的家被弄得乌烟瘴气，妈妈实在有些难以忍受，又与儿子朱琦商量，想把小狗送给别人。朱琦还是不干，情绪激动地说："小狗已经被遗弃过一次，再抛弃它，对小狗实在不公平。"陷入感情漩涡的人，自我调节功能退化，轻易不会让步。妈妈看到儿子如此善良有爱心，又一次做了让步。

朱琦为了让妈妈对小狗产生好感，每天放学回家后，第一件事就是打扫卫生、墩地，经常给小狗洗澡，训练小狗在卫生间大小便，晚上还要带小狗出门遛弯。但是小狗偏偏是个扶不起来的阿斗，总是带不上路，时常在地板上，有时甚至是沙发上撒尿。妈妈被这个讨厌的小家伙闹得心烦意乱，加之，看到朱琦每天为了伺候小狗要占用很多学习时间，焦虑得开始有些失眠。

直到有一天，当妈妈正在为小狗忍受着极大的精神痛苦和折磨，身体出现不良反应时，朱琦方才认识到问题的严重性，从感性的迷雾中走了出来，毅然决然地把小狗送给了一位朋友收养。

作为一个旁观者我们应该怎么看待这样的事。先从狗狗说起，没错，小狗是一条生命，基于等慈的理念，不应该把它逐出家门。但是从理性角度看，遵循伦理、孝道的原则，人和牲畜之间还是有高低、亲疏之分的，当小狗的出现影响到家人的正常生活特别是身心健康时，考量到人的利益把小狗逐出家门这无可厚非，否则让人和小狗平起平坐，必然影响家庭和睦，造成家庭混乱。再说了，遗弃小狗或送给真正需要的人收养，利己利人本身也是一件两全其美的好事。

朱琦身上表现出的仁慈善良重感情的秉性应该说是一种美德。然而，作为一个男儿如果心地过于柔弱,多愁善感,慈悲成了无原则的妇人之仁,对一个可留可不留的东西留下难受,扔了可惜,整天沉浸在婆婆妈妈的妇人之仁的慈悲情怀之中(抱歉,并不是贬低我们的女性同胞,绝大多数女性朋友都是英武智慧的女中男儿)无法取舍,放不开手脚,纯属没有智慧的表现。很多时候不知不觉中让感性凌驾于理性之上,只想到保护一条小狗而使人的生存权利受到侵害,难免是感情用事,本末倒置。

感性、理性很多时候对人的思考方式特别是选择取舍起着至关重要的作用。因此,聪明的人在情绪低迷或精神亢奋时一般都不做决定,等到炽热的感情或低迷情绪、暴戾之气消退后,内心相对平和时再去考量那些比较复杂的问题,这样就能很好地避免因为感情用事而做出让人不可思议的蠢事来。

感性是带有强烈感情色彩的渴望,心血来潮时容易冲动,难免有些鲁莽和冒险的成分,存在较大风险。今天有越来越多的青年学生因为学习压力太大而情绪变得抑郁和焦虑起来,经常情绪波动,愁肠百结,表现出感情用事的征兆,每每站在自己的立场主观地看待事物,一件平常的小事他们都会抱着很大成见并产生怨气,而且率性执着。一些愤青对不符合自己心愿的事,不从自身找原因,更不会想办法来适应这些无法改变的事实,相反带着赌气的心理与之较量抗衡,试图用截然相反的方法来证明自己是正确的。如此异想天开地去追求一个不切实际的目标,并非真正意义上的自信,纯属情绪化的盲目蛮干,结果往往事与愿违,还会把自己逼上绝境。

张J,是一名高三学生,因对现行教育体制不满,参加高考时在每份试卷前面写了"破釜沉舟、不破不立、破而后立、不生则死"这十六个字,最后,语文、数学、综合、外语四门科目及总分都是零分。据老师透露,张J平时成绩还不错,但一直对应试教育体制不满而产生极端想法。此次故意考零分是拒绝上大学,想从打工开始,然后成为美国比尔·盖茨式的人物,其终极理想和目标是成为一个大企业家,在未来10年内挣到1000万元,成为中国首富。张J成功与否另当别论,其"不生则死"充满血腥的口号、1000万的奋斗目标未免悲壮得有些滑稽,委实让每一个天下父母捏把汗。

一个连中国首富有多少钱这样的常识都搞不清楚的人，一个单有热情和冲动，做事不给自己留后路的毛头小伙子，真看不出有什么超人的智慧，谈何成为中国的首富？很显然，这个刚刚走出校门、"过桥不多"的小青年，对就业乃至创业的残酷性没有亲身的体验，不是冷静理性地思考问题，单凭青春的骚动和满腔热血产生的冲动把创业简单化、理想化，实际上是感情用事地踏上了冒险旅途。如此鲁莽、心智十二分不成熟的人，纵然有冲天的勇气也不可能有大的作为。即便运气垂青而小获成功，但是，不懂得在创业的过程中享受人生快乐，铆足了劲去追求一个不着边际的目标，免不了的是挣扎、煎熬甚至血拼，这样的奋斗不知人生意义何在？

现实社会中，张J现象并非个案，他们的共同特点是，心气很高，不甘寄人篱下，朝思暮想，我的青春我做主，以此在行动上获得自由。然而，一个初出茅庐的小青年，要想摆脱现实的束缚，将其生命中最好的东西展现出来，务必要承受一定的痛苦，经得起各种困难和挑战。连一点委屈都忍受不了，自命不凡，急于求成，一个偶然因素便心血来潮幻想一步登天，采取自认为正确的办法一赌到底，一旦达不到目的，后果不堪设想，其实是在用不靠谱的想法把自己往悬崖边上逼，但愿最终结局与我的判断大相径庭。

初生牛犊不畏虎。每个年轻人都怀有远大志向，有创业的愿望，甚至渴望一朝成名天下晓，可嘉可贺。但创业需要资金、经验和人脉，更需要坚韧的性格和承受挫折的心量，后者不是从书本上或别人嘴里能学到的，一部分是生来就有的，一部分是从实践中一天一天积累起来的。如果一个人平时忍耐力极差，且急躁得有些离谱，多少遇点事就冲动，暴跳如雷，经不起跌倒的考验，创业的激情高于理性，理想越高危险性越大，与一个成熟、智慧、负责任的男人还有相当大的距离，充其量是一个张飞式的莽汉。

爱默森先生提醒人们："一位青年踏入社会，正如一只小船驶进大河一样，处处要谨慎留意、小心翼翼。观察周围的障碍与困难，设法一一扫除，这样才可以安然进入海口，驶入大海。"钻石要想从坚硬的顽石中脱颖而出，必须经过成千上万次打磨。它告诉我们，精彩是磨出来的，任何伟大都是熬就的，美好的事物从来不是简单就能得到的，需要等待和坚持。对于张J这样感情用事的青年学生，唯一需要的是冷静下来，调整心态，使自己的思维方式哲学理智一些,期望值适度一些,行为再温和一些,放低自己的身段,从小事做起,等到内心平和了再谈创业的事。同时,在渴望赢的同时,还要对输有一个合理的心理准备,依据这样的心性过活,胜算的可能性才会大一些。

一个人思维和行事风格偏感性或理性,是意气用事或深思熟虑,很大程度上取决于他的脾气秉性和知识经验以及价值追求。感性的人情感丰富,多愁善感,思维发散,灵活善变,富有激情和创新性思维。但情绪亿的人思想稳定性较差,很多时候可能会丧失自己的独立人格,不能客观公正地处理问题,得意的时候把一切都看得非常美好,忘乎所以,不计后果冒着风险行事;沮丧的时候自信心全无,遇到一点困难就像天塌下来一样,把一切看得很悲观。对于青少年来说,由于情感丰富,但又敏感脆弱,情绪管控能力相对较差,说变就变。加之,知识和经验的局限、人生价值观尚未成熟,遇到挫折就感情用事,只图一时痛快,不计后果地从一个极端走到另一个极端,免不了给自己和家人带来毁灭性打击。

四川16岁小男生李昱被女友抛弃后,痛不欲生。于是,他带着沮丧的心情来到福州与父母一同打工,母亲为了让儿子尽快摆脱低迷情绪,拿出省吃俭用的5000多元钱给他买了电动车和笔记本电脑。然而,遭受精神折磨的小李始终难以走出失恋的泥沼,整天丢了魂似的干什么都打不起精神,头脑中轻生的念头与他形影不离,似乎唯独自杀才是消除烦恼的最佳办法。有一天,父亲要小李将刚发的工资留几百元自己用,剩下的交给母亲保管。李昱十分不快,并在简陋的出租屋内大发雷霆,将笔记本电脑狠狠地摔在地上,然后从包里抽出一把匕首,当着父母的面刺进了自己的心脏,一命呜呼。后来发现,他在日记里以《最后的纪念》为题这样写道:"你觉得我动不动就提死是威胁你,以为我做不到!你错了,你彻彻底底地错了。你从来没把我的话当真,我只有告诉你,我爱你,真的,我所说的,同样会做到!言必信,行必果。"好一个男子汉气概,只可惜用错了地方。悲哉。

人的一生在历史的长河中只有短短的瞬间。因此,一个真正有道德有责任感的人必须趁年轻先把书读好,有了一定知识就会明白你的生命不仅仅是属于自己,也属于父母、亲人所共有,任何人没有权利随意支配它。自杀是自私懦弱的表现,珍惜生命是一个人的社会责任和社会义务,这样在付出感情时智慧方能够帮你把握一个方向,让你控制住感情的度。很显然,小李这个认知水平包括人生观、恋爱观尚不成熟的小男孩对女友的恋情到了痴迷的地步,当他苦苦追求的美好爱情鸡飞蛋打时便方寸大乱,最后感情用事不计后果地做出蠢事来。他一个人得到解脱,但却给父母和亲人留下了无尽的伤痛,这是极其自私和不道德的所为。

感性的人被较强的功利性遮蔽了视线,有时如雾里看花,错误地把虚幻的海市蜃楼当作现实,喜欢用作秀粉饰自己的平庸;或思想被感情麻痹,一意孤行,只顾眼前利益,对一件事不计后果地执着。一旦违背自己的意愿或出现波折,骨子里好冲动、走极端的病态细胞便迅速活跃起来,形成巨大的负能量,冷不丁一个意想不到的导火索就会引发爆炸,造成严重的社会危害。恋爱是每个青少年成长过程中难以逾越的鸿沟,进入青春期的善男信女很多学生在没有丝毫心理准备的情况下不知不觉地坠入爱河,有些思想偏执的同学在爱河中呛水后,便"一朝被蛇咬,十年怕井绳",立刻把爱心闭锁起来,对爱情产生戒备心理,于是,才有现在社会上单身贵族成几何数增加的奇怪现象,令千千万万个父母伤心落泪。也有一些情感执着的人往往一厢情愿地追求本不属于自己的爱,当恋爱受挫后,巨大的心理落差促使他们产生用极端的报复行为来解决问题的想法,似乎这才是安抚他们受伤心灵的唯一选择,结果使更多的人受到精神折磨。

安徽初中男生林丰(化名),中考结束后在网上无意加入了同龄女生周梅(化名)的QQ,两人便天南地北地聊了起来,而且越聊越感到投机。多情的林丰很快觉到网上这个女友漂亮大方,还会弹钢琴,是个才貌双全的绝代美人。从此,每天在QQ上等待周梅的出现便成了林丰生活里最开心的事情。

有一天,两人聊得正来劲的时候,林丰半开玩笑地说:"你做我女朋友吧?"周梅脱口而出:"好啊!"如此眉来眼去两个善男信女便成了网上如胶似漆的恋人。半年后,他们相约在上海第一次见了面,积蓄已久的激情让两个年轻人沉醉于爱河。在以后的岁月里,他们虽然相隔千里,但是,已经爱得死去活来的这对情侣平日里每天都会通过视频表达感情,倾诉衷肠。

转眼三年过去了,林丰高考落榜开始了打工生活,周梅则满怀喜悦地拿到了大学录取通知书。随着各自生活境况的变化,原来浓烈的恋情骤然开始降温,林丰很少再接到周梅的信息,感觉到事情有些不妙,等他回过神来的时候周梅已消失得无踪无影,他隐约意识到一定是热恋的女友金榜题名后把自己甩了。便想尽一切办法找寻周梅的下落。然而,周梅的QQ号和其他通信方式全部杳无音信,他向周父请求并讨要周梅的联系方式也遭到拒绝。

真正理性的人就像孔子说的"随心所欲不逾矩",比较随性淡定,自由自在,凡事分寸把握得恰到好处。比如,喜欢一个人不会爱得死去活来,对方变心或背叛了自己能够坦然面对,虽然有些遗憾,免不了要抱怨几句,但懂得用"大丈夫何患无妻"的自信来安慰自己。知道把注意力转移到快乐的事情上来寻求精神解脱,用理性平和的方式处理纷争,绝不会采用极端的方式报复对方来寻找内心的平衡。

显然,林丰是一个感性的主,也许是感情过于执着,当女友从生活中无缘无故的消失后顿时方寸大乱,无法接受被人抛弃的事实,并错误地认为周梅与自己分手九成是她父亲的主意。于是,气急败坏地向周家提出了1万元的精神补偿的要求,并在短短一个月里先后向周父发了50多条恐吓短信,周家出于安全考量只好答应了林丰的条件。

然而,饱受精神折磨的林丰仍然无法摆脱失恋的痛苦,他茶饭不思,始终割舍不下对周梅的爱慕之情,便通过某知名网站发了一个帖子,对周梅展开"人肉搜索",谎称:四川女孩周梅因家境贫寒辍学,安徽打工仔林丰身兼数职供她读书,不料,她考入河南新乡某大学后,忘恩负义,非但知恩不报,还四处散布谣言,说林对她心怀不轨。现今,林身患白血病,恳求网友热心相助,使其在生命最后一刻再见这位美丽却没有良心的女孩一面。

这个容易触动人们敏感神经颇具煽动性的虚假帖子,很快得到网民的同情和关注,迅速在网上掀起了轩然大波。短短几天后,周梅的各项详细信息均被"热心"的网友公布出来。她就读的学校、家庭住址、照片、手机号、QQ号甚至寝室号等个人资料全都大白于天下。周梅还被众多不明真相的网友称为"史上最不义的女大学生"。

林丰按照网友提供的信息,来到河南周梅就读的某大学,在学院附近买了一把水果刀和88朵玫瑰花,他心里拿定主意,"如果她真要背叛我,绝对不会让她好过,咱俩同归于尽"。

此时,长期饱受人肉搜索折磨的周梅,早已对林丰恨之入骨。当林丰来到学校把手中捧了很久的玫瑰花送到她面前时,她接过花顺手冷冷地扔在了地上,并非常坚决地说:"你走吧,我们的事就此一刀两断了。"林丰见往日那个含情脉脉的女友竟然变得如此绝情,犹如被人当头泼了一盆凉水,早已被自我吞噬掉理性的他,抽出随身携带的水果刀朝周梅颈部、面部等猛刺数刀……

培根在《论人生》一书中对爱情有这样的叙述:"一切真正伟大的人物,没有一个因爱情而发狂。这说明伟大的精神和伟大的事业可以摒除过度的激情。"青年朋友们,谁也不否认爱情是人生最美好的东西,但聪明的人同时也应该清楚,再珍贵的东西也不是生命的唯一。其实人的一生中有很多东西值得珍惜,付出感情时必须带着智慧,如果单纯为了爱情置亲情、友情而不顾,甘用青春赌明天绝对是自私和狭隘的表现,可能成为一个可怜虫。

为了爱情拿生命做赌注,因为爱遭到拒绝就让对方付出死的代价,难道生命如此低贱,这些花季少年究竟是良心泯灭还是人性缺失,从伦理道德上似乎很难解释得清楚。从心理学的角度分析,遭受失败、嘲笑、欺辱这些刺激是最伤心的时候,偏感性的人这个时候大脑正常的思维容易被突如其来的打击所麻痹,思想失去平衡,理性全无,把道德法律忘得一干二净,很容易将人家的过错当作自己的问题,痛苦一辈子。林丰是个重感情的人,对周梅的爱过于执着,于是将爱演变成了占有、控制,剥夺她人的自由,当一段童话般的爱消失后,面对突如其来的打击头脑发懵万分伤感,思想转不过弯来,沮丧情绪聚集起来的负能量诱使他的报复攻击心理占据上风,只好用极端不负责任的方式解决问题,这就是感情用事酿成的悲剧。

当我们在生活中因为受到不公平待遇、委屈,心情沮丧、愤恨不平,激动的情绪难以控制时,要觉悟到这是感性盛行与人争执起摩擦的不祥之兆,是祸害产生的肇端,人们的思维方式、判断和做出的决定大都会偏离客观正确的轨道。此时,智慧的人不妨提醒自己停下来、缓口气,用三分钟的时间闭上眼睛,感受自己的呼吸,放松身体和精神,把所有一切主观念头都放下,用理性给炽热的感性降降温,就会发觉原来那个糟糕透顶的事件并非是世界的末日。待自己燥热情绪冷静下来之后,渐渐感觉到眼前的一切不再像此前那样可怕,原先那些想法未免有些鲁莽和草率,还有很多好的解决办法,避免干出一些愚蠢的事情来。

智慧的人沉着冷静理性,很少受情感左右,思想通透,能感知到生活的本真,尊重并欣赏彼此间的差异,客观地看待事物,比较注重长远和整体社会效果,能够智慧地面对失败。特别是在为爱情、亲情或友情付出炽热的感情时会注入几分清凉的理性,让自己保持些许清醒,避免因感情冲动而酿成祸害,人生之路才能走得潇洒自如。

遭受挫折或心灵受到伤害时负能量会迅速聚积,凭一时冲动产生报复心理,使自己和他人一同受到伤害,这是负能量增加的恶果。不乏有人懂得将这些负面情绪转化为正能量,把隐藏在生命最里层的一种新的力量和伟大的人性激发出来,挖掘出自身的潜能来,修复救赎自己,实现自己的中心意志,这无疑是聪明之人的智慧之举。

黄先生,原来是湖南宁乡县一个贫困乡的计划生育干部,后来成了深圳有名的大老板,当记者问他成功的原因时,黄老板慢条斯理地说:"仅仅因为一句话——你还知道 MBA?"

原来,黄先生初到深圳时只有中专学历,只能做点小本生意,很快他靠精打细算淘到了第一桶金,准备再干两年买套房子把母亲从湖南农村接来颐养天年。没过多久,他喜欢上了一位婀娜多姿的姑娘,两人相处一阵子后,黄先生发现女友跟一个比自己更有钱的男人打得火热,有一天,正式向自己提出分手。他苦口婆心进行挽留,表示自己正在准备复习考试,争取拿个MBA,保证让她过上幸福生活。话音未落,姑娘就带着奚落的口吻说:"你还知道 MBA?"黄先生像吞下一只苍蝇一样感到恶心令人作呕。

但是,他深深地吸了一口气,让自己冷静下来,友好地与眼前的姑娘做了告别。返回的路上,他放弃了买房的念头,打算一边打点生意,一边捧起书本学习。两年后,果真考取了美国哈佛大学,顺利拿到了 MBA 学位,事业开始蒸蒸日上。很多年后,他深有感触地说:"要不是姑娘用'你还知道 MBA'这句话刺激,也不会有今天这样成功。说到这,还真要感谢这位负心的姑娘。"

让感性为理性加注圆柔

理性以其客观、严谨、规范的特性被人们看作是个成熟而理想的行事风格。但是,纯粹的理性缺少温情和圆柔,可能导致思想僵化呆板,做事情不知道退让,势必造成人与人之间冷漠、对立,遇事往往会走向另一个极端。

王庆根算得上一个传奇式人物,打小学习成绩拔尖,每学期都被评为"三好生"。高中时参加第 22 届国际中学生化学奥林匹克竞赛夺得金牌。消息传来,他的家乡——江苏省海安县沸腾了,各界群众自发鸣放鞭炮以示庆贺,还受到江泽民等当时的国家领导人的接见。一夜之间,成了海安及其周边县家喻户晓的名人,母校——海安中学师生夹道欢迎他载誉归来。在他的家乡海安至今还有一块"奥林匹克金牌故乡欢迎您"的碑,离他出生地不远的地方还竖了个写着"国际金牌得主王庆根的家乡——邓庄人民欢迎您"的标语牌。高中毕业后,包括清华、北大等名牌高校向他抛出橄榄枝,但他最终选择了为他提供丰厚奖学金的南京大学。

进入大学后,王庆根的学习天赋继续给力,成了化学系的"领头羊",还是该校化学系历史上第一个跳级的学生。后来在参加南大托福考试时,提前交卷再赶回学校参加物理期末考试,结果两项考试双满分,研究生未毕业就接到美国斯坦福大学的博士录取通知书,顺利获得化学博士学位,之后留居美国。

王庆根学习十分专注踏实,无论多么深奥枯燥的书在他眼中都变得简单,他向来给人以谦和热心的印象,从不麻烦别人。作为"知识改变命运"的典范,他在海安的后生眼里一直是一个标杆式人物,尤其在母校海安中学,所有的学弟学妹都是听着王庆根的故事长大的。

但是,王博士内向腼腆又倔强的个性实在让人着急,平时少言寡语,循规蹈矩,很少与人敞开心扉进行交流。加之,性格要强喜欢较真,凡事追求完美,不允许自己失败,不会说"不"。到美国后,偏偏遇到一个作风相当霸道且有些蛮横的顶头上司,两人经常为一件不起眼的小事互不相让,争得面红耳赤。由于人际关系紧张和长时间超负荷的工作,精神压抑,负面情绪得不到宣泄,陷入抑郁、焦虑的痛苦不能自拔,导致脆弱的心理防线瞬间崩溃,在他40岁不到的那一天自杀身亡,引起了无数人扼腕和伤感。

较高的学业成绩只代表着一个人理解吸收发展理论知识的能力,斯腾伯格将其称之为"惰性智力"。它与成功智力所包含的分析性智力、创造性智力和实践性智力等对人生有重大影响的智力有很大差距。很多学习成绩突出的学生最容易犯的错误是把学业智力与成功智力等同起来,高估自身价值,试图用完美主义的标准把自己塑造成一个无与伦比的超人,将自己绑定在一个固定观念上,按照一成不变的呆板想法及道德规范行事。遇到矛盾冲突时,始终找不到解开的办法。这样固执的人,很难得到他人和社会的认同,常常陷入痛苦和高度焦虑之中,结果,过早地葬送自己的前途。

真正的智慧是能伸能屈、欲扬先抑。扬是展示自我,释放能量,抑不是软弱,而是更好地聚集能量,为扬做积极的准备。有了抑积蓄起来的充足能量,具备了一定的势力,获得了更多人的认可,到那个时候有了自己的话语权,方可出人头地,统领大众,游走天下畅通无碍,谁也阻挡不了你前进的步伐。

王博士循规蹈矩,按规则行事,在学业上执着,困难面前勇往直前毫不退让,单看这一点他绝对算得上是个理性的范。但是,生活中很多合理的事情不一定合情,片面讲理,无情无义势必伤和气。过于理性的人思维机械呆板,坚持自己的老注意、旧观念,为了一桩小事据理力争,屈不下来,不愿接纳他人的建议甚至逆势而行,难免使一个人原有的理性蜕变成感情用事,同样不能被现实社会所接受。一个饱读诗书的学者用不体面的方式过早离世,警示世人,一厢情愿处理问题,得理不饶人,在名利得失的牢笼之内徒劳苦挣,很容易把自己逼上绝路。

爱因斯坦曾经说过:"疯子的特点就是用一成不变的方法去期待截然不同的结果。"过着刻板的生活,处事方法单一,不能灵活应对新的环境,算不上智慧的理性。真正的理性是在人生目标不变的前提下,有丰富多样的生活风格,知道选择不同的方式去实现人生的追求。人生在世少不了与人发生摩擦,关键是以何种心态处理这些分歧和矛盾,假如与人发生矛盾,双方都扮演一个受害者的角色,试图挑出对方的毛病迫使他做出让步,只能加剧彼此间的憎恨,拉大感情上的距离,离心离德,永远找不到心灵的交汇点。越是踏实认真、说一不二偏重理性的人,越要懂得山外有山的道理,凡事把握一个度,在己所欲的同时,还需要一份淡泊和从容。遇到障碍、不顺的时候,知道侧身谦让,天大的事,在气头上时让自己先后退一步,放一放,懂得用感性来为坚硬的理性做个按摩,等到气消平静时,再站在对方的立场重新考量问题,采用双方都能接受的方式去解决争执,彼此都少受点伤害。学会了顺天而行,与人分享,人世间才有和谐温暖又不失庄严,道路自然越来越宽广。

撒娇,不失体面的圆融

当你走进服装店,服务员小姐会满面春风地迎上来热情问候你,有什么需要,殷勤地向你推荐她家的最新款式或"特价精品"。当你立足未稳,被各种花色和新潮服饰弄得眼花缭乱的时候,手疾眼快的服务生已把一款称心如意的精品服装双手捧到你的面前,让你穿上试试。手脚麻利地她像奴仆一样侍候着你,一边帮助你换衣服、理领子、扣扣子(拉链),一边用略有些夸张的语言把你身材和五官上的优点毫无保留地说给你听,不失恭维地告诉你穿上她家的衣服你立马神采奕奕,更有气质,品质派头俱增,让你顿时享受到权贵般至尊的感觉。

这般夸奖之后你仍然无动于衷,她又会取下另一款,对你说,这是一件港台流行新款,前天刚刚到货,昨天一下就卖了好几件,让你感到这是一件抢手货,大有供不应求的可能。她一边滔滔不绝地说,一边熟练地帮你穿戴、精心整理,不知疲倦地赞美你,用专业的语言告诉你此款如何符合你的体型、肤色和身份,只有你才配穿这款衣服。尽管你乃一介平民,他也会高看一眼。

如果你超级淡定,还不动心,没关系,动作干脆利落的她会像玩魔术般再拿一件出来,看似非常诚恳地告诉你这是意大利面料、法国最新款式,最近搞店庆,今天是打折的最后一天,你这有福之人到处有好运,来得正是时候,就这件,好像是为你量身定做的一样,超值,这便宜就让你拣了,明天过了这村就没这店啦,说着就套在了你身上。经过美女服务生几个回合的煽情,一般的人,这个时候差不多热血沸腾开始都有点晕了,对衣服的好坏贵贱基本难以分辨,只觉得脑子发热,再不买恐怕要错失良机,或对不住人家这么热情周到的服务。于是,乖乖地把钱掏出来,临走时还不忘向这位"仆役"道一声谢谢!好像拣了多大便宜似的赶紧离开。

假若你是一位超级理智、绝顶精明的人,说不买就不买,换上衣服要走人了。你会发现,这个老到的服务生热情丝毫不减,她用非常诚恳而善意的眼神对你说,没关系的,不着急,再转转看,买不到合适的再回来。好家伙,俨然像母亲关心久违了的孩子、太太送别将出远门的老公那样体贴入微,那样依依不舍,这样的服务让你只有一个感觉"爽"!

此时,已经头晕目眩的你转了一圈,东瞅西看朦朦胧胧的感觉全商场的衣服似乎大同小异。但是,先前那个温柔而甜美的话语、热情周详的服务让你久久难以忘怀,想着想着你又不知不觉地来到她家的店铺,不由自主地把兜里的钱掏给了她,然后才心满意足地离去。

这种神奇的营销方式,通过一个温柔的陷阱来达成共识,是一种取悦对方的高超的沟通策略,近似于一种撒娇的艺术,或叫卖"萌"。生活中孩子为了一个玩具向父母撒娇、老婆故意在老公面前撒娇,都是一种智慧的骗术,它诠释了"会哭的孩子有奶吃"蕴含的哲学道理,或许是一种避免尴尬不失体面的圆融。

在现代社会中,撒娇不单是孩儿和热恋中美丽女人的专利,每个学生特别是小男生都应该在生活中学会撒娇,遇到不如意的时候埋怨两句,发一阵牢骚、哭两声,把不满的情绪宣泄出来,既符合生理的要求,也是 EQ 高的表现。

只要我们稍加注意就会发现,在你身边很多事业有成的人,他们并非是高学历的专门人才,但一定是沟通高手,他们生活上遇到的棘手问题不比别人少。然而,每当面临难缠的对手时,通常会强忍着性子,暂时退却让步,或找借口软磨硬泡,或采用套近乎等柔性战术与你周旋,从侧面迂回,等到你放松警惕、消除戒备心理,才会慢慢地把自己的真实目的暴露出来,抓住有利时机与你正面交锋,往往会收到意想不到的奇效。会撒娇的人对"忍"的内涵有很深的理解,具有"坚韧意志"这种无形的资本,从不会在你气头上与你硬碰硬,每当狭路相逢时表现出谦卑和忍让的风范来,绝不会凭一时之勇与人死磕,从而避免了生活中尴尬或两败俱伤。

一个阴雨绵绵的夜晚,上海的侯小姐开车返回家中,当行至一个十字路口时,两个壮汉拉开车门上了她的车,侯小姐立即意识到自己遇到劫持……

面对两个穷凶极恶的不速之客,惊恐万状的她正准备呼喊寻求救助时,一把铮亮的刀架在了她的脖子上,四周空无一人,她下意识地缩成一团,不敢再吭一声。于是,在歹徒威逼下,她故作镇静,思忖着用智慧来寻找逃生的机会。

歹徒抢去她的方向盘,对她捆绑时,她没有进行任何反抗,并佯装痛苦,故意将手臂错位摆放,悄悄留出空隙,以免捆得太死,为她之后的逃脱提供了方便。歹徒见她温顺也就没有对其动粗。

行进中,歹徒因为心虚始终沉默不语,机灵的侯小姐用温柔轻松的语气和他们"搭讪":"这位兄弟,我这是新买的车开慢点,免得吃罚单。"有意回避"警察"两字,以免刺激对方,并缓解车内紧张的气氛,歹徒一时还被她的玩笑话逗乐了。

接着,她又问道:"好兄弟,路上的车子这么多,为什么偏偏选我啊?""不为什么,就算你倒霉吧!"开车的那个歹徒回头冷笑道。并继续说:"谁让你开车不锁好车门呢?我的车没锁车门被人抢走。这是报复!"云云。

见对方情绪有所缓和,她马上接着说:"噢,对不起啦,兄弟,让你们想起了伤心事,其实你们也挺不容易的,但现在也不要太难过……"尽管自己是个受害者,但她依然假装对歹徒表示出极大的同情和安慰。紧接着,她试图用人性和亲情去感化歹徒,温柔地说道:"兄弟,我要去医院看我妈妈,她就我一个女儿,我包里有钱和银行卡,你们拿去用,吃点饭,肚子也饿了吧,求求你们别伤害我,要不然妈妈怪可怜的。"

她边说边哭泣,其中一个歹徒居然也跟着落了泪。她马上灵机一动说:"大家都不要伤心了,我车上有纸巾,你拿几张擦擦脸吧。"这时,侯小姐觉得歹徒激动的情绪平和了许多,表现出部分人性和善良。

车子行驶过程中,不时有警察的巡逻车擦肩而过,侯小姐也曾产生过报警或跳车的念头,但她又觉得风险太大,怕刺激歹徒使自己受到伤害,想寻找更好的脱逃机会。

过了一阵,车来到一个招商银行门前停了下来,一个歹徒拿出她包里的银行卡,她主动说出了银行卡密码,并提醒歹徒戴上她包里的墨镜,歹徒下车后直接朝自动取款机旁走去。小姐利用这个难得的机会继续和坐在前座的男子天南地北地聊了起来,甚至谈到了各自的星座,车上的气氛被她调节得相当"轻松而温和",歹徒显然落进了她的温柔陷阱,开始放松了警惕。侯小姐边聊边偷偷地松动手上和脚上的绳索。

就在她们聊得正起劲的时候,取款的歹徒带着钱高兴地回到车上,当车行驶到一个红绿灯路口时,她脚上手上的绳索正在松动并慢慢解开。说时迟那时快,侯小姐迅速拉开车门,光着脚冲下车去,一边尖叫着"救命啊!""有歹徒!"路旁的一辆出租车停了下来,立即把她送到不远处的一辆警车旁,安全脱险。

这一案例,不难发现侯小姐之所以能够化险为夷,从头到尾都采取了"撒娇"的战术。不妨看看,当她发现自己遭遇劫持时,首先保持了镇静,等到平静下来后,决定用智慧来与歹徒周旋。先是主动示弱(温顺),稳定歹徒情绪,避免惊慌失措自乱手脚,或过激的"反抗"刺激歹徒,使自己受到伤害。然后,与歹徒"搭讪"聊天、套近乎,拖延时间,麻痹歹徒,寻找最佳逃跑时机;关心体贴歹徒,获得歹徒同情(你们也挺不容易的、肚子饿了吧、去吃点饭、不要太难过)消弭歹徒恶念;施出善意,把钱和银行卡交给歹徒,要去医院看妈妈,让他们戴上墨镜,诱使歹徒良心回归,彻底放松警惕,伺机安全脱逃。用撒娇的办法如此机智地与歹徒斗智斗勇,无疑是避免尴尬和不测的圆融智慧。

后来从警方得到消息,这起抢劫案发生的一个月之前,这帮歹徒还用同样的方法已经在上海制造过一起命案,遗憾的是,那位被害人郑女士由于激烈反抗被歹徒掐死,扔进了河里。同样的案例,一个激烈反抗,一个采取"撒娇"的战术结果却天壤之别,值得人们反思。

还需要提到的是,本案例的主人公侯小姐是一位 80 后空姐,参加过北京奥运会期间的反恐演练,平时很注意心理训练,经常提醒自己不管在任何情况下都要控制自己的情绪,遇到危险时保持镇静,以不变应万变。

坚持的智慧

　　成功者与失败者最大的区别不在于学历和知识水平,而在于能不能做到真正地坚持,坚持者身上所具有的自信和坚韧是一种可贵的意志品质,它是战胜一切困难的金钥匙,几乎是所有成就大事业的人不可缺少的思想涵养和人格宣言。有一位人事部经理说,他在选人时非常注意应聘者是否具有不屈不挠的精神,有意识地夸大工作中的困难、正在或将要面临的危机,说些颓丧的话来考验应试者的忍耐力,很多人望而却步,留下来的才是公司真正需要的精英。青年人即使能力差一些、干事业的本钱少一些,这都不要紧,只要有超强的忍耐力,就不用担心没有出彩的机会。

　　上海女大学生丁莉,毕业于一所三本大学,没有过硬的学历和专业优势,毕业后参加就业应聘时接连发了两百多份简历都石沉大海,姑娘十分沮丧。父亲送她一句话,相信"坚持一定会感动上帝"。她又来到宁波的一个人才市场,连续跑了十多个摊位居然连一个面试的机会都没有找到。正当她痛心疾首地想离开这个地方时,看到身后还有那么多的人往里挤,顿时"坚持"让她停住脚步,打消了退出的念头,来到了"致远国际货运有限公司"摊位前,一边歇着脚,一边仔细打量着眼前正在忙碌的几位工作人员。等到人稍少点时,她挤进去将简历资料递到一位很威严的中年男子手中,这位男子看都没看又递给身边的一位年轻女士,那位女士顺手就丢在了厚厚的一堆自荐书中。她急忙把自己的推荐书抽了出来,用期求的眼光对刚才那位中年男子说:"先生,可不可以给我一个面试的机会?""如果你觉得有这个能力就自己去试试。"中年男子说着就把简历递给了旁边的面试官。

　　她鼓足勇气走了过去,定了定神,与面试官进行了英语对话,不大一会儿,面试官就说:"下午可以到公司正式面试了。"

　　按照约定的时间她来到公司,参加面试的考官包括那位威严的中年男士,几轮连珠炮式的问答过后,中年男子一改威严的表情,告诉她:"你被录用了。"面对意想不到的惊喜,姑娘不知说什么好,只听中年男子说:"我上午就注意到你了,你是在我们摊位前坚持最久的一个女孩,做代理除了业务素质，坚持、毅力同样很重要，我们恰恰看中了你这一点！"

生活就是这样富有戏剧性，成功与失败其实就一步之遥，善于等待，温和地坚持，成功就属于你，否则希望永远与你无缘。

坚持有两个基点、两种境界，为事坚持和为利坚持。为事坚持，是坚持不懈地追求科学技术、文化艺术或事关民生福祉的崇高事业，极具深远的社会性和福民性，尽管劳累一些但不涉及个人利害得失，实践过程的本身随时能够体验到快乐和幸福，一般不会有更多的烦恼，这是一种理性的追求。即便由于客观条件局限，短时间内没有取得成功，也会因为其自身的社会价值而有众多的追随者传承者，不会留下丝毫遗憾。所以青年学生为追求谋一项具有广泛社会意义事业而坚持，永远没有失败者，是值得社会推崇的。我国第一艘航空母舰"辽宁舰"舰载机歼-15首次成功完成着舰起降试验仅十几个小时后，歼-15研制现场总指挥、中航工业沈阳飞机工业（集团）有限公司董事长、总经理罗阳却因劳累过度，突发心肌梗死、心源性猝死。罗阳的离世是中国航空业的巨大损失，但他崇高的职业操守和敬业精神深深地感召着年轻一代航天人，他们纷纷表示一定要坚持不懈地攻关，努力完成好罗阳未竟的事业，托起中国航母舰载机的腾飞，为中国航空工业的伟大战略做出更大贡献。罗阳未能亲眼见证舰机成功起降即英年早逝，同样是可歌可泣的时代骄子。

执着地为个人成功打拼、追求财富地位等功利性目标，目的性强、不可预测因素多、风险大，免不了要担心个人利害得失，劳力又劳心，势必引起烦恼和不安。这样的追求本身感情色彩较浓，一要目标适度，二要舍得放弃，把握住这两点才是真正的理性。假如感情用事，占有欲望太强烈，想掌控得太多，愈是执着地坚持，给自己带来的失望和痛苦愈大。

有一个笃信海明威"人可以被毁灭，但不可以被打败"的超级坚强女孩被自己打败了，她用毛巾自缢于宿舍盥洗室，一时成为社会的一个热门话题。她叫圆圆（化名），一名只走了30个春秋的女研究生。

圆圆的父亲早年过世，一家四口的生计包括她和弟弟上学的费用全靠母亲在工厂看大门的微薄收入来支撑。艰难困苦伴随她度过了人生最美好的青少年时代，也练就她好学上进自强不息的品行。

　　高中毕业后，圆圆如愿以偿地考入全国名牌大学——武汉大学，为了减少生活开支，她一边学习、当家教，一边利用夜晚在学生食堂打扫卫生挣点生活费，学习成绩一直优良，还是学生会干部，大二时就入了党。大三时，母亲下岗宿舍搬迁，她把妈妈接到学校与自己一起生活。妈妈白天在校园里摆摊卖鸡蛋，晚上与她侧身挤在学生宿舍的一张单人床上，这样整整坚持了两年。在追求外表时尚华丽的时代，作为最喜欢也最需要包装的一个女大学生，她没有手机，很少花钱添置新的服饰，穿的是亲戚们给的旧衣服。由于家庭环境的巨大落差，她几乎与所有同学、朋友中断了联系，把勤工俭学的全部收入悉数交给母亲打理，直至大学毕业后5年才还完贷款，赎回本科毕业证和学位证。圆圆在家庭出现重大变故、生活窘迫时没有自暴自弃，更没有颓废，反而变压力为动力，坚持追求自己的目标，节俭苦读，从这个角度看她无疑是一个相当理性的姑娘，骨子里表现出的坚持和执着令人由衷的敬佩。

　　按常理讲，这么理性而坚强的姑娘一般不会悲观厌世，但是，了解圆圆的人都知道，恰恰是她过于专注和理性的缘故，使得性格变得异常冷漠，自尊心超强，思维方式有些偏执，目标太过功利，并脱离现实难免到处会受到掣肘，产生极端想法。

　　填报大学志愿时，圆圆选择了武汉大学经济专业，目标很明确：期望有朝一日能够当上大老板、进入富人阶层。人生的价值其实应该在追求事业的过程和目标之间保持一种平衡，但她却错误地把实现功利的目标当作生命的全部价值所在，未免感性色彩浓了一些，这样畸形的人生定位注定与痛苦形影不离。

　　进入大二后半学期，她突然发现自己没有创业资本，学经济、当老板不太现实，索性跨院自修起了法学，按照这个要强女孩的初衷，"不但自己有钱，今后还要帮助穷人维护正义"。感性的人大都受情感驱使以追求内心愉悦为主旨，当他们处在贫困弱势的社会地位时往往把追求社会平等当作人生的崇高目标，一旦有了一定的社会地位出于感性使然，慢慢会淡忘当时的高尚追求，落入俗套，有的还可能拼命地享受生活，填补此前情感的饥渴和缺失。

本科毕业时，她准备报考北京大学法学院硕士研究生，不过 3 万元昂贵的学费让她望而却步，至今在她的遗物中，仍夹着一张当年北京大学法律硕士入学考试题。圆圆的理想很丰满，然而，现实却很骨感，好高骛远的想法验证了一句话，理想与现实的差距有多远，失望和痛苦就有多大。

　　生活困窘时不苟且偷生，仍然矢志不渝地奋斗追求着，这种理性的一面值得崇敬。不过，一个人在追求成功的过程中太狭隘、太贪婪，原先的理性就会质变为感情用事，意味着她的人生像走钢丝一样，令人不寒而栗。遗憾的是，圆圆本人似乎没有意识到这一点。报考北大研究生的梦想破灭、保研失败，她感到十分懊丧，甚至怀疑被人做了手脚。为了缓解家庭经济压力，她决定先工作再考研，这在当时应该说是一个理性的选择。但圆圆始终有一颗躁动不安的心，她向往精彩人生，一直眷恋着大城市，期望自己能够创造一个奇迹。所以，尽管她曾先后考取外省两个小城市的公务员，最终都一一放弃，因为一直以来，北京、上海才是她真正心仪的人生定位。试图依靠个人单薄的力量一步登天，从社会底层跻身于高端阶层，由此改变自身命运，岂知，过于感性的思维方式正在把她推向危险的境地。

　　圆圆姑娘算得上一个情感复杂的人，时而自卑，时而又相当孤高，自尊心特别强，期许通过自律和自强保持内心的高贵，这本是一种做人的涵养。但一个缺乏热情、永远低不下头、屈不下身的人，得不到他人好感就无法融入社会，纵然有天大的本事想成就一番大事业，都未免有些天真。她在一家培训中心当幼儿英语代课老师时，学生的家长想和她拉拉家常，她总是保持一副生冷的面孔回避疏远对方，家长只好敬而远之；有时帮妈妈看鸡蛋摊，但她坐下来就看书、思考文学和法学问题，从不愿意吆喝一声，爱买不买，中途休息的时候又非常市侩地记下一天的消费，精确到分，事无巨细，她的生活如钟摆般精准而机械。后来，她又去当保险推销员，帮亲戚办了几份保险之后就卖不动了；她倾尽全部积蓄与人合伙办了一份文艺杂志，结果草草收场；心性高傲、倔强的她每次参加招聘会时，把简历往那儿一放和对方一句话也不说转身就走，自然没有一个单位向她抛出橄榄枝，这样孤傲又卑微的心性别说创业，连生存都面临很大困难。

　　总想争第一、竭力追求不切实际的目标和完美人生，不轻易认输、从不向困难低头,某种程度上也为自己的生活施加了不必要的压力。同学间有什么矛盾,她总是热心地去调解,她家里再大的困难一概捂着,从来不跟同学、朋友交流。该示弱时不示弱,假装刚强,内心装满痛苦,好像一个得了癌症的人,捂得紧紧地生怕别人知道,结果,心情压抑反倒加速了病情恶化和死亡。

一个30岁的女孩,她似乎对个人问题很不关心,亲戚朋友都催促她该找男朋友了,她每每淡淡地说:"等有了事业再考虑。"偶尔在电视上看到一个千万富翁在一群女子中征婚,她告诉妈妈:"你看,不是大款就别找。"一味争强好胜、期许完美的心理可见一斑,也为她失败的人生埋下了伏笔。

大学毕业后的7年时间里,圆圆四度考研屡屡失败,但她不泄气,也不放弃,终于在第五次参加研究生考试后被上海××大学录取。于是,她满怀喜悦地又带着母亲来到这个被称为"冒险家乐园"的上海。读研究生期间,勤奋和执着的本性依然如故,每次上课都独自坐第一排,很多同学说:"这样的研究生现在的确少见。"然而,当她要求帮助解决母亲住房的申请遭到校方拒绝时,只好举债在外面租房。由于无法承受太高的租金,她焦虑得经常通宵失眠,精神几近崩溃。在无助和自责中不堪重负,羞愤不已,深感愧对母亲的养育之恩,便产生了和母亲诀别的念头,在曙光即将再现时悄悄地退出人生舞台。

自杀前的头一天晚上,为准备"自然辩证法"课堂表演,她非常平静地参加了"罗密欧与朱丽叶"的彩排,为了演出成功"不丢人现眼",她与同学排练到深夜,流利的台词对白、富有激情的表演成了她最后的告别演出。她的人生和演戏一样追求精彩和完美,不停地给自己加压、与别人较劲,整天在煎熬中过活,大脑神经绷得像钢丝一样紧,焉有不断之理。

人生只是一个过程,努力本身就是生活的一部分,眼睛只盯着结果忽视过程就失去了生活的本真。圆圆人生演出过早谢幕带走很多遗憾,也留给人们颇多思考。她的失败归因于拼命追求完美,人生目标太高又不知道放弃,不遗余力地掩盖自己的弱点,导致理性和感性强烈冲突,很难做出智慧的判断和选择。

欲速则不达。把手伸进糖罐里抓糖,贪心的人手里抓得满满的,结果手卡在里面一颗也拿不出来,放下几颗留给别人才能够把糖吃到自己嘴里。真正理性的人需要高尚的行为动机,尽管有追求名利的成分在里面,可贵之处在于他们思考处理问题有理有节,追求自我成功的同时会顾及社会的需求,自己成功也会造福大众,给社会带来福祉。倘若名利心切,难免陷入天不设牢自设牢的困境。

我们曾经历过一个"人有多大胆、地有多大产""不怕办不到、只怕想不到"那个荒诞的年代。而今,林林总总的励志畅销书一本正经地告诉青年学生:"心态决定命运""你对世界微笑,世界就对你灿烂",用蜜糖把一个个热血青年的自信心灌得满满的。觉得只要自己任性地坚持下去,一定能够白日飞升,一鸣惊人,到头来不知道多少人被忽悠得团团转。世界的多样性提醒我们,很多时候"心态不一定决定得了一个人的命运"。同样的道理,想收获必先勤于播种,但是,一分耕耘有时候并不一定有一分收获,就好比一棵开满花的桃树,不见得每一朵花最后都会结出桃子来,而结出来的桃子也是大小各异、甜淡不均。做任何事都必须努力,然而,并不是说每件事只要努力了一定就能够成功。原因再简单不过,一个人的成功需要天时、地利、人和,其中,有很多不可预测的因素,既靠才能和勤奋,但勤惰及意愿又不能决定最终的结果,有时还需要机遇。生命中不可能每个人都有事事如意的好运,因之,在渴望成功的同时,务必要对失败有相应的心理准备。

对于即将走向社会的青年学生追求个人成功本身无可厚非,但是,真正的聪明人一定要对追求的目标有一个合理的期望,从低做起,压力小、风险低、出彩的概率多。徐宁,毕业于北京一所一流大学,本科和研究生都是法律专业,大三时早早通过了司法资格考试。虽然出生在一个西部地级城市,但父母做了多年生意家庭殷实,希望她大学毕业后能够在北上广谋个发展的机会。但徐宁天生一个稳健而理性的女孩,不愿意赶浪潮,对自己工作和生活的选择也很现实,尤其是在北京求学的几年时间里,她深切地感受到大都市生活名义上好听,压力太大,也不愿让父母太辛苦,打算在基层磨一磨,便自作主张毅然决然地回到了自己熟悉的那个县城,应聘到了县级检察院的控告申诉部门工作,令家人和同学有些不解。

徐宁是个善良而有同情心的女孩,从上岗的第一天起,脸上时时挂着淡淡的微笑，与师傅一起接待不同诉求的当事人，从每一个细节上积攒控申接待工作技巧，把上访人反映得最多的最棘手的问题记在本子上，利用课余时间查找有关法律条款和司法解释，总结其中规律，把每件小事都做得井井有条，群众和领导满意率都很高。第二年，当很多同学还在四处奔波找工作的时候，她因为业绩突出，已被正式任命为助理检察官。

　　成为一名新的检察官后，她暗暗下决心要对得起检察官的身份，不厌其烦地认真听取每一个上访人的诉求，力求将每一起信访案件事实真相搞个泾渭分明，释法说理准确到位；对有理访的诉求勇于伸张正义，排除一切困难帮助解决问题。她温文尔雅从不发火，很多难缠的上访老户却被她的真诚和娴熟的法律知识所折服，主动息诉罢访。尽管每天下班回到家她都感到口干舌燥，但当看到一件件多年遗留案件在她手里迎刃而解，心里总会感觉到一丝甜意。

　　踏实认真的作风得到了领导的认可，当年还被评为先进，市级检察院准备调她去人事部门工作，面对这送上门来的机会，徐宁还真是兴奋了一阵。然而，当她冷静下来后，觉得还是干自己的检察业务好一些。转眼间，在检察控告申诉岗位一干就是四年，每年息诉率最高，很多上访群众，点名找她反映自己的诉求。一些老检察官啧啧称羡："这个姑娘年岁不大，能耐可真不小。"

　　随着在控告申诉系统知名度的提高，省检察院把她列为选调对象，在竞争上岗的笔试面试过程中，她凭借优异的业绩、干练的作风、扎实的理论功底和实践经验，遥遥领先其他对手。又过了一年，当其他同学还在机关跑龙套的时候她已经成为中层后备干部。

　　成功是多元因素造就的，善输者才会赢。有的人认识肤浅、名利心太重，想赢怕输，认为只要付出了必定要有所收获，否则在亲朋好友面前抬不起头，不到黄河心不死，盲目自信并坚持不渝，这样的人最终结局非常悲惨。凡事有张有弛，温和地坚持是人生一大智慧，对于努力了没有达到目的，说明机缘不好，不妨暂时平静地放一放，休整一下，理性地找找原因，进行自我修复，要懂得迂回退而求其次，真的没必要在一棵树上吊死；或反思一下自己性格的优缺点，发挥优势转个方向，调整一下原先的目标，利用积攒的经验去干别的事,择机行事,是真正理性和智慧的人应有的文化素养,一味地跟自己较劲无异于鲁莽蛮干。

退一步讲,即便仍然不能成功,也没有必要怨天尤人。何不彻底放松精神,给心灵放个假,保持一个平和的心态,你就会发现,没有轰轰烈烈,随遇而安本身也是一种活法,一种幸福,同样能够领略到生活的多姿多彩。

防止感性泛滥为个人的目标执着,需要学会用理性来疏导。当我们情绪化倾向严重时,通过轻柔缓慢的呼吸练习,待内心平和舒畅后,大脑开始变得相对轻松和清明,便可以从虚妄的生活中体验到真实世界,不再执着于某一非分的想法。内心安静淡定下来,寻找幸福的智慧自然浮出水面,能够体悟到得之不足惊喜,失之也不必遗憾,不论贫穷、富贵都怡然自得,或许生活中有点缺憾,但天天都是好日子,不管到哪里处处都是好地方。

七、走出自我天地宽

做人做事圆融达观,需要理性和感性并行,由于感性更多地蕴含着体恤怜悯和包容,缺少感性就无法体会到人间的温情和关爱,人与人之间难免充满矛盾和争斗,这是一件很可怕的事;当然,感性泛滥过于情绪化,优柔寡断,或激情四射,容易失去原则犯糊涂,导致思维混乱。

从心理学的角度看,理性的僵化和感性泛滥其原罪是人被自我本能所困扰。自我,简单地说就是受感官和环境支配的主观想法,多数时候,可以理解为大脑一个又一个自私又执着的念头串联起来的主观意识。心理学家弗洛伊德把自我比作骑在马(本我)上的骑士,既要控制马(本我的冲动)防止它乱跑,有时还要放松缰绳让它(借助本我的力量)自由奔跑。如果对马(本我)控制不好,它就会乱蹿乱跑,引起祸害。所以,自我多数时候都是依据自己当时的心境和人生经验做出的价值判断和选择,免不了为满足自己的私心和欲望把本来不是我的当成我的,希望不合理的想法变成现实。

烦恼都是自我的

自我是一切烦恼和恶念产生之根。人的本能中有很多自私的成分,每每习惯以自我为中心,把"我"和"我的"的附属物看得高于一切,要么担心想要的得不到,要么害怕已经属于我的今后失去,从而陷入无休止的烦恼之中。自我过于膨胀,必然失去理性,走入感性的死胡同,将自己的想法定格在一个固定的念头上,无法客观地看待自己和别人,难免高估自己的能力和水平,漠视身边人的感受,接人待物时产生非理性的傲慢,群众认可度下降,终将日暮途穷。比如,我们可能因为自己在某一领域取得了一点成就便洋洋得意盲目自信,自觉高人一筹,不把他人放在眼里,从而以自我为中心指责人、要求人。过于自我难免发生争执形成对立。

时代在飞速发展,新观念新事物层出不穷,社会的全方位开放,相当多的人心灵已被强大的社会诱惑慑服,不知不觉中自我膨胀起来,感情用事,把主观妄想看得至高无上,忽视别人的感受和对周遭的影响,丝毫觉察不到自身错误所在。有的人非常在意自身生理和生存需求的满足,灵魂中对财、物、名以及异性充满渴望,这些情愫催生了各种靠谱和不靠谱的念头。本来是不良心境下的意气用事,抑或是有悖于客观现实的预设观念甚至是妄念,却把它当作自我最真实可靠且合情合理的需要,想方设法去追逐它实现它,以至于好像有一种外在的力量控制着我们,身不由己。当一厢情愿的需要因为撞了好运得到暂时满足时则欣喜若狂,忘乎所以。假如未能得到满足就心急如焚,表现出不满和对立情绪,或孤注一掷,一时冲动很可能做出非理性的极端选择。

不谙世事的青少年成长过程中伴随着身体快速发育和知识架构的建立,自认为翅膀硬了,迫切希望脱离父母的管束,拥有独立的自我,不再受谁的窝囊气。遗憾的是很多学生压根儿不知道什么是自我,错误地把本能的需求及其观念当成自我,认为自我感知到的一切都是真实感受,是最靠得住的事实,内心需要的就理所应当地得到满足。与人交往中希望别人尊重自己而不知道如何先去尊重别人,不愿做出半点退让,从而陷入自我的怪圈,盲目地跟着感觉走,被季风一揽子裹着去追赶浪潮。为人父母生怕涉世不深的孩子跑得太快跌倒摔跟头,步步紧跟他们,让刚刚上路的新手慢一点、稳一点、小心点,尽可能地躲开前面的障碍物。孩子们则在强大的惯性驱使下非但停不下来,反而不理解父母的良苦用心,老以为父母思想落伍、跟不上时代,在拖自己的后腿,把善意的提醒当成是"唠叨",听到父母的教诲就厌恶反感,身上起鸡皮疙瘩,以至于思想叛逆,与父母情感疏远,与他们在价值观上形成对立,这是一个多么令人揪心的现实。

一个健全人格包括身体、心灵、心智三个方面,身体的发育成长需要谷物、淀粉、蛋白质、肉类、维生素等多种营养成分。心灵成长超越了世俗的功利、成败的尺规,追求一种内心的和谐宁静,是人的生命品质的最高境界,也是一种高深的生命科学,我们姑且不去探讨它。心智成长从青少年教育的角度而言，是由认知水平和实践能力两部分组成，认知水平包括数理化、电子信息等自然科学以及语言、文学艺术、哲学等社会科学两大类，是人类认识世界改造世界的公共知识。实践能力主要是情感控制、意志品质以及人生经验、习惯养成等。认知水平与实践能力好比青少年成长的两个翅膀，二者相互融合并行发展方能获得内心平衡，使人更加智慧，自由自在地在天空中翱翔。

青少年在学校通过人文、自然科学、科技知识的学习，提高的只是认知水平，长大的也仅仅是生理年龄，心理依然很稚嫩，人生经验、心理准备等实践能力还很欠缺。由于每个学生的智力水平和个性差异较大，实践能力很大程度上依赖于在家庭日常生活中去建构，需要从小时候开始培养，这样才能避免不良心性过早定型后积重难返。因之，父母在心灵成长方面的帮助指导不可或缺，排斥他们的教导和小草拒绝浇水施肥没有两样，等于放弃了成长机会。

有这样一则寓言故事，车轮总是埋怨方向盘限制了自己的自由，而方向盘则语重心长地说："我若不限制你的自由，只怕你会跌入无底的深渊。"每个生命都和车轮一样向往自由，拼命地挣扎着想脱离他人的约束，试想真没有了约束，个体很可能会跌入深渊被摔得粉身碎骨。当然，青少年本身有一定把控方向的能力，但是，处在转型期的中国社会，多元的文化交织在一起，良莠不齐，鱼龙混杂，诱因太多，且隐藏得很深，欺骗性实在太强。社会现实环境远比我们想象中的要复杂得多，连身经百战的长者稍不留神也会掉入陷阱。因此，青少年来到这个世界就属于社会的人，有必要细心地了解社会游戏规则，完善行为习惯，否则就会处处碰壁。

家庭为人类生命的基地，父母是儿童和青少年的第一监护人，与儿女同血同脉，性命攸关，形成了难以割断的情感链条。在这个世界上父母对儿女的疼爱最无私最纯粹，任何时候都值得信赖，与儿女同在一个屋檐下，对自己的孩子了解最深，长处短处看得一清二楚，对子女的教导最有发言权，别人不愿说的话父母有义务去说，别人不便指出的问题父母有责任去点拨，毫无疑问，父母是未成年人须臾不可或缺的精神支柱和心灵导师。

倘若初出茅庐的晚生自以为是，忽视非结构性知识的积累，藐视家庭传统思想教育,与父母情感上产生隔膜,心灵就远离了生命的原乡,心智的发展可能扭曲,势必出现精神上的偏食和营养不良。思想失去平衡,遇到不良思潮和诱惑时很容易偏离普适价值观,甚至可能会走偏跌跤。

不可否认,中学生的父母大都人到中年,承载着一个家庭的生活重任,一部分家长的确很少有时间学习,对子女的教导也许不够专业,知识更新慢一些,有些思想理念依据当今的价值观也许略显陈旧。但是,厚德载物,父辈们大都在社会上打拼数十年,历经风雨,饱受人间酸甜苦辣,阅历丰富,说得夸张点,父辈们吃的盐也比孩子们吃的大米多;他们的教育理念大都是几十年风风雨雨、摸爬滚打、流血流汗沉淀下来的人生感悟,真真切切,属于普适价值观,对于丰富青少年的非结构性知识大有裨益。假如,青少年能够怀着一颗谦卑心把父母的人生感悟变成自己的经验,将知识变成信念,对人生的理解会更加透彻,生命之根就有了深度。

现在,有一部分学生不能与父母保持和谐亲密的家庭关系,有的跟父母亲关系很僵,父(母)子(女)间几乎不能心平气和的交流,当与父母出现意见分歧时,很多学生不愿意检视自己的问题,认为自己总是个受害者,抱怨父母为什么那么固执,很难主动示弱让步,习惯于争吵来让对方服从自己,结果双方谁也不让谁,矛盾愈演愈烈。试想,假若父母亲做出让步,孩子们心理上也许得到了一时满足,但一定会变得更加自我,不可一世,岂不知埋下了痛苦的种子,在家里父母可以迁就你,走向社会却没有人让你,那时你将会陷入沼泽不能自拔。

美国学者罗伯特·奎因告诉我们,选择改变自己的行为是解决家庭分歧的最高明的办法。为佐证这一理论,他还为我们讲述了这样一个故事。理查德原来是一名大学生,对父亲意见大到仇恨的程度,父子在一起说不到三句话就会争吵不休,后来一个朋友告诉他:必须先改变自己的行为才能改善糟糕的父子关系。从此,他尝试着从调整自己入手,不再强求父亲接受自己的观点,学会了让步,渐渐心平气和了不少。之后,他抱着谦卑的态度,主动找理由与父亲接触、攀谈,很快发现那个倔强的老男人原来也有和蔼可亲的一面,随之交流代替了往日的争吵,家庭的欢笑声逐渐多了起来。

一个人交朋友的平均水平从侧面反映着他自身的学养修为。勇于结交积极向上的朋友，以身边的范儿为偶像，升华人格，是人生成长进步的重要法则。青少年要善于和不同性格、不同生活背景的人交往，博采众家之长，拓展自己适应环境的能力，而不是囿于志趣相投的小圈子，把自己封闭起来。一听到与自己主张不一致的意见就不舒服沮丧生气发火。可以断言，只愿意听恭维的话，不能接受不同意见的人，身边只有比他水平更低的人，很难结交到有较高境界的朋友，分享不到成功者的智慧，再有上进心，思维层次永远难以提升。很多低自尊的人，因为怕别人看不起自己，骨子里有一股不服输的劲头，越是别人说不能干的事，他越偏不信这个邪，当他以赌博的心理孤注一掷试图露一手证明自己存在的时候，往往是带有某些冲动鲁莽的成分在里面，大都会以失败而告终，伤人又害己，给天下人留下笑柄。

放下，一切智慧的源头

自我意识超强，多为性格内向或有抑郁倾向的人在不良心境下感情用事，对事物产生的消极片面看法。比如，过分看重个人名利得失，感受不到生活的多姿多彩，对外界保持戒备心理，排斥师长的教导等。由于性格内向，他们给自己套上了一个厚厚的"盔甲"，有些人甚至习以为常，记不得自己身上的"盔甲"，越想保护自己，越认不清自己，坚持自己的固有观念和想法，不注重吸收借鉴生活中的鲜活经验，好比一个人拒绝吸收新鲜空气一样，必然造成营养不良。

有的人形成思维定势，观念僵化，自以为是地坚持自己错误想法和行为，表面佯装镇静，内心里跟自己矛盾冲突、与现实环境对立，难免为此撞得头破血流。美国作家史蒂芬·柯维在《与成功有约》一书中，讲述了一个灯塔的故事。

天空浓雾弥漫，能见度极低。一艘战舰正在海上行驶，傍晚时分，船头的瞭望员忽然报告："前方发现灯光，隐约是一只船。"

船长询问："与我们是同向还是逆向？"

瞭望员答道："正在向我们逼近！"

船长令信号手通知对方："我们正在前行，请您转向20度让开航道。"

对方回答："为了安全，请你们转向20度。"

信号手转达船长命令："我是船长,请你们迅速转向20度!"
对方回答："我是二等水手,贵船最好转向。"
船长勃然大怒,他大喊道："告诉他,这是战舰,让他们必须转向30度!"
对方坚定地回答："这里是灯塔……"
话音未落,船长只好乖乖指挥自己的船更改了航向。

  早期的我一度年轻气盛,不合自己心愿的事喜欢与人争个高低,受到委屈和不公平对待时,也绝不沉默立即予以反击。当时看来,别人挑起事端错误在先,自己以牙还牙这没有什么不对,现在看来,是忍的功夫尚不到家。由于不吃亏,难免要树立敌人,每每在关键时候遭人暗算,十分恼火。后来,一个高人告诉我,世上的好多事情根本说不清、道不明,没有必要分出对错来,更不可期望事事随心所愿。遇到纷争任何理直气壮的反击看似据理力争,其实都是成功道路上的大敌,不依不饶地与人较量,也许当时维护了自己的尊严,最终谁也别想好过,彼此都会被拖入地狱。只有超人的大度,对别有用心的挑衅保持足够的耐心,只管做一个守本分、尽责任的人,专心专意做自己的事,成败由它而去,才能成就让人刮目相看的大事。所以,心情放松,胸襟开阔是消除自我的灵丹妙药,很多时候绝不亚于名牌大学学历的获得,它是一个人终生修学的课题。

  旧的不去,新的不来。自我意识太强的人表面很自信,其实内里一点都不自信,害怕名利受损,没有安全感,从而非理性地保全自己,无法认同甚至排斥别人,实质上是用极度的自信掩饰自卑。放下,重要的是放松精神,内心明朗坦荡,不隐瞒自己缺点,暂时把自己的知识和经验搁在一边,放下舍不得的私心、执着的念头和自负的对抗心理,把自我掰开、揉碎,把执着心抽空,包容一切,学会站在对方立场思考问题,用新的理念丰富自己,为我所用。想必自我意识会渐渐消融,部分形成无我的智慧,在看待他人和自己之间觅得一种平衡,于人方便、于己方便,做人做事少一些阻力,何乐而不为。

  有得必有失,得就是失,失就是得。所以,人生在世舍得放下才能得到更多的东西。真正地放下,是要有勇气放下个人功利思想,成就社会大众。诚然,人人都有功名钱财的需求,但是,人的幸福是多元的,大凡成功的人在他们年轻时大都有达观的品性,有多元的价值追求和多样的人生态度。放下自我,勇于与别人分享,自然会赢得别人尊重。在这个泛竞争化的时代,青少年在成长过程中,既要有学习这个中心意志,还要有一颗优雅的心,凡事看得普通一些,洒脱一些。每个人既是他人心目中的演员,也是观众,学会以自我欣赏的心态自娱自乐,台上台下一切自如,人前人后一样风度翩翩,为生活增添点浪漫。有了这样超然的心态你就会发现生活处处有人生的舞台,有无限的空间供我们舒展,清淡悠闲慢如郎中的人生同样别有一番风味。

健康成长是全方位的,没必要把学习当作人生的比武擂台,总是为了争个高低在那里较劲煎熬。遇到利益冲突自我意识太强时,不妨把纠结的心放下,眼睛向四周看一看,心胸宽广,视野开阔了,很快会发现世界的一草一木还是那么可亲可爱,自己对立面及其主张也有可取之处,再讨厌的人也有其美善的一面,不再会纠缠计较那些细枝末节,原来与人对立的感觉随之渐渐消失,实现共生共荣之目的。

提倡少欲并不是要我们放弃追求,人人都去过苦行僧的生活,而是要保持健康的良性欲望,合情合理的需求,不要成为欲望的奴隶。青少年是长知识的黄金时代,一定要淡化物欲,放弃狭隘的私心和不着边际的追求,千万不能把追求财富和享乐当作生命的全部意义。

自我很多时候都是依据心情来判断是非曲直,感情用事的成分多一些,很难没有真正的客观可言。超越自我才能解放自我,放下自我,成为一个人格完整的人。超越自我说起来容易做起来难,需要有独立精神和人格特质,摆脱成规和感情的束缚,不囿于形式,不为权势、欲望所屈服,不被自己所执着的理论或理性的信条束缚,也不被传统习惯和世俗的价值观念绑架,而是从客观现实需要出发,本着双赢的原则恰如其分地做出取舍。同时,还需要乐观浪漫的情怀,从感情的漩涡中跳得出来,特立独行,走自己的路,顶得住别人的非议,纵然物质上不富有,但精神充实,依然乐观向上。

有人可能认为超越是逃避现实或悲观厌世的表现,其实超越是积极主动地放下,放下贪心和瞋心,放弃固有的执着和理性信条,在没有预设概念的前提下活用理性及其观念。当然,放下,不是没有自我观念,而是摒弃对抗心,建构理性平等的自我,尊重他人的存在。少欲也不是没有上进心,而是不要被功利这个沉重的思想包袱裹住手脚,浪费了施展才华的良机。实现超越需要勇气,乐于对他人的需要做出适当让步,聪明地认输,这样智慧地战略退让实质上是一种解脱。当下好像是吃了亏,从另一个方面看说不定会得到十个、百个人的敬畏,一定会有意想不到的收获。

有一个青蛙的故事,说的是,把一只青蛙放入有凉水的锅里,然后慢慢加热,青蛙一点都意识不到危险,结果水开始升温到煮沸,青蛙在不知不觉中被烫死。但是,如果把青蛙放入热水中,那么,它会拼命地往外面蹦,也许会避免一死,结局就不一样了。人类也一样,很多人尽管处在困境中,但丝毫意识不到危险正在一步步逼近,像失去制动的机械一样继续按照惯性向前滑行,没有勇气和能力停下来,直到无法挽救为止,这种慢性自杀令人悲哀。

放下自我重要的是善于进行自我觉醒,做到悲智双运,在自我膨胀的时候从纯粹的感性和理性中清醒过来,自我就可能烟消云散。青春期的学生有点个性、出现叛逆不奇怪,但是,忒本位、过于自我,凡事按照自己所想的办,需要什么就不依不饶地想得到它,一时得到满足自以为是,注定烦恼冲突不断,实际上是得不偿失。一个聪明的学生发现自己身心紧张,悲愤情绪难以控制,接人待物态度生硬喜欢较真抬杠、频繁与同学死磕,总想与父母、老师顶牛,一定意识到是自我膨胀的缘故,亟须用冷静来消融。这个时候,不妨到运动场上多运动出身汗,去一个安静的地方休息几天,呼吸些清新空气,把绷紧的神经放松,让僵硬的心恢复应有弹性。也可以与同学、父母敞开胸襟倾诉一番,做个心理按摩,把气顺一顺,揉一揉,舒缓一下,精神放松,思维也就活泛起来,人就会变得随和,不再那么固执。

自我意识超强的生理症结是血液循环出了问题,造成精神高度紧张,认知偏执。因之,放下自我本位思想,首先要放松身心,从生理上清除病灶,彻头彻尾地放下一切心理执着。只有放飞心灵,内心平静,舒卷自如,能大能小,轻轻松松,遇到事情就不会那般执着,方能够更好地调和感性和理性。

只要身体得到放松,心胸自然开阔起来,不再那么执拗,于是,原本那颗僵硬的心开始柔和起来,早先形成的定见不再固执,这样就能够培养健全的情感,一定能够惊奇地发现天地是那样宽阔,世界本来很精彩,社会是个大课堂,生活处处有学问。即便是医生、建筑工人、农民、包括环卫人员,每个人身上都有很多可取之处，他们做人做事踏实认真的态度、隐忍顽强的品质，恰好是青年学生最欠缺的精神补品，有助于锤炼意志，不断丰富我们的生活智慧，从多方面去感悟人生。遇到再棘手的难题都能够辩证地、多角度思考问题，游刃有余地处理好生活中的各种困难和挫折，避免人生走弯路。

有些学生可能认为，青少年走点弯路也是成长中的财富，这个观点本身没错。人生旅途悠远而漫长，在一些无关紧要的事情上做点尝试不是不可以。但是，药是苦的，是不争的事实，已经被无数现实证明了的东西，的确没有必要再去尝试，假若有现成的东西不去借鉴，偏要自己去尝试，必然浪费宝贵的时间和精力，上进心势必受到影响。有些弯路绕得太大，或者像田径比赛一样，刚刚起步就摔倒把脚扭伤，跌倒在起跑线上，连追赶对手的机会都没有了，岂不可惜。

第三篇
驯服精神,做自己的主人

我的中学时代适值国家恢复高考制度，教室四周的墙壁上最吸引眼球的是"只要功夫深、铁杵磨成针""世上无难事、只要肯登攀"等名言警句。我等淳朴的农家子弟长年累月挑灯夜战，在知识的大漠里艰苦劳作，希冀通过寒窗苦读改变自己的命运，成为一个体面的城里人。结果，高中毕业时全校三四百号学生，最终只有将近四十人迈进了大学校门。三十多年过去了，约有10%的同学把自己磨成了"绣花针"，众多的人平庸地活着，有的人或成了"锈"花针。今天，经受过那个年代高调而极端口号教育的家长包括一些老师仍然在用这样的理念来对孩子进行励志教育，在他们看来只要勤奋苦读，每个学生都能迈进自己理想的大学门槛，成为社会精英。

不少深受此等正统"大道理"熏陶的学生，一直崇尚"笨鸟先飞"的古训，铆足劲儿，下了比别人大好几倍的功夫，但学习成绩并不因为刻苦努力而有明显起色，无情的现实将他们的人生梦想击得粉碎。习得性无助的学子们无比沮丧愤懑，痛恨自己笨，或自暴自弃，对人生失去信心，连活下来的勇气也丧失殆尽，造成今天的校园跳楼自杀现象也见怪不怪。

在信息化时代，各种新思想新理念蜂拥而至，人们渐渐清楚，心理素质直接或间接地影响着人们的行为习惯，知晓学习能力强弱在很大程度上取决于思维品质特别是专注和机敏程度已经或正在成为越来越多家长和学生的共识。但是，大家同时又存在这样的困惑，我们在听课或看书的时候注意力经常会神不知鬼不觉游移到其他地方，尽管也不时提醒自己要集中精力，然而，好像大脑不太听使唤，特别容易开小差，注意力就是集中不起来。有的学生在没有外界打扰时还能够安静一阵子，勉强保持专注的思维和愉悦的心情，稍有点风吹草动大脑就像一个喝醉了酒的猴子，跳来跳去，安静不下来。

更多的学生和家长希望自己能够豁达大度,处理问题圆融一些,遇到突发性事件及意想不到的挑衅能够保持淡定和儒雅。然而,每每看到不符合自己心愿的事或听到别人刺耳的话,反击、报复的火焰噌噌地往上蹿。那些性格暴躁的学生明知随意发火会伤和气,影响与同学老师的关系,破坏家庭氛围,但就是管不住自己的坏毛病,每次发完"牛脾气"自己心里乜不好受,后悔莫及。

不少人为了改变不良的脾气秉性使自己拥有一份怡然自得的心境,试图通过看书、听讲座来消除思想烦恼,希冀自己能够大度一些、乐观一些。但是,看书、听讲座这种特定的环境下精神尚能放松,并感受到平和愉悦的心情,过了这一阵子,那种美好的体验便不复存在,又重新回到庸常的自我。当偶发性事件降临时,依然很快紧张起来,不良秉性和火爆的脾气即刻复发。

许多年轻父母看着自家的"小不点"每天背着与他们身体很不协调的大书包起早贪黑的学习,趴在那里永远有做不完的作业,怜悯之心油然而生,也想多留一点时间给孩子玩,让他们放松一下。可自身又常常莫名其妙的焦虑,一想别的孩子那么优秀还在玩命地请家教补课,不由得在学习上给孩子施压加码,气头上对孩子糟糕的成绩骂骂咧咧。发飙的瞬间心里痛快,事后冷静下来时,看到孩子伤心委屈的样子,后悔莫及。即便那些有很好教育背景的年轻父母,因为望子成龙心切,常常气上心头感情用事,用非理性的方法来对待年幼的孩子,过后心情平静下来时,又对自己简单粗暴的愚蠢行为懊悔不已。

人人渴望拥有一个专注、平和的心境,能够集中精力学习,热情友好地与人相处,并为此做了很大努力,期许做最好的自己使人生更加绚丽多彩。然而,思想与各种诱惑割不断、理还乱,心灵被外物羁绊,经常焦躁不安着急上火,身与心难以协调一致,多数时候不能与专注和圆融结缘,无法真正成为自己的主人,当不了自己的"老板"。即令内心生拉硬扯想把专注和圆融留在身边,但是,积极正确的认知始终调遣不了行动,永远迈不出第一步,想到的事总是做不到,没有办法把命运掌握在自己的手中。以至于每时每刻都在那里不停地纠结,只好忍受心中这些敌人的折磨。于是,有人便拿出我们老祖宗"江山易改，禀性难移"的说法来安慰放任自己，给自己的惰性一个"台阶"，任凭不良心理和情绪的摆布或自暴自弃。

人都是杂食动物，有不同的体质和生理心理特征，我们之所以在大多数时候身不由己，与专注和圆融若即若离，或无法做到知行合一，不能把正确的认知转化为实际行动，根由或许在于心灵栖息的生物实体出了说大不大似病非病的问题，处在亚健康状态。尽管很多学生同那些绩优生一样在学习上下的功夫、吃的苦不比别人少，但由于精神飘忽不定，理解接受能力差，无法做到神情专一，导致付出的劳动与学习成绩永远不成比例。这样低下的智力水平和气质秉性背后一定存在着遗传基因和机体功能不健全的生理性毛病。

因之，有必要以新的视角和理念来改变我们对学业困难和不良脾气秉性症结的根本认识，习惯于从优化和提高生物实体器官功能入手，平衡神经系统，有效地管控好自己的情绪，把精神这匹任性而暴躁的野马驯服成平和有教养的良驹，使我们的思维更加专注机敏，性格更加圆融，大脑更加智慧，真正在人生的旅途上找到属于自己的幸福和快乐。

一、思维形态与学习能力

人与人之间的差异从本质上来说是因为气质和性格的不同。现代心理学认为,气质通过心理活动的强度(情绪的强弱)、速度(知觉的快慢)、稳定性(注意力集中的程度)、灵活性(思维的机敏程度)及指向性(内向与外向)表现出不同的情绪状态、行为方式和智力上的差异,最终通过不同的思维形式体现出来,导致认识分析处理问题的能力、角度和方式的千差万别。思维是思想的工具和行动的出发点,也是干事情所需能量的原动力。思维散乱,难以形成统一的意志,好像一个人没有灵魂,干啥事情都不用心,不会有好的结果;思维专注,思想有深度,思考问题透彻,由此形成强大的能量和穿透力能够战胜一切艰难险阻。

对于青少年而言,不同的个体由于不同的气质禀赋而导致不同的思维形态,同一个人在不同的时间、境况下思维形态也会发生微妙的变化,而表现出不同的智力水平和情感状态,必然会在学习上表现出不同的情感准备,直接影响到个体在学习中对知识(信息)的接受、理解、记忆和知觉重组的质量,并从学习效果的优劣上反映出来,最终决定着学习能力的强弱和情智水平的高低。

依据思维的专注、机敏和建设性程度,可以把人的大脑思维品质分为五种形态。

散乱形态

思维散乱的学生,多数时候大脑不听使唤,自己控制不了自己,因为注意力难以集中,思维成了漫无目的的想象,什么好奇好玩对感觉系统冲击力强,注意力就跟着游移过去凑热闹。有些人看似聪慧机灵,其实满脑子都是旁门左道的奇怪想法,很难说是具有真正意义上的机敏性和建设性思维。

学习过程中,思维专注于何种对象是由注意力的选择性决定的,个体在小学阶段,接触社会面窄、见识浅、心理单纯、思想杂念少,可塑性较强,学生的注意力相对容易集中,且差异不是特别大,注意力一般都会把思维引导到意义重大的文化学习上。所以,小学生在课堂上注意力和思维能够较好地契合于老师的授课,课堂纪律普遍好于中学生。加之,小学阶段学习难度不是很大,一般踏实认真的学生都能取得不错的成绩,不及格的现象很少发生。每个学生都能不同程度地在学习中找到快乐,保持积极向上的情感准备,把注意力黏合在学习上。

到了中学,随着年龄的增长,孩子们想法多了,期盼着早点长大加入"成人俱乐部",对社会的关注度剧增。但是,心智成熟度滞后于生理发育从而造成的思想不平衡,导致他们经常在千奇百怪的社会现象面前不知所措,思维出现混乱的迹象。青春期的悄然而至,学习竞争的压力,由于家长过高的成才期望和不当的管束等,导致很多学生抱怨、烦恼等与日俱增,想法多了,注意力不再容易集中起来。思维可控性差,特别是有程度不同的注意力障碍倾向的学生,大脑超级活跃,心智飘忽不定,注意力经常神不知鬼不觉地跑偏。上课一开始,凭着新鲜劲,思维尚能在注意力的牵引下跟着老师走,但是,听着听着就跑到了九霄云外,思维随着注意力的分散成为想象或虚无的幻想,要么缠绵于过去那些令人纠结的往事,要么空想虚无缥缈的未来。同时,由于中学阶段,课程难度加大,某一堂课稍不用心,没有把老师的授课内容学懂弄通,就会在知识链条的一个环节上出现缺漏,并对下面的学习造成障碍。伴随着时间的推移,一门课程缺漏、搞不懂的地方逐渐增多,不但考试成绩糟糕,学习新课程时经常会出现听不懂、做作业困难的现象。这个时候,对于老师授课中听不明白的地方增多,上课像听天书一样,不理解其意义何在,学习内容无法在大脑里进行感觉登记,一堂课下来领会并记住的东西少得可怜,基本上成了无效学习。但是,他们内心很清楚,别人都在聚精会神地学习,自己却漫无边际地歪想,难免会对自己消磨光阴、糟蹋父母的血汗钱而自责。大脑从此变得极度紊乱,像一团乱麻,会整天遭受煎熬和心灵的折磨。

这是一个高三学生用手机发在网上发的一个帖子。

高考逼近,我们还在挥霍仅有的 20 天?

抬起头,用那双无神且爬满血丝的双眼,呆呆地望着黑板边挂着的"高考倒计时"的牌子:20 天,仅有 20 天了。而我们这群即将奋战高考的"战士"们,又在做些什么?挥霍?

我们是中考的失败者,怀揣着对大学的憧憬,来到了这所普通高中,圆大学梦,高一的时候,中考的失利激发了我们的斗志,强烈的大学欲望推动着我们。让我们在期中考试中,有了明显的进步,也给了我们十足的信心。但是,在时间的冲刷之下,我们的斗志和欲望渐渐地被冲淡了。我们被打回原形,暴露出和初中时一样贪玩的本性。就这样,高二学年在放纵中溜走。进入高三后的第一次月考,给了我们雷霆一击。我们被考趴下了。

随着高考的日益临近,学校的升学率也逐渐明朗。在我们这个小城市里的一所普通高中的普通班里,能考上一两个本科的,就要求神拜佛了!考得不好的时期,所有普通班里,一个本科都没有,也不是无可能的。记得高二时的班主任说过:考大学不是什么难事。努力点,就能上个本科,其余的一般都能上四批……突然回想起,不由得使我一阵冷笑。

同学们似乎明白了这严峻的现实。一些同学已经自暴自弃,在学校里"混日子";一些同学则本着"多考一分是一分"的态度继续学习着;还有为数不多的同学在努力,努力,再努力地冲刺着。我问过一位班里成绩比较好的同学,问她能考上本科么? 她说不知道,即使考上了,也去读四批,因为三本大学学费太贵……老师们对我们的"实力"早已了如指掌。在离高考还有 20 天的日子,老师们在管理上似乎有些松懈。奴隶性质的我们则放纵了起来。以下,是我们"备战"高考的一天。

我们是七点十五分上早自习,但班主任要求提前四十分钟到班。走进教室,一股熟悉的扑鼻"香味"扑面而来。此"香味"来源于某同学从校外"偷渡"进来的数十碗热干面。坐在前排的几个同学在大声地朗读着,声音此起彼落。坐在后排的同学则三个一群,五个一伙的,咀嚼着面条谈笑风生,不时还哼着小曲儿。这么多种声音掺杂在一起,仿佛悉尼歌剧院里演奏的"交响乐"，那场面，用一个字形容——闹。

"窗外的麻雀，在电线杆上多嘴，"一个同学跷着二郎腿，面朝窗外悠闲地哼着歌儿，紧接着班主任闪现在教室门口，吼道。一瞬间，只见教室外的走廊上，几个端着热干面的同学排排站……

英语课上，老师本着"丢一批，保一批"的宗旨与坐在前排的同学互动着。他经常告诫我们："你不学习别人要学。只要不去影响别人，你不学可以。但是我还是劝你做关于英语方面的事。"教室的后排"倒"了一片，有的趴在桌子上玩手机；有的在埋头看着网络小说；还有的，则是昨晚在网吧"激战"了一夜的"飞虎队"成员，在沉睡……

晚自习本应该是鸦雀无声的，但是在我们班里，最热闹的时候要属晚自习了。只要老师不在，同学们便谈笑自若。去 WC 的络绎不绝。用一个字形容——吵。我很佩服坐在前排的那几个所谓"搞学习"的同学，在这样"恶劣"的环境下，也能静得下心来。或许他们已经产生"免疫"了吧！当离下自习还有 5 分钟的时候，教室里便"炸开了锅"。一些同学已经迫不及待地想回寝室洗澡了。这情有可原啊！这么热的天，大家都要洗澡。如果不提前跑去"抢位子"，那要等到什么时候才能洗完澡啊？（学校男生寝室一层楼有 130 多人，仅有一间洗澡间、八个水龙头）离下自习不到一分钟的时候，几个同学已开始向寝室奔去。这时候，隔壁几个班的学生也开始"采取行动"了。走在回寝室的路上，一个同学对我说："晚自习真吵啊！我睡着了都被吵醒几次……"我突然想起了闻一多的《死水》，感慨万千。或许中考的失利，已注定我们是被淘汰的了。离高考仅有 20 天的日子里，我们这群麻木的人没有压力，没有急迫，没有斗志……在尽兴地挥霍着宝贵的光阴。

有恶果，必有恶因。是什么孕育了"我们"这些恶果？是中国教育么？

思维散乱的学生，听课质量打了折扣，无法领会老师的授课内容，与旷课没有两样。学习过程中第一步出了问题，短时间落下的课程也许只是一个知识点，时间一长整个单元的知识大面积搞不懂，一些同学学习上的为难情绪会接踵而至，学习的情感准备出现被动而消极的倾向。然而，正处在热血方刚、活力无限的年龄，总要找点事来打发日子，给体内能量一个释放发泄的出口，注意力只好选择比学习更有意思更有吸引力的东西。比如玩玩手机、游戏等。有的学生把精神寄托在打球、娱乐、观看电视体育比赛或其他快餐文化方面，学习只能成为次要的任务。每每玩累了，电视、武侠小说把心看花了，往书桌前一坐要么犯困，要么看着书发呆，做着"白日梦"，思绪万千，沉浸在漫无边际的想象之中，幻想着有朝一日能够出现浪漫奇遇、一夜暴富、自己的仇人遭受天灾人祸；要么津津有味地回味崇拜的歌星、体育明星时尚的发型和潇洒的外表，对新潮的服饰、报刊中惊心动魄的情节念念不忘，思维与学习渐行渐远。如此恶性循环，积重难返，一步一步就会沦为差等生，从此彻底对学习失去信心，不由自主地找机会发泄，打打闹闹、违反课堂纪律在所难免。那些有焦虑倾向严重的学生窝着一肚子火，当受到老师家长批评责备时，极端不满的情绪会像火山一样喷发出来。

有经验的老师和家长都会发现，思维散乱的学生，对待学习的态度以及学习时所表现出的精神状态从外表上就能看个八九不离十，与成绩优秀的学生是泾渭分明，有着天壤之别。

学习兴趣。俗语说，三岁看大，七岁看老。思维专注学习能力强的学生，打小对看书学习有着天然的兴趣，内心对习得知识充满渴望，对传道授业解惑的老师有着无限感激和景仰，老师布置的作业欣然接受，并能够从学习中获得成就感和无限的快乐。思维散乱的学生把学习当成一件苦差事，一提到作业、考试就头疼，丝毫感受不到学习的快乐，多数时候学习处于被动应付状态，无任何兴趣可言。

肢体语言。思维散乱的学生眼神抑郁暗淡、飘忽不定，向人们传递了这样的信息——此时此刻他的精神思绪万千，烦躁不安。表面上他们每天也和别的同学一样起早贪黑按时上学，但大脑由休息状态进入学习状态的速度非常缓慢。每天一到学校便迫不及待地把上学路上所见所闻或头天晚上电视中体育比赛、国际时事神侃一通，与大家一同分享，直到老师出现才会想到学习。开始上课了，抬头看着老师，摆出一副听课的样子，但眼睛发出的是虚光，人虽然在教室，脑子里想的不是近期家里或学校发生的重要事件，就是回放电视、体育比赛中的那些赏心悦目的精彩镜头，金庸、琼瑶小说中那些更刺激的故事情节，要么着迷似地崇拜文体明星，甚至打开 MP4 一边欣赏着某歌星的原唱音乐,一边用脚打着拍子,完全沉浸于美妙的音乐之中。有些"发烧友"内心还会默默惦记所崇拜的偶像生活,书上、作业本上到处写有他们的大名、画有他们的头像,醉心于这些胡乱的涂鸦,把学习的事完全撂在一边。课间休息回教室后,别的同学思维立即跟随老师回到学习上,他们还在回味刚才操场上发生的一幕幕开心的游戏,如果没有老师的提醒,他们半天回不过神来。这样的学习仅仅是身体参与的外显式学习,而不是思维参与的内隐式学习,学习内容没有入脑入心,实际上是伪学习。

思维散乱,听课质量差,学习成绩当然十分糟糕,老师和家长没有好脸色。在他们心目中,谁都和自己过意不去,每时每刻都在那里哀叹,不停地抱怨,嫌家长多管闲事,没完没了的唠叨实在让人心烦意乱;抱怨学校管得太严,老师布置作业太多,经常有意找碴儿;总觉得社会对自己不公平,整天在焦虑和怨恨中度日。一些学生百无聊赖时会心怀"我学不好,谁也别想学好"的鬼胎,在教室里说怪话、出洋相、找乐子,捣乱影响他人,寻找心理平衡,成为过街的老鼠,人见人恨。

思维专注程度基本决定了一个学生的学习能力和水平,只是一堂课,思维散乱的学生与思维专注的学生学习上的差距就拉开一大截。

阅读能力。阅读能力是检验是不是学习那块料的"试金石"。思维散乱的学生大都存在阅读障碍,他们基本没有阅读习惯,偶尔强迫自己看点东西,眼睛瞅着书,心里想其他问题,思维与看书的内容貌合神离,看了半天书,书上内容没有在感觉神经上留下完整印象,不能领会其大概意思。阅读内容及其故事情节抓不住他的心,对书产生不了兴趣,阅读也就难以继续下去。有些思维散乱程度严重的学生即使一部电视、电影看完,也没有搞明白啥意思,表现出阅读障碍。可以断定,除了兴趣的原因,一个中学生假若没有完整地看过一部文学名著,很大程度上存在思维散乱的倾向,这样的学生非常不幸,先天因素和后天的不良习惯导致的学业障碍,不改变生物实体、优化生理要素,在学习上神仙都救不了他。

口是心非。思维散乱的学生中有些外向性格的人思维非常活跃,快言快语,口若悬河,大多数时候逻辑混乱,天上一句,地上一句,心口不一,把假话说得像真话一样自然淡定。一些内向性格的人习惯性精神紧张,在公共场合或与陌生人说话时结巴、颠三倒四,口是心非,说错话,叫错人名,把本来认识的字读错;写作文或起草文稿时不自觉地出现别字、漏字现象;做作业、考试时忘记写答案,出门忘记锁门、带钥匙,买了东西没有付钱扭头就走,频频犯一些意想不到的低级错误。

"板凳"功夫。板凳功夫或坐功,是衡量一个学生是不是学习那块料的另外一个不容忽视的要素。通常,是学习的那块料,举止相对安静,心沉得下来,往那里一坐,没有特别的干扰可以半天不动,专心致志地看书、做作业。思维散乱的学生坐在教室里会不自在,左顾右盼,不停地串来串去,课堂上精力难以集中,似听非听,对老师的授课内容理解不深,掌握不全,做起作业来吃力费劲。一个同事说,他上初中的儿子在家学习的时候,坐下不到半个小时,一会儿出来找零食,借着倒水瞅电视;一会儿进卫生间照镜子、梳头发;偶尔听到客厅里说话,会跟着接话茬儿,作业十有八九不能按时完成。

其实,这些孩子不是不想学,也并非不踏实,老天对他们确实不公平,给了他们一颗散乱的心,天生注意力无法集中。看书学习钻不进去,老师讲课跟不上,授课内容理解不了,无法变成为他们的知识,作业处处是拦路虎,钻不到书里面去,再优秀的老师也无法提高他们的成绩。时间长了,学习就会变成包袱,进而出现厌学情绪。坐在那里烦躁、无聊,心总是被乱七八糟的事纠结,不由得要起来东走西串,没事找事。

慵懒形态

思维慵懒的学生,通俗地说就是学习上不愿动脑子。他们总体上性格内倾,血液成分中缺少兴奋因子,机体细胞多半常年处于冬眠状态,活力较差,打不起精神,天生思想消沉、思维呆板,骨子里缺少鲜活而热烈的精神品格,只有在非常快乐的情况下体内的潜能才有可能被激活。尽管他们散乱的思维尚具有一定可控性,但由于懒散,没有太高追求,总是采取消极被动、逃避的态度对待学习和生活,慢慢形成慵懒的习性。学习过程中不是知识的积极探索者,仅仅是被动的、消极的接受者,老师和书本上说什么就是什么,学习成绩一般不会太好。只有那些内里有一种不甘屈居人下的人,通过主观努力或许才能够在学习上有所建树。

自古抑郁多才俊。照理说,慵懒形态的个体多为抑郁类气质,思维深邃,想象力丰富,有相对独立的人格,正是学习所需要的良好心智状态。但由于这一群体中的部分学生,性格孤僻,气量褊狭,以自我为中心,不能与社会、他人包括自己和谐相处,内心充满抱怨、嫉妒和愤怒,经常烦躁戾气,脑子里不愉快的记忆挥之不去,原有的聪慧和灵气被负面情绪抑制泯灭,非常可惜。实验发现,发一次脾气,机体细胞消耗掉的能量超过一个重体力劳动者一天神经系统所造成的损失。很多性格内向或带有抑郁倾向的学生,应激阈限低,心胸狭窄烦,好与人斗气,常常被低迷情绪困扰,导致体内能量无故损耗,生物器官退化,许多能力僵死,表现得死气沉沉,没精打采,主动性、创造性意识极差,思维和行动比较迟缓,人生目标不高,学习上得过且过,优秀跟他们没有一点关系。

慵懒形态的学生,大脑反应迟钝,从一种情境转化为另一种情境速度总比别人慢半拍,老师授课时稍微复杂难懂的问题,别人一点就通,他们往往想半天还不知道咋回事,等搞明白的时候,老师已经开始讲其他问题,结果前后两个知识点都学了个半截。动作迟缓的毛病在他们学习生活中表现得最明显,进入学习状态困难,导致做事拖沓,此时的作业总要推到彼时完成,一个个目标常常化为泡影。那些家境优越、衣食无忧的学生,反正学习好坏不会影响今后的生活质量,养尊处优,习惯于过四平八稳的生活,如同行尸走肉一般,鲜有进取意识和人生追求。尽管他们知道什么是对、什么是错,但始终对正确的事情无动于衷,而只选择让自己高兴而愉快的事,结果自己也不满意自己。

抑郁、反应慢的性格使这些学生变得自尊心非常强,平时显得腼腆害羞,怕见陌生人,不懂不会的问题不好意思请教老师和同学,不了了之。当学习中的疑惑像滚雪球一样越积越多的时候,学习成绩自然就会滑落下来,由此开始产生自卑心理,逃避新事物,总是以消极的心态待人处事,适应环境的能力非常弱,当然无法摆脱被社会边缘化的噩运。

不过慵懒思维形态的人没有太大抱负,习惯于平淡生活,一般不会太极端离谱,也不会做太出格的事来。

跳跃形态

这一类型的个体大部分属于多血质气质,具有双重性格。一方面,思维活跃发散,敏捷有灵气,一点就通,悟性非常好,有丰富的想象力和创新性思维;另一方面,思维可控性相对较差,保持专注时间有限,缺乏恒定平静的心境和踏实精神。

思维跳跃形态的个体,他们有一定的抗干扰能力,只有在相对安静的环境、干扰较小的情况下思维才能够保持有限专注。比如,课堂上一般都能够专注于学习,但听到别的同学出洋相、说句俏皮话,或教室外面有异常响动,心就被打扰,思维会脱离学习的轨道。然而,由于思维活跃、好奇心较强的习性,很多人聪明有余,踏实不足,容易见异思迁,热衷于标新立异,对各种新奇有趣的事件非常敏感,追求尚未得到的东西,遇到风吹草动或其他诱惑时容易跟风变向。有这样一个故事,一位中学生,很有上进心,遗憾的是,他的抗干扰能力比较差,在家学习时要把门窗关得死死的,在学校时有同学说话声音高一点,乱嚷嚷,感到特别烦躁,无法静心学习。后来,为避免被人打扰,经常随身携带两颗黄豆,遇到嘈杂环境,就用黄豆把耳朵塞上。有一天,不小心,黄豆被推进内耳,一下子出不来啦,两天后黄豆被体内湿气泡涨变大,耳道被堵死,一家人急得团团转,只好到医院做手术黄豆才被取了出来,吃尽了苦头。

事实上,同样嘈杂的环境,有的人听而不闻,稳如泰山,有的人内心容易掀起涟漪,看似环境的问题,根本原因是注意力控制障碍,本身有一颗焦虑不安的心,内心难以保持平静,经不起打扰。这样的学生由于在课堂上遇到风吹草动就分心走神,成绩一般处于中游水平。同时,因为此类学生上课经常走神掉链子,知识出现缺漏,他们的理科成绩都不是太好;上进心强、学习踏实认真的学生,凭借丰富的想象力或死记硬背能够在文科方面取得不错成绩。

其中,有一部分学生一个致命的弱点是容易感情用事,兴致来了学习劲头很足,受到挫折时常常懈怠下来。他们受青春期情绪困扰,过分相信自己的感觉,容易被假象所迷惑,导致认知发生根本性错误。一事当前,认为真理在自己一方,只选择当时让自己愉快的事,对长远看来真正美好的东西却不予重视，常常不由自主地犯一些自认为正确的错误。由于缺少恒常心理，往往在各种诱惑下失去理性，始终对正确的东西想得多，做得少之又少，多数时候是朝着错误的方向在走，每每后悔，却一次次又重蹈覆辙。然而，他们并非有意而为之，根源还是大脑可控性不够坚定，专注度较差。比如，虽然很多学生明知早恋分散精力，影响学习，违反校规，家长和学校非常反感，但他们的理智被感情掩盖，每每感情用事涉入爱河不能自拔。

跳跃形态中的一部分人，充满激情，理想主义色彩浓，学习愿望强烈，不满足已拥有的一切，大脑灵动，思维开阔不拘泥保守，思想深邃，情感丰富，待人热情大方，善于沟通交往，常常依靠直觉领悟事物。丰富的想象力可以"跳过"某些思维阶段，构成事物形象，找到解决问题的捷径，因而，他们具有较强的开拓创新精神。只要能够克制一些，少一点私欲杂念，多一点淡定沉稳，一旦成功就会有大作为。

统计显示，除去高端专业技术领域外，在当今的社会名流和企业精英中，中学阶段成绩排在 10 名左右的学生成功概率比较高。这部分学生性格豪爽、人缘好，工作表现抢眼，说话得体，办起事来分寸拿捏得恰到好处，特别容易得到上司的赏识和大多数同事的认可，所以比别的学生在事业上抢得先机。而前几名的"尖子生"，走向社会后有相当一部分会从优秀行列慢慢销声匿迹。美国能源部部长朱棣文（华裔），学生时代大多数考试成绩徘徊在 10 名左右，而哥哥朱筑文则一直保持班级第一，工作之后，朱棣文当上教授时哥哥是副教授，朱棣文获得诺贝尔奖时哥哥才升为正教授。

专一形态

这一类型的学生黏液质气质特征明显，性情平和，安静稳重，有一个相对清醒的头脑，思维超级专注缜密，随时随地都能够全神贯注，进入忘我的状态。因为思维专注，他们的人生目标非常清晰，知道学生的主业是什么，学习始终在大脑中占有不可动摇的主导地位，有条不紊地把每个目标变为现实。他们自我控制能力强，同一时刻大脑只有一个念头，只想一个问题，自小就培养起了井然有序的学习生活习惯，自觉排除外界干扰，对"窗外"之事保持适度距离，一心只读圣贤书，除了睡觉，几乎整天都想着读书学习的事。在外人看来,他们生活讲究规律到了机械的地步,甚或有些呆板,早晨一进教室不管老师在场不在场,一头扎进书堆里,复习头天学过的重点内容,对即将学习的新课进行预习。课堂上,思维步步紧跟老师的授课内容,不停地把老师授课的每一个重点环节理解消化纳入自己知识体系。他们思维严谨,像眼睛揉不进沙子一样,学习上不允许有疑点存在,每堂课的内容当堂理解消化,没搞懂的问题随时向老师提出疑问。由于听课质量高,学新知识快,不用费多大劲就能完成作业。课余时间,用不着父母督促,自觉按照早已形成的习惯,按部就班地整理笔记、复习,或有重点地做些课外练习,学习上从不欠账。

思维专一的学生酷爱阅读,看起书来全神贯注,几乎能够达到废寝忘食的程度。经常看到许多学生在车站、地铁、公交车等嘈杂的环境看书,记单词。尤其是看起小说来如痴如醉,常常沉溺于跌宕起伏的故事情节而达到忘我的境地,很多人在小学阶段甚至更小的时候就阅读大量的文学作品,能够领略到各种科学文化书籍中丰富的内涵,吸收其耐人寻味的营养,同时也使专注力得到滋养。

我上中学时,一位高我一级的校友侯某,母亲去世得早,父亲在镇上工作。这位同学不仅要上学,还要照顾三个年幼的妹妹,干一大堆家务活。所以,平时除了上课,很少看见他做作业,但奇怪的是每次考试他的成绩在班上总是名列前茅,在老师和同学眼中,他就是个"天才"。成年后,一次与当年的中学老师聊天,他才道出了个中原委。原来,侯由于早年丧母,生活的艰辛练就了他少有的沉稳和安静,平时不苟言笑,不善交际,性格专注平静,课堂上两只眼睛始终围着老师转,在听课的同时,把重要的内容默默地记下来。当老师把主要内容讲完之后,转到无关紧要的话题时,他则翻开课后练习一边看,一边在纸上算、书边写,这也许就是他的作业。整个上课过程中,不管别的同学怎么出洋相、瞎倒腾,跟他毫无关系,学习几乎不受影响。不容分说,这个所谓的"天才",其聪明就体现在专心听老师讲课,抓紧点滴时间记忆、作业,专注的思维形成高效率的学习方法,才是他取得优异成绩的关键所在。

思维专一的学生眼睛炯炯有神，目光像箭头一样，随时聚焦并锁定目标，精力集中，对外界刺激有很强的免疫力，学习效率高得出奇。儿子刚上初中那会儿，有时去学校接他，发现多数孩子放学走出校门总是你推我一下，我扯你一把，打打闹闹、跌跌撞撞地游戏打闹。路过食品、玩具小商店，孩子们免不了三三两两凑在一起买点零食边吃边聊往家走，非常放松和淘气。也有一些孩子回家的路上或单独或结伴而行显得很安静、很规矩。其中，有一个小个子男孩却非常另类，每次放学后他都背着书包独自走出校门，走路神情专注，目不斜视，对路边的一切熟视无睹，好像周遭世界跟他没有一点关系，很少与同学在路上闹着玩儿。当别人跟他打招呼时，只是淡淡地点头回应一下。从专注的表情，我断定这个学生的学习成绩一定拔尖。果然不出所料，当我将自己的判断说给儿子后，他告诉我确实如此。这个孩子叫何思阳，每次大考成绩在年级都名列前茅。让人更不可思议的是，他还被同学们封为"游戏王"，游戏水平和学习成绩一样出彩出众。

　　一个周末的下午，儿子带着包括小何在内的几个同学来家里玩，轮换着玩电脑游戏。当小何上机操作时，只见他眼睛盯着电脑屏幕，两只手像弹钢琴一样快速灵巧地敲打着电脑键盘，我和其他几个凑热闹的小孩看得目瞪口呆。而当其他同学玩的时候，小何似乎不感兴趣，顺手从书架上拿来一本小说在那里聚精会神地看了起来，任凭别的同学在游戏里怎么乐，在一旁阅读的小何丝毫无动于衷。后来，在一次家长会上，老师介绍这个学生的学习经验，其实很简单，只有一条，那就是课堂上非常专心，每天大部分作业在学校就完成了，放学后，马不停蹄地回到家把剩余的作业做完，晚饭后复习一阵，一天的学习就完成了。剩余时间可以尽情地看自己喜欢的小说，享受网络游戏带来的快乐，爱干嘛干嘛。对这部分同学来说，别人忌惮、讨厌的作业、考试，对他们来说根本不在话下，学习像是一种充满了快乐的智力游戏，同样很有意思。

　　专注的学生能够在学习和阅读中体验到一种难以名状的欣快，由此形成了强大的内心和较高的生活品质，生活境界出类拔萃，对游戏、网络、电视之类的快餐文化不屑一顾。

我有意跟踪了2009年几位全国高考状元，他们在谈到学习的秘诀时，无一例外地把提高学习的专注力作为制胜的重要法宝。北京市理科状元宁少阳，高考成绩703分，生物、数学曾获得全国奥林匹克奖。然而，小学时的宁少阳就读的是一所普通学校，不显山露水，但他最大特点是听课非常专注，所有作业全部在学校完成。放学回到家复习当天的学习内容，预习第二天的重点课程，留出一个小时来玩自己感兴趣的天文、围棋等，晚上10点钟准时上床休息，平时几乎不开夜车打疲劳战，劳逸结合，学习效率高得惊人。他坚定地认为，如果说学习有什么秘诀，那就是思维跟着老师走，认真听课，不搞题海战术，基本不做校外练习。宁少阳的父母亲也都是一般职员，他们的育子心得是，"平时很少管孩子的学习，基本靠学校和他自学"。平淡朴实得让人难以置信。黑龙江省理科状元王百洋，由于家里住房面积小，百洋和父母挤在一间小房子里，他学习时家里人该干什么干什么，彼此互不受影响。百洋思维专注超出一般人的想象。他曾经自豪地说："我的学习方法没有什么高明之处，只有一条：上课集中注意力，全神贯注地听老师讲课，思维跟着老师一起互动，积极回答老师提问，课堂上把所学的知识一次性搞定，课后作业像玩一样。"

思维专一的学生，在学习上取得的巨大成就为他们赢得了更多的赞美和羡慕的眼光，从更深层次上体验到学习的快乐，感受到人生之美妙，很多人慢慢会成为老师和父母心中的宠儿。同时，专注也培养了他们干练果断，雷厉风行的性格，锻造了超凡的毅力，使他们更加自信，所有这一切为他们积攒了足够的人生资本，率先抢得了成功的制高点。

部分思维专一的学生，学生时代在掌声和赞扬中长大，很少经历过挫折的考验。由于人生目标远大，对成功充满渴望，在他们身上很可能会留下一个致命的弱点，即，兴趣爱好单调，思维狭窄，价值观单一，性格僵化，无法培养起建设性的思维品质。很多时候追求成功的驱动力太强，没有得到控制的欲望会变成贪婪和任性，事事都想争第一，大脑在毫无觉察时出现自我膨胀，造成判断模糊不清，心理失去平衡。

心理学家阿德勒人格动力学理论指出，"追求优越是人们寻求补偿自卑感或无能感的主导动机，是所有动机背后的中心动力学力量。"他认为优越感包含完美的发展、成就、满足和自我实现,要达到优越有两种途径:第一是试图通过非建设性的方式获得个人优越;第二是对社会的关注,其旨在追求所有人的成功和完美。第一条途径是精神症患者常用的,把追求优越当作成功,很少或根本不考虑他人。目标是个人的,追求的驱动力主要源自夸大的个人自卑情感。第二条是心理健康的人采用的,追求的是全人类的成功,而不是个人的目标。他们的成功是一种趋向完善或完美的自然倾向,并不以牺牲他人为代价。

  一味沉溺于个人优越的学生,毫不顾及他人的感受,有时会不择手段地把聪明施展在旁门左道上,难免玩出惊天动地的"大事"来。好比高速路上飙车,由于过于专注目标,车速太快,无暇顾及道路两旁的自然风光,一旦方向跑偏或出现颠簸,一发不可收拾,造成车毁人亡。有的即便达到目标,也常常会感到成功的苦涩。

  大海中航行的船只需要压舱物保持船体平衡,从而避免风浪颠簸造成可能的危险。一些智力超群的学生往往缺乏谦卑的智慧,目空一切,自高自大,渐渐形成自我封闭心理。本来是被假象遮住了眼睛,却盲目自信地认为自己看到了真理之光,在追求个人目标时依然十分专注和执迷不悟。当生活中遭受挫折时,往往因为思想准备不足而一筹莫展,或用自认为聪明的办法干出令人啼笑皆非的荒唐事来。

  北方青年杨某,高中毕业后以所在城市状元的身份考入清华大学。走入人才济济的全国最高学府后,一向在学习上唯我独尊的他优势全无。第一学期每次考试成绩都在班上垫底,尽管他又拿出当年高考前的劲头刻苦学习,却始终未能改变尴尬的排名,自卑和烦恼一起向他袭来。于是,想到去网吧放松一下,试图让自己在游戏中忘却暂时的烦恼。然而,游戏强大的诱惑力,让他一玩起来就松不开手,学习的事被晾在一边,成绩每况愈下。大二时多门课程出现挂科,被学校勒令退学。

  回想起一年多前,在鞭炮、锣鼓声中离开偏僻的山村,来到首都北京求学,如今要重新回到那片令人亲切而又感到一丝苍凉的土地,真是无颜见江东父老。在家待了没几天,面对亲人的责备和白眼,看到母亲整天以泪洗面,他陷入了深深自责,感到无地自容,总想着让自己躲藏起来。

不过,小杨毕竟是个智力超群且不服输的棒小伙,各种非议对他而言,如醍醐灌顶,猛然间他仿佛从噩梦中惊醒了过来,与家人一合计,打算重新复读,在哪里跌倒就要从哪里爬起来。经过一年的勤学苦读,次年又以高分考入母校清华大学。吃一堑,长一智,到学校后他铆着劲学习,在班上保住了中游的水平。但是,没过多久,每当看到别的同学穿名牌、背着笔记本电脑在眼前晃来晃去,觉到自己有些寒酸,暗暗下决心,学习上不落后于人,生活上也不能让人瞧不起,不甘示弱地他连续两个假期没有回家,在北京当家教打工。可是,辛辛苦苦近一年时间,所挣的钱除了生活、住宿和手机费外所剩无几。此时此刻,他再一次陷入从未有过的沮丧和困惑。一向清高的他又不愿把自己的烦恼向别人诉说,整天独来独往,这种低迷情绪使他的价值观渐渐失去平衡。一次,到阅览室看书时,偶然发现一个电脑包,见四周无人就顺手牵羊提回了宿舍,锁在自己的书柜里。接下来的几天时间,做贼心虚,时时担心保安找上门来。心里有了鬼,更不好意思与别人来往,连宿舍的同学也很少说话,突然像变了个人似的,极度苦闷。半个月后,见没什么动静,小心翼翼地把笔记本电脑拿出来用,虚幻的快慰、满足掩饰了忐忑和胆怯。没过多久,在食堂吃饭时,他又发现餐桌上有一个笔记本电脑,看见身旁没有其他人,又神不知、鬼不觉地提回了宿舍。就这样,不到半年时间里接二连三在学校阅览室、教室、食堂偷了五部笔记本电脑。久走夜路撞见鬼。有一天,在回宿舍的路上,被几个便衣警察截住带走了,等待他的将是法律的制裁和人们的唾弃。

有一部分思维专注、成绩优异的学生,眼界欠开阔,胸襟更是狭窄,经常醉心于自我而忽视周围人的存在,一旦个人利益受到侵犯,自尊心受到伤害时,很容易以极端的方式报复对方。云南大学大四学生马加爵就是其中一位,把自认为跟他没有太大矛盾而且关系还不错的四位同学无辜杀害,制造了一起骇人听闻的惨案。追寻马加爵的犯罪轨迹不难发现,马加爵平时是一个思维专注到有些偏执的人,打小才思敏捷,精力旺盛,常常整宿不睡觉看小说。初中时就读于广西一所省级重点中学,成绩一直名列前茅,曾获得过全国物理竞赛大奖。高中毕业后，顺利考入全国重点大学云南大学生物系。他不但有惊人的学习天赋，而且毅力过人，一年四季都洗凉水澡，每天早晨不到6点钟就起床到操场上跑步，练就了强健的体魄。由于成绩好、有上进心，从小受到父母和哥哥姐姐的宠爱，在亲人眼中他是个人见人爱的好孩子、好学生。但他又性格内向保守，不善交际，非常傲慢，对人苛刻冷漠，与同学发生摩擦时总指责别人的过错，基本没有知心朋友，心灵敏感而脆弱，受到一点委屈或打击就会做出强烈反应。行凶杀人前，他与几个同学打牌时，有人对他作弊不满意，挖苦他："为人太差，同学过生日都不请你"，爆料他，"喜欢看三级片"。这些在别人看来压根儿算不了什么难听的话语，却使他敏感而低自尊的神经受到了严重的伤害，心理平衡瞬间被打破，几近于精神崩溃，即刻产生杀人恶念。

　　在马加爵被关押的几个月时间里，他不但从未对死者表示过自责和忏悔，也丝毫没有感觉到他对家人的歉意和惦念，更没有向记者和工作人员问过他父母亲的身体如何，情绪怎样这样的话题。后来，他父亲经常关切地问他，天气渐渐热了，看守所里面热吗，有没有蚊帐？当办案人员把他父亲的问候转达给他，并问他，有没有话要对家人说时，他总是冷若冰霜地摇摇头，不知道感恩，更不懂得人情世故，仿佛是一个冷血动物，看不出丝毫的恐惧和罪恶感。给人的感觉，只知道自己的存在，从不考虑别人的感受，也不知道怎么关心别人，甚至于根本不把别人的死活、存在与否当回事，对他人关爱的缺失以及对生命的蔑视让人有些惊讶。

　　北京大学钱理群教授曾经这样说过："我们一些大学，包括北京大学，正在培养一些'精致的利己主义者'，他们高智商、世俗、老到，善于表演，懂得配合，更精于利用体制达到自己的目的。这种人一旦掌握权力，比一般的贪官污吏危害更大。"

　　钱教授曾尖锐地指出："北大正在自觉不自觉地培养以做'成功者''人上人'为目标与动力的'伪精英'。"后来，他在接受媒体专访时，谈到了大学生中的某一群体："现实中所谓'尖子'学生，有相当一部分往往是一些'高智商的利己主义者'。论知识与能力都属一流，但致命的问题是没有信仰，最大限度地谋求个人利益，也会最大限度地利用体制的弊病，迎合体制的一切需要,谋取私利。恰恰是这样的人,最容易成为,而且事实上已经成为现行体制的接班人,从而成为国家、民族未来发展的根本性的隐患。"此言绝非空穴来风。

当今的确有部分知识精英,受功利主义思想的浸染,把学习当作通向个人成功的阶梯,学习知识只了解皮毛,没有领悟其深刻内涵,学问增长了,灵魂没有丝毫提升,只考虑自己怎么幸福。对某些问题说起来头头是道,冠冕堂皇,当需要把理论付诸实践的时候,他们则成了缩头的乌龟,一门心思追求功名和财富,朝思暮想盘算着能够成为一个腰缠万贯的人上人。

中国有"文人无行"之说,有些天资聪慧智商高出一筹的学子,满腹经纶,但他们思维的定力完全来自于自我的克制而非本能,只能抗拒外界部分干扰,经不起利益的诱惑,是彻头彻尾的思想巨人,行动的矮子。说教别人头头是道,自己做得怎么样是另一码事。很多时候受利益驱动,智慧和道德分离,由于利欲熏心,不择手段捞取个人好处,有的利用学得的知识进行智力犯罪,规避法律制裁,亵渎知识,使自己从知识精英成为人渣。

喻修廷,原为北京大学马克思主义学院一名博士研究生。在读博期间,因为与一位张先生发生矛盾,便以"被害人"的名义写匿名信诬告张先生有强奸、杀人、诈骗、虚开增值税发票等犯罪行为。之后,又以"张先生"的口吻多次给公安机关和记者写信,承认"自己"犯有多种罪行,希望得到宽大处理。同时,用极其卑劣的手段恐吓、敲诈勒索张先生,直到被公安机关抓获后才真相大白。

在法庭上,喻修廷捶胸顿足涕泪交加,向法官表示认罪悔过,口口声声说自己是个在读博士生,有能力为社会多做贡献,请求法院给自己一条改过自新的道路。法院被喻修廷的忏悔所打动,以认罪态度好对他进行了从轻处罚。

然而,服完8个月的刑期后,他恶习未改,改名"喻晓",摇身一变成了"中共中央办公厅局长",堂而皇之地给自己虚构了"北京大学教授"的头衔。以"中办调研局局长""北京大学教授"的身份,向联合国绿色产业专家委员会递交了申请和简历,并顺利成为"联合国专家"。

嗣后,他以忽悠来的"联合国专家"身份,对四川成都市某区的绿色产业示范区进行考核验收,当地有关领导考虑到"喻晓"身份特殊,打算向上级汇报,以便有相应规格的陪同。但"喻晓"害怕事情闹大后露了马脚,假惺惺地说:"我这次考察的主要身份是专家委员,作为领导干部,还是低调一点好,多做点实事,少给基层添麻烦,你们就不要上报了。"考察过程中,"喻晓"得到县委领导最高规格接待,酒桌上他口若悬河纵论时政,让在场的县领导佩服得五体投地,县委书记当场邀请喻晓给全县干部做一场报告。第二天,"喻晓"以"中办调研局局长"的身份向全县干部做了一场题为《关于十六大十大关系》的报告,当地媒体做了全面报道,县委办公室还专门发了通报。

"喻晓"的"精彩演出",博得了绿色产业专家委员会委员们的好感,其中同为委员的王女士在与"喻晓"相识后,还邀请他以及4位专家与浙江某县合作举办了一场经济发展论坛,"喻晓"又把自己从"北大博士"变成了"留美博士",外加"中国地区经济发展研究中心副主任"的头衔。之后,他的名声越来越大,先后在广东、浙江等地多次参加各种会议和高峰论坛,每次都以"主角"的身份发表重要演讲,还广交大集团大公司的高层领导为朋友。另一方面媒体的报道也为他"真局长"的身份提供了证据,成为他在一些大型集团企业骗钱的资本。

有了广泛的"人脉",他明目张胆地以"中办调研局局长"的身份在某报记者的陪同下来到浙江国家重点企业之一的A集团"视察",对集团大加赞扬,并向陪同的董事长表示,回北京后要写一份有分量的调研报告,报送中央领导,愿意邀请一些国内顶尖专家为集团的发展出谋划策,集团高层欣然应允。

次年4月的一天,神通广大的"喻晓"以中国区域研究中心主任的身份组织A集团在北京人民大会堂举办论坛,名字甚至排在一些前任部委领导前面,而集团支付其辛苦费人民币56万元最后换来的仅仅为A集团出版了一本论坛资料汇编。之后的两年时间里,他先后数次带专家、教授来到A集团,以为集团做企业发展战略研究课题为幌子,骗取浙江A集团人民币300余万元。之后,又如法炮制先后骗取广东、内蒙古两家集团公司数十万元,司法机关以诈骗罪判处"喻晓"无期徒刑。

纯一形态

此种形态的人除了具有专注、机敏的生理特征外，多了建设性思维这一崇高品质。他们比较关注内心感受，呼吸受到导引而变得更加轻柔而专一，内心如山间湖水平静如镜，纵使财物名利纷飞，一般也不会在心中掀起特别强烈的波澜。

纯一形态的人超脱于苍白的感觉之外，从根本上摆脱了无休止欲望的束缚和世间烦恼的困惑，精神获得了真正的自由，大脑、智力和自我处于机敏而相对静止状态，能够规避外界的诱惑和干扰。他们懂得什么是永恒的快乐，为了美善而心甘情愿地放弃那些令人愉悦的事物，只与它注意的事物产生联系，合二为一，形成了人生的最高境界。由于对个人得失保持着一种清醒和理智，从而树立起了正确的求知态度，把知行合一视为求学的最高境界，并以此作为时刻恪守的人生准则，用心领悟知识的真谛，将习得知识的过程当作统一意志、塑造自己修为的过程，多做少说，行为方式与习得的知识以及所倡导的理念高度一致。从他们身上随时都能看到智力的谦卑，聪慧不失厚道，有追求但不盲从，始终保持着理智和警觉，即使在无限风光的时刻都能适可而止，像悬浮在空中的物质，上下自如，游刃有余。又好比，坐在战车上的至尊王，有一个理智马车夫，指挥着感官（温顺的马匹）最终到达心灵的牧场。

毕业于清华大学的著名语言学家、翻译家、教育家、社会活动家季羡林先生，精通英语、德语、梵语、巴利语、吐火罗语，能阅读法文、俄文书籍，一生心不离书，笔耕不辍，即使在"牛棚"挨整的时候，也没有丢掉书本，依然利用看大门的时间，翻译了 280 万字的梵文作品，出版的译著近四百万字，著作已汇编成《季羡林文集》共 24 卷。到了耄耋之年百病缠身之际，仍然每天坚持读书写作。最令人敬仰的不仅是他学贯中西的学识，还有他厚道而虔诚的人品，不图虚名，崇尚真善，力求活得踏实。在他《病榻杂记》一本书中，极力主张要辞掉这些年来外界封给他的几个头衔，还自己一个自由自在身。一是辞掉"国学大师"。他认为"我除了能背诵几百首诗词和几十篇古文外，除了尚能在最大的宏观上谈一些与国学有关的自谓是大而有当的问题,比如,天人合一外,自己的国学知识并没有增加。环顾左右,朋友中国学基础胜于自己者,大有人在。在这种情况下,我竟独占'国学大师'的尊号,岂不折杀老身(借用京剧女角词)！我连'国学小师'都不够,遑论'大师'！"一再坦言"他们对这一桂冠的想法如何,我不清楚,我自己被戴上了这一桂冠,却是浑身起鸡皮疙瘩"。二是辞掉"学界泰斗"。他认为"泰斗是至高无上的东西,我过去一直担任行政工作,想要做出什么成绩,岂不戛戛乎难矣哉！""在人文科学的研究中,说我做出极大贡献那不是事实。说我一点成绩没有,那也不符合实际情况,这样的人滔滔天下皆是也,我这个泰斗从哪里讲起呢？"三是辞掉"国宝"。他说"在中国,一提到'国宝',人们立刻会想到人见人爱憨态可掬的大熊猫,这种动物极少,而且仅仅在中国有,称之为'国宝'当之无愧"。"是不是中国只有一个季羡林,所以他就成为'宝'"。"这种事情,痴想无益,也完全没必要,我来一个急刹车"。"为此,我在这里昭示天下:请从我头顶上把这三顶桂冠摘下来"。

　　96岁的季老先生,一生博学厚道,为人师表,他的"三个辞掉"向我们诠释了"智者乐、仁者寿"的深刻内涵。

　　思维纯一的个体所具有建设性品质以成熟的感情投入为爱的基点,目标纯正,大脑异常平静,容易建立起探究性学习需要,机体细胞因此被全面激活,来自本能的专一使他们形成了恒常的定力,自我得到很好地完善,心灵自由自在,思想安然自制而充满活力,灵光四射。在他们的内心世界里有钱没钱同样开心,每天都是好日子,到处都是好山好水。由于思想纯粹,思维开放而不散乱,专注而不固执,习惯于把智慧与道德有机结合,以责任、担当和创造性劳动为思维的出发点,潜心于自己有兴趣、对他人有益的事业中,把智力升华为智慧,习惯于在奉献爱心服务社会的实践中感受生活的快乐。

　　两弹元勋邓稼先自幼勤奋好学,上小学时就通读了莫泊桑、屠格涅夫、陀思妥耶夫斯基以及鲁迅的作品,打下了坚实的中西文化基础。1947年通过赴美研究生考试,翌年秋进入美国印第安纳州学习,由于他对学习有着浓厚的兴趣,不足两年便积满学分,26岁通过博士论文答辩,被称为"娃娃博士"。

之后,主动放弃优厚的待遇、优越的科研条件及舒适的生活环境回到祖国,与王淦昌、彭桓武一起从事我国第一颗原子弹研究。在没有资料、技术设备落后的情况下,把自己封闭起来,如痴如醉地学习、钻研、实践,经常从夜里工作到凌晨三四点钟,然后和衣躺在办公室的长椅上休息,天亮又继续工作。经过长期坚持不懈地努力,攻克了原子弹领域里一个又一个不解之谜,终于在1964年10月,完成了我国第一颗原子弹爆炸。尔后,又用两年零八个月的时间成功研制了氢弹,让中国人扬眉吐气,令世界刮目相看,成为共和国崛起的卓越功臣。

可见,思维作为人的智力的核心要素,其形态的优劣基本决定了学习能力的强弱。一个思维品质好的学生意味着有无可估量的学习天赋,天生是一块学习的料,不管生长在城市或农村,父母文化程度如何,用不着家长多操心,这孩子多半都能考上一个理想的大学;相反,如果思维散乱,有注意力方面的缺陷,即便家庭条件十分优越,可以随便择校,本人也好学上进,但要取得理想的学习成绩难于上青天。

二、心理活动的生理透视

尽管思维作为一种心理活动,在学习中具有如此重要的作用,但它离不开注意的选择过程。学习过程中学习内容能否成为思维的对象,或者思维能否长时间专注于学习,注意是关键性的决定因素。注意,是人的心理对一定事物的指向与集中,它不是一个独立的心理活动。但注意与思维、意识等心理机能密不可分,而且是思维、意识等心理活动正常进行的前提,也是向导。学习时只有注意把学习内容导入思维之中,每一时刻都在对其进行苦思冥想,学习才能有效进行。假如,把人的大脑比作一台电视机,注意是选择节目频道的过程,思维则是电视频道播放的内容,只要注意选定某一频道,才能看到相关内容。

注意有时是有目的的,需要付出意志的努力来维持有意注意,积极主动地将思维导引到学习的主题上来;有时是自然而然发生的无意注意,它是一种消极被动的注意,不需要任何意志的努力。无意注意的情景对象有很大的不确定性,一般不需要意志努力,主要取决于刺激物本身,越是新异的、刺激性较强的东西越容易引起不随意注意,使人们胡思乱想。

思维则是按照一定目的自觉进行的认识活动,有确定的问题情景,还有明确的原始材料、解决问题的方向和进程,必然需要一定的意志努力来实现其目的。学习是对现实情景的理论和概念进行的超前反映,有确定的情景对象,需要有意注意进行选择和取舍,才能保证学习内容永远成为思维的对象。

学业困难的学生注意的选择性集中性功能弱化,有意注意钻不到学习里面去,老师讲课听不懂,学习跟不上,领会不了学习内容的精髓,焦虑、烦恼就会接踵而至。此时,无意注意乘虚而入,开始追逐外界更刺激更紧急的东西,一如同学出个洋相,教室外异常响动等都会将他们的注意力吸引过去,导致思维放弃学习这个主题,正在进行的学习逼迫中断,学习无效果可言。经常有家长说,自己的孩子小学时学习挺自觉的,成绩不错,越大学习越不刻苦,一天不如一天。其实,不排除注意力障碍问题导致学不进去,成绩不理想,出现恶性循环,渐渐失去学习兴趣和动力,消极的情感准备又加剧了学习成绩的下滑。

心病缘于身虚体弱

每个人作为一个健全的个体,单从五官、体貌上看不出太大的差异,但是,机体的生物实体器官以及作为情绪的物质基础——血液等方面的差异却不尽相同。特别是人体的大脑以及五脏六腑本来是最天真的,处于一种浑然天成的和谐格局之中,不管哪一个器官功能虚弱或组织失调都可能导致中枢神经功能障碍,直接或间接地打破人的神经系统平衡,造成情绪紊乱及注意力、记忆力弱化,引发视听、阅读、心算等衍生性学习障碍,最终出现学业困难。据统计,在美国约有40%以上接受特殊教育的学生被认为有学习障碍,约占所有学校儿童总数的4%。

大脑是高级神经所在地,明代李时珍把人的大脑称为"元神之府",具有主管精神和思维以及主持感觉运动的功能,颅内脑髓亏虚,则精神萎靡,情志异常,重者出现抑郁狂躁,神志难安、魂不守舍的分裂状态,坐不住,心沉不下来,学习成为一种虚设的形式。

中科院心理研究所彭聃龄教授指出,注意和其他心理现象一样,是由神经系统不同层次、不同脑区的协同活动来完成的。认为,大脑神经系统的朝向反射现象是注意的最初级生理机制,而注意是由情境的新异性引起的一种复杂又特殊的反射。也就是说,注意的感觉器官具有较高的灵敏度和猎奇性,喜新厌旧,越是新异的刺激物越能引起大脑的注意,而离开原来已经习惯了的对象,不再对它产生兴趣。

注意具有集中性和指向性两个特点。在注意的神经机制中,脑干的网状结构是注意集中性的动力系统,注意是网状结构激活作用引发大脑处于一种兴奋觉醒的结果,当脑干网状结构生理功能较弱或受到意外损伤时,大脑激活水平或兴奋水平普遍下降，注意的集中性、持续性和强度就会减弱。

脑部边缘系统和大脑皮质是注意选择性的重要器官。尽管注意是由网状结构受到刺激引起的广泛兴奋，但是，大脑的普遍觉醒并不等于注意。人的注意之所以指向此信息，忽视彼信息，是边缘系统注意神经元选择性的作用，对不同的刺激做出不同的反应，当环境中出现新异刺激时这些细胞就会活跃起来，而对已经习惯了的刺激产生抑制作用。当边缘系统的注意神经元组织失调或受到损伤时将引起整个行为选择功能的失调，出现思维纷乱的现象，重者导致精神错乱。

大脑皮质是注意进行信息选择的另外一个重要器官，它具有调节、控制皮质下组织和行动的功能。当大脑额叶受到损伤时，他们不能将注意力集中在所接受的言语指令上，也不能抑制对任何附加刺激物的反应。所以，这部分人在安静的环境下能够集中精力，如果有异常声响出现，注意力就会丢下原来的对象跟着新的声响转移过去。

自主神经系统也叫植物性神经系统，是周围神经系统的重要组成部分，它又分为交感神经系统和副交感神经系统两个部分。交感神经系统从脊髓的全部胸髓和上三节腰髓的灰质侧角内出发，以支配五脏六腑和血管活动，是机体应对紧急情况的机构，具有唤醒机体功能，促进兴奋的作用，以对付各种危机。副交感神经系统发自中脑、脑桥、延脑及脊髓的骶部，它的作用正好相反，起着抑制体内各器官的过度兴奋，使身体各系统保持平衡。交感神经系统过于强势，副交感神经系统较弱，遇到刺激时，副交感神经系统的抑制作用得不到发挥，机体就会过度活跃和兴奋，大脑无法安静下来，看书学习不会有好的效果。

下丘脑是中枢神经系统的重要器官，位于脑干上方和大脑两半球的下部，是一个形如鸡蛋的神经团，是调节交感神经与副交感神经的主要皮下中枢，人在接受外界刺激时通过下丘脑可产生高兴和痛苦的情绪反应，所以，它对维持体内平衡、控制内分泌腺的活动和情绪调控发挥着重要的作用。

小脑也具有协助大脑维持身体平衡与动作协调的功能。心理学家加尔脑功能的定位说，或颅相说，认为脑颅骨的外部特征决定了一个人的智力、情商、性格和人品，颅骨突出的人（魏延）有反叛精神。这一理论强调人性、思维方式以及智力水平很大程度上取决于人的生理结构,说它是命中注定有失偏颇,但忽视生物实体器官对思维和气质秉性的影响同样不够科学。科学研究发现,抑郁症、攻击行为和强迫性官能症与大脑中神经递质血清素的不规则之间存在着一定联系,从而导致这些病症均可能表现出适应能力差、爆发性强的特点。

内分泌腺系统对人的心理发展和情绪变化以及有机体的化学合成起着整合调节作用。比如,位于气管下端两侧的甲状腺分泌的甲状腺素能促进机体代谢机能,甲状腺分泌过多,人会变得过分敏感、紧张;分泌不足,使人的精神反应迟钝,记忆减退,容易疲劳。位于肾脏上端的肾上腺,每个肾上腺又分为皮质和髓质两部分,人体缺少肾上腺皮质激素,会出现精神萎靡,肌肉无力等症状;肾上腺髓质分泌肾上腺素和少量的去甲状腺,其主要作用是兴奋交感神经系统,促使血压升高、心率加快、胃肠肌肉松弛,瞳孔放大,对有机体应付突发事件有重要作用。位于大脑底部的脑垂体,是一种重要的内分泌腺,有"主腺"的称呼,能够分泌生长激素、促进性发育成长的激素、甲状腺和肾上腺激素,能控制多种不同的内分泌腺,因此,它对于人的情绪、大脑兴奋或抵制状态起着重要的作用。

此外,生活习惯对人的大脑思维形态也有很大影响,比如长期饱食,大脑中被称为"纤维芽细胞生长因子"增多,毛细血管内皮细胞和脂肪增加,促使动脉粥样硬化,饱食暴饮,导致大脑早衰和智力减退。青少年过量饮用甜食会损害胃口,降低食欲,减少人对高蛋白和多种维生素的摄入,影响大脑发育。另外,睡眠不足,久坐不动,运动量减少都会引起脑细胞衰退,使人变得愚笨。

人的心理机能、心理活动除了与脑神经系统、内分泌腺系统有直接关系外,许多不良脾气秉性和行为习惯还能从身体生物器官上找到病灶,这一点可以从医学理论中得到诠释。

中医理论五脏化五气之说,即人体心脏、肝脏、肺、脾脏、肾脏这五脏转化为气,不同的器官产生不同的情绪,影响人的情感发生变化,导致大脑思维形态各异。即心在志为喜,肝在志为怒,肺在志为悲(忧),脾在志为思,肾在志为恐(惊)。具体表现在:

心脏对情绪的影响结果是欢喜或高兴,称之为"心在志为喜"。心脏有两个功能,一个是推动血液运行,一个是主管人的精神活动,中医称之为"心藏神"又称"心主神明",这个"神"就是指人的心理活动。心气过于旺盛的人精神饱满,过度喜乐可使心神涣散,注意力难以集中。现代社会中,"多动症"孩子越来越多,一个不容忽视的原因是很多家庭殷实,父母、爷爷奶奶、姥姥姥爷视孩子为掌上明珠,百般宠爱,百依百顺,孩子好吃好喝好玩的应有尽有,无忧无虑,整天乐呵呵地活着,很少有内心安静的时候。电视、游戏的综艺节目异彩纷呈,孩子时刻生活在无限幻想的美好世界和漫无边际的遐想之中,意识永远飘移不定,嘻嘻哈哈成为一种习惯,思想行为非常散漫,思维很少有专注的时候。至于那些心血不足、心神失养的学生,则会出现神志不宁,精神恍惚,失眠健忘,精神萎靡,反应迟钝等现象,连记忆力也会受到影响。有的学生记英语单词、背诵课文困难,毫无疑问心血供应方面一定存在问题,他们的努力,很难摆脱学习上的困境。

肝脏对情绪的影响结果是愤怒,称之为"肝在志为怒"。肝脏也有两个主要功能,一是疏泄气机,也就是保证体内经络畅通和气的正常运行;另一个是贮藏血液和调节血的流量。怒是以肝藏中的血为物质基础的,假如肝气不能正常疏泄,向上生发的气机当然会受到压抑,出现气滞或气逆(气的上升太过或下行不及),焦虑不断,经常出现难以名状的不安或紧张,心烦意乱,无法专心思考问题。

从神经质稳定性维度看,焦虑水平适中的人,一方面,可以避免因为压力过大出现的生理性紧张对学习产生的抑制和干扰;另一方面,忌惮学习成绩不好没有尊严,担心不具备相当的文化知识不会有体面的未来,由此产生比较强烈的成才欲望。自尊心强的学生自然对学习本身满怀浓厚的兴趣,有较高的人生目标,保持一种适度持久的紧迫感,在不需要别人督促的情况下同样能保持自觉的学习状态,取得较好的成绩。由于他们直接感受到成功学习带来愉快的体验,而且这些快乐感受使他们对自己智力水平有一个较高的评价,促使个体产生积极的情感准备,愿意在以后的学习中付出更多的努力。焦虑水平太低的人,也称为应激阈限低,遇到一点困难,紧张烦躁,心惊胆战,无法静心学习,知难而退,产生厌学情绪。物极必反,焦虑水平过高的人,应激阈限超高,无忧无虑,欢天喜地、没有理想和人生目标的学生,很可能是一个无所事事的混混,只能苟活一生。

肺对人的情绪影响结果是悲伤和忧愁,称之为"肺在志为悲忧"。肺作为人体的呼吸器官,通过有规律的呼气、吸气,把体内的浊气、废气排出体外,然后把大自然中的清气吸入机体,调节全身气机,促进血液运行和新陈代谢。肺气调和,遇到悲伤和忧愁的事,反应适度;反之,如果肺功能减退,肺气不足时,机体对外界不良刺激的耐受性下降,容易出现过度悲伤,而且这种悲伤带来的低迷情绪能够持续很长时间,导致四肢乏力,慵懒懈怠,思维反应迟缓。

肾对人的情绪的影响结果是惊慌和恐惧,称之为"肾在志为惊恐"。肾的主要功能是主管生长发育与生殖,主管身体阴阳、水液代谢和纳气(吸纳肺所吸入的清气,使呼吸均匀平衡,保持一定深度)。肾精充足,机体受到外界刺激时不慌张,能产生相应的心理调节;肾精匮乏的人,容易出现紧张、焦躁和恐惧不安,对声响等信号非常敏感,拍桌子或关门声大一点,就容易受惊,犯激灵,搞得手忙脚乱,遇到外界响动容易分心走神。正常的人体内部要求保持一个相对恒温,但是,由于现代人特别是青少年大量食用冷饮和冷藏食物,打破了体内的平衡,所以,自保功能就要调动肾精来维持原来体温,由此导致大量元气被消耗,造成肾精不足,一些孩子不知不觉中出现多动症现象。

脾对人的情绪的影响结果是思虑,称之为"脾在志为思"。脾具有消化饮食、吸收水谷精微并将其传输至全身以及统摄血液在脉内正常运行的功能。脾气健运,水谷精微充足,气血旺盛,帮助人正常地思考,考虑问题周详严谨。脾气虚弱,升托内脏无力,导致脾气壅塞结滞,精神疲乏,甚至思虑绵缠,忧心忡忡。有些同学失恋或婚变后很长时间无法走出感情的漩涡,长时间像丢了魂似的,万分苦恼,思想走极端从此终身不娶(嫁);另外一些学生即使被恋人抛弃,像丢了个手巾一样,丝毫不会引起太大的反应,过不了两天又有了新的恋人。他们对待感情问题的态度除了认知差异外,与脾脏健运或虚弱也不无关系。

人的情绪除了取决于五脏这些实体性器官自身功能好坏外,与六腑以及人体阴阳是否平衡,精、气、血、津液是否充沛运行有很大关系。六腑中的胆作为中精之腑,也参与精神情志活动,有的人大脑抗干扰能力差,对外界刺激敏感,经常失眠,其病因很大可能在于胆气虚弱。此外,含有丰富营养物质的津液具有很强的滋养内脏,充养骨髓,滋补脑髓和脊髓的作用。精能化气生血,至于人体中的气和血对人的精神和情绪的影响要说多大都不为过。我们在后面将作为一个重点详细叙述。

此外,睡眠对情绪和学习情感准备至关重要。美国《科学》杂志刊登专栏文章指出,充足的睡眠可以清理大脑毒素,实现大脑的清澈透明。研究发现,大脑神经系统本身处理任务的能力很有限,而淋巴系统拥有一个下水管道网络,它能够将大脑白天产生的烦恼、痛苦和不良记忆等有毒蛋白质液体废物带出体外,避免大脑疾病,使大脑变得更加清晰聪慧。但是,怎么把淋巴系统"清道夫"的功能发挥出来又成了一个问题,直到有一天,科学家通过对老鼠的大脑成像观察发现,鼠类动物在睡觉时,脑部淋巴系统的活跃程度达到了平时的10倍。也就是说,动物包括人类睡眠时淋巴系统的功能最活跃,大脑神经胶质细胞在睡眠时收缩,能够充分打开神经元之间的空隙,分泌更多的淋巴液将白天的不良记忆形成的毒素冲洗干净,达到健脑效果。这一科学发现告诉我们,人类尤其是青少年拥有了充足而高质量的睡眠,等于拥有了聪明的大脑。让"头悬梁、锥刺股"见鬼去吧。

抑郁和焦虑都会影响到睡眠质量,晚上做噩梦,休息不好,早晨醒来后像干了重体力活一样疲惫不堪。有的学生头天信誓旦旦定好的学习计划,休息了一宿,第二天早晨四肢乏力,到时间仍不想起床,父母叫了半天还懒得动,再一催促就烦躁,发出"哎哟,别叫啦,让我再睡一会儿行不行"的抱怨声。等到终于下床了,仿佛一头疲惫不堪的困狮,没精打采,东摸西抠,洗漱、上厕所、照镜子、吃早点,又是四五十分钟过去了,这样的情感准备当然不会有精进的学习状态,学习效果好不到哪里去。

从性格外向—内向维度看,心理学统计表明,在正规的学校教育中,小学阶段性格外向的孩子,成绩一般比较突出,到了中学阶段以及更高的层次,性格内向性的学生成绩会稳步上升。不难理解,小学阶段知识难度系数小,外向性格的学生绝大多数时候能够保持快乐和积极稳定的情绪状态,对学习始终保持好感,机体细胞激活水平高,反应敏捷,尽管他们也贪玩,但理解接收知识快,不需要忒动脑子,只要勤奋一点都能够取得优异的成绩。相反,性格内向的学生较外向的学生反应速度、思维机敏程度相对要差一些,有些快乐指数不是很高的学生,内心被阴霾笼罩,行动懒散,学习热情和积极性时高时低,缺乏主动性和自觉性,最终只能是事倍功半。

然而,到了中学以至于更高层次就会出现相反的结果。随着课程难度系数以及知识的系统性、关联性增大,需要深度的思考和丰富的联想,把相关问题想透厘清。内向的学生稳健的性格优势就显现出来,他们长时间持续不断地关注学习内容,思维不会随便发生转移。在一些非正规的学习教育环境中,性格内向的学生,比较关注内心感受,不会被外界所打扰,一旦对某一问题产生兴趣,自然把它作为生活的一部分,全身心地思考问题,容易在科研、文学艺术领域做出成就。很显然,外向型的学生,爱好广泛,思维稳定性相对较差,认识问题浅尝辄止。有些性格过于外向的学生,注意力难以集中,丢三落四,差错不断,难以取得好的学习成绩。

身体是心理机能及其本性依附的神殿,健康的身体器官形成优良的思维品质和美好健全的心灵,反之亦然。因此,有注意力障碍、精神躁郁倾向的学生,无法潜心探索知识的奥妙,或许会导致性格急躁乖张,难以与身边的人和谐相处。这些心理疾患和不良的气质秉性很大程度上是实体器官功能弱化失调的外在表现,几乎无一例外地能够从身体上找到原始病因。

比如,大脑发育良好,脑部边缘系统和大脑皮质功能正常,注意神经元组织就能比较好地发挥选择性的作用;或心脏推动血液运行功能正常,心之阳气旺盛、阴血充盈,意识清晰,有意注意占据上风,注意就会按照重要事情优先的原则,意志稍作努力即把学习作为注意的首选对象,保持思维专注机敏。反之,身体虚弱、神经系统失调,脑干网状结构、边缘系统及大脑皮质发育不全、组织受损伤失调,兴奋性、调节控制功能减弱;或心气过于旺盛,每天像喝了酒一样精神亢奋,心神不宁,注意力难以集中;或肝气疏泄受阻,经常心烦意乱、沮丧抑郁;或肾精匮乏,出现注意力障碍;或肺气不足,心情持续低迷,无意注意占据上风,注意按照新异优先原则,就会把新奇怪异的目标作为注意的首选对象,学习时分心走神则会成为一种难以克服的生理性障碍。

习得性无助

个体的生理状况与人的气质秉性以及注意的集中性、指向性息息相关，并最终决定着对待学习所持的情感准备、思维品质和学习能力。至于学习态度、心理生理状况以及受教育环境发挥作用谁主谁次因人而异，不妨再借助两个案例来对他们进行具体深入地探讨。

案例一：梦断高考路

姗姗（化名），河南省某中学的一名17岁花季少女，在距离高考还有不到两个月的时候，从教学楼的6层纵身跃下，造成脊椎粉碎，双腿致残，全家顿时像天塌下来一样，阴云笼罩。据医院介绍，那段时间，该学校先后有不下20名学生出现心脑血管方面的疾病被送到医院诊治。在姗姗被推进手术室的同时，另一名高三女生昏倒在教室中，她的同学在网上这样描述：窒息休克，面无人色，后果不明……

姗姗的父亲梁先生工厂下岗后外出打工养家糊口，母亲尹女士一直没有工作，靠卖菜添补家庭生活。从小目睹父母起早贪黑在外面赚辛苦钱，她暗自发誓一定要拼命学、往前奔，将来考上一所像样的大学，找一份体面工作，让苦累了一辈子的父母过上有尊严的生活，安享晚年。初中毕业后，姗姗考入县里唯一一所示范高中，迈出了玫瑰色人生的第一步。她所在的班级是理科实验班，学生成绩普遍良好以上，而比他们成绩更优秀的学生在零班，稍次一点的学生在普通班。

示范高中的学生个个出类拔萃，也许是姗姗的学习基础不够扎实，或潜能在初中时已经挖掘殆尽，上高中后，学习成绩一直不很理想，发挥最好的时候进过全班31名，高一期末成绩全班倒数第9，年级共600名学生她排名400开外。尽管成绩不很理想，但她丝毫没有气馁，狠下一条心与电视、上网、游戏、阅读课外书籍断绝了关系，把学习当成生活的唯一。学校一个月放两天假，每次回到家，她一头扎进自己的房间学到深夜，很多个晚上，妈妈睡了一觉醒来发现她房间灯还亮着，再三催促她才肯去休息。然而，这样拼死拼活地学，姗姗的成绩始终没有进入过班前30名。

打高二开始,不甘落后、执着到了有些倔强的姗姗,不断给自己加码,每天晚上11点钟熄灯后,还要在路灯下再学习一个小时,即使冬天常常裹个厚厚的军用大衣在楼道里看书,希望自己的勤奋能够感动上苍。但是,整个高二她成绩依然起伏不定,期末排名不进反退,姗姗一下子被无情的现实搞懵了。回想起多少个风寒日夜,换来的竟是如此平庸表现,她开始怀疑自己究竟是不是个读书的料。

为了缓解压力,高二暑假期间,姗姗妈打算报个旅行社,找个凉爽的地方带她出去玩一趟,放松一下,她怎么也不肯。20天的假期,除了与一个初中时的同学玩了两次外,其余时间全在家复习,还报了英语、数学、物理补习班。高三开学后第一次月考,姗姗总分历史性地进入全班第21名,全家人喜出望外,她第一次向父母说出了自己理想的几所大学。看到女儿久违了的笑容那样甜、那样开心,姗姗爸说:"只要你喜欢的学校,我们都支持。"

然而,这样美好的回忆持续时间过于短暂,一个月后,姗姗月考结束回到家里,一进门满脸愁容,没说两句话就回到她的房间躺在了床上,沮丧的表情告诉父母,这次又考砸了。以后几个月,她总是打电话说,在学校复习,不回家了。姗姗爸妈中途带着她爱吃的东西去学校看望过两次,看到女儿脸色蜡黄,明显消瘦憔悴的样子,姗姗妈心疼,连续好长时间彻夜难眠。

高三第一学期期末考试成绩出来后,姗姗排名一下滑到全班第48名,创下高中以来的最差纪录,眼看还有半年就要高考了,这样的成绩上本科都有些悬。整个寒假期间,她不愿见人,过年几天连亲戚家也不好意思去。有几次,妈妈推开门看到女儿在那抹眼泪,心里五味杂陈,不止一次劝慰姗姗:只要努力了,不上大学咱照样吃饭。可是,每个人心里都很清楚,社会忒功利,没有过硬的文凭,处处会受到掣肘,被人瞧不起。可是,谁也没有想到她却在高考前产生了轻生的念头。

这样的悲剧并非个别现象,而在三个月之前的一天,姗姗的另一位同学,排名全年级第五的复习班学生小虎猝死课堂。在同学和老师心目中,小虎性格温和,智德兼优,从没有做过离谱的事,绝对是北大、清华的苗子。后来经医生证实,引发小虎猝死的真正原因是先天性心脏病。有点医学常识的人都清楚,一连串的致残、致病、致死事件,都源于繁重的学习任务造成的难以承受的精神压力,这样令人震惊的不幸消息几乎每年高考前后都能听到。

案例二:落榜裸奔

洋洋的父亲李木是国家公务员,母亲赵雅琴大学毕业后进入一家 IT 企业,10 年时间华丽转身成了一家公司的高管,家庭生活条件优越,在他们那个小城市算得上资格的白领。自小生长在一个殷实家庭的洋洋漂亮乖巧,性格开朗大方,一向要强的赵女士希望女儿能够延续自己的成功,成为精英。然而,从初中开始,母亲发现宝贝女儿学习成绩很是一般,从此,工作之余她不再参加社会应酬,下班就回家,还报了三个双休日培优班,陪护女儿补课学习。母女俩风里来、雨里去,忙忙碌碌奔波一年下来,洋洋学习成绩却没有明显提高,望女成凤的赵女士对培优班的教学水平产生了怀疑,初二期末考试后打算重新找一个水平更高的培训机构。

一天,她从网上搜寻到一个面向家庭经济条件优越的高端教育机构,针对一些面临中考、高考的学生提供一对一的家庭教育服务。老师均为当地重点中学的一级、特级教师,费用一般每年在 30 万—60 万不等。她立即与这家教育机构取得了联系,很快达成初步协议。正式签订合同之前,培训机构要对洋洋进行智力测试,结果发现,洋洋有注意力涣散症状,这个意想不到的结果令赵女士感到有些突兀。

尽管赵女士知道注意力障碍是学习之大敌,但是,素有"女强人"之称的赵女士就是不信这个邪,她认为,只要有决心、有毅力就没有办不成的事。反正,她不能眼看女儿就此成绩初中毕业去上那个"烂职高",平庸一生。一般表面强势的人,很多时候内心都比较虚弱和缺乏自信,洋洋妈妈也不例外。她特意带女儿到省城一所名牌大学附属医院,对洋洋心理及学习能力进行了测试。得出的结论与上次检测结果如出一辙:智力中等,有轻度注意力涣散障碍。

心有不甘的赵女士再次来到这家培训机构寻求解决办法,专业老师认为,无法保证学生考上重点高中,可以承诺考上普通高中。无奈之下,赵女士只好接受了这样的现实,双方签订了一份新的合约:一年费用 30 万元,保证洋洋考上普通高中。

从初三开始,这家教育机构每天安排3个老师轮流为洋洋上六七个小时的课,另外还要利用3个小时的时间由一些在校大学生进行课外辅导。效果还真不错,中考时,洋洋以超出总分26分的成绩顺利地考上了一所普通高中,还进入实验班,全家人看到了一线希望。

打上高中起,习惯了"一对一"上课的洋洋,不太适应大课教育,思维总是跟不上老师上课的节奏,也不善于自己总结归纳,主动学习发现问题、思考问题的能力比同学差一大截,成绩开始出现下滑之势。赵女士很快发现了所谓"一对一"这种特殊家教的弊端。

到了高二,她果断做出提前退休决定,把全部精力集中在女儿身上,全职保障女儿的学习生活。洋洋每天一放学回家,赵女士就做好了可口的饭菜,一边吃饭一边询问今天上什么课?有什么作业?练习成绩如何?翻来覆去问这些问题,时间长了洋洋开始有些烦躁,隐约有一种不愿与母亲交流的感觉。赵女士见自己关怀备至的宝贝疙瘩开始有意疏远自己,心里顿生疑窦,担心洋洋有啥不愉快的事,一有机会就不停地盘问这盘问那,洋洋十分恼火。

本来一个善解人意的姑娘,看到母亲对学习如此在意,而自己成绩与母亲的期望差距甚远,时常感到有些歉疚,认为自己不争气,让能干的妈妈脸上无光。有时候课堂上也在想这些乱七八糟的事,很难把精力用在学习上。也许是思想负担重、压力大的缘故,到了高三,洋洋经常出现失眠,上课走神,成绩一下滑到全班倒数几名。看到女儿回到家少言寡语的样子,稍不随心就大为光火、摔东西,洋洋妈顷刻间方寸大乱,不知如何是好。不得不带女儿去看心理医生,诊断结论是,轻微抑郁症,需要药物治疗。医生一再提醒赵女士,切忌提出过高的成才期望对女儿施加压力,防止过激的言行刺激。

眼看离高考越来越近,洋洋只好一边服药,一边备考,在妈妈的百般呵护下病情得到较好控制,情绪也渐渐稳定了下来,勉强通过了高中会考。但是,和其他有"高考恐惧症"的学生一样,洋洋对高考的反应似乎过于强烈,一听到模拟考试、填报志愿之类的话语就发怵,浑身冒冷汗,情绪极不稳定,莫名其妙地一会儿哭、一会儿笑。不过,在药物的帮助下总算顺利地度过了那场令人惊心动魄的命运大考。随着高考大幕落下,洋洋的心情总算平静了下来。

然而，在漫长的等待过后盼来的却是一个悲催的结果，当洋洋接到高考成绩单时，总分195分这样糟糕的成绩像一盆冷水狠狠地浇在了她的头上。她一下傻了眼，无法相信这样的事实，更无颜面对父母那期待的眼神，情绪一落千丈，一连几天把自己关在家里不吃不喝，更不愿出门。看到女儿忧伤的样子，洋洋爸妈毕竟是受过高等教育的人，尽管心情有些不爽，但并没有过多地责备女儿，表现还算镇静。反倒洋洋思想上始终迈不过这个坎儿，整天闷在家里，时不常大喊大叫："我要上大学！我要上大学！"

妈妈又带着女儿去了一家精神病医院，在医生的心理干预和药物调理下，洋洋的病情有了好转。在家休息几天后，父母合计着先给女儿找份临时工作，让她接触一下社会散散心。然而，洋洋神经敏感、心理异常脆弱很难融入社会，刚刚在外面干了一个多月就觉得同事关系不好处，内心委屈不愿再上班了。无奈之下，一家人商量好决定让洋洋上个技工学校，学一门手艺以便将来有个职业，洋洋也表示同意。

开学那天，赵女士带着女儿去技校报名，交了报名费，洋洋看到整洁的校舍脸上露出了轻松的笑容。回家的路上洋洋妈又开始对女儿进行思想教育，鼓励她珍惜机会，好好学习，不要辜负父母的一片苦心。还没说几句，洋洋突然焦躁不安，歇斯底里地和妈妈嚷了起来。看到学习如此糟糕女儿非但不觉得内疚，反而恩将仇报对自己如此无礼，赵女士气不打一处来，压抑多年的怨恨悉数爆发，对女儿噼里啪啦就是一顿数落。令人意想不到的是，洋洋因为高考完败非常自卑，情绪极度混乱，根本无法分清楚父母教诲的正面意义，情绪再一次失去控制，坏脾气任由自己的性子发作号啕大哭起来，对妈妈爆料说："我不上技校了！"

母女二人为此争吵得更加激烈。过了一会儿，赵女士见女儿仍然非常执拗，只好做出妥协让步，两人重新来到学校退钱。由于当时大厅噪音太大，正被内心矛盾搅得六神无主的洋洋，随口来了句"报名费不要了"，说着扭头就要走。五六千块钱说不要就不要，哪有这么简单的事，赵女士连忙上前拽住女儿的衣服，让她等会儿再走。

出乎所有人的意料，可怕的一幕突然发生了，洋洋挣脱了母亲拽住的衣服,沿着大街向前奔跑,一不做二不休,三下五除二脱掉身上所有衣服、鞋子,一丝不挂地在大街上开始裸奔。赵女士赶忙追了上去,在其他好心人的帮助下洋洋才被拦了下来,重新穿上衣服,直到爸爸闻讯赶来,洋洋的心情才渐渐平静下来。

这两起案例,折射出应试教育激烈的竞争和紧张的学习压力正在给青少年的身体和心理造成怎样的巨大伤害,说不清有多少花季少女少男成了高考的牺牲品。

我们知道,对一个有正常智力的学生来说,只要对学习有积极的情感准备、专注机敏的思维品质,具备与教学水平相一致的认知准备,且有水准相当的老师,学生一般都会取得较好的学习成绩,考上自己心仪的学校。案例一,姗姗学习踏实认真、自觉性强,凭借自己能力考入示范高中实验班,表明学习基础比较扎实,老师的教学水平也不容置疑。看来学习成绩无法保持优良,除了思维专注和机敏程度平平外,还真看不出有其他原因。

案例二,洋洋已经专门机构鉴定为轻度注意力障碍,但赵女士崇尚"不怕想不到只怕做不到"的信条,不信这个邪,试图用高水平的"一对一"教学弥补洋洋的心理和智力上的缺陷。然而,从根本上忽视了这种教育方法需要依靠老师不停地提醒诱导,强制性地把注意力集中在授课辅导上。也就是说洋洋每天上六七个小时的课,全靠老师的不断提醒来强行集中注意力理解授课内容,填鸭式的灌输并非是内在的生理性(自觉)集中,完全是在被动地听、机械地学。一旦没有了老师的跟踪辅导和督促,大脑思维头绪纷乱不清晰,听课质量打了折扣,当然只能达到部分学习效果。

其次,这种强制性高密度的灌输,很少给洋洋留下独立思考和消化问题的空间,造成她主动分析解决问题的能力弱化,根本感受不到学习的乐趣,部分抹杀了学习的内在动机,失去了学习的主观能动性。所以,到了高中时,洋洋重新回到正式课堂,没有了耳提面命这种强制性提醒诱导,注意力又时断时续地散乱,听课质量下降的同时学习成绩下滑也就顺理成章。

程度不同的注意力障碍,是案例中两位学生共同的毛病。对这个问题,除了个别学生因为不求上进、贪玩,受外界环境诱惑分心等非生理性原因外,大多数学生症结都在大脑注意的神经机制出现生理性疾患,左右不了自己的大脑,导致思维习惯性散乱。姗姗亲眼目睹了父母的艰辛,渴望通过读书改变家庭命运,让父母过上好日子,她勤学苦读,最终习得性无助,难以实现自己的目标,显然属于后者;洋洋生活在一个比较温馨的家庭,父母知书达理,自己好学有上进心,学习态度及行为习惯无可挑剔,其思维散乱很可能有生理方面的原因。两个案例告诉我们,无视身体器官对思维品质乃至于学习能力的影响,当然要承担由此带来的不良后果。

美国罗斯·W·格林博士在《如何引导暴躁的孩子》一书中有这样的论述:"我们任何人都不能做自己力所不能及的事情,无论奖励是多么令人心动,或者惩罚是多么让人深恶痛绝。换句话说,如果芝加哥公牛队付给我迈克·乔丹的薪水,要求我像迈克·乔丹一样打球,我会非常兴奋,跃跃欲试的(是的,我很可能会浮想联翩,有了这 3000 万美元,我能干什么呢),但是,我的篮球技艺仍然平庸无奇。噢,也许,我偶尔会有个精彩绝伦的灌篮动作,然而,请相信我,尽管你从未欣赏过我的篮球技艺,我的精彩表演也不会层出不穷,令你应接不暇。如果芝加哥公牛队因为我未能像乔丹那样球技高超娴熟而惩罚我,我会变得沮丧,一蹶不振。而且很有可能还困惑不解——我到底怎么了(还有那些对我有不着边际的期望的人们,他们到底怎么了)?"

了解了生理要素对每个青少年的学习能力和脾气秉性的影响,其意义在于昭示家长老师要对学习和教育方法有个全新的认识,树立新的教育理念,便于对学习成绩上不去和脾气秉性不好进行正确归因,给孩子合理的成才期望和科学的择业指导。比如,当我们迫切希望孩子能够取得优异学习成绩,考上一个理想的大学,而且为他们请家教、报课外班、择校花费了家里很大一部分积蓄,但孩子仍然没有达到我们的期望时,就要想到孩子思维品质可能出了问题,心静不下来,也许压根儿不是一个读书的料,以便给他们正确的认知指导,并理性地降低成才目标,没必要再去挤高考那个独木桥。只要有好的身体,干什么还不吃一碗饭,这当然是一个智慧家长应该做的。

三、青春躁郁症

青少年个性的两个最明显变化是,从依赖他人到开始走向自立;从一切顺从父母到坚持自己独立思想。很多学生成人感越来越强烈,容易形成自我虚高,不太在意他人的见解,每每出现与老师、父母的抵触心理,甚至有主观偏执倾向。青少年时期心理发育滞后于生理发育,身心处于非平衡的矛盾状态,一些学生经常会感到压抑和困惑。同时,由于学习任务繁重,思想压力增大,相当一部分学生在本该天真烂漫的年龄出现了"狂风暴雨与阴雨绵绵"交织在一起的躁郁情绪,一会儿神情紧张,焦虑烦躁不安,急躁任性,刚愎自用,只要不符合自己心愿的事即刻大发雷霆,或用极端的行为攻击对方;一会儿内心又被低迷情绪和阴霾笼罩,精神抑郁,多愁善感,思想消沉,自信心全无,在需要自己做主的时候瞻前顾后,遇到困难叫苦连天。这种青春期的焦虑、抑郁交织在一起的现象就是成长躁郁症,它是直接导致青少年学业困难和人格畸形发展的内鬼。

"气阻",让我心不由己

成年人或许没有忘记,自己青春期的孩子平时性格还算温顺,一般很少与父母急,尤其是节假日间没有学习任务时温顺乖巧,通情达理。但是,一到学习期末大型考试前,本来一个可爱少年一夜之间变得不可理喻,或沮丧郁闷,乱发无名火。有的孩子,在长辈或父母的同事朋友面前满脸堆笑,客气、有礼貌,在外人眼里人见人爱,然而,与父母在一起时少言寡语,说话刻薄。客观地说,这些躁郁现象大都是青春期特别是学习压力带来的生理性烦躁,在生理指标和健康水平低下、身体虚弱,但自尊心超强的学生身上表现尤为突出。罗斯·W·格林博士在《如何引导暴躁的孩子》一书中指出,"注意力障碍以及抑郁症、精神分裂症等都是由一种神经生物化学的易患病体质引发的",这种患病体质通常是遗传性的"。

比如,手机不离身已经或正在成为青少年注意力散乱的罪魁祸首,但是,在学习时,不同孩子对父母限制手机的要求会表现出迥然不同的态度和反应。

甲,妈妈:"儿子,手机关了吗?"

儿子:"好的,正在发最后一条短信,立马就关。"愉快接受妈妈提醒。

乙,妈妈:"儿子,手机关了吗?"

儿子:"知道了,就知道唠叨。"表示服从,但感到有些不耐烦。

丙,妈妈:"儿子,手机关了吗?"

儿子:"关了,关了,关了,怎么那么烦人。"产生抵触情绪,火气已到临界状态,随时可能一触即发。

丁,妈妈:"儿子,手机关了吗?"

儿子:"爱关不关,关你屁事,瞎操什么心!"听到违背自己意愿的话立即火冒三丈,攻击对方,什么话解气用什么话回击,管不了那么多。

在不少家长看来,四个孩子的差别是对待学习的根本态度以及教养问题。其实这只是表面现象,除了甲之外,其他三位学生都程度不同地存在着躁郁症现象,有明显的焦虑或抑郁倾向。症结大多在身体的器官上,比如说肝藏功能失调,肝气疏泄不畅,向上生发的气机受到压抑,出现气滞或气逆(气的上升太过或下行不及),造成心烦意乱,神情紧张等。由于主要脏器生理指标的差异,造成应激阈限高低不同,对妈妈的提醒表现出异样的生理心理反应,并最终通过不同语态表现出来。儿子甲生物实体器官功能优良、神经系统平衡性好,应激阈限高,对外界刺激耐受性强,能够理性地接受别人的见解和劝导;儿子乙、丙次之,儿子丁,应激阈限最低,多少有点不满意的地方即大发雷霆,表明他的身体某些器官或组织存在明显的生理性问题。

对于那些有神经质倾向者,他们的交感神经系统反应强烈,边缘系统激活阈限偏低,多愁善感,喜怒于形,对周遭的人和事非常敏感,多少遇到点好事就心花怒放、得意忘形;受到轻微挫折或别人的冒犯即刻暴跳如雷,怒火中烧。一些饱受焦虑困扰的青少年,脾气暴躁,精神平衡被打破,稚嫩的心逐渐失去应有的弹性而僵化,好冲动,思维方式非白即黑,产生心理应激,行事冲动,不理智的极端行为在所难免。湖南某初二男生小姜,刚上初中时学习成绩还属中等,到了初二,由于上网成瘾,不跟老师请假、频繁逃课,晚上翻围墙进网吧。班主任和校长多次进行教育劝导,一句都听不进去,还跟老师瞪眼睛、拍桌子。在他自制的一张日程表这样安排一天的生活：上午睡觉,下午上网,晚上与朋友玩。在他的心目中,学校就是个临时客栈,爱来就来,想去就去,来去自由。有一天,父母苦口婆心地提醒他不能再这样了,否则就把自己废了。放在懂事孩子,都认为父母亲这是好心好意关心自己,会说："好,我知道了！"或知道错了,不吭气,都说得过去。小姜非但不听,还用威胁的口吻说："我就是不想读书,你们要再烦我,逼急了我就（从楼上）跳下去。"焦虑人人都有,显然,小姜的焦虑程度已经超过了正常范围,有了明显心理障碍的迹象,大脑已经部分或正在失去理性和控制,认知出现盲区,思想严重失衡。根本想象不到自己任何一个任性过激的行为都可能会给自己的家庭造成难以挽回的损失,甚至是灾难性后果。

患躁郁症的孩子因为精神紧张性格倔强,多半一根筋、认死理,喜欢钻牛角尖,情绪来了对父母老师有看法,你道理讲得再多、理由再充分都说服不了他们,即便错了也死不悔改,一错到底。心理学认为他们脑神经"线路"被堵塞,称为大脑上锁或道德关门,思维无法正常运转。

美国麻省医院史蒂夫·杜兰特博士认为,稍微遇到不顺心的事就发脾气,并不是孩子们故意与父母对着干,而是受到外界意想不到情况刺激后身体上出现"气阻",不由自主地发无名火。他的同事罗斯·W·格林博士还形象地用机车发动机"气阻"现象,对暴躁孩子发脾气的生理现象进行了诠释。汽车的发动机高速运转时产生热量,由于散热系出现问题,过度的热量使发动机的油路产生气泡,汽油流入发动机,导致发动机熄火,无论司机怎么猛踩油门或重新点火,汽车都发动不起来,除非等到发动机彻底冷却下来。

同样的,一般孩子做了错事内心都会难过,埋怨自己不争气愚蠢。此时,父母过分责备批评,他们体内热量增加,头脑发热而怒火中烧。作为长辈看到小屁孩犯了错误还发这么大的脾气都会以所谓负责任的态度, 期许用大道理或批评惩戒措施压制让他们改过向善。实际上这样做唯一的结果只能加剧他们的挫折感,使一个暴躁型孩子因"气阻"而神经中枢失控,丧失思考能力,从而陷入更大的思想混乱,直到彻底崩溃。这个时候,无论家长怎么用力"踩油门"——讲道理、说好话、奖励、责骂、惩罚都无法使孩子改过自新。只有当父母及其他人都不再理他,自己气消冷静下来时,才会认识到自己的错误。但下次遇到类似情况他们又会重蹈覆辙。

比如,有的家庭妈妈劝导正在玩游戏的孩子停下来好好学习时,往往会出现这样的尴尬。

妈妈:"儿子,别玩啦,快去学习,考不上大学今后打工都没有人要你!"

儿子:"别烦人,现在正是关键时候。"

妈妈:"你这没出息的孩子,还敢跟我顶嘴!"

儿子:"闭上你的臭嘴。我没出息,还不是你这个傻子妈生的。"

妈妈一句看似平常的话,为什么会激起儿子如此强烈的反击。不妨从儿子的角度来寻找他彻底崩溃的轨迹。其实妈妈"快去学习,考不上大学今后打工都没有人要"的提醒,一开始在我心平气和的时候,听起来倒不觉得刺耳,有一定道理。

但是,每个学生都知道考个好成绩脸上有光,谁也不愿意成绩差让别人看不起。平心而论,在学习上我确实努力了,成绩就是上不去,可父母不理解,总认为我贪玩,故意不好好学习,把"下点功夫,好好学!"当作"口头禅"来关心教育我。事实上,这样口号式的提醒对我学习没有一点作用,听多了反倒特烦,内心沮丧,时间一长听到这些老生常谈的废话就会出现"气阻"。妈妈就成了爱唠叨、给自己制造不愉快令人讨厌的人,当然只好用"别烦人"的气话来回击她。

这样一来,妈妈觉得成绩不好还不接受批评教育,试图变本加厉,用"你小子没啥出息,还跟我顶嘴!"的言语来制服我。

本来我已经出现"气阻"了,负面情绪充斥大脑,妈妈犀利火辣的言辞就像导火索一样,瞬间点燃我体内的炸药,大脑乱成一锅粥,理智迅速衰退归零,什么话解气就说什么话来回击。进而尖叫,不知怎么就说出自己平时根本不愿意说的粗话来:"闭上你的臭嘴……"妈妈听着当然更加伤心、愤怒,这还是儿子说的话吗,从此,我们俩都更加气愤,情绪彻底失去控制……

事情过后,我又恢复平静和理智,对刚才自己污言秽语和不成体统的失礼行为深感内疚和懊悔,悔恨自己没有人性,渐渐产生自责自卑心理。但是,等到下一次听到类似唠叨时,我的"气阻"再次发作,又会撒野,情绪失控,采取极端的报复行为,而且彻底崩溃得越来越频繁,犯混时一次比一次激烈。

有人可能觉得躁郁症孩子大发雷霆之后会痛快一些,其实不然,他们也不理解自己为什么会是这副德行,经常受到良心的谴责,一生都忍受这种令人苦不堪言的精神折磨。

多动综合征

多动综合征是一种思维过度活跃散乱,精神紧张,以至于多语乱动,感官承受刺激能力较低,遇到突发性情况容易感情冲动、任性,是儿童和青少年轻微脑功能障碍综合征,医学界把它视为一种慢性神经精神发育障碍性疾病。他们智力正常或接近正常,但注意力不专注而导致学习困难,又称为注意缺陷多动障碍,是躁郁症的另一种表现形式。由于多动症经常表现出与年龄不相称的注意力涣散,突发奇想与众不同,有学者把它比喻为失去协调性及和谐性的交响乐。当然,有些多动儿童思维发散,想象力丰富,不乏许多人经过自己的聪明和勤奋成为某一领域的知名人士。

多动综合征,是感觉综合失调导致学习行为与情绪上的障碍。脑科学研究发现,多动症儿童的脑电图出现过多的慢动作,说明多动症儿童有轻度脑损伤的原因,也有一部分可能是脑功能成熟迟缓引起的。主要表现在:

一是注意力缺陷障碍。注意力缺陷是多动症的核心症状,大都因为脑神经机能受到损伤,像断了线的风筝一样,无目的地在天空中随风飘荡。有注意力缺陷障碍的学生平时精神烦躁,坐立不安,注意力集中时间短暂,即便安静地坐在那里,心思根本没有用在老师的授课内容上;读书时,眼睛瞅着书上的文字,脑子却在想其他更新鲜、更刺激、更急迫的事情,书中文字所表达的意思并没有进入大脑;思维和行动活动过度,上课随意插话,经常轮不到自己发言时就抢话头,急着说出答案;做事无条理,计划性差,喜欢玩小动作,每每因为健忘、丢三落四而"失聪"。

二是情绪调控障碍。单纯注意力缺陷障碍的孩子,充其量会出现一些学业问题,到了成人或许智力上稍差一点,一般不会出现太严重的肢体侵害行为。当注意力缺陷引起思维散乱与精神高度紧张的问题混合在一起,容易造成情绪失控,适应环境能力差,很平常的一件事即产生过度反应;经常敏感多疑,稍微遇到外界刺激就会感到愤愤不平,迅速而且频繁地丧失自我控制,日常生活大麻烦接踵而至。一些脾气暴躁的孩子受到外界刺激大脑出现"短路"、发懵,想不出有条理的对应办法,蛮不讲理,大喊大叫,很多孩子用不礼貌的语言顶撞父母后也常内疚和后悔。然而,下一次遇到刺激时还会继续撒野。重者产生攻击行为,不知轻重地咬人打人,不但直接影响学习,甚至导致犯罪。有关数据统计表明,情绪调控障碍引起的犯罪正在成为一个现实的社会问题。

孙女士和赵先生精明能干,经过十多年打拼,在市区买了房,全家人的户口也由乡下迁入省城,儿子在城里上起了小学,邻里十分羡慕。

然而,有一天,当孙女士正要准备吃饭时,发现自己碗里的饭颜色有些异样,以为是丈夫加放了调料,没想到刚吃了一口,就尝到苦味。顿时感觉有些蹊跷,在她的"逼问"下,儿子小强承认是自己把家里存放的"咳特灵胶囊"翻出来,趁妈妈不注意时偷偷地放进了她的饭碗里。

一个小学生为何要对亲生母亲下"毒药"?儿子小强道出了让人啼笑皆非的原委:"妈妈爱管事,早想毒死她,和父亲一起过。"听到这样的回答,可能包括孙女士在内的每个家长都会感到不寒而栗。父母辛辛苦苦把孩子拉扯大,可现在竟然要把母亲置于死地。

也许有人对孙女士的管教方法产生置疑,其实孙女士也有一肚子的苦水。儿子小强3岁时,他们就发现自家的孩子比同龄人要好动得多,到医院一检查,医生诊断为"多动症"。小强上小学后违反纪律成了家常便饭,有时还偷拿同学的笔和橡皮等文具,学校迫于无奈给他单独安排了一个座位。回到家做作业时,他总是不停地敲打桌子,家长一说,敲得声音更大,折腾得邻居经常上门来找麻烦。孙女士夫妇给别人说不完的好话、道不完的歉。有一次,孙女士陪小强出去玩,小强随手用棍子敲一个小孩的头,那个孩子的父亲不分青红皂白,追着打了小强依然不解气,还扇了孙女士两个耳光。孙女士哑巴吃黄连,有苦难言。有时,为避免孩子惹事,孙女士好几次忍泪用铁链将孩子拴在床头。

孩子自控能力差,不守规矩,老师和学校意见很大,小学阶段在周边五六个市县转了十多所学校。每换一所学校,孙女士和爱人都会轮流去陪读一段时间。可过不了二三个月,人一混熟,孩子又旧病复发,惹是生非,学校即以多动症影响其他同学上课为由令其退学。从此,小强小学未毕业就一直待在家里。

邻居孩子的家长知道小强自控能力差,喜欢惹事,都不敢让自家的孩子和他玩,小强一个人孤单地呆在家里无所事事,更加烦躁、叛逆。孙女士一批评教育就顶嘴,大吵大闹,有时竟然与父母动手,把孙女士的身上抓得伤痕累累。一次,还自言自语地说:"再对我不好,我会干掉你。"孙女士为此痛苦得伤心落泪,提心吊胆,经常失眠,丈夫不在的时候,不敢开着卧室门睡觉,生怕儿子一念之差对她下毒手。

长期致力于青少年精神疾病研究的首都医科大学附属北京安定医院副院长、儿童精神科主任郑毅教授认为,多动症患者中约30%不能正常高中毕业,只有20%能进入大学学习,而仅有5%至12%最后可完成大学学业。注意力障碍特别是多动症不但导致学业障碍,更容易出现情绪障碍,使他们的社会功能受损,产生不良社会交往,不理智地挑战权威,习惯于用攻击行为解决人际纠纷。郑教授还曾经对北京、上海少年管教所67名平均年龄15岁的少年犯进行过比较系统的调查研究。结果表明,他们中有注意力缺陷多动障碍的青少年比正常同龄人高出6—10倍,而且呈现低龄化、团体化、暴力化趋势。

三是认知转移障碍。即大脑思维从一种情境转移到另一种情境时出现的转换困难。认知转移障碍的学生大脑反应迟钝,行为笨拙,灵活变通能力、身体协调性差。好比一辆车子,静止时起动慢,行驶中停下来又困难。他们的大脑长期处于兴奋状态,课间活动时满场飞,乐此不疲。由于脑部边缘系统和大脑皮质部分功能失调,注意选择性无法正常发挥作用,无意注意始终占据上风。上课时别的同学很快忘掉课间休息的事,静下心听老师讲课,专心思考学习上的问题,他们的大脑仍然沉浸于此前操场上快活刺激的场面,念念不忘那开心时刻，不能迅速进入课堂新的角色中去；睡觉时满脑子全是白天经历的那些激动人心的场面，要么对沮丧的事件耿耿于怀。

游戏、演唱会、足球比赛电视转播以其新奇多变、刺激和完美的视听效果吸引青少年的大脑神经。思维专注的学生注意的选择功能强，容易在学习中感受到快乐，找到精神寄托，对能够给自己带来美好未来的文化学习充满向往，而对这些让人感官获得暂时愉悦的游戏等保持必要的克制，即便玩的时候说停立即就停下来。当玩游戏或看电视的时候，父母提醒孩子到了学习时间时，尽管他们会感到有些遗憾，但不快和失望的情绪相对适度。马上会想道：是的，作业比玩更重要。进而，坚决果断地中断游戏或正在观看的电视，投入到学习中去。对于认知转移障碍的学生来说，无意注意占据上风，对新异刺激兴趣正浓，要让他们中断依依不舍的游戏，思维从游戏或电视情节转移到读书学习的状态，无异于让一个毒瘾发作的瘾君子立即扔掉毒品一样，那是很要命的。于是，敏感的神经遭受强烈刺激，即刻出现"气阻"，发出"别烦人""关键时候，闭上你的臭嘴"的强烈抗议。当然，一些学生尽管行为上没有明显的多动症，但是，脑多动同样会出现认知转移障碍。

认知功能转移障碍衍生出的另外一个不良现象是社交能力欠缺。由于认知转移缓慢，遇到陌生人或新的环境，心理上一下子会产生不适应的感觉，惊慌失措而造成精神紧张，不知道如何随机应对。一时找不出准确的词汇来表达自己的思想情感，语无伦次，面红耳赤，不敢与陌生人打交道。有的学生公众场合发言事先想得很清楚，但一站起来或走上讲台脑子一片空白，瞬间"死机"，不知该说啥，照着稿子念还结巴。

认知转移障碍还会衍生出执行功能欠缺的毛病。由于注意力涣散，多动症的孩子有认知转移障碍，即大脑思维从一种状态转移到另一种情境比较困难，面对新的任务他们迟迟不能行动，纵令行动了也是慢热，很难一下子进入情况，非常磨叽。比如，晚饭后，规定7点半开始做作业，很多学生到了时间仍然对玩割舍不下，父母督促时，一般也要磨蹭一会儿。好不容易到了书桌旁，但不能马上进入学习状态，脑子里全是刚才玩或看电视的内容，还在那里回放刚才电视的主要情节，对精彩的片断回味无穷，或围绕刚才画面在书本上胡写乱画一通。所以，许多孩子做作业、干家务动作迟缓，不一定全是主观故意,部分缘于认知功能转移障碍,导致执行新任务的功能失调。家长刻意要求他们雷厉风行显然是强人所难,只能造成他们更大的不快。

多动症患者主要发生在 6—14 岁的儿童中,男孩患病率高于女孩。病因病理多为遗传引起的忧思惊恐过度,也有分娩时或产后轻微脑损伤,或后天护养不当,病后失养等。神经生化研究表明,注意力障碍可能与中枢神经递质代谢障碍和功能异常有关,包括:多巴胺和肾上腺素更新率降低,多巴胺和去甲肾上腺素功能低下等。

中医理论坚持认为,儿童多动综合征涉及心肝脾肾,心阴不足,心火有余,则出现心神不宁,多动不安;肝肾阴虚,肝阳上亢,导致注意力不集中,性情冲动执拗;脾失濡养,造成心思不定,静谧不足,兴趣多变,言语不能自控;肾精不足,脑海不充则神志善忘,造成阴阳平衡严重失调。

成长躁郁症及其多动症,表现出的焦虑和抑郁,其病根同样在机体的五脏六腑,均可归因于"脏躁"。心理学家卡特尔研究发现,智力特质包括学习80%—90%与遗传有直接关系。英国著名作家理查德·怀斯曼在他的《59 秒》一书中有这样的叙述:大量研究表明,每个人的快乐大约有 50%是由遗传基因决定的,这是很难改变的,有 10%的快乐取决于环境(教育水平、收入、已婚或单身等),当然,这些环境也不是那么容易改变的。剩下 40%的快乐感来自于你的日常行为,以及看待自己和他人的方式。这些研究结论是对上述心理困惑的最好诠释,告诉人们遗传基因导致的亚健康,对一个人的心理习性和智力水平以及学习能力影响不可小视。因之,青少年学习注意力不集中或精神躁郁等症结多半属于生理性问题,任何试图用讲大道理的方式想改变生理上的毛病只能是隔靴搔痒,依靠个人意志努力来解决问题大都也是徒劳。有必要更新观念,开阔视野,从优化生物实体器官入手来探索并解决问题的办法。

不让一个孩子掉队

自我关注儿童学习成长教育问题始,不时会听到家长这样痛苦的抱怨:

"想起孩子,我都快崩溃了。穿耐克、阿迪运动服,用的是苹果电脑,生活上应有尽有,可整天就知道玩,学习一塌糊涂,真要命。"

"我家孩子读高二了,报了一大堆补习班,天天学到半夜,但只见辛苦不见效果,连本科线都达不到,我都快要崩溃了!"

"一提到孩子的学习,我感觉自己就要崩溃了。孩子上初中了,成绩跟不上,稍微说他两句,瞪着眼睛跟你急,简直无可救药了!"

看到不少孩子被学习重负压得焦头烂额,一个个原本纯真可爱的天使突然间变得冷漠、暴躁、亲情全无;面对无数个家长歇斯底里的呐喊、绝望,一些家庭濒临崩溃的边缘,每每使我对青少年的学习教育一次次陷入深深的思考之中。

乡间很多土路上的小草,因为走的人太多被无情地踩死,但一场雨过后,小草会默默地发出新芽,从泥土中钻出来,几天不见就长得绿油油的,有的还开出鲜艳的花朵。小草的成长经历告诉我们,任何生命都有其惊人的自然向上的生发力。

生命科学告诉我们,每个人内里都潜藏着巨大的能量,有的人潜藏在表层,多少有点阳光就能破土发芽,茁壮成长;有的人潜藏得比较深,需要花费很大气力和时间,掀开压在上面的巨石,给予充足的阳光和雨水滋养,才能绽放出鲜艳的光彩。

有一个朋友钟杨,自小残疾,行动不便。爸爸妈妈很小就告诉他,肢体上有点缺陷算不了什么,咱们有强大的内心、不屈的精神,就没有战胜不了的困难。钟杨任何时候都把父母的鼓励铭刻在心,学校给他上学来去自由的特殊关照,学习成绩也不参加排名,但他婉拒了校方的关照。不管刮风下雨,每天总是第一个到教室,悄无声息地在那里看书学习,成绩始终保持在中上游水平,高中毕业后还考上了一所不错的大学。

大学毕业后,因为身体原因他开了一家便民商店,街坊邻居除了在这里买到生活必需品,每次还能从他甜蜜的微笑、诚挚的问候中感受到一种久违了的亲切和快乐。也许是这种微笑和诚挚的关爱成了他取之不尽的无形资产,成了他在这个诚信严重缺失社会的一张独具魅力的名片,现在他的商贸公司遍及全国十多个城市,出行时总有三四个帅哥美女陪伴在他的左右。

学业困难、性格叛逆的孩子从根儿上讲,因为学习压力太大,或成长环境恶劣、缺乏雨水阳光滋养,长期精神紧张,部分或全部失去自我调节功能。

对待这些卷入太深的孩子当下要做的不是灌输大道理，也不是想当然地提出各种要求对其行为做出限制，而是需要创造一个相对宽松的适合他们生长的成长环境,放飞心情,放松精神,让内心平静下来回归理性,唤醒内在活力。相信，只要为人父母者用足够的耐心和诚挚的爱心把孩子高尚的动机激发出来，他们心灵得到觉醒，自己会寻找说服自己的理由，自然就心归正路。

　　做到这一点,不是说说而已,也不啻需要静谧温馨的文化环境,还有赖于优化个体的生物实体器官。即通过有意识的呼吸调整,特别是循序渐进的瑜伽、冥想等,放松心身,将体内的惰性物质充分的呼出体外,把大自然的清气吸入体内,渗透到每个细胞,使情绪性格的物质基础——血液的生理指标和纯净程度得到优化,生物脏器细胞得到充足的能量后鲜活起来,增强的机体活力,自控力、专注力和创造力得到提高,终将促进思维品质和气质秉性发生根本性改观。同时,用心关照呼吸,把思想从各种私欲和妄念中拉回来,即可塑造出一个有教养最智慧的头脑和平和淡定的心灵,加速自我完善,将最期望实现的美好人生传达给身体的每个细胞,灌输到身体以及每天的生活,固化下来形成一种习惯,他们的人性必然会闪烁出智慧的光芒。

　　人的生命只有一次,再令人头疼的孩子,即便是一个恶贯满盈的孬种,任何人也没有抛弃他们的权力,作为父母更没有放弃他们的理由。原因再简单不过,在他们的体内蕴藏着无限的潜能,袖手旁观任凭其颓废是对生命的不负责任。不让一个孩子掉队,乃我们共同的宣言,没有这样的决心和信心不配为人父母。

四、教学相长

精神的三个维度

人的精神状态有抑郁焦虑、亢奋激越、平和淡定三个维度。

一是抑郁焦虑。高节奏的生活,人们承受着空前的压力,不少学生包括成人很多时候都生活在没完没了的担忧、恐惧、怨恨、愤怒和焦虑之中,即便物质上已经应有尽有并心满意足,但大脑仍然烦躁不安,思维混乱,偶尔一件看似平常的事都会引起情感波动。莫名其妙地情绪低迷和沮丧,导致抑郁的人日渐增多,无法掌控自己的心情,被负面情绪牵着鼻子走。

只要生气发火,处于抑郁焦躁状态,对事物的判断分析失去偏颇,常常做出南辕北辙的决定。抑郁的人长期情感压抑会形成低自尊人格,变得懦弱、猥琐,看待世界一片漆黑,对他人漠不关心,往往消极被动地处理问题。一如那些早已被上学考试折磨得愁眉苦脸、老气横秋的中学生,白天黑夜心从来没有安静过,心思无法沉浸在当下最要紧的事情,始终对学习爱恨交加,很难真正在读书中找到乐趣,每天猫着腰趴在书桌前学习,成绩终究不尽如人意。这样的人一生很少有过畅快日子,眼看着青春年华和生命的能量白白流逝,最终让幸福悄悄从身边溜走。

当人精神处于焦躁状态时,神情紧张,思想失去平衡,智慧持续走低趋向零。他们仿佛进入了一个阴暗狭窄的隧道,对周遭的一切视而不见,思维单一死板,对事物的判断分析失去偏颇,常常做出南辕北辙的决定。这些有焦虑倾向的人每每表现出敏感多疑和对立情绪,走向社会后把别人颇具建设性的见解拒之门外,总是用极端的方法处理问题。在我们身边一些有很好专业背景和业务能力的青年才俊因为不能驾驭自己的情绪,不分场合发飙,辛辛苦苦创造的工作业绩让糟糕的人际关系化为乌有。所以,每个人都要和生命有个郑重的约定,再大的事也不能用生气和自己过不去,同时,还要把情绪调整当作必修课,通过炼心培养制感,使心灵更加平静和谐。

二是亢奋激越。心情喜悦,精神亢奋时虽然思维行为方式积极向上,但过于兴奋容易头脑发热,精神涣散,找不着北,注意力无法集中在重要而有意义的学习上;尤其是部分性格外向的人思想肤浅缺乏严谨,只考虑眼前利益,没有长远眼光,工作生活无任何品质可言。有时还会得意忘形,鲁莽行事,做一些出格的蠢事。在我们华人的酒文化中有这样一个顺口溜,没喝酒之前大家是窃窃私语(谨慎、理智),酒杯一端甜言蜜语(兴奋),两杯下肚豪言壮语(来劲),酒过三巡胡言乱语(思维紊乱),回到家里一言不语(喝高了郁闷),第二天到了单位少言寡语(沮丧、难受),别人提及酒桌上曾经做出的承诺,摇头不语(醒了)。这个酒文化段子讽刺了酒肉哥儿们的虚伪嘴脸,但反映的是酒精的兴奋作用加速心脏跳动,导致人的精神异常亢奋率真肤浅。所以,一些商务活动,习惯借助饭局谈生意,酒杯一端拉近感情距离,打消了顾忌和戒备心理,容易就某些问题达成共识。有些领导经常酒过三巡口无遮拦,拍胸脯表态,做了很多愚蠢的决定。试想,在我们的校园吃喝风盛行,心沉不来,整天浮在面上轻飘飘的,怎么能培养有独立精神的建设和科研技术人才。

人的心灵好比一扇窗户,长时间不去擦拭,难免沾满油污,思想被无知蒙蔽,无法欣赏到大自然的旖旎风光。每个人的内心都有一片绿地,不去打理只能是杂草丛生,一片乱象;一旦用心管理,不时除草浇水,稍经阳光雨露滋润,荒芜的草地将会成为一个整洁而美丽的花园。抑郁焦虑或亢奋等情感没有被驯服的人,心灵容易荒芜,要么消极被动地生活,要么跟着感觉走,稀里糊涂活着,难免受困于不良心境苟活一生。

三是平和淡定。精神宁和愉悦的时候身心放松,大脑清明透彻,思维专注深邃有品质,反应机敏,接受信息精准,表现出很强的学习能力,很容易培养起积极勤勉的人格特质和建设性性格倾向,智慧达到顶峰。

人都是依据自己的知识经验和此时此刻的心境对自己的能力进行评估,然后经过反复权衡再决定自己的行动。抑郁性格的人在被夸大的自卑情感驱动下,多数时候都会做出保守消极的选择;焦虑感太强的人,一天到晚惶惶不可终日，这种缺乏安全感的心理会下意识地产生聚积财富的欲望，很多时候用非建设性构念不择手段地追求物质生活的优越来补偿自卑。精神亢奋激越的人，思想开放，胆量过人，喜欢感情用事，常常用极端的方式冒险行事。心情平和淡定的人做事比较理性，善于听取接纳别人的建议和主张，取舍得当，在人生的关键时刻都会做出成熟完美的选择。

同时，心情平和愉悦的人，在生活中表现出成熟的仁爱情感，善待自己和身边的人，恰当地表示自己的不满情绪，在服务社会、造福人类的实践中体现人生价值。

我的书房有一个"老板椅"，下面四个轮子，手轻轻一带就能灵活移动。尽管轮子是胶质的，每次挪动时还会发出轻微的声响。爱人也常提醒我拉椅子时一定要轻点，以免打扰楼下住户，我尝试过多次，再轻还是有声音的。所以，在夜深人静看书写作过程中内心愉悦平和时，为了减少噪音我尽可能把这个有些笨重的大家伙抱起来挪动。然而，不得不承认，我也不是每回都这么绅士，间或内心烦躁的时候也就没有想那么多，顺手一推，爱响不响。在此，我为个别时候的自私不德行为深感内疚和歉意。当然更希冀愉悦平和常态化，让自己的善言善行成为一种习惯。

教育的四种境界

低级层次——惩戒。"不打不成才"是我们老祖宗传下来的教子理念，尽管已经或正在被现代文明所唾弃，但仍然有不少父母顽固地把它当作家庭教育的看家本领。尤其是一些家长，稀里糊涂把学业上不去归因于孩子没有理想抱负和学习愿望，怕吃苦，欠揍，一发现孩子学习不用功、成绩下滑或生活上的违规行为立即采用辱骂、体罚的方式进行惩戒式教育。这样原始的低层次的行径折射出我们有相当一部分家长虽然穿上了文明时代的外衣，但是，满脑子还是封建礼教思想的残渣余孽。在他们心目中，惩戒是一种传统而古老、既简单适用又见效快的教育方式。平心而论，采取惩戒的教育办法，也许当时能起到恐吓制止错误的作用，但是，并没有告诉孩子正确的方法是什么，受教育者只知道机械地服从，下一次遇到类似问题依然不知道该怎么做。比如，对于那些贪玩的孩子骂两句、抽几下，他们也许马上能够老实下来乖乖地学习。然而，他们注意力不集中，学习内容进入不了脑子，坐在那里未必一定是真正地学习，对学习没有兴趣，学业困难的问题依然永远无法解决。

用更加严厉的惩罚方式（拳头）对叛逆、喜欢使性子发"牛"脾气的孩子进行管理矫正更不可取，弄不好还适得其反。每打骂惩罚一次，孩子就会因为精神紧张影响正常思维，导致脑压增高、热量增大，"气阻"出现的频率就会多一分，从而加剧他们的挫折感，形成恶性循环，反倒为他们恢复理智设置了障碍。

在家庭教育中，惩戒的最大的弊端是容易造成孩子的低自尊人格，家长教育孩子时怒目圆睁的狰狞面孔形成的强大威慑力，给孩子造成忌惮犯错误的心理隐患，在往后的成长过程中谨小慎微，不敢冒丝毫风险，抹杀了孩子的原创性思维。

当今的学生从小承受着繁重的学习压力，家长用简单粗暴的方法过多干涉孩子的行为方式，割裂亲情，也使孩子自尊心和人格受到伤害，很容易引发多动症。历史的脚步已驶入 21 世纪，遗憾的是很多家长的脑子还停留在那个原始荒蛮的时代。我不止一次从媒体上看到竟然有家长为防止那些调皮捣蛋管不住的"野孩子"滋生事端，用铁链子把他们拴起来，这样有灭绝人性的暴行直接造成孩子"气阻"愈加严重，使轻微注意力障碍恶化，导致精神分裂症。有关资料显示，违法犯罪的人经过法律惩戒出狱后，大多数人都不会真正服气，有的人还会继续作恶，危害社会；小部分人会消极处世，真正改过向善的人不是太多。可见，责备、辱骂、肉体惩罚，对青少年身心健康造成的沉重压力和伤害不可小视，这样愚昧可笑的教育方法对孩子很不公平。

习惯于用惩戒教育孩子，有"棍棒下面出孝子"落后的封建教育理念的影响，同时，也是家长不良情绪失控的必然产物，当看到孩子有了过错时，气不打一处来，名为教育，实际上是宣泄自己的愤怒，它是一种最没有文化涵养的低能的教子方法。这样的家长首先自己缺乏健全的人格，只能用低劣的方法教育孩子。因此，说惩戒是教育（权当它是教育）的低级形式一点不为过，和驯养低级动物没有两样。

初级层次——讲道理。青少年的成长教育是一门深奥的学问。应该承认耐心细致并富有哲理的思想教育对青少年世界观和价值观的形成大有裨益,纵观历史上无数社会精英人物,都是传统思想文化教育的产物。

然而,我们还是有必要理性地看到,思想教育绝不是万能的,比如,尽管许多成人心里清楚思维品质,特别是专注是学习的关键所在,但是,也不得不承认很多家长对思维专注的科学内涵的理解还仅仅停留在理论层面,为数不少的家长死心塌地认为孩子学习不专注,或经常出现情绪失控和认知转移困难的问题,根由在于孩子学习不认真、缺乏毅力,是主观故意。有一些家长认为那些性格倔强、不听话与父母对着干的学生缺乏教养,很少有人从心理和生理方面寻找症结。还有一些家长挖空心思,试图用说服教育改变认知,期待成长中的孩子学会克制约束自己,集中精力学习,或性格变得温顺听话一些。然而,大多数都事与愿违,无果而终。

用近似于学术性的行话启发青少年改过向善是我们最擅长使用的教育手段。不可否认,讲大道理有提高人的认知水平的作用,对于极个别积极上进、有向善愿望的个体会产生一定的教育效果。不过,由于许多教育者所讲的道理只是在传播一种普适价值观,并不是从内里说出的心里话,对普通人特别是那些思想被错综复杂的矛盾搞得精疲力竭的人而言,很难让他们内心平静下来,只会引发更大的烦躁。

人类最难改变的是惯性思维,纵令一些有很强说服力的教育也许当时听着感觉很好,有修复完善自己的意愿,但是,要把这些美好的愿望变成现实,难度的确不小。很多孩子接受父母老师教育时不停点头,愿意改过向善,但事后把什么都忘得一干二净,仍然会我行我素。

人心同然,每个人都经历过美好的学生时代,盼望自己的孩子能够有个专注圆融的气质秉性,有的家长时常提醒孩子学习时要集中精力。然而,很多事情说起来容易做起来难,有没有想过,我们教育孩子好好学习,嘴上说得头头是道,但自己平常也很难坐得下来,更甭说有看书的习惯,多数时候都是在用闲聊、打扑克、玩麻将消磨时光。每当受到委屈或遇到不公平对待时同样很难管理好自己的情绪,任凭坏脾气发作把事情弄得狼狈不堪。由于人们最难驾驭的是自己,所以,我们许多想到的事很难做到。

可以想象得到,那些平素爱发脾气、犯浑的孩子,多数时候并不是有意而为之。因之,单纯用一般说教的方式要求孩子保持耐心,不要随意发火,走出低迷情绪的困扰,开开心心地过好每一天,平和冷静地处理突如其来的事件,真的不是解决问题的办法;用批评或其他更加严厉的措施制服他们,也很难达到想要的目的。有些孩子会因为抑郁焦虑引起恐慌和不安全感,导致对财物有着强烈的贪婪欲望,以至于灵魂被功利锈蚀,道德之门关闭,对各种行为规范置若罔闻,再动听的说教犹如"对牛弹琴"。

很多家长在没有搞明白教育是咋回事的情况下,着急忙慌用空洞的大道理教育引导孩子,结果,出力不讨好,孩子反倒认为家长思想幼稚、爱唠叨,与你感情越来越远。

在我们国家有一道举世闻名的风景线,不是四川的九寨沟,也不是桂林的漓江和海南的天涯海角,而是开大会的会场。平常衣冠楚楚的正人君子,往沙发上一靠,很快进入梦乡。耷拉着脑袋,一张张方脸、圆脸、瓜子脸,白脸、黑脸、猪腰子脸,或愁眉苦脸、嬉皮笑脸;或仰面朝天,或闭目斜视,或低头沉思,居心叵测,各打各的主意,憨态可掬,哈喇子水飞流直下三千尺,滑稽无比。虽然很多高层会议因为打瞌睡被媒体曝光,还有的因此丢了官,但我们开会睡觉的问题依然存在,包括主席台上还有人睡觉,你讲你的我睡我的,咱井水不犯河水,你睡我也睡,不睡白不睡,睡了也白睡。

开会睡觉的问题丢尽了中国人的面子,败坏了会风政风。但是我们还是应该理性地看待开会睡觉的问题,多问问为什么睡? 应该说,能参加会议的人起码都是有一定身份、学识、修养的组织人,为数不少的人有头有面,位尊权重,我是一方诸侯。睡觉意味着什么,意味着你讲的东西平淡无味,或为了显示自己的高尚、纯洁、伟大、有学问,来几句名人经典、空话、大话、老调重弹,或高谈阔论,他丝毫没有兴趣。谁见过演唱会有睡觉的,谁见过金正昆、易中天老师讲课有人睡觉吗? 原因在于他们的讲课、讲座内容精彩,引人入胜。

许多社会团体每年进行的主题思想教育整顿,兴师动众、劳民伤财忙得半死,有多大作用和效果? 每个人都心知肚明。那些教书育人的师者、人类灵魂的工程师他们懂得的道理不比其他人少,也屡屡做一些伤天害理的事,这告诉人们思想教育真的不是万能的,有非常大的局限性。沈阳大贪官马向东在澳门10多次赌博中,有9次是在外出读书学习培训中发生的;广东省茂名市常务副市长杨光亮在中央党校学习期间,恶习不改,把同时包养的两名情妇先后带到北京鬼混,足以说明他们早已被各种诱惑弄得六神无主,以至于灵魂被功利和色欲锈蚀,对伦理道德包括各种行为规范置若罔闻,思想教育当然流于形式。

我曾经接触过社会上一些浪荡小青年和杀人、抢劫、寻衅滋事的犯罪分子,他们几乎人人胳膊上都文有一个"忍"字,这个"忍"字不是简单地写上去的,多数是用烟头或烧红的金属器具烫就的,也有的是用刀子割开后,再涂上墨汁文出来的,其难受程度可想而知。足见,既然这些"哥儿们"已经觉悟到自己自控能力差的问题,并忍受巨大疼痛,文上一个"忍"字来克制、警示自己,防范火暴子脾气发作,为什么还事与愿违走上犯罪道路?说明不良的脾气秉性很大程度上是生理性原因造成的,单纯的教育或依靠毅力进行自我约束,很难使不良心理和冲动得到有效控制。

北京人韩雷,14岁时因为偷盗自行车被拘;18岁在公交车上与人挤碰,将对方打伤而第二次被拘;22岁因盗窃小汽车又被判处无期徒刑。韩雷服刑期间经过思想教育和世界观的改造,对耻辱的过去进行了深刻反思,认为自己从小脾气不好、爱冲动,主要是因为自己知识不够。他下决心痛改前非,重新做人,获得假释。出狱后,他坚持读书学习,改邪归正,并参加成人自学考试,先后有五门课程考试合格。同时,靠着母亲的贴补,租了一间房子,办起了养羊场,一个月赚几千块钱,生活渐渐走上正轨。

2013年7月23日晚,39岁的韩雷乘坐朋友驾驶的小车与李女士因为停车问题发生口角,韩雷气愤不已拍了一下李女士的胳膊,引起对方的极大不满和谩骂,继而厮打在一起。此时,恼羞成怒的韩雷感到"有火不敢发",无法控制自己的情绪,又不敢继续打人,于是,他迁怒于李某之幼女,从婴儿车内抓起李女士女儿——孙某某(殁年2岁10个月)举过头顶重重地摔在地上,迅速逃离现场。孙某某因重度颅脑损伤死亡。

近十年的时间,河南省连续四任交通厅长因为经济问题落马。第四任交通厅长董永安毕业于西安交通大学,应该说他不缺知识,知道什么该做什么不该做。董走马上任后给全厅党员干部上了一堂题为《牢记宗旨、秉公用权、作风民主、生活正派,为建设公路交通强省做出更大贡献》的党课。还信誓旦旦地承诺要以前车为鉴,在这个位置上安全着陆。然而,非常滑稽的是,董在任期内重蹈覆辙,受贿近3000万元,被判处无期徒刑。他在悔过书中这样写道:"我从一个泥瓦匠升任厅级领导干部的过程中,不止一次地接受过领导干部廉洁从政的警示教育,面对许多次叩问心灵的警示教育,哪怕有一次真正触及内心深处,我也不会走到今天的地步。"

高级层次——示范引导。近朱者赤,近墨者黑。在我们生活中,各个领域许多的成功人士、道德楷模,浑身上下充满令人肃然起敬的人格魅力,散发着强大的正能量,具有很好地示范引领作用,诱发人的情感发生共鸣,激活人们向善的原始动机。长期耳濡目染他们的善言善行和卓越成就,一般人都会被其崇高精神所感染。即便那些情绪低迷、思想颓废的玩主,良知也有可能被唤醒,并为自己的卑微感到愧疚,自觉自愿地从感情上产生完善和重塑自我的冲动。纵观那些从知识分子或普通工农家庭走出来的杰出人才,除了他们的个人奋斗外,父母的良好修为给予的不言之教或许是他们成功的另外一个不容忽视的重要因素。

当然,这些范儿打动人心的前提是他们在某一行业取得非同寻常的伟大建树,大脑有一定制感,有一个强大的内心,其所为和举动在人们心目中有至高无上的地位。完全是依赖自身的人格魅力感化人塑造人,如果凭借舆论人为地渲染拔高培养出来的高大全形象,只能让人敬而远之。

不过,我们还应该清醒地看到,只有思想相对纯正且有提高自己修为愿望的人,榜样的力量才能够在他们身上真正地发挥教育引领作用。对于那些有躁郁倾向的个体,抑郁、焦虑与他们形影不离,每时每刻心烦意乱,即令道德楷模恐怕也很难让他那颗忐忑不安的心安静下来,更别指望他们有条不紊地把事情做好。

最高层次——培养制感。心理学家罗杰斯认为，人的心理成长成熟根源来自个体内部而不是外部力量。青少年学生常见的注意力散乱和青春期躁郁等问题，一般有情感（或态度）性和生理性两个原因。对于情感性抑郁或因为贪玩（学习态度）引起的注意力不够集中的问题，采取讲道理沟通和家长示范引导感化的方式或许能起到一定教育作用。然而对于大多数青春期的学生思维散乱、反应迟钝以及脾气秉性乖戾等，属于人体器官功能弱化的生理性原因，一味地责怪埋怨孩子，或用单一的说教手段提高认知水平，基本都是徒劳。对这样的孩子唯有从改善生理器官入手，清除体内惰性物质，驯服精神，让机体细胞平稳地兴奋起来并培养起制感，才是拯救孩子的唯一方法。

培养制感是通过优化机体生理指标从根本上提高精神的平衡性和稳定性，逐步使个体形成专注淡定的气质秉性和阳光开放、宜人乐群的性格。从而有效地管控自己的情绪，面对外界诱惑和不良刺激时有定力，能够保持很强的自制力，而不是改变认知或依靠意志努力来实现情绪平和稳定和注意力的集中。精神及其情绪主导着人的思维和行为方式，人在很多时候受抑郁、焦躁情绪的影响，注意力无法集中在当下最要紧的目标上，不良心境还会把周遭人际关系搞得乌七八糟，受到别人的白眼和责备。于是，他们拼命地保护自己、排斥他人，特别厌恶别人对自己指手画脚，即便很有哲理的说教都会引起他们的反感。我们经常遇到这样的事，家长越是想让孩子这样，他们偏不这样做，反其倒而行之，你要再强调自己的主张多么千真万确，他就会立刻跟你急。不但是青少年这样叛逆，成人思想压抑的时候也会耍小孩脾气。有一个家庭，太太因为拒绝要孩子引发先生提出离婚。当进行法律调解时，她蛮有道理地说："一开始，我本来是想要孩子的，但因为婆婆太急，整天唠叨着想早点抱孙子，我听到就特烦，越是经常催我快要孩子，我偏不想要。"所以，当我们抱怨自己孩子铁石心肠软硬不吃，不听话，好心当成驴肝肺时，切勿再追着孩子强行让他们接受自己的主张，即便你真心为他们好，在乱麻般的心境下，他们也很难做出正确的选择。不妨洒脱一点，放开手脚任他自由自在飞吧，相信有朝一日撞了南墙，自然有幡然悔悟的时候。中国健康教育协会近日的一项调查显示，我国有 1461 万—1979 万个孩子患注意缺陷多动障碍——即多动症，绝大多数患儿通过科学的心理和生理调整到青春期逐渐好转而痊愈。

如果你是一个责任心忒强的父母，不忍心看到孩子掉队，甚至要把本来平庸的他打造成出类拔萃的精美，那就先让自己淡定下来，当自己变得平和理性能够给孩子创造一个宽松愉悦的生活环境的时候，有了和睦而书味较浓的家庭气氛，且父母举止优雅成了孩子心目中的偶像，他们自然会产生良善的愿望和进取心。此时再去引导他们培养制感，把心静下来。假以时日，你的举动会有意无意地成为他们模仿的对象，孩子们一定能够右克服不良情绪、提高思维专注力方面发生可喜的变化。可以肯定地说，培养制感是一个人从平庸走向智慧的不二法门，也是教育的最高境界。

五、呼吸——心灵的保护神

用心呼吸精神爽

有人或许会说,"江山易改,禀性难移"。大多数青少年学业困难、情绪低迷、性格暴躁等问题多半是遗传或生理性缺陷。对他们骂不得,打不得,而批评教育又不起作用,难道这样的孩子真的就没有救了吗?当然没有那么悲观。尽管生活中不少学生思维散乱,大脑像一团乱麻,理不出头绪,读不进去书,稀里糊涂凑凑合合地混日子;还有一部分人完完全全是个一碰就炸、死不改悔的"犟驴""炸药筒",有些"阴肚子"(抑郁气质)一生很少体会过什么是真正的快乐和幸福。我还是要负责任地告诉诸位朋友,只要肯用心,不良脾气秉性完全可以得到彻底改观。因为"江山易改,禀性难移"原本就是一个彻头彻尾的伪命题,里面至少存在着三个误区。

其一,把精神疾患与思想问题混为一谈。很长一段时间,国人受左的思想影响,对人体内的神(精神)一概斥之为封建迷信,无限夸大和渲染"无神论"思想,把人的精神妖魔化。在意识形态领域内,相当一部分人曲解"神"的含义,对神无限上纲上线,认为,抑郁、焦虑等精神上的毛病根子在思想不纯,是道德层面的问题,抓好思想教育就可以包治百病,未免过于天真。

其二,对病的认识过于狭隘。我国的心理教育严重滞后,加之,经济相对落后,观念陈旧,关于"病"的认识非常狭隘,只有"受伤、疼痛难忍、吃不进去、拉不出来"等外显性疾患才算有病。很少有人关注心理疾患,睡不着、精神不佳、发无名火等亚健康压根儿不算什么毛病,只要还有一口气,能吃喝能干活就行。相当一部分人有病只知道吃药打针,不注重改善生活习惯或借助精神调理提高健康状况。以至于不少人长期处于低迷情绪不愿去看医生,即使一些明显偏执或严重焦虑的人也碍于面子放弃治疗,任凭不良心境摆布,事业受损,痛苦一生。

其三,把思想教育等同于心理疏导。心理咨询是一种认知心理治疗,侧重于对心意层面引起的心情、情绪混乱进行调理,以培养制感,而思想教育解决的问题是人生观价值观出现偏差引起的言行举止的混乱。改革开放以来,尽管我们重视了精神卫生预防和心理干预,然而,很多心理门诊在对患者进行心理治疗时,仅仅采取一些简单而空洞的大道理来进行疏导,结果是大话满天飞,没有通过改变生理机能来调和生物机体,使心理干预的效果大打折扣。由此,让"江山易改,禀性难移"的谬论大行其道,成了颠扑不破的真理。

究竟世上有没有改变不良脾气秉性和提高思维品质让孩子们健康成长的锦囊妙计呢?轻松愉快地度过花样年华,感受到生命真正的意义,回答是肯定的。这也正是我历经10年的研究写作本书的真正目的。事实上,学习其实并没有那么复杂,你可要耐着性子听我慢慢道来。

世间一切活的生命每时每刻都在发生着变化,蚕蛹冲破茧的束缚享受到自由的快乐,种子破土而出成为参天大树,这些自然规律提醒人们,任何有机体都有一种天然向上的力量在各自环境中拓展自己的生存空间。大多数情况下,尽管遗传因素很重要,但是,决定人与人在事业和成就上差异的仍然是后天的学习环境和努力。日本学者铃木先生坚持认为,所有刚出生的婴儿的大脑就好像一张没有任何东西的白纸,如果要在这张白纸上画出各种美丽的图画,只要在他们成长过程中给予适当刺激,脑细胞就会发生意想不到的变化。

行为主义创始人约翰·华生一贯坚持时势造英雄,环境改造一切。很早就提出了一个让世人惊讶的结论:"给我一打健康而又没有缺陷的婴儿,把他们放在我所设计的特殊环境里培养,我可以担保,我能够把他们中间的每一个人训练成我所选择的任何一类专家——医生、律师、艺术家、商界首领,甚至是乞丐或盗贼,而无论他的才能、爱好、倾向、能力,或他祖先的职业和民族是什么。"虽然这一论断有些绝对,但是,忽视了对心智和性格的有针对性训练,等于放弃成长的机会。

爹妈给我们的是一个肉身躯体和原始的心,这好比计算机的硬件,而后天的成长环境以及由此形成的思维、认知习惯、情绪情感则可以看作软件，我们既可以升级扩容，也能够用最先进的软件使它的功能最优化最大化。只要让心与呼吸相伴而行，把体内固有的能量激活，促进脏腑和神经系统功能改善，完全能够使不良的脾气秉性和注意力障碍的问题从根本上得到改善，疲惫不堪的心就会安静下来，成功对你而言就不再遥远，快乐自然不请自来。

我是恢复高考后通过中考上的高中，因为思维品质一般，全校高中一六个班按成绩分班我被分在了六班，当然与大学无缘，只考了个部队中专，读的书少得可怜。工作后，因为学历不高眼光高、本事不大脾气大，平庸地走过大半生。后来，我坚持有意识的呼吸练习，循序渐进培养制感，虽然在事业上没有太大作为，可是，眼下我的专注力有了出乎异常的提高，不管在地铁、公交车或机场，随时随地都能旁若无人地阅读，在读书和写作上收获颇丰。精神上的富有带来了令人难以置信的幸福感，谁想让我生气发火不是那么容易的。

神，即精神，是生命精气神的总称。医学理论认为，人的精神、心理活动以及造成个体情绪差异大都以血液为物质基础，血液的纯净程度及成分指标决定了精神是否饱满，有无抑郁、焦虑病等亚健康症状。从根本上说，神之功能活动正常与否离不开血液对脏腑的充分濡养，血液纯净、血脉调和畅利，人的精力充沛，神志清晰；反之，血液不纯、循行不畅必然精神萎靡，神志恍惚。然而，血液的生成、运行、固摄又离不开气的作用，气不但参与并促进血液生成和净化，还是血液循环的动力，气的固摄作用保证血在脉中运行而不逸出脉外。这就是所谓的"心息相通"，血与神相得益彰，气与血相辅相成，气机调畅则血液纯净，并在脉中循行畅通，促进神志清晰欢畅。

心气推动心脏正常搏动，心脏搏动又为血液在全身循行提供不竭的动力，再通过动脉将血液输送到全身各处的毛细血管，滋养、激活身体每个脏器。然后，把含有废气和毒素的血液通过静脉毛细血管带回心脏，并送入肺中，在此过程中肺气对血液的净化起着无可替代的作用。

中医理论自古就有"肺朝百脉"之说，即血液通过血脉会聚于肺，经过肺的呼浊吸清,实现清浊转化,完成血液净化和循环。在此循环中,从心脏动脉流出的血液呈鲜红色,为脏腑器官输入营养带来活力;从各脏器返回到静脉的血液暗淡无光,含有机体产生的大量二氧化碳废气和有毒成分。这些充满污秽的血液重新流回心脏的右心房,当心房的血液充满后自动收缩,强迫血液穿过房室之间的开口,依次从右心室流回肺部。带有废弃物的血液回到肺部,成千上万的肺泡与肺部毛细血管网紧密相贴。呼吸时,空气中清新的氧气进入人体肺部后,与血液中的血红蛋白相融合并发生化学反应,为身体提供造血能量,并把体内各处血液聚集而来的废物所产生的二氧化碳气体排出体外,使血液得到净化。这些含氧丰富的血液经过肺静脉流向心脏的左心房,再到左心室,经主动脉重新为每一个细胞、组织、肌肉和器官提供营养,使整个身体充满活力。

在血液循环过程中,肺的呼吸功能肩负着清道夫和加油站的重任,通过呼吸实现体内外清浊之气的自然交换,使肺部得到清洁,肺活量增大,促进人体水液净化和血液循环,维持生命的活力。肺功能好,呼吸舒缓悠长,新陈代谢进行得充分,能够很好地将静脉血管的废物带出体外,防止废弃物或毒素再次流回心脏、混入血液循环系统,侵害各生物实体,危害生命健康;然后,让大自然中更多的清新氧气进入体内,融入血液,提高血液的纯度,为脏腑提供充足的营养,其能量被神经系统接收,供思维、意识、行动利用和消耗。

采用鼻腔呼吸时,鼻孔两个狭窄弯曲的通道内富含无数鼻毛和鼻黏膜,大自然赋予了它们过滤和湿润暖化冷空气的作用,把空气中的灰尘杂物、细菌和病毒挡在外面,温暖吸进来的冷空气,避免纤弱的咽喉或肺受到刺激和侵害,然后通过鼻涕清除干净,给人带来健康和强壮。

现代人整天南来北往,疲于奔波,很少有人注意到,伴随着烦恼、抱怨、仇恨、愤怒这些不良情绪进行的呼吸,其"气水"中会产生一定惰性物质和毒素,污染我们的血液,蚕食脑细胞,无度挥霍机体能量。如果呼吸急促浅表,只有一部分肺部细胞参与呼吸,大部分肺活量流失,吸入大自然清气稀少,吸清呼浊的功能无法得到很好发挥,新陈代谢过程中血液没有得到彻底净化,身体器官或组织不能得到充分的营养而产生功能性障碍,很容易引发各种心理和生理疾病,或导致血液病发生。

我们可以发现,在生命的各个阶段,由于呼吸状态不同导致人们精神健康程度各异。婴儿降生前脐带与母胎联结,进行的是腹式呼吸,腹部带动胸腔一同起伏,从深邃而绵长的呼吸中获得充足的能量,促使血液循环和经络通畅,血液得到净化,器官的能量得到较好补充,心灵纯一,无任何杂念。幼儿时期,依然延续了腹式呼吸这种神奇的呼吸方式,可爱的宝宝们吃饱喝足之后香睡如"猪",睡醒之后眼睛一睁,总是笑得那样纯真、甜美,乖巧活泼可爱,精力充沛,从早到晚活蹦乱跳,乐此不疲。

一旦进入儿童和青少年时期,很多孩子过早地承受了学习的重压,有的常常受到父母责备而生气,两肩下意识地上耸,背部开始僵硬,有意无意把呼吸遗忘,呼吸从此变得短浅急促,细胞内新鲜氧气的含量逐渐减少,血液中废气和惰性物质增多,纯净程度降低,导致精力不再像往昔那样充沛,活力也开始下降。

到了成年,工作压力与日俱增,妄念烦恼不断,正常的生活节律被熬夜、暴食暴饮打乱,破坏了自然的呼吸习惯,呼吸越来越浅表,只有肺的上半部分参与呼吸,大部分呼吸器官长时间处于闲置状态,没有得到很好开发利用和锻炼而出现萎缩。体内二氧化碳等毒素难以及时排出,造成血脉凝滞流动不畅、器官变硬,心情郁闷,精神沮丧。疾病毫无征兆地产生,或在身体机能的相对薄弱处出现恶性病变,一些年轻人甚至出现过劳死。

但是,我们也常常看到那些儒雅的知识分子,习惯于用舒缓而悠长的呼吸使肺部充盈着大自然的清气,血液得到净化,加速了新陈代谢的过程,机体耐受性增强,能够很好地控制调节自己的情绪,冲动减少,任何时候都能表现得那样淡然和从容不迫。

有些身体虚弱的老人,呼吸成了急促的喘息,从大自然中获得的生命能量微乎其微,体内毒素大量淤积,机体器官衰竭老化,疾病就会占据上风。当呼吸减弱乃至于停止之时,也就是生命的终止之日。

从婴儿第一次呼吸到濒死之人的最后奄奄一息,呼吸忠实地伴随着生命的全过程,是人类健康的隐形朋友和无名英雄,改变呼吸状态对提高身体机能和生命质量大有裨益。

著名精神病医师亚历山大·鲁文说,"每一种情绪问题都会反映在杂乱的呼吸上"。精神是人的意识、情绪情感的总称,很多时候它主导着人的思维和行为方式。但是,精神本身一方面由大脑意志左右,同时也依赖呼吸掌控,毫不夸张地说,呼吸方式决定了每个生命的个性和品质。要想改变个体的行为表现,首要的是借助呼吸来驯服和掌控好我们的精神和情绪情感。

一般人都知道呼吸是一种伴随我们终生的水到渠成的自然生命现象,有呼吸才有生命。呼吸产生的神奇气息既是生命的原动力,又是最容易被忽视的生命能量。长期以来,我们只知道呼吸是人的自然天性,除了气功和禅修、瑜伽爱好者外,很少有人知晓有意识地调理呼吸可以改变脾气秉性。加之,科学普及宣传不够,有意识呼吸的深层次理论只有医学专业和知识阶层人士掌握,普通民众对其深刻内涵知之不多。同时,由于我们习惯于从表面上分析事物,呼吸本身具有的无与伦比的巨大魅力潜藏于内心深处,其对身心健康无可替代的作用,只有被部分人发现和利用。在那些重实际和有形的东西而忽视精神无形价值的人心目中,金钱和财富看得见、摸得着,来得更快更真实可靠,车子票子位子和房子在他们心目中至高无上,昼思夜想盼望着快速成才,一夜暴富。相反觉得呼吸对人体健康、智力发展见效慢,远水解不了近渴,往往被视而不见。因之,很多人对原本最熟悉的东西变得那么陌生,呼吸神奇的功能和无穷的魅力远远没有得到人们的认识和利用。

不排除有些人知悉"呼吸是人类的隐形朋友"的道理,然而,没有身体力行修习体验呼吸,当然感觉不到它的价值所在,尤其容易被性格外向的人忽视。一如从未亲眼见过猪肘的人很难知道猪肉的醇香。又好比一种珍稀文物和奢侈品,本身价值连城,但普通人急需面包,自然难以体会其潜在的价值,也就不符合大众消费心理。

呼吸方式及习惯很大程度上决定了身体器官功能的优劣,有意识地控制呼吸节奏,延长呼吸时间,增加肺活量,可以更好地为身体器官输送生命能量,抵御病症侵扰,强壮生物实体器官,起到减少身体病痛延年益寿的作用。

把呼吸当作一门生命科学,不单因为呼吸是生命的本能和生命力的象征,它的意义绝不仅仅停留在气息的出入,还在于它承载着摄取大气中的微量元素和人体所需生命能量的使命。呼吸所蕴含的力量、自信、专注、智慧、和谐、真诚和仁慈，能够使个体分享到神的灵动，让舒缓深邃的呼吸把胸部打开，激活体内巨大潜能，帮助催生灵性，培养大脑制感，使我们精神世界更符合自然法则，心灵得到升华，实现自我重建。

驯服精神。人的心在母胎就开始跳动，出生后在各种环境影响下从来没有平静过，伴随着心脏跳动呼吸杂乱无章，有的人精神散乱，心念像脱缰的野马忽东忽西，主观上很难驾驭。经常有意识地调理呼吸，等于为野马拴上了缰绳，慢慢地让它变得温顺规矩起来，走上正道，不再胡蹿乱跳。

现代社会节奏快、生活压力大，形形色色利益纷争可能引发意想不到的思想冲突，有时一句话语气不好，就会成为矛盾纠纷的导火索，很多人常常为自己不良情绪酿成的恶果埋单。不乏一些位尊权重的人因为性格褊急，对人百般挑剔，美好前程被不良秉性葬送。

有些情绪低迷、桀骜不驯的人感情用事，不但人际关系"一团糟"，还常常用消极心态来对待生活中各种事件。一是机械服从。抑郁情绪使人的个性和自信心丧失殆尽，很容易被权势奴化，在强者面前或不良社会环境下，没有勇气坚持自己的独立人格和独到见解，多数时候只能被动服从；二是极端对立。精神异常焦虑，每时每刻都生活在非常紧张的环境，思想僵化，处事没有弹性，只要不符合自己心愿的时候就大发雷霆；每每在困难和挫折面前感到无所适从，喜欢较劲与人死磕，甚至采取消极对立、报复社会等极端的方式处理问题；三是圆滑变通。凡事从自身利益出发的人，为了一己之利放弃原则，置事物的本质规律而不顾，阿谀奉承，盲目跟风，一不小心就被别人带到沟里，注定与痛苦形影不离，很难获得真正的幸福。

经常上网的人都会发现，当今社会只要出现敏感的新闻事件，包括普通博客，不少网民往往采取攻击性、侵略性很强的语言互相指责、辱骂，名为表达自己的想法，其实是在宣泄自己的情绪，很多当事人甚至是文体明星常会受到莫名其妙的人格侮辱。

我在参加一些全国性会议讨论发言时发现一个有趣的现象，大凡来自西部地区的与会人员神情严肃，情绪紧张，发言时的基调以摆困难、叫苦抱怨发牢骚为主,很少有积极的个性化创新性思想。话里话外给人留下消极保守自信心不足的感觉。来自东北、华北、中原的领导大都高亢兴奋,豪情万丈,自吹自擂讲得唾沫星子横飞,有些甚或慷慨激昂,虚头巴脑,言过其实,一听就知道是习惯性忽悠,与实际情况有很大出入。而来自东南沿海省份的人表面相对矜持平和理性,他们思想超前开放,且入情入理,分寸拿捏得当;分析问题有深度但不极端,很少带有个人感情色彩,提出的见解主张比较务实,很有建设性。精神平和与否不但与一个人的学习和事业成败息息相关,很大程度上也决定了一个地区、一个民族经济、科教、文化甚至文明发展水平的好坏。

躁则愚钝,静生智。驯服精神就是借助呼吸使抑郁的人血热起来,心活泛起来,不再那么低迷冷漠,沉闷消极;让焦躁不安的人轻松自如,精神和谐,遇事淡定,游刃有余;使亢奋激越的人平和安静稳重一些,感情和理性更加调和,混乱的思维更加专注有条理,以此把生命的潜能挖掘出来,以内在的和谐和谨言慎行提升生命品质。

不用说,期许自己和子女有一个阳光乐观的性格,每天都以平和愉悦的心情生活是每个成年人的共同愿景。没有一个人愿意被抑郁、焦虑虐心,或因为缺乏必要的自信,处处化装演戏,看别人脸色行事,活得里外不是人,窝囊一辈子。然而,在对待不良气质秉性的态度上,不少人感到无回天之力,只能顺其自然,每每听命于低迷情绪的肆意摆布,被坏脾气弄得焦头烂额。

相当多的家长和教育工作者很少分析孩子们心无定所和糟糕脾气秉性的根由,习惯于采取惩罚和说教等惯常的方式教育孩子,而忽视对焦躁抑郁情绪的生理性调理。尤其是高估思想教育的功能,要么试图通过教育感化来改变这些倔强孩子的坏毛病,要么通过严格管束把他们的牛脾气压下来,培养一个温和性格,使他们成为专注平和而又有涵养的人。从历史和现实的角度看这些所为大多收效甚微,每每费了九牛二虎之力,事情很难有根本性改观。

美食能够使人味觉系统感到瞬间甜美愉悦,高档服装带来的也只是短时间的新鲜和满足,富有哲理的说教虽然能够帮助我们提高思想认知,然而,凡此种种都无法让我们的精神恒久的平静下来,很难把这些认知和理念变成切实的行动乃至坚强的意志，每每在外物的诱惑下信念动摇，价值观颠覆。

也有人说，心情懊丧时，大吼两声、摔东西宣泄一下就能好受点。这样做充其量能够使坏情绪得到暂时释放，依然无法从根本上改变不良秉性，还会使你的坏脾气发作的频率越来越高。还有的人喜欢用喝酒、抽烟来平抑烦躁不安的心情，适得其反，只能使情况变得更加糟糕。

精神作为心灵的最高表现形式，主导着人们的思想和行为，也就是说任何不良的情绪、不当的行动都受精神的支配。打蛇先打头，治人先治心。要改变不良脾气秉性，必须先要驯服精神，一旦心平气顺，心情愉悦，应激阈限提高想发火都很难发得起来。

有意识地调理呼吸是驯服精神、控制心灵的绝妙方法。血液是人的神志和情绪好坏的物质基础，体内血液纯度偏低或循环系统出了问题，应激阈限降低，比其他人容易生气、焦虑，多少遇到点事就恐惧、悲伤，怨恨报复对方，自己烦躁恼怒别人跟着遭殃。借助舒缓悠长而有节律的呼吸，增加血液里的氧气含量，呼出肺部存留的二氧化碳等浊气、废气及其他代谢物，提高血液的纯度，血脉调和畅利，五脏六腑等生理功能能够得到很好的营养、濡润，焦虑、激越等负面情绪就会平抑下来，骚动不安的情绪和过分活跃的大脑得到有效控制；轻缓悠长的呼吸扩张肺，增加肺活量，使人的神经系统得到镇静，抑郁的情绪由此变得愉悦和快乐，更有耐心，表现得从容不迫，整个身体都会发生神奇的变化。同时，轻柔而悠长的呼吸还能够使我们的肌肉得到彻底放松并富有弹性，较高的精神品质使情绪顺从意识的引领，将力量的权柄掌握在自己手里，产生积极行动的愿望和执行力，把一切美好的愿望付诸实践。

如果呼吸急促而浅表，吸入体内新鲜氧气稀少，气血纯净程度低，生命活力随之下降，也就没有清澈透明的心灵和强大的内心，当然不会有高尚的精神追求和生活品质。有些家长常常抱怨，我们家那个小祖宗整天好吃好喝，但还是没精打采，做事拖沓磨叽，像丢了魂似的，没有一点年轻人的朝气，干啥事都感到困难重重，下了很大决心，迟迟行动不起来，费了老鼻子劲儿还是干不好。

有意识地呼吸是快乐和智慧的开端。真正要想让这些精神抑郁的学生朋友内心真正强大起来，有一个平和的性格，宠辱不惊，做事雷厉风行，在危急关头临阵不乱，镇定自若，我的亲身体会是，没有比把心收回来关注自己呼吸再简单实用的方法了。一旦我们习惯了用呼吸来控制自己的情感及其杂乱无章的思想，暴躁的性格慢慢被驯服，有一天，你会惊喜地感觉到自己脸上轻松的笑容多了，很多时候都会给更多的人留下温文尔雅的印象，这绝不是故弄玄虚。

坚持有意识呼吸最大的好处是收缩和放松膈肌，对心脏及其所有器官进行轻柔的按摩，为脏腑和各种器官提供充足的新鲜血液，随着血液含氧量的增高，人就有了朝气。这种欣快的感觉得到延展，负面情绪一天天都转化为积极的情感。此时，你会发觉别人批评意见里面原来很多都是善意的，自然能够学会用智慧的眼光看待世界，建立起正面的信念，每一个行动都会产生重塑自己的意愿，使我们的精神紧紧地追随自己的中心意志。一个月或者更长的时间，这些美妙的体验逐渐成为我们身体和心灵的一部分，一个光明而美好的世界一定悄悄地来拥抱你，由此找到自己真正想要的那种生活。

过去，我乘坐飞机遇到雷雨天气或机械故障出现航班延误的时候，看到很多乘客急不可耐地向机场工作人员发飙、起哄。年轻气盛的我有时也会找工作人员理论，但最终我们发再大的火也无法改变飞机延误的事实。反倒因生气而影响当时的美好心情，越发觉得等候的时间是那么漫长。事情过后，觉得自己不能驾驭自己的情绪非常愚蠢。后来，再遇到这类似意外情况，我会找个僻静的地方坐下来，让心回到呼吸的世界里，用呼吸来平抑内心的不满和焦躁。待心情平静下来之后去看书，让心灵栖息在书中那童话般的世界，把我带到另外一个充满诗情画意的景致，飞机延误的时间很快就过去了。

培养专注。在许多曾经历过政治运动的成年人脑海里，或许对"人有多大胆，地有多大产"等高亢的"政治口号"记忆犹新。今天，不少家长和老师仍然习惯于讲大道理来教导孩子，或用"雷人"的标语口号造声势，对他们进行励志和心灵的启迪。

曾经看到某中学对高三学生励志的现场报道，那才叫有形有声有特色。

早操时，学生们一边跑，一边要喊"路在脚下，志在心中，身心自强，永攀高峰，勤学苦练，奋勇争先，我要努力，我定成功！"的口号。每天课前要集体宣誓："我们是喷薄的旭日，我们是奔腾的激流……我要用辛勤的汗水播种希望，我要让父母的微笑在家乡绽放……我坚信，奋力拼搏，金榜题名，笑傲六月，铸就辉煌。"课间操时间，"路在脚下、志在心中"等激情似火的口号校园上空回荡。网上还报道过某中学高考百日冲刺誓师大会，主席台一侧对联写着："掉皮掉肉不掉队"，更生猛的还有"血狼精神、与我同在"。"自强不息、志与天齐""为梦想浴血奋战""今日疯狂，明日辉煌"。好家伙，都疯狂了，还怎么辉煌，很显然都是"文革"遗风。

悬挂标语、喊口号可以坚定信心，激发斗志，增加勇气和胆量，帮助人们提升精气神，这本身没有错。比如，竞技体育比赛喊几句口号加油助威，振奋精神，增强机体活力，以良好的竞技状态投入训练比赛。体力上多付出点，多流点汗水总会得到相应收获，这都无可厚非。但是，为提高学习成绩喊雷人的口号是否有必要值得商榷。

学习是一项特殊的脑力劳动，属于具备一定天赋的人玩的智力游戏，这种天赋就是思维的品质——专注、机敏和有建设性，与体力劳动、体育运动完全两码事。就学习本身而言，它是大脑在清明透彻、适度活跃状态下进行的有意义的思维活动，注意的指向性集中性好，思维专注，自然会对学习产生积极的情感准备，容易在读书学习中发现知识本身具有的无穷魅力和乐趣，并取得优异成绩。在思维专注、学习兴趣浓的情况下，比别人多下点功夫，一定会取得优异的学习成绩。

有点常识的人都知道，科学的跑步方法是用鼻腔呼吸，喊口号等于变相口腔呼吸，容易造成大脑缺氧，非常不符合运动医学规律。喊口号会加速心跳，口号喊完半天心情平静不下来，也专注不起来，很长时间不能进入学习状态，何以提高学习成绩。在跑步中喊各种激昂的励志口号这样异想天开的怪招，折射出有些教育工作者想当然做事，低到没有下限。

对于那些注意力不集中、思维散乱、反应迟钝的学生，整天耗费大量的时间翻来覆去回想过往的杂事，空空地设计幻想未来，注意力无法集中在当下老师讲课或看书的内容上，不能很好理解接受老师的授课内容，学不进去,被挡在知识之门外,从而出现生理性学习障碍。此时,口号声再洪亮不是发自内心,纯属被动应付,纵令产生一些学习的激情,由于无法转化为实际学习效果,怨气不断,激情难以持续,或压根儿不能成为他们的实际行动,口号显得苍白无力,此种伪激情注定昙花一现。有些激进的口号还可能导致学生产生反感情绪,产生明显的激越和叛逆心理。

至于那些希冀不停地倡导勤学苦读理念来激发学习热情,把孩子引上正道的家长及其老师,和喊经典口号一样,本身都没有错。但是,任何经典口号和漂亮说教仅仅倡导一种理念,或许能够让人产生瞬间激情,与自觉自愿付出实际行动之间还有很大距离,这一步不是轻而易举就能跨越的。尤其是注意力散乱的学生,内心充满矛盾,口号调门再高、理念再好,知行不一,心灵无法调遣行动,口号和大道理倡导的价值观无法在行动上体现出来,当然不会有任何实际意义。不妨看看我们身边有不少孩子,从小到大,长者苦口婆心讲道理磨破了嘴皮,学习时坐不下来、成绩上不去的毛病依然如故;一指出他们的缺点,跳得八丈高,还经常与父母吹胡子、瞪眼睛,拳头攥得叭叭响。家长反倒把责任全推在年幼的孩子身上,认为孩子不通情达理,没有人性,朽木不可雕也,有失公允。

有些家长始终转不过弯子,也许会说,孩子们天性自控能力差,不时提醒督促他"集中注意力""下功夫""好好学",或"吼两声",他们就会乖乖地坐在那里学一阵子。这样的说法对于那些有学习意愿且经过努力注意力尚能够专注起来的学生不无道理。提醒督促可以起到一定的教育作用,然而,对于注意力散乱的学生,主观上学好,由于程序不同地存在着生理性注意力障碍,思维专注不起来,学不进去,内心乱七八糟的想法太多,矛盾重重,愿望与行为步调不一致,再有哲理的说教和高调的口号都无法使他们的愿望变成实际的行动。纵令他们端端正正地坐在那里,多数时候属于外显性学习,而非真正用心的内隐式学习,充其量不过是摆摆样子而已。

行动是受思想意识驱动并由肢体表现出来的具体行为。大多数思维正向专注的人都拥有完整和谐的灵魂,随时随地做到心身合一,有统一意志和轻松愉悦的心情,自然会对要做的事情产生发自内心的需求和冲动,以此激发出自觉自愿行动。从而,按照时间节点有条不紊地遂行思维的任务,使大脑资源得到最大限度的开发利用,通过积极地创造性劳动把事情做得完美而精致,将美好的想法行动化。

任何口号或大道理,无非是想让学生把更多的精力用在学习上。其实,学习成绩与学习时间以及付出的劳动多少没有一一对应的关系。原因很简单,对于思维散乱、理解接受能力差习得性无助的学生,要求他们学生每天花更多的时间学习、做作业来提高学习成绩,整天打疲劳战,体内能量无谓消耗,精力严重透支,大脑常常处于疲惫状态,付出的劳动无法产生所要的学习成果。由于学习效果不理想,空耗时间,高调的口号和说教不可避免地会增加他们的压力和烦恼,导致思想失去平衡,自信心被颠覆,必然产生极端想法。

我们知道,思维散乱多数是脏器功能紊乱、身体虚弱、神经系统失衡等引起的生理性焦虑或注意力障碍,也就是说,只有从改善生理要素入手,强壮脏腑器官,调理平衡神经系统使生物实体得到滋养,方能够解决心理痼疾,提高思维的品质,保持精神宁静。当我们思维专注,拥有一个聪明的大脑,某一时刻想什么,不想什么,先想什么,后想什么秩序井然,内心会产生秩序不断地学习动力,当然会有惊人的学习效率,并形成积极心态和建设性性格,能够理性地决策,把每一件事情做得有板有眼。

因之,千万不能随便把学业困难的责任归咎于孩子主观上不努力。作为一个成人都有这样的体会,当我们听专家教授讲一些道理、经典语录,当时听起来很有道理,令人心潮澎湃,但真正做起来很难很难,更何况那些自控力不是很好的孩子呢。仅仅依靠说教或喊口号让孩子们提高毅力,学会克制自己,变得聪明懂事起来,这就好比一个盲人拿着鱼叉,随便往河里叉几下就满怀希望地想抓住鱼一样天真可笑。如果让学生嘴一张喊两句大口号就能够提高学习成绩,考个高分数,那么傻子都可以上北大读哈佛。拜托了,每个为人父母者以及人类灵魂的工程师,还是先让自个儿的灵魂从喧嚣中平静下来,学会积极地思考,弄清楚读书学习的自然法则,才算真正找到了智慧和幸福的出发点。

每个生命都充满灵气,有的人因为长时间抑郁、懊恼或对外物的欲望太多,从而导致生理性注意力障碍。即便如此,也完全用不着气馁,有意识地呼吸是静心的桥梁,当之无愧是培养专注力启发智慧最简洁最适用的方法。当你感到思维非常活跃、对生活中各种刺激物充满无限欲望时,轻轻地闭上眼睛,观照每一次吸气、屏息和呼气,实现对呼吸的全程关注,把思想从外部世界拉回内在。然后,感觉两个眼球变成了两块石头,想象内心一片漆黑,很快激情慢慢消失,激越情绪,被黑暗这个宁静的湖泊吸收而不复存在,心就会从欲望和个人享受中剥离出来,事来心现,事去心空,摆脱感官的束缚。从此,大脑由混乱逐渐变得清明透彻,更加专注机敏,思维的清晰度、平衡性和柔韧性明显提高,从而对看书学习产生兴趣,同一个时间只想一个问题,把能量完全导向学习求知的过程当中。

利用呼吸的韵律把注意力投注在行动上,往哪个部位发射神经力量和强大的生命能量,这个部位就一定会充满活力,随着机体潜能的激活,智慧即刻显灵。只要思维出现混乱,即刻感受呼吸的过程,每天坚持重复这样练习,过不了多久,有意识的呼吸就会成为自发的习惯,使游移不定的思想得到控制。一旦思维有了很强的可控性,不管学习或做具体事都会水到渠成。CBA联赛冠军——北京金隅队的精神领神马布里,多年来一直把专注力培养当成提高球技的必修课,别出心裁地把自己的微信背景改成一个单词"focous"(专注),每天晚上都和训练师做将近1个小时的呼吸练习。正是因为他坚持不懈地进行呼吸和冥想练习,从而在比赛中保持了头脑的冷静清醒和反应的机敏精准。

青少年是人生的起步阶段,获取成功的重要法宝是抓住这一刻,真诚面对自己,不要再去后悔埋怨糟糕的昨天,因为昨天既成事实,过去就让它过去,不要让它成为今天的羁绊;也没必要总是在那里谋划明天,明天是个虚无的概念,不一定靠得住。关键是把握好当下这一刻,立即行动起来,让我们的意识紧紧跟随呼吸,把心思全部集中在一个特定的点上,长时间进行这样的呼吸练习就能培养起专注的思维,开启无穷的智慧。

同样,在平时的生活和学习上也要像聚焦一样把全部精力集中在眼下亟须要做的特定事情上,连续不断地思考同一个问题,呼吸会将你的意愿传达给每个细胞,形成强大的精神力量去穿透任何看起来无法攻克的堡垒。当我们习惯于愉快地全神贯注地对待当下手头要做的事情时,高尚的愿望和智慧的办法自然会从大脑中闪现出来,想要做的事情就能够付诸行动并一步步成为现实,理想中的未来自然能够如期而至。

老天是公平的,幸福人人有份。如果你明白了有意识控制呼吸是提高思维品质促进智力发展的突破口,今天拿到这本书,就等于一只脚已跨进了希望的门槛,当然也是你好日子的肇端。此时此刻,马上行动起来,让心追随你的呼吸,只要用心缓慢呼吸5分钟就会产生一丝愉快的体验。坚持下去过不了多久你就会变得专注、优雅、达观起来,很容易进入到学习状态,并在学习中感受到精神的愉悦,不会再把它想象得如上刀山下火海那么难,用不着卧薪尝胆、伤筋动骨就能体面地实现人生目标。

聚积正能量。正能量是当下社会的一个流行语,全社会大声疾呼要凝聚正能量,但是,什么是正能量?正能量从哪里来?想必不少人知其然,不知其所以然。

能量是用做功本领来度量物质运动能力的物理量。自然界小到原子大到太阳,万物没有绝对的静止,时刻都在运动(振动)之中,也在不停地消亡和产生,衍生出五花八门的形态,从而促进物质能量改变。

金属导体(电线)稠密地分布着许多自由电子,在未接通电源前,它们就像气体分子一样做着杂乱的无规则的热运动,不断和空间点阵相碰撞,没有统一的定向运动,因而无法形成电流。当"闭合电路"给金属两端加上电压,导体(电线)中有了电场时,电压即以等于光速的速度,向金属导体中所有自由电子下达"齐步走"的"命令",每个电子齐刷刷地开始定向移动,此种整体运动趋势形成了金属导体中的电流,并产生电能。用于照明可以产生光能,用于取暖可以形成热能,用于机械传动可以产生动能。

人体内细胞原子也不例外,在运动过程中进行新陈代谢,当前的组织细胞在几个月后会被新的细胞取代,引起身体能量变化。呼吸是气在人体内外的流动过程,是提高生命能量的力量源泉。有意识调控呼吸可以引导身体和心灵进入一种极其静谧和谐的运动状态,此时,肺部舒缓深邃有节律的呼吸引导身体所有细胞因子表现出极性,步调一致朝同一方向运动。心理活动成为一个整体,产生共振效应,形成类似于电流的神经流,继而转化成为强大的能量,这就是我们所说的统一意志和强大信念。

从本质上说,能量来自呼吸,吸气时从宇宙中吸收的生命营养供给每一个细胞、每一个器官、每一块肌肉,激活并强化每一个神经系统,把机体内沉睡的巨大潜能唤醒,凝聚成强大的爆发力和统治力量,使身体产生焕然一新的感觉,彰显出前所未有的生命能量,乐意把积极向上的思想包括美好愿望变为行动。呼气时把体内二氧化碳等废气毒素排出体外,从而促进整个身体和精神健康,实现超感官的高级境界,拥有一个完整而高尚的灵魂,用内心和谐取代一切烦恼。所以,生命的巨大能量是有意识呼吸的产物,持续不断地关注呼吸,机体会充满快乐,灵魂开始苏醒,从而把沉睡在心中的那股神秘力量激发出来,产生巨大的生命能量,让人体验到一种全新的存在感。

印度瑜伽把"生命之气"称为普拉那,它源于浩瀚宇宙,在呼吸的帮助下进入机体并遍布全身,成为人类一切精力、体力和能力最原始的力量源泉,最终变成机体的内在动力和具有无穷创造力的能量。

太极同样是通过有节律绵长的呼吸把体内所有细胞全部激活,统一意志形成四两拨千斤的超级能量;农民工在干体力活时喊着整齐划一的号子,拔河比赛中组织有节奏的加油助威,都是为了使细胞定向有节奏的运动来聚合能量,凝聚成一股劲,战胜对手。

一个人整天烦躁不安,能量内耗受损,无法聚合成统一意志。一个团队的成员互相猜疑攻击,能量互相抵消,难以形成合力,只能算作乌合之众;同样多的人心往一处想,劲往一处使,齐心协力,众志成城,能够产生令人难以置信的巨大能量。相当多的人列队齐步而行,形成共振,聚积的巨大能量足以把桥面震塌。所以,士兵行军路过大桥时,必须由齐步走改为便步走,防止同一节奏产生共振毁坏桥梁。

能量有正负之分。正能量的人惯常把微笑挂在脸上,体内充满了积极乐观的生命力,始终把追求内心平静愉悦当作人生的最高境界,举止得当,收放自如,有追求而不张扬,低调而不抱怨、不放弃。浑身上下散发着无穷魅力,再糟糕的环境都会做到淡定,始终如一保持乐观和自信,时刻用积极的思想刺激庸常之人虚弱懒散的器官。仿佛精神领袖一样有意无意地给身边的人带来无限的力量,让其感受到生命能量的流入,给他们精神注入生机和活力,增强信心。

负能量的人精神亢奋或抑郁,多数时候都处于煎熬和忐忑状态,莫名其妙地嫉妒、抱怨、伤害对方,事情过后冷静下来又对自己的卑劣行为后悔不已,唉声叹气心灵备受折磨。一连串的负面情绪不知不觉中大量消耗体内能量,负能量随之产生,要么狭隘嫉妒傲慢,要么不满抱怨,消极思想大量积压就会形成常人难以想象的破坏性能量,偶遇挫折时,往往会走极端使负能量集中爆发,造成巨大社会危害。

20世纪90年代初,我的战友陈增敬在担任连长期间枪杀多名战友,制造了一起震惊全军的惨案。或许有人认为他狼心狗肺,是一个疯狂的杀人恶魔。事实并非如此,因工作关系与陈有过一段交往,在我的印象中,他算得上一个很有追求和抱负的善主。案发前的一个月,我带着爱人和刚满两个月的儿子回到部队,陈提着面粉、食用油登门探望,并说好送完老兵后请我们全家吃饭。凶案发生的前一天,他在组织战士从鱼塘打鱼准备给退伍老兵会餐时亲口对战士说:"只抓大鱼,把小鱼留下过年再吃。"诸如此类的善言善行表明他同样是有爱心的男人。很多年过去了,作为曾经朝夕相处的战友并亲眼见证了杀人经过的我终于明白,陈杀人报复社会完全是负能量聚积引发的心理变态和激情犯罪。

陈军校毕业后分配到基层连队担任排长,凭借干练的个性和过硬的军事技术很快作为培养对象被抽调到机关担任参谋,一年多的时间又华丽转身提升为连长。作为同龄人中的佼佼者我们经常在一起谈论人生理想、孙子兵法、知识带兵……我对他好学上进的生活态度由衷的敬佩。在同一届毕业的学生官中,陈最早进机关、第一个荣升为连职干部,又第一个走进婚姻殿堂,家庭事业双丰收。然而,生活有时候也喜欢与人开个玩笑。陈婚后不久就有了一个可爱的儿子,两地分居带来的实际困难,使夫妻间的感情出现裂痕,家庭危机给他的心情蒙上了阴影。嗣后,因为一次事假超时归队受到了上级记过处分,所有矛盾聚积在一起使他心情沮丧到了极点。

更为蹊跷的是,在他担任连长一年多的时候,营里领导发生变化,往日两位资历和他差不多的同龄人摇身一变成了他的营长、副营长。内心五味杂沉、嫉妒、不服气一起涌上心头,不再像以前那么激情似火,经常因为工作上的事和顶头上司磕磕碰碰。接二连三的打击,耐心被极度的低迷情绪完全吞噬,每每用简单粗暴的方式管理部下,引起部分战士的不满和怨恨。上下左右关系紧张得直冒火星,四面楚歌的人际关系使他体内的正能量丧失殆尽,一向刚愎自用的陈不知道退让,也不愿与人倾诉,负能量与日俱增。

转眼到了一年一度的老兵复员阶段,长期遭受陈严苛管教的几位老兵合计着在离队前给这个有些法西斯残暴的"头"一点颜色,以求得精神上的平衡。老兵起运的前一天,几名贵州籍"捣蛋兵"以讨要医疗费为由骂骂咧咧找陈算账,本来窝着一肚子鬼火正愁没地方发泄偏偏遇到部下刁难,陈与其说是在忍耐不如说是在囤积负能量。谁也没有想到老兵的挑衅行为最终成了压倒骆驼的一根稻草。

陈被老兵无休止的戏弄羞辱得毫无尊严,也使其人性降到冰点。当晚12时许,他从军械仓库取出冲锋枪来到老兵聚集的宿舍一阵疯狂扫射,杀死了包括营长、副营长在内的8名战友,指导员和其他9名战友惨遭重伤。

古人讲,冤家宜解不宜结。这句话更深的意义在于负能量只能释放不能聚积,多一个冤家对头体内必然会多聚积一份负能量。

能量有深浅之分。每个人在挫折面前一般都会有两种选择,要么被困难吓倒,停滞不前,乃至一蹶不振;要么被警醒暴发,重新振作起来。深能量的人和浅能量的人同处一个世界,血肉之躯同样面对各种诱惑的烦扰,面临激烈的竞争压力。深能量的人有泰山压顶不弯腰的坚强意志品质,给他一个支点可以撬动世界,困难再大很少有胆怯动摇和退缩的时候,每天都生活得有滋有味。面对挫折有足够的耐心和抗压能力,懂得退让,蓄势待发,不轻易向困难低头。最难能可贵的地方在于能够用积极正面的思考代替负面的想法,绝不会用极端的不负责任的办法来解决眼前的困惑和危机。纵令遇到突发性事件时也能够坚定地告诉自己:"没关系,一切都会好起来的。"在他们身上随时都能让人感受到一种藐视困难、乐观向上的原动力,不断给人注入用之不竭的正能量,这些高贵品质很多时候比金钱还重要,人们都渴望成为他的朋友。

浅能量的人，只有在客观环境事事称心如意的情况下才能看到一丝笑容，或表现出积极向上的心态，给身边的人关心帮助。稍微遇到点困难就牢骚满腹心灰意冷，消极怠工；工作生活中受到挫折或突如其来的灾祸就像天塌下来一样，惊慌失措不知如何是好。嘴里很容易流露出"见鬼，这下彻底完蛋了"的哀叹声，很少有人愿意与他们在一起共事。

能量有真伪之分。真能量的人内心平和，始终保持谦卑善意，使宽容、理性、平和、淡定常态化。其能量源于内在智慧和坚强的意志品质形成的坚定信念，遭受别人挤兑能够管控自己的情绪，不会用愤怒的方式以牙还牙使局面失控。思想一如既往地充满建设性，具有乐观、责任、关爱、担当的美好情愫，形成了让世界变得更加美好的原动力，把个人喜好与社会进步紧紧地捆绑在一起，自己成功也让别人幸福快乐。

南非前总统纳尔逊·曼德拉，早年因为反对白人的黑暗统治和种族隔离，在监狱度过了惨无人道的 27 年。在狱中，经常被单独关押在一间只有 4.5 平方米的狱室内，没有自然光线，更没有任何书写物品，每天长达 23 小时，不能与人交流，一切与外部隔绝。由于是重犯他连看球赛的权利都被剥夺。一段时间还被押送到采石场做苦工，受尽了非人的折磨，但这一切都没能击垮曼德拉的意志。

令人意想不到的是，尽管白人政府一心想置他于死地，然而，看守他的狱警却被他高尚的灵魂形成的气场所慑服，从未动过他一指头，很多"体制内的既得利益者"还成了他的卧底。1956 年政府以叛国罪起诉他时，审了四年，最后法官朗夫竟本着司法独立的原则宣布他无罪。有一次庭审之前，公诉人博施突然撂挑子不干了，他跑过去跟曼德拉握手说，"我鄙视我所做的事情，我不想把你送进大牢。"显然，这些在体制中随波逐流的人，突然触到了一种叫作底线的东西，良心回归，灵魂觉醒，感到政府太黑了，老子不干了！1964 年政府再以煽动暴力罪起诉他时，因为他组织武装斗争证据确凿，法官迪威特虽然宣布其有罪，但也顶住压力未判其死刑，从而保住了"革命的火种"。最后曼德拉在法庭上说，"我们这种温和的表达方式，你们都不允许，再过多少年你们会怀念我们的温柔。"曼德拉作为一个反政府头目，落到白人种族主义统治者手里,不但没有动过他一根毫毛,还常常受到礼遇和宽恕,很多人感到大惑不解。也许只能用他自己的一句名言能够解释得清楚"如果你拥有内心的和谐,就能够毫无畏惧地面对狮子,因为狮子尊敬自尊的人。"

1994年5月9日,南非举行首次不分种族大选,曼德拉成为南非历史上首位黑人总统。在他执政的就职典礼上,他意外地邀请三名曾虐待过他的看守,当他缓缓起身向身后的看守致敬时,在场的所有人几乎都屏住了呼吸。就职演说时他庄严承诺,将和全体南非人民一起治愈创伤,消弭分隔彼此的鸿沟,"建立一个让所有南非人,不论是黑人还是白人,都可以昂首阔步的社会……"这种"曼德拉模式"为战乱地区和国家解决冲突树立了典范。

越激进越能占据政治制高点,吸引更多选民的眼球。黑人获得政权后,激进组织立即举行真相与和解委员会的第一次会议,彻底调查白人种族政权犯下的罪行。一些相当激进的种族主张强调,非洲是非洲人的非洲,要求把白人赶出南非等。如果那时想清算白人犯下的罪过易如反掌。但曼德拉一直主张宽恕那些愿意承认罪行的白人阶层,并坚定地对自己的追随者说:"当我走出囚室迈向通往自由的监狱大门时,我已经清楚,自己若不能把痛苦与怨恨留在身后,那么其实我仍在狱中。"由此他被更为激进的"泛非大"等政治组织视为软弱,最终,正是曼德拉"聪明的软弱"促进了种族的真正和解,赢得了世人的尊重。有评论指出,曼德拉仅仅为反对压迫黑人的种族隔离制度坐过27年牢,还不足以称之为伟人,他获得权力后表现的宽恕、理性与博爱更显示出他的伟大。

历史是残酷的,但又是公平的。曼德拉的高寿让所有曾经的罪恶都倒在了他的面前。2010年他亲自组织南非世界杯,新南非诞生的18年后,甚至连当年看守他的狱卒都已成了枯骨,他还在接受着世人的祝福。

"生活的意义不是我们曾活着这样一个简单的事实,而在于我们是否为其他人的生活带来了变化。"曼德拉这句话足以概括他的"光辉岁月"。一生先后获得了联合国教科文组织颁发的"乌弗埃-博瓦尼争取和平奖"、诺贝尔和平奖。联合国自2010年起,将每年7月18日定为"曼德拉国际日",首次把一个国家领导人的生日作为世界性纪念日,表彰他对"和平、文化与自由"的贡献。香港著名摇滚乐队曾经为曼德拉写了一首名叫《光辉岁月》的歌,以此颂扬曼德拉曲折却又辉煌的过去。澳大利亚总理艾伯特也称赞曼德拉是一个"真正的伟大之人……苦难让他人格更高尚"。获悉曼德拉逝世的消息后,正在出席会议的联合国安理会15个理事国代表全体起立默哀。秘书长潘基文发表声明说,曼德拉是世界舞台上的杰出人物,有着沉静的尊严和卓越的成就。

在曼德拉的追悼仪式上,全球逾百位领导人和政要从不同地方汇集南非约翰内斯堡,雨中同悼曼德拉。南非政府公共外交负责人克莱森·蒙耶拉说,"整个世界都来了"。欧美媒体报道,告别曼德拉这个近代规模最大的政治领袖的吊唁仪式成为国际政治宿敌聚首的平台,南非成为世界瞩目的焦点。英国《卫报》称,可能是现代历史上聚集权力人物最多的场合之一。

相比而言,那些来之特殊家庭背景或权势的人,他们借助外力形成高调、张扬和刚强,表面看起来热情奔放激越亢奋,或气势汹汹,对他人颐指气使,因为没有内涵、心虚,其实"纸老虎"一个,是地道的伪能量、毒能量。

缺乏适度原则容易导致奢靡腐败,没有谦卑的力量必然滋生傲慢和暴政。红色子弟薄熙来依靠父辈的光环行事高调"唱红打黑",打着为民的旗号,大搞形象工程,气势恢宏,栽天价风景树,建形象广场,沽名钓誉,表面上是在凝聚传递社会正能量,实乃拼命捞取个人好处,还要为自己树立功劳牌坊,心术不正,底气不足,必将虎头蛇尾。重庆市原公安局常务副局长文强,凭借权势浑身上下充满霸气,让部下给自己下跪,看似牛气充天,强势能量无限,但奴颜婢膝,一旦没有了权力,狗屁不如。

人的正能量不是吃海鲜、喝茅台得来的,也不全来之运动和强壮的肢体,不是靠外表形象虚撑起来的,更不是空喊出来的,靠净化心灵,减少内耗来凝聚。

正能量源于快乐的生活。经常保持乐观向上的心情,带着愉悦的情感生活,体内毒素日益减少,血液纯净程度不断改善,包括神经系统等机体所有器官得到滋养,气血和畅就能够在体内聚集正能量。最不可思议的是,这种能量能够使身体轻盈有力量,产生意想不到的自信,形成无坚不摧的统一意志,使你从容面对激烈的竞争压力。用快乐凝聚正能量需要借助静心来放松自己,闭上眼睛,让大脑进入一种无所事事的状态,充分享受放松的感觉,身心越放松,神经系统就会慢慢地由紧张、僵硬变得灵活和自如起来。当身体心灵完全放松之后,心胸随之开阔,不愉快的事情会慢慢淡忘,对不符合自己意愿的、对立的东西不再有明显的排斥、拒绝、抵制心理。内心的争斗、冲突、挣扎就渐渐从思想上消失,自然能够接纳周围的一切,感觉到一股巨大的能量在内心升腾,重新找回失去的快乐感觉。

正能量依靠内心和谐来滋养。聚积正能量需要认真规划生活,克制自己,怀着一颗奉爱之心,借助呼吸邀请宇宙之清气进入肺部、填满胸怀,将遗愿传达到每一个细胞,滋养感情,催生灵魂全面苏醒,使身体焕然一新。所以,每个人务必对不良心境保持警觉,学会倾听心灵的渴求,偶尔因为一点小事生气向父母或孩子发飙,或对尚未发生的事担忧焦虑,心灵备受煎熬的时候,最要紧的是适时通过有意识呼吸来化解抑郁、愤怒和过激的行为,使杂乱无章的呼吸转化为有节律的呼吸,让躁动不安的神经系统平静下来,重塑生活,使其成为机体的正能量。

能够把负面情绪转化为积极情感是战胜自我迈向伟大人生的一道门槛。现实社会很多时候不顺心的事可能接二连三找上门来,负面情绪神不知鬼不觉会潜入心灵,令我们的心情陷入极度苦闷之中。长期压抑就会消耗机体正能量,聚积负能量,有必要将仁爱或美好的因子植入思想,借助注视一个圣人(偶像)的肖像,阅读名人传记、经典文章,回忆美好的往事等转移注意力,调动积极情绪来创造一个正面气氛。比如,当夫妻之间发生矛盾或不愉快时,在怒气尚未完全爆发时,看看正在玩耍或熟睡的小宝宝,此时,你对爱人的怨恨会减少一些,思维会回到理性状态,放弃激化矛盾的念头。有一位院士在介绍成功秘诀时说,他年轻时喜欢上一个漂亮可爱的姑娘,但姑娘瞧不上他,跟别人跑了。从此,他发誓要干一番大事业让那绝情的姑娘后悔一辈子,于是,他把精力转移到事业上,结果获得了成功,这种"转移法"心理学上称为"升华",值得推崇。

"只要我们能接受生命中的挑战,连最奇异的梦想都可实现!"这不单是曼德拉的人生信条,也是他乐观自信秉性的真实写照。他在牢房中跑步和做俯卧撑来锻炼身体,用木炭和蜡笔绘画,画一些铁栏杆外的风景,用画笔讲述自己的铁窗故事,但并不选用"黑暗、阴沉"的颜色,而是明亮轻快的色彩,渐渐形成了独特画风:线条简单、色彩丰富,以此来表现自己乐观积极的心态。后来又迫使狱方让他开了个小菜园子,在那儿他种了近900株植物。正是这种乐观、积极、坚强的精神让他笑到了最后,赢来了辉煌。

欲望是能量的最大窃贼,管控不住欲望聚积能量就无从谈起。冥想是摆脱欲望的良策。让精神或思想沉思于一个固定不变的事物,比如,平静的湖泊、森林、草原等,将注意力从那些身心内外不断纷扰的事物中挣脱出来,持续不断地专注沉思其中,使你本人成为景区的一部分,让身体和感官都处于休息状态,超脱于苍白的感受之外。此时,体内会产生一股舒畅而充满活力的能量,从头到脚传遍全身,对整个神经系统产生镇静作用,令人感受到更多的平静和愉悦。把人从痛苦和悲伤中解脱出来,不再受缚于无休止的欲望,从而实现思想的最终自由和自然快乐。尔后,将内在能量导向有益的渠道,以此改善人体的平衡与稳定,培养内心平和宁静的品质,使身心变得更警觉,精神的千变万化受到克制,意识的飘忽不定得到控制,无休止的大脑平静下来,达到心身合一的境界,增强集中注意的能力。这好比一条汹涌澎湃的大河,通过防洪大堤引导其水的流向,再借助大坝形成一座大型水库,在防止洪灾的同时,又蓄水发电,为人们的生产生活创造财富提供方便。当大脑被控制后,内心就变成一个拥有几亿立方水的平静水库,为人的灵性提升创造充足的能量。

我国民间流传着药疗不如食疗,食疗不如觉疗的说法。除了用呼吸从大自然中获取生命能量,保持充足的睡眠和休息一如往蓄电池充电,可以激活机体细胞,兴奋负交感神经系统,减缓心跳节奏,增加消化力和腺体活力以及放松肌肉来消解精神压力,让神经系统停止躁动,避免负能量聚集。获得更强大的精神力量,储存在大脑和神经中枢中,以备不时之用,并使它们的运动步调一致。所以,大凡精神饱满气质好的人一定睡眠很好,而萎靡不振,有气无力的人不用说,睡眠质量很差。不少人都有这样的体会,夜晚容易犯困,看了半天书没有弄清楚其内涵,做作业困难,一觉醒来神清气爽,很多内容一目了然。

挖掘生命潜能。在教育的话题中,帮助儿童挖掘生命潜能也许是一个热得有点发烫的词汇,然而,究竟潜能为何物?怎么挖它出来,得到的都是一些大而化之的答案。当我们以观照呼吸为肇端走上灵性探索的道路,生命的潜能自然会露出冰山一角。

潜能之一,培养专注力。借助有意识的呼吸使专注力得到爱的滋养,稍加引导思维就会像磁铁一样紧紧地贴着认知客体,高效率地接受外来信息,并将它们完完全全地消化吸收,变成自己的认知图式(知识和经验体系),以此培养出超强的学习能力。从这个角度看,思维专注是生命潜能之核心。

潜能之二,增强机体活力。现实世界不少人因为心胸狭窄,生气发火伤心伤肝伤神,导致情绪低迷,或狂躁,这些不良脾气秉性消耗生命能量,机体巨大潜能长眠不醒,只有很小一部分得到发挥,经常萎靡不振,无心学习和工作。用心关照呼吸,过滤掉私心妄念,睡眠充足质量高,能量得到有效补给,使机体细胞适度有序活跃起来,精神旺盛充满活力,随时都能保持阳光性格和积极心态。随着应激阈限提高,不再因为外界刺激轻易发火动怒,心量增大,不再为烦心事伤脑筋。离苦得乐,很容易培养起专注平和愉悦的气质,从此内在的活力被点燃,往日没精打采、无所事事、消磨时光的不良行为被积极精进雷厉风行取而代之,想到的事即刻产生冲动,愿意付诸实践,习惯性地把零散的点滴时间用在有意义的事情上,学习工作都会有惊人的效率。当我们有了精神的完整和谐和思想的纯粹,思维不觉中会发生从散乱、慵懒状态到机敏和富有建设性的变化,也就实现了身心合一,成为自己的主人,思维主宰行动,每天都能会感受到发自内心的愉悦,生命价值像滚雪球一样越来越大,谁要再挥霍有限的生命去抱怨他人和社会一定会被良知羞死。

潜能之三,固化精神定力。在信息化时代,儿童生活在五彩缤纷的世界,时刻经受着各种诱惑,很多有天赋的孩子因为迷途伤神,忧心忡忡,能量被无谓地消耗而失聪。保持精神的平衡性和稳定性,让思维形成强大的意识流,以此统摄人的中心意志,知道延迟欲望的满足,对那些无关紧要的事兴趣不再,在诱惑面前从容淡定,神不散,心不动。体内有了充足的正能量就有了强大的独立精神,能够用坚定的信心去实现自己的理想,一门心思干自己既定的正事,困难面前不妥协,遇到挫折不放弃,干啥事焉有不成功之理。

潜能之四,提高创造力。有些学生表面看着灵光,但缺乏独立思想,人云亦云，永远难以走出平庸的窘境。坚持与禅共舞，沉浸于有意识的呼吸，思维专注而深邃，发散而不混乱，形散神不散，视野开阔，通透力强，悟性高，随时闪现出原创性思想的灵光，不再就事论事，当然能够用独特的视角看到别人看不到、看不透的东西。在文化自信中建立起的独立人格，敢于打破禁区，坚持自己有悖于常规惯例的主张，把别人看似不可能的事情变为现实，在发挥生命潜能的同时，使自己成为一个具有创新性思维的人。

潜能之五，恢复纠错能力。每个儿童都有一颗纯洁善良的心，当不小心地摔破了碗、绊倒了水瓶后，立马会害怕羞愧，哭着向父母忏悔，希望得到谅解，心情迫切地将功补过，所以儿童总是天使的化身。少年时期，特别是进入成年，压力增大，不满和抱怨增多，自我在紧张的工作生活中失衡，每个人都变得任性和执着，个人构念系统渗透性下降，很不情愿接纳和包容新的信息，打死不认错，在失去了改变勇气的同时，每每理直气壮地做着正确的错事还自以为是，从而在错误的道路上越走越远。有意识地调理呼吸，把心灵从远方拉回生命的故乡，则可以摆脱算计、物欲的捆绑束缚，精神恢复应有的平静。当我们实现了真正的自由，自我构念的渗透性有了提高，不再那么执着，就会比过去更加随和自性，能够理性地对待自己，修复过错，让灵魂重回高尚，过上真正想要的幸福，何乐而不为。

现在开始呼吸

看到"现在开始呼吸"这样的字眼，很多人会一头雾水，这不是彻头彻尾的废话，没有呼吸不就成标本了吗？且慢，地球人都知道，自然界一切生灵每时每刻都在呼吸，一点没错。但是，同在一片蓝天下，绝大多数人不能够持续有意识的呼吸，许多情绪易波动、精神躁郁和注意力紊乱的人，身体特别是精神不健康的问题，都能够在呼吸中反映出来。成年人正常的呼吸应该为15—20次每分钟，有些身体机能差的人平时呼吸轻微而缓慢，表现得懒散、倦怠，无精打采；有的人呼吸急促而短浅，稍微一动就气喘吁吁，呼吸困难，体力不支；还有些性格急躁甚或有焦虑症的人，一旦遇到不顺心的事即刻怒发冲冠，上气不接下气。呼吸急促、浅表，无法将体内毒素排出体外，从大自然中吸入的清气十分有限，与其说是呼吸，不如说是喘息，是身心不健康的标志，难以形成圆融的性格和专注的气质秉性。

现在开始呼吸的本意是呼气吸气时,要在身心完全放松的前提下,把注意力集中于呼吸最活跃的喉部和腹部等,静静感觉呼吸在体内的流动,即吸气时感觉气如何进入你的呼吸系统以及在身体深处进行短暂停歇;呼气时气又是怎样沿着呼吸道呼出体外。整个过程仿佛人的身体正伴随着呼吸的波浪在浩渺的大海上漂泊,非常自在,达到忘我的境界。当注意力游离或者受到外界打扰时,轻柔地将其拉回原始目标,直到能够持续稳定的感觉呼气和吸气的反复。

每个人来到这个世界,呼吸如同一股清凉的甘泉灌溉并滋润着我们的生命,空气在相当程度上代替了水和食物,成为生存的维生素,使灵魂得到前所未有的升华。有意识地关照呼气和吸气,旨在增加呼吸的深度和肺活量,让呼吸变得舒缓轻柔意味深长,排浊吸清把大自然的清气大量地吸入渗透到机体的每一个细胞、每一个部位。好比把海绵里的污水挤干,重新吸入清水中的矿物质一样,机体物理成分得到有效改善。由于血液、脉络、脏腑内浊气被清气取代,新鲜氧气增多,机体细胞得到充足的能量后即刻变得鲜活起来,身心就会感到轻松愉悦,喜从心来,抑郁的性格变得温和优雅,热情而有活力。

用心关照呼吸在改变机体物理性质的同时,也把思维从各种妄想、欲望中拉回来,放松身心,不再执着,把嫉妒、仇恨和烦恼抛到九霄云外,使我们的精神更加愉悦,思维更加理性,说话办事条理清晰。内心和谐安静,身体灵活轻盈,看书学习都会出现令人惊讶的效果,想到的事一般都能付诸实践,成功就会轻而易举地敲开你的大门。

提高呼吸质量的要诀是,在缓慢而充分呼气的同时自然收缩腹部,把体内的浊气、废气集中呼出体外,就像用泻药清洗过的肠胃一样纯净;稍作停顿(屏息),再放松身体自然吸气,进行几秒钟的悬息,让吸入的清气充分渗入毛细血管,完成一次呼吸全过程。此时,在肺部残余气息中仍然有沉积下来的毒素和不良记忆,经过反复呼气、屏息、吸气、悬息……体内的残余废气会越来越少。

呼吸是一个很重要的生理现象,即每次呼气的时间要长于吸气的时间,这样才能把体内的二氧化碳等糟粕彻底排出体外，防止毒素在体内囤积。假如吸气的时间超过呼气时间，体内残留大量的废气容易扰乱自主神经功能，造成焦虑、沮丧、疲劳，引发各种病变。

采用一呼一吸一数数的数息法，是一种简便易行、见效较快的呼吸练习方式，不管你是等车、买东西排队、走路、乘坐车辆（飞机）均可，只要在呼气或吸气时数一次数，连续不断地坚持下去，不需要刻意控制，呼吸就自然变得柔和缓慢细长。

呼吸有着神奇的力量，它是我们每个人最忠诚的隐形朋友。对于青少年学生，如果此刻你正心乱如麻，被不良情绪折磨得头昏脑涨；或因为受到不公平对待十分委屈。请不要着急，先放松身心，抬起头来，把所有的纠葛都放下，有意识地专注你的呼吸，5分钟后你的怨气就会消失得无踪无影，刚才怨恨的一页就会被风吹翻过去。当你因为某一个非分之想未能得到满足而沮丧时，不要气馁，把注意力从远方收回来转到呼吸上，关注呼吸时间越长，情感就会得到更多的滋养，变得服帖而有教养，不再那么任性和放纵，快乐就会如期而至，你会发现原来简单的物质生活条件同样能够让我们活得有滋有味。

作为家长，如果此刻你正在对孩子考试成绩不佳而一筹莫展，没关系，请你先放松身体和精神，允许暂时的身体僵硬，敞开胸襟，把体内封闭的能量完全打开，先慢慢地呼气。稍作悬息，再专注而轻柔地把大自然清气吸入体内，屏息，这样反复几次，在呼出体内废气的同时也扔掉了顾虑的包袱，你就会有一种温和愉悦的感受。继续观照你的呼吸，不知不觉中，你的心胸就开阔了许多，很快发现咱家那个淘气包原来也有那么多可爱的地方，即便成绩不好也没啥关系，只要身体健康，阳光开朗，今后不管从事什么都会幸福的……

呼吸讲究舒缓悠长，但不能勉强，要循序渐进，对初学者而言，要防止人为地控制呼吸时间来增加其深度，这样身心的压力反而增大，导致呼吸更加急促浅表，欲速则不达。千万不可急躁或用力过猛，像过去农村人拉风箱一样快进快出，气门关闭，只是一股"穿堂风"，不能渗透毛状血管的薄壁，达不到理想的呼吸效果。

六、禅——打开智慧之门的金钥匙

禅是有意识的呼吸

禅,起源于印度的一个佛教名词,即梵文禅那的略称,原系一种定的修行与修行经验,后来由菩提达摩将禅法介绍到中国。禅有广义和狭义之分。从广义上说,禅什么都是,你要什么就给你什么,一种普遍的事实。禅什么也不是,既非物质现象,亦非精神的。一句话"它不是用语言文字和想象能够说清楚的,仅可勉为其难地说它是一种心法(《禅的世界》圣严法师著)"。意思是,禅学博大精深,用有限的文字是说不清道不明的,只能靠个人去悟。如此说法听起来很玄妙,其实,禅是一种精神修行方式,是至高无上的境界。这样的解释作为一个没有禅修经验和不具备相当禅文化的普通人的确难以理解,这也许正是禅的深奥微妙之处。

禅学本质上是一门生活艺术,蕴含着大智慧。一个人通过禅修能够放下抱怨、嫉妒、仇恨以及功利思想等观念上的执着,怀着一颗孩童般单纯的心灵,就能感受到心的清澈、生命的圆融以及精神的和谐,便得到无上的智慧。

比如,有人曾问大珠慧海禅师是怎么用功的,大师答道:"饥来吃饭困来眠。"作为一个普通人可能会说,这话跟没说一样,谁不是饥来吃饭困来眠?然而,大珠禅师却不这么认为。他反驳说:"不对,绝大多数人吃饭时不是真吃饭,百种需索;睡觉时不是真在睡,万千思绪。"一点不假,普通人吃饭时聊天、看书、上网、看电视,习以为常,每时每刻脑袋瓜子是个物流仓库,装满了各种物品,密不透气,走路、看书时多半时间还在想今天发生的那件不顺心的事,谁那样说话做事太缺德,下班后要见什么人,明天孩子考试准备如何……躺在床上一遍又一遍回忆白天经历的往事,即便睡着了,梦中依然翻江倒海百般计较,纠缠不休,荡气回肠,当然算不上纯粹的吃饭睡觉。

从禅师的角度看,一心不能二用,同一时刻只想一个问题,只干一件事,不留恋、不悔恨陈年往事,也不去幻想未来怎么着,免得把昨天、今天、明天混淆起来,给自己带来不必要的困扰,让烦恼打扰现在正在做的事,浪费眼下宝贵的时间使计划落空。禅主张活在当下,关注当下的点点滴滴,把握好现在的分分秒秒。古人曰,食不言,寝不语。意思不管干什么,包括吃饭或睡觉都要专心专意,吃饭时专心致志地吃饭,仔细品味饭菜的美味,不要再去想与吃饭无关的事,也不要看书看电视,减少其他器官对血液的消耗,保证消化系统供血量充足,以帮助食物消化和营养的吸收,意识中就会产生一种静静的神秘力量;吃完饭稍事休息聚精会神地看书,认真思考每一个文字符号所表达的意思,领略全文的要义,不要一边看书一边听流行音乐,这样才能把书读好读精。睡觉时把白天的所见所闻全部忘记,观照着呼吸进入梦乡,这样的睡眠质量高,身体得到充分的休息,一觉醒来神清气爽,按照此等方式学习生活才有质量。

狭义理解,禅即禅定,意思是止虑安静,达到某种神秘境界。身心放松和专注呼吸既是禅学的本质内涵,也是实现禅定的基本方法。通过有意识缓慢悠长绵密的呼吸,使每个人的心逐渐从紧张混乱中安定下来,做到心中无事,不再受到世间烦恼的困扰,在静虑的生活中体验到生命的本真。

禅修有静修和动修两种。静修就是坐禅或称打坐,首先要求的是打坐姿势,即,盘腿挺胸而坐,稍微抬头,全身每一个关节、肌肉、神经全部放松,把注意力集中在呼吸上,借助轻柔、均匀缓慢而深邃的呼吸,呼出体内浊气、废气甚至包括一些毒素,更多地吸入大自然中的清气,增加血液里新鲜氧气的含量,给细胞乃至人体的五脏六腑带来无穷的能量,使人充满活力。同时,能够使人的内心平静,把执着的自我心解开抛弃,心灵得到自由和解脱,放弃不着调的念头,使头脑更加清明,身心平衡,产生舒心的感觉。

动修指的是行禅,也就是中国禅宗主张的生活禅。禅修不一定都要打坐,做什么事都是禅修的过程。不管何时、身在何地干什么事,心都要在关照呼吸的同时专注其肢体动作,而不再有其他念头。比如,早晨起来穿衣服,观照呼吸的同时,心里就想着怎么伸腿伸胳膊、系扣子;刷牙时,不要去想别的事,专心体验刷牙的感觉;洗衣、洗菜、切菜只想各种动作和身体感受;看书学习时眼睛和大脑同时集中在所看的文字上,不要一边看书一边听音乐、想其他事。当做到行心合一的时候,我们全身的肌肉、神经都很放松,心率会渐渐慢下来,呼吸变深邃,内心会感到惬意和愉悦。

有人可能说,如果走路时注意力专注于迈出的步子,很容易与对面的行人和物体撞在一起。你别说,生活中这样的故事还真不少。但是,撞人、撞物者此时专注的一定不是自己的身体,而是正陶醉于新近遇到的一件美事,兴奋不已,或正在为一个问题纠结,百思不解其意,抑或为一件不满意的事算计、怨恨对方,烦恼痛苦不堪。此时,一切全是虚妄的念头,身心处在一种高度紧张的状态,当然很容易撞在电线杆上。而专注于呼吸的人是一种正念,身心放松,对外界的一草一木保持警觉,自然兼顾着路的前方,不会对前面的障碍物视而不见。

也有人说,放松与专注相互矛盾对立。专注时全身包括大脑处于紧张状态很难做到真正的放松,而放松时根本无法做到专注。有一定道理,但不全对。凡是导致紧张的专注很可能是在充满激情或愤怒状态下的执着,比如,对游戏的专注,对某人仇恨,挖空心思想报复对方,这样的专注当然会造成生理性紧张。禅修过程或禅修后的专注是无私无我的专注,没有了执着,肉体和精神包括整个神经系统都很放松,呼吸平稳,血液循环畅达,达到人我两忘的境地。此时,禅者的内心纯朴无瑕,是一种无私无我的智慧,把当下视为全体,是超越的存在,无所谓得也无所谓失的事实,主观内心世界与客观生活环境合二为一,放松与专注兼而有之。

禅是从印度佛教的基础上发展起来的,但禅宗却发源于中国河南嵩山的少林寺,初祖达摩是少林寺的开山鼻祖,也是禅宗的宗师。于是有人认为禅就是佛教。事实上,禅与佛教彼此互为因缘。禅是佛教僧侣修行的一种行为方式,因为禅的悟境而明达佛理,最后修行成佛。成佛之后道出了修行的原理及方法,成为佛的教法,部分形成了禅学。

由于传统意义上的中国禅宗强调"独门秘籍",过分重视形式、表象和规范,故步自封,在后来的发展推广中,忽视了对其内涵的提炼,出现了程式化、表面化,甚至庸俗化的倾向。虽然满足了中国人的好奇心,但没有使之生活化和现代化,无法被西方主流社会所接受,也没有融入更广泛的文化范围。

后来，通晓外语、具有国际视野和西方思维方式的日本学者铃木大拙等人，经过长期参禅悟道后，撰写了一些淡化宗教色彩的禅学理论作品，着重强调禅学的哲学性、神秘性和"高尚性"特点，赋予禅和禅修很大的生命力，并将其用英语翻译后迅速地推广到世界各地。西方很多社会贤达经过禅修后，惊奇地发现禅与包括基督教、伊斯兰教等不但没有丝毫冲突，而且互为因果。从此，禅以其独特的魅力受到越来越多的欧美、阿拉伯世界以及非洲等不同信仰者的普遍欢迎。铃木大拙对禅修感悟也成为了最早传播到西方社会的禅学理论，以至于后来国际上许多禅修爱好者错误地认为禅学出自日本。

在国内，不少人对禅有些误读。认为禅和(佛)教一样，是为了消灾避难、富贵平安、升官发财单纯求佛祖保佑；有的觉得活在人世实在太苦，希望离开世间早些到西方的极乐世界少受点罪过；还有人把禅看成为过世的亡灵招魂。更可笑的是，有人给禅披上封建迷信的外衣，把禅神化、鬼化、妖魔化。加之，禅宗主张"不立文字""不可思议"，如此高深莫测，非常人所能理解，于是，有人认为禅是唯心的，害怕被各种教义洗脑，凡此种种都是肤浅无知的表现。事实上禅是借助冥想进行调息、调身、调心，以此集中心念，达到入定境界，帮助人们提高抵抗物质、功名诱惑的能力，平衡身心、净化心灵、开发智慧。并通过关照呼吸软化人的神经，融化自我构念，最终实现身心统一，提升人的品质，达到生命完美之境界。

在全球化时代，禅宗的意义发生了异同寻常的变化，禅修已经开始淡出宗教色彩，与生活融入得越来越紧，开始世俗化、大众化而非宗教化。禅借助有意识的呼吸消除一切妄念，更多地讲究发自内心的顿悟，从更广大的范围给人们提供哲学的思考方式。很大程度上可以把它看作是一种个体对身心灵探索的实践，好像是在与心灵亲密交谈的同时拥抱和亲吻自己的灵魂。可以毫不夸张地说，禅修已经或正在成为一种纯粹的修心养性的方法，是自我提升的炼心过程，也是心灵净化的神奇之旅和人生圆满之道。

一是从传统精英禅修转变成了普通民众禅修。过去参禅悟道者除了寺庙的僧人外，再就是知识阶层的专家学者，现在很多公司白领、企业员工领悟了禅学博大精深的智慧后,也自发地加入禅修行列,平抑心情,净化灵魂。

二是从离世转变为在世。过去禅修的目的是为了脱离这个凡尘人世,禅修者要出家,隐身在山间寺庙,如今,倡导人间禅学,禅修的目的是为了超越物质功利,立足于当下现实,伴随着普通工作和生活而行,在机场、车站、码头随处看到人们端坐在那里,合上双眼静思冥想,这在过去是难以想象的。

三是从排斥物质财富的消极禅修转变为对感性感官的积极超越。过去禅修通过否定的方式倡导清心寡欲,对物质、功利的东西一概排斥,背离人的自然属性,很多时候造成与社会断裂。现在禅修更加适应当代社会发展潮流,肯定人们对物质生活方面的正常需求,但人们始终是自己眼耳鼻舌这些感官对象的主人,绝不成为物质享受的奴隶。应该说,这些变化更加生活化、人性化,使禅修更富有鲜明的时代意义。

很多白领不约而同地把禅修作为消除生活困扰和保持心理健康的重要生活方式,以此放松心情,放下思想杂念,摆脱工作压力,改善精神状态,提高工作和生活品质。

如果有人还是无法接受我对禅的解读,那你就别再想那么多,简单地把禅理解为有意识的呼吸也行。不要再去纠缠它唯心或是唯物,属于哪个教派、哪个主义。只要有意识的呼吸能让我们内心安静下来,思维更有教养,性格变得专注圆融起来,最终使人更加智慧道德,它就是一只"好猫",至于是白猫或黑猫也就没有再去争论的必要。

禅修是心灵的按摩

在一个功利化社会,人们对金钱、美食、名利、情色等有着天然的喜好,而且心里想要什么,大脑就会指挥行动朝着想要的目标去努力,心情越是迫切越能够身体力行、全力以赴争取目标的实现。于是,就会产生执着和贪婪,使我们心随境转被外物奴役。不少人因为欲望一步步走向歧途,思想被羁押,从此失去自由,得了一种说不清道不明的"心病",经常莫名其妙地抑郁和焦虑。

当下的青少年学生烦恼比成人还多,攀比成风,今天想买个游戏机、名牌服饰,明天又想换一款更新潮的手机;父母规定这不准、那不能,一看到玩游戏、上网就唠叨。父(母)子间分歧没完没了,导致烦恼不断,心神不安,看着书走神,坐在教室里发呆,无心学习。考试成绩不好受老师同学挤兑,内心着急无奈,本来一肚子的烦心事,回到家父母鼻子不是鼻子、脸不是脸……有形和无形的压力使青少年心力交瘁,一会儿发飙,一会儿郁闷,看什么都不顺眼,听什么都烦躁,多少遇到点不顺心的事即刻勃然大怒。走向社会后无法很好适应新环境,不管在哪里都感觉到同事与自己过不去,不能心随意愿,眼中到处是阴暗面,危机四伏。一事当前,想要这个,又不愿失去那个,期盼鱼和熊掌兼得,斤斤计较,思想无法消停;今天与昨天的想法不一致,前后矛盾,现实与理想相距甚远,每时每刻跟自己较劲,折磨自己。

中学生朱某,因为不堪忍受母亲的叨唠,高考前将母亲活活杀死。当他走进看守所冷静下来之后,开始反省道:"高考的压力使我陷入严重的抑郁,坐下来乏困,没精打采,晚上躺在床上半天睡不着,好不容易睡着又开始做噩梦,早晨起来内心特别烦躁,总想跟人发火。有时,听到别人'您好'的问候声也觉得烦,恨不得用'你才好呢!'回击对方。"这样的学生在今天的校园并不少见,他们因为压力大而精神紧张,内心的火直往上蹿,一点就燃。而且自我意识超强,固执己见,为了某个预期的目标非要怎么着必须怎么着,一旦达不到目的就怨天尤人,或因为一个很小的分歧与老师或家长死磕。与人发生矛盾后从不考虑后果,似乎理性的方法难以消解心中的气愤,非用极端的办法来报复对方不可,结果,很多时候把别人的过错变成了自己和家庭的灾祸。

头痛感冒等肉体器官性疾病,只要对症下药,或打针、手术很快就会康复。心烦、贪婪、嗔怒、固执等心理疾患表面上看不影响吃饭、行走,工作也能勉强应付。但是,它消磨意志,常常使人萎靡不振,而且非常顽固,越是想摆脱它,它越死死地缠住你不放,被负面情绪折磨得疲惫不堪。唯有禅修具有改造生命的功能,可以校正被扭曲的人性,修复破碎的心灵,让心重新活起来。于是,许多达人不谋而合地坚持坐禅使身体和精神发生了神奇变化。收入没有增加,还是原来的生活环境,脸上却有了更多的笑容,重新感受到了人生的幸福美好。

禅是一种道,全称为禅那,原意为弃恶,古人讲,"为道日损",意为学道天天有损失。禅修的人,借助观想舒缓轻柔的呼吸,像打鱼拉网一样,慢慢把心往回来收,使思想与外界万事万物脱钩,淡化物质享乐的欲望,把某个概念、执着和自以为是的观念扔掉。此时,心无杂念,自然就摒弃了抑郁、焦虑、烦恼和怨恨,精神得到净化,迷途知返,能够理性地处理问题,从简单的生活中体验到人生的快乐。同时,在注意力高度集中的情况下,心灵专注于一境,开悟智慧,产生正面光明的能量,创造愉悦而幸福的源泉,心态由此变得积极起来,实现人生的长乐、长春和幸福。

内心烦躁不安时候,眼中的世界一片聒噪、混乱不堪。当我们用一颗平静的心观察周围的生活,原来那个世界依然是和谐而美好。张淼,一个名牌大学毕业的研究生,30 出头时就成了一家公司的部门经理,年薪不菲。但一向刚直不阿的他,听到顶头上司颐指气使的吆喝颇觉不爽,于是,决定自己另起炉灶当老板。凭着广泛的人脉和厚实的业务经验,公司当年开张当年盈利,五年不到的时间利润突破了千万元大关,赚了个盆满钵满。然而,老板有老板的风光,也有老板的苦楚,每天穿梭在钢筋混凝土的森林里,殚精竭虑算计,没日没夜陪客户喝酒应酬,顶着各种压力打拼,利润不断攀升,身体却严重透支,血压、血糖、血脂一齐升高,痛风、失眠……全找上门来。没钱的时候抬不起头,钱包鼓起来后还是没有找到想要的那种幸福,弄不清活在世上究竟为了什么。

一个偶然的机会,跟几个同学喝茶,聊到了禅修的话题,他隐约感受到呼吸能够让人心静,仿佛一阵春雨滋润着他干枯的心田,短短几分钟打坐,烦恼悄然而去,疲劳渐渐消退,觉得一身轻松。于是,他索性放下手中的业务,把公司交给副手打理,孤身去了西藏。在日喀则的一座喇嘛庙住了下来。关掉手机,没有电视、互联网,拒绝了一切杂音,做义工,听偈乐和师父一起打坐,让自己与世隔绝,万籁俱寂,几乎能听到自己心跳的声音。用心品味吃进口中的斋饭,带着敏锐的感觉关注念头,与自己对话,轻手轻脚地掸去佛龛上的灰尘,很快烦恼消失得无踪无影,感到一种从未有过的惬意。

后来的两周时间里,他仍然按时坐禅、看书、睡觉,心理上渐渐不再对外物有那么强烈的依赖,简陋的生活环境、粗茶淡饭同样活得有滋有味,没有高档饭店的觥筹交错,身心反倒轻松了许多。一个月的自我放逐,胸襟豁然开朗,仿佛走出了心灵的城堡。重新回到工作岗位,原来那个嘈杂得有点像竞技场的工作环境,仿佛一下安静了许多,往日眼中几个有点别扭的部属现在看起来也挺"顺眼";不管遇到多么棘手的问题不再像天塌下来那样着急,总会一股脑儿冒出好几个解决的办法,说不清楚是公司变了还是自己变了,反正很少再有头疼闹心的感觉了。平生第一次悟到生意场的对手并非全是对手敌人,也可做朋友,生活不单是打拼和争斗同样有很多乐趣值得分享。

禅是富有内涵的积极

按照习惯的理解,积极就是以激进的思想带着饱满的热情和着流行的节拍举着旗子喊着高亢的口号不断进取向上,这些敢立潮头的人往往会成为一个时代的社会精英人物。相反,认为做人做事谦和低调本分规矩的人缺乏开拓精神;隐忍包容、与世无争的人思想保守魄力不够;那些秉持禅学思想有独立人格理智行事的人被看成另类,不开窍,靠不住,诸如此类一概视为思想消极,逃避现实,政治上不成熟,真是荒谬至极。历史的经验告诉我们,积极心态不是看你喊得多么高调,唱得多么好听,做得多么风生水起,这些只是肤浅的外显性积极;相反,见风使舵,跟风潮忒紧的人,容易失去做人的本真,给人一种轻飘飘的感觉,很多人内心指不定还有自己的小算盘。

时下不少人把外在激进和狂热当作积极,调子喊得很高,有的政治人物到处大兴土木,也干了很多实事。然而,高楼大厦起来了,道路宽畅了,环境和资源遭受严重破坏。此等积极,作秀,谋取个人政绩的成分远远大于现实的社会意义,充其量是一种智慧含量极低的匹夫之勇,纯属一种伪积极,没准还带有极大的欺骗性。最可怕的是那些外表积极进取,嘴巴上说得冠冕堂皇,私下专搞歪门邪道,中饱私囊,稍微擦亮眼睛仔细一看,很多积极后面隐藏着不可告人的个人目的,只能给我们共同的生活环境带来灾难性后果。

刘志军,初中毕业开始修铁路,从最底层修路队的文书,一步步爬上全国铁路"大管家"的宝座。在担任铁道部部长期间,适值我国铁路大发展的关键时期,带领总工程师等手下一帮得力干将在沪杭、京沪高铁等新修线路的先导段亲自押车,进行冲高实验;每年春运如火如荼的时候在铁路施工工地、人流如潮的车站总能看到他的身影。在一般人眼里他几近于一个工作狂,被许多不明真相的人誉为"中国高铁之父",这种"中国式积极"在当今社会不胜枚举。然而,在他的内心里却隐藏着一颗不可告人的罪恶野心,贪婪无度,接受贿赂逾6400余万元,涉及房产374套,价值达8亿元,个人拥有的房产比之大观园也丝毫不差。包养多名情人,生活奢靡可见一斑。

  他一贯蛮横霸道,想用你时你就升,不想用你时你就滚,有时三更半夜把你喊来开会劈头盖脸地臭骂一通,让你丈二和尚摸不着头脑。其心腹有"中国高铁总设计师"之称的张曙光也贪腐过亿,并在美国购买了豪宅。在他执掌中国铁路大权期间铁路系统管理混乱,恶性事故不断。

  他善于伪装表演,说一套、做一套,表里不一,台上高调反腐、台下大肆腐败。落马前两天,厚颜无耻的刘竟然在全国铁路系统党风廉政建设电视电话会议上慷慨激昂"痛斥腐败"……即便在庭审现场,他擅长表演的本领也发挥得淋漓尽致,痛哭流涕地感言,"本应该为中国的铁道发展、实现'中国梦'做贡献,但却……"令人啼笑皆非。刘志军的确爱做梦,在他东窗事发后,从他家中搜出的几十本护照来看,真正做的是美国梦、日本梦,是地道的中国人的盗梦者。

  有些积极高调的人骨子里却虚伪骄横,满腹狐疑,其实是个聪明的大笨蛋。原重庆市副市长王立军英俊洒脱,仪表堂堂,有"知名法学教授""刑侦专家"等多个头衔,做事雷厉风行,浑身充满气场,打着为民的旗号,积极进取无人出其右。任公安局长期间,在街上抓个小偷都要使用头戴钢盔、手持冲锋枪的武装战士护场子,让摄影摄像师先行抢拍镜头,用大手笔大场面给自己造势。其真正用意在作秀,创造虚假政绩。他人前人后冠冕堂皇,背地里干着不可告人的勾当,利用职权玩弄法律,包庇纵容犯罪,伤害无辜,与黑社会没有两样。在重庆市公安系统搞所谓的人事调整,把原来的中层领导打入冷宫,扶持自己的亲信,名为竞争上岗,实为排除异己,赤裸裸地将自己的成功建立在他人的痛苦之上,结果聪明反被聪明误,成为荒唐可笑之人。

  衡量一个人是积极或消极不能只看表面和过程,关键要看所作所为的真正目的和用意是什么。

  积极是富有深刻内涵的精进。真正的积极秉持禅学倡导的独立精神,坚持事物真本,不唯书,不唯上,不唯众,只唯实,追求真知灼见,做到知行合一,不轻易受外界大环境和大气候的影响,这才是积极的最高境界。

新中国成立初期,中国人把毛泽东尊奉为神,毛泽东思想句句是真理、战无不胜,全国人民都要做毛主席的好学生,看似万众一心,众志成城,但是,人们失去了思想的独立,导致"文化大革命"这场十年浩劫,"左倾"思想颠倒黑白,说真话、有正义感的人被打倒,也使国家经济发展濒临崩溃的边缘。

禅修者本性低调谦和,不事张扬,在很多人眼里他们"看破红尘",人生颓废,纯属对禅的误读。禅文化的目的在于通过静心使人更加智慧,思想更有原创性。禅修者富有内涵,外表不显山露水,乌龟有肉全在肚子里。在我们这个社会很多科技文化精英崇尚事本位的价值观,不争名夺利,踏踏实实地活在当下,聚精会神、默默无闻地抓住现有的分分秒秒做对社会有益的事;坚持自己的主张,不赶时髦追浪潮,不被世俗的东西打扰,默默无闻地在自己追求的领域里探索。十年不鸣,一鸣惊人,这种内在的积极才是推动社会文明进步的中流砥柱。

适度保持久长,谦卑带来丰盛。放眼世界,众多具有哲学气质的发明创造者,尽管他们的伟大成就很大程度上是其内心天性的自我展示,但从根本上讲多数都有参禅悟道的影子。桑德曼教在静心养性方面与禅宗有异曲同工之效。著名科学家法拉第年轻时十分崇尚桑德曼教派倡导的含蓄精神,经常去那里觉醒,逐渐感受到了内心的平静、安详和清澈,并对宗教的牺牲精神充满敬畏。天长日久,培养了优雅的性情和健全的人格,思想和行为更加勤勉和自律。在之后的修学中,他开始厌恶世俗享乐,自愿将欢愉从自己生活中剔除出去,也使这个年轻人彻底远离了焦虑情绪的纷扰,形成了长时间集中精力的职业习惯,几乎把每个钟头都投注到了自己所热爱的事业之中。有人甚至说,是宗教信仰鼓励法拉第将自己的工作视为揭开造物主创造的这个神圣世界之面纱的途径。

积极是理智的进取。坚强的毅力和伟大的人格无一不是在顺利和挫折的交替中培养起来的,起起落落自然是每个有卓越成就者必须经受的历练过程。积极不是过分热情和一味地激进,包含着隐忍,当进则进,当退则退,进退自如,攻守平衡,有所作为,但又不被名利心左右。禅修的独到之处在于借助良好的修为实践导引个体吐故纳新,把一切放下,春风得意之时,知道适可而止;当力量不够强大或暂时不顺的时候,潜下心来韬光养晦,充实壮大自己;当受到恶意打击时,忍一忍,蓄势待发。有了这样百折不挠的精神,任何力量都挡不住你前进的步伐,如此聪明的退让无疑是一种最智慧的积极。

  缺乏爱的勇敢是鲁莽。平常一般人打架动作粗野,出拳凶狠,招招都足以置人于死地。而少林拳中的拳、棍、刀术,不但动作优美,铿锵有力,而且重在防身强体,绝无杀伤致命之恶意。少林拳之所以力量中不失稳健、快捷中富有张力,一个很重要的原因在于少林拳浸透了太多禅的元素。中国足球单纯强调身体对抗能力的提高,很多球员在场上勇猛无比,看似积极,但用的是蛮力不是巧劲,动作轻重拿捏不准,该收的时候收不住,该放的时候放不开。力量火候把握不到位,技术含量低,踢法不够细腻,当然无法取得佳绩,稍不注意就伤人伤己。在欧洲足球赛场,同样肢体对抗激烈,佢动作灵巧而有柔韧性,看似凶狠的滑铲,出脚快捷稳准,收放自如,一般不会给对方身体造成太大的伤害,巧妙的配合如行云流水,处处彰显着禅文化元素,隐含了太多禅的智慧。

  真正的积极是以利他的心态做事。积极的终极目标是促进社会文明进步。因之,务必要摆正追求快乐的心态,先把个人私利放下,聚精会神把事情做到极致,正所谓帮人等于帮自己,在奉献他人和社会的同时成就自己,把美好的愿望变成现实。禅修主张无我和忍让,于是,有人认为禅是逃避现实,这是极端错误的认识。禅者首先是肯定自我,然后超越自我,最后放弃自私执着的自我。肯定自我就是有担当、尽责任的我,超越自我不仅仅是应当尽自己的责任和义务,还要不求回报,这是多么崇高的积极。禅修者倡导忍辱并不是无原则地逆来顺受,也不是忍气吞声后又怨天尤人,而是聪明地退让,给双方一个反省的空间。诚然,这样的积极并非常人能够做到,就连我也感到自己相差甚远,但它始终是我们做人做事不能缺少的一种境界和长远追求的目标。

　　禅修者重精神轻物质财富,于是有人认为禅是唯心消极的,这是对禅天大的曲解。美国作家查尔斯·哈尼尔指出,"宗教的本质是让人们相信现实世界之外存在着超自然的神秘力量或实体,该神秘力量统摄万物而拥有绝对权威,主宰自然进化,决定人的命运,从而使人对该神秘力量产生敬畏和崇拜,并引申出信仰认知及仪式活动。"禅文化旨在教导人知足离欲少欲,试图以追求美轮美奂的未来为目标,通过修行平复当下心境,统摄信众的精神力量,以此规范人们的现实道德,放弃过分的物质追求和奢侈的生活方式,但并不排斥人的正常物质生活需求。

　　有些生意人尽管多数时候都是堂堂正正地挣钱,使自己利益最大化。然而,为了满足自己的欲望单纯追求个人成功,虽然没有危害社会公德,但与禅学所倡导的积极的本义相比起来仍然会显得生意人十分渺小。有人可能说,老祖宗都有言在先:"人不为己,天诛地灭。"我不偷不抢,用自己的勤劳和智慧挣钱享受何错有之。心理学家奥尔波特有一句名言,"如果每个人都尽力去工作,而只索取能够维持家庭生活的回报,那么这个世界就会变得非常富足。"为己谋利乃人之常情,但是假若仅仅把积极理解成个人成功和享受,各扫门前雪,为富不仁,破坏环境自己发财,或打压他人自己升职,这样未免有些狭隘。因为,只知道追求个人利益的人,心想事成之后难免骄傲自大,伤害他人,让他人成为自己的对立面,害人者最终祸害自己。同时,目标太功利,一旦积极行事没有达到自己的目的,必然失望,怨天尤人,烦恼不断。

　　台湾法鼓山创始人圣严法师(本名张志德)自幼体弱多病,7岁学会说话,9岁开始读书识字,11岁入小学,经常受到同龄人欺辱。他不像别的小孩争强好胜,或施展自己的机灵、聪慧的本领讨得老师父母喜欢,而是一个人傻傻地待在那个被人忽略的角落里静静地观望着这个忙碌的世界。19岁那年,适逢战乱,家贫如洗的他被迫从军,10年的军旅生涯很快就成了过眼云烟,他又带着迷惑与孤独解甲归田。面对坎坷的人生,有些看破红尘的他,在山林中进行了6年的闭关修行,似乎在滚滚红尘中觅得精神家园。之后,只身前往日本,踏上了求学之路,在日本立正大学先后获得硕士、博士学位,并成为佛教界第一位拥有博士学位的禅师。

在他身心得到磨砺获得非凡人生感悟后,着手在台湾创办法鼓山,提出"心灵环保"理念,主张以佛法提升人的品质,建设"人间净土"得到了社会各界的广泛认同。嗣后,他开始遍游世界各地宣扬佛法,著书立说,广收弟子,教化世人。还涉足教育、公益等诸多领域,开展心理救助,把无数有心理障碍的人从死亡边缘拉了回来,使他们解除心灵上的痛苦,获得真正的幸福。

晚年,他身患肾病,却以"我老了,浪费一个肾是不慈悲的"为由拒绝换肾,获得了"满分人格"。圆寂前,他留下遗言:"在我死后不发讣告,不传供、不筑基、不建塔、不立碑、不塑像。"用一个永远闪烁着智慧光芒的灵魂为广大信徒塑造了一座不朽的精神丰碑。被台湾人奉为"稳定人心的力量","400年来对台湾最具影响力的人士"之一。

过去我们总是用"当一天和尚撞一天钟"来形容某些人不思进取,没有远大的抱负。其实,在我看来"当一天和尚撞一天钟"同样有它积极的一面,既然当了和尚就该一心一意把钟撞好,这本身没有什么不好。活在当下,与那些想法多,做事三心二意,要么撞钟声音不够洪亮,要么时间把握不准,节奏混乱,或虚妄杂念太多,无所事事,这样的和尚理应得到尊重。"当一天和尚撞一天钟"彰显了一种爱岗敬业精神,正是现代浮躁社会需要倡导的一种精神。如果我们都能够专心把一件平凡的事尽职尽责做到位,就会避免很多社会矛盾和灾祸发生。

真正的消极是整天无所事事的人,他们将有限的精力挥洒在对自己的悔恨和对他人及社会的抱怨之中。至于那些用宝贵的时光去幻想和空谈美好未来,把时间浪费在无为的嗟叹上的人,连积极的边都沾不上。

宽容是一种低调的积极。在家庭教育上,有人认为,严格教育是积极,甚至还有人认为,禅学倡导的宽容是对孩子的娇惯和放纵,岂有此理。每个人都是凡夫而非圣人,也曾经做过错事,说过一些不得体的话,曾经不止一次下决心完善自己,少出点差错,但是往往事与愿违。既然成人身上都有难以改掉的陋习,孩子身上有点毛病也就再正常不过。有些过错一定有其无法克服的原因,也许是不得已而为之,不妨站在孩子的立场,先接受下来,给予同情和原谅，一如既往地关心他，给孩子留下心灵空间和思想的回转余地，让他放松下来。待思想转过弯子，自然就想通了原来一些想不通的地方，这样的宽容是一种柔性的积极。

聪明的退让是一种智慧的积极。对于那些屡教不改的孩子，很多家长不停地抱怨指责，口口声声说为孩子好，初衷再好都谈不上真正的积极，除了发泄不满，保全自己面子以外，没有半点建设性。智慧的家长在与孩子在一些问题上出现分歧相持不下时，一般不会用刻薄强硬的口气刺激孩子，或强迫他们接受父母的主张。而是以一颗包容的心态聪明地做出退让，待孩子冷静下来时，用讨论的方式进行交流，让孩子把自己的想法说出来。当孩子的想法不成熟时，可以用自己的人生经验帮助、引导、完善，最终让孩子自己做出判断，找到正确的答案。避免先入为主，导致孩子产生逆反心理和对立情绪。这样的积极才算真正的智慧，没有智慧的伪积极，家庭和睦社会和谐无从谈起。

禅的精髓是升华思维品质

学习是在大脑明透清澈时进行的一项思维活动，任何一门学问都是意识和思维长期连续不断地定格在其中而获得的，这意味着思维专注是人们摄取足够多书本知识和社会经验的唯一途径。

绩优生和绩差生的本质区别在于思维品质的优劣。不妨看看那些成绩优异的学生，他们不见得有超人的聪慧和勤奋。但是，他们与众不同的地方在于有一颗了不起的专注的心，大脑思维清晰，心无杂陈，好比一张白纸或一块擦干净的壁板，没有一点痕迹，上面写的文字一目了然，容易清楚地留在记忆中。专注而机敏的思维最大限度地激活了体内的智慧因子，形成了令人难以想象的巨大能量，用不着熬更守夜，从容不迫地就可以把书读好，还能在学习中悠闲自在地享受生活，快乐与之形影不离，让人羡慕。

当下社会物欲横流，每个人头脑中都充斥着满足私欲的种种想法，大脑随时都会受感官诱惑去追逐欲望的对象。当心灵被没完没了的欲望纠缠时，思想走神，思维混乱，不能在一件事情上保持专注，很多青少年学生注意力无法集中于看书学习，不同程度地出现学习障碍，学业困难的情况。

成绩差的学生,由于心不静,神难安,逢苦则忧、忧则精神紧张,心烦生嗔,抑郁、焦虑烦躁接踵而至;遇喜则乐,乐极则神涣散。即使坐在那儿,啥事不干,心也闲不住,脑子里千头万绪,各种各样的念头时隐时现,纠结不断,像一块黑板上原本有很多杂乱的文字和涂鸦,没有擦干净就在上面写字,结果新写的字与原有的信息混淆不清。视觉上的杂乱引起内心烦躁,听课看书的内容不可能在记忆中留下特别清晰的印象,体内巨大潜能无法被激活,一直在沉睡,打不起精神。学习和工作上同样努力,功夫没有少下,结果却不尽如人意,终究难以摆脱平庸的命运。有的甚或程度不同地存在着注意力缺陷障碍、情绪调控障碍和认知转移障碍,整天心烦意乱,生不如死。不乏有些人试图用抽烟、喝酒来消解烦恼,让自己安静下来;有的人试图戴耳塞减少外界干扰实现专注、使尽浑身解数想让自己专注起来。实践证明,这些不科学的做法多数情况下收效甚微,甚至是危险的,终其一生饱受极大的心理痛苦。

专注的秉性非外力能够改变,也不是简单地吃点药就能从根本上解决的问题,很大程度上取决于机体器官生理指标的改良。培养专注的思维最简单适用的办法就是减少对外物的欲望,保持思想的纯洁,少受外界诱惑的打扰。禅修是机体和心灵的清道夫,其鲜为人知的伟大之处在于借助有意识的呼吸帮助人们解除生活中的烦恼,实现心身合一。禅修是抵达心静的一条捷径,绝对是驾驭思想的行家里手,禅学提倡活在当下,借助内修优化生物实体,使心身灵得到全面改观,帮助我们消除大脑内与学习无关的各种杂念,把潜在的灵性发挥出来,让美好愿望变成现实。

首先,借助禅修让散乱的摇摆不定的心集中起来,达到专一心;其次,继续关注呼吸,放松身心,由专一心实现身心统一、内外统一,心中无私无欲无贪嗔,对人对己一个标准,就没有与人与环境对立的感觉,主观想法与客观环境合而为一,实现天人合一,知行合一,前念与后念统一,现在的想法与过去的想法一致,乐意把一切美好愿望变为现实。再次,把统一心粉碎到无心,做到没有执着,体验到无我、无人的解脱境界。这种无我并非没有主观的我,无心也并非弱智,或植物人,而是少却或没有对自己利害得失执着之心,从而把全部心思集中在学习或工作上,这样,哪有学不懂、做不好之理。

"君子事来而心始观,事去而心随空。禅宗马祖与百丈之间发生过一个挺有意思的故事。有一天马祖和百丈师徒二人在外面散步,正好遇到一群野鸭从空中飞过,马祖问百丈:"你看那是什么?"百丈说:"是野鸭!"过了一会儿,马祖又问:"现在还看到什么?"百丈回答:"野鸭已经飞过去了。"马祖转过身来拧住百丈的鼻子,再问:"现在看到什么?"什么也没啦。百丈开悟了,鸭子已经飞走了,大脑里什么都没有了,不要再去想野鸭的事。这样的故事说起来好笑,但确实蕴含了很高的智慧。朋友们不妨试试,当你想入非非不能自主的时候,把心停在现在,不再想过往其他任何事情,旁若无人尽情地拥抱你的呼吸,心就会安静下来,凝聚成强大的生命能量。

　　普通人的智能开发使用尚不足十分之一,禅修让过度享乐而堆积的毒素与杂质排出体外,把大脑训练得不再有失落感,心灵会从这些障碍中解脱出来,变得宁静而无忧无愁,满腔热情地战胜身心惰性。作为一个青少年学生,只要坚持禅修,有意识地调理呼吸、炼心,自然能够使我们从混乱烦躁不安中解脱出来,体验到简单化生活的恬适和内心的惬意。过不了多久,身心安静、大脑清明就会常态化。你会惊讶地发现过去感到头疼的学习其中也隐含着那么多的乐趣,从而对读书产生发自内心的渴望,幸福会离我们越来越近。

　　有的家长可能会说,在一个浮躁的社会里成人都心如乱麻,青少年天生好动喜欢追风,脑子没有消停的时候,让他们进行禅修很不靠谱,有些滑稽。这样的认知可以理解,国人经历了"文革"这场史无前例的劫难,不少人对禅学的内涵知之甚少,至今还存在着很大偏见;对禅修带给人的清爽和温馨没有亲身体验,隐约感到禅这玩意儿怪怪的,似乎离我们心的距离很遥远。

　　平心而论,这些幼稚的想法我过去也曾有过。通往幸福之路并没有固定的线路,任何一个拥有智慧的人都应该习惯于用生命的无常来探寻解除烦恼之方式。在人类思想解放文明进步空前的今天,每个人都应该保持一颗鲜活的心,敢于做不同的尝试,实在没必要因为固有的观念或门户之见给流传数千年的禅文化贴上另类标签,而对其不屑一顾。相信,只要我们有了多样的思维就会发现幸福其实就在我们身边,禅修恰恰是幸福的源头。尤其是广大青少年学生,活力无限,体内毒素尚未沉淀,不一定需要正规禅修,只要在生活中有意识地进行一些呼吸调整练习,心情稍微出现紧张混乱征兆时,即时闭上眼睛,观照呼吸,放松心情,三五分钟的时间,烦恼准会随风消散,让郁闷的心安定下来,重新享受到幸福甜美的人生。对于一些经常心神不安、多愁善怒的学生,抑郁伴随他们走过了很长的时间,紧张得几近于形成死结,想立刻让他们精神放松专注起来确实有一定难度。不过日常生活中坚持有规律地禅修,随着时间的推移,身体和心灵每天都会出现意想不到的变化,完全能够实现安心、静心、无心的境界,在浮躁社会中寻觅到属于自己的真实而安静的一隅。

乔布斯的父母都不是宗教徒,然而,他们深深懂得禅学内涵的博大,在史蒂夫·乔布斯还是儿童时就有意识让他接触一些宗教文化的熏陶,经常利用星期天带着史蒂夫去路德教堂参禅。史蒂夫尝到禅修的甜头后,花了好几年时间潜心研究并实践禅宗的教仪,定期去寺庙吃素餐、参加爱心活动。上大学之后,渐渐对禅文化倾注了极大的热情,对物质的诱惑开始失去兴趣,更多地体验到了精神之爱,培养起了极简主义的审美观和执着的个性。为了自己和地球的安宁,他发誓要成为一个素食主义者,从此不再吃肉。后来,他放下一切琐事去印度开始了为期 7 个月时间的精神之旅,参加恒河源头盛大的宗教集会,进行冥想、苦行与灵性体验,学会了怎样在聒噪的环境下让自己集中精力,通过精神集中体验到禅的智慧,内心平和、处事圆融。禅修者的特质在他身上显露出来,使他的行为举止变得更加内敛、谦逊和富有内涵,学会了用沉默来驯服大脑,平抑思想上那些纠缠不休的问题。

心灵静修是个慢功夫,作为家长要率先把禅修包括瑜伽楂入生活,有意识地感觉呼吸,让自己先安静下来,不再有乱七八糟的想法和烦扰。一旦一家之主有了气静神闲的气质秉性和看书学习的习惯爱好,以儒雅的性格成为孩子心目中的精神导师,想必这些可塑性很强的幼苗,准会透过你的优雅举止产生重新塑造自己的冲动。纵然有些孩子桀骜不驯,父母能够以自己慈悲和富有耐心的亲和力成为孩子心目中可敬可信的朋友,对他们心中的烦恼给予充分的同情和理解,习惯于用平和的肢体语言予以关爱,孩子自然能够将抱怨和私欲导引至愉快高兴的事情上。

今天的社会真的进步不小，很多经过摸爬滚打攀上象牙塔尖的精英人士已经体味到成功并不幸福的滋味，为了避免孩子们重蹈自己的覆辙，他们不但自己禅修还有形无形地向孩子们灌输禅文化的深刻内涵，用自己的行动引导他们修心养静，习练隐忍功夫，延迟欲望满足，在简单而自给自足的生活中感受到生命的意义，在读书学习中品味成长的快乐。

也有人说，自己读过几本禅书，听过一些禅修讲座，清楚禅修的道理，但依然心如乱麻烦恼不断。纸上得来终觉浅，绝知此事要躬行。对大多数心事重、想法多的人来说，了解禅修原理是必要的，关键还是要身体力行，在生活实践中进行禅修练习，亲自感悟，调理身心，方能够开启智慧之大门。

七、我的贵人是瑜伽

我这大半生从偏僻的云南边陲到首都北京,从基层到机关,很多领导、战友、同事都是我成长进步中的贵人,但真正让我内心强大起来、心灵及其精神面貌发生脱胎换骨变化的贵人还是瑜伽。

瑜伽起源于印度,它借助有意识的呼吸或肢体运动与呼吸的配合,把人的注意力集中起来加以引导、运用和实施,意味着对人的大脑、智力、情感和意志进行整合规范,促进身心均和协调,使人的内在平静与外在活力之间保持平衡,实现思维与行动的有机统一。

瑜伽呼吸与普通呼吸存在着四个方面的区别。瑜伽呼吸舒缓深邃而有力,普通呼吸一般都急促微弱浅表;瑜伽呼吸是有意识、有节律的呼吸,普通呼吸是无意识且杂乱无章的;瑜伽呼吸吸气与呼气之间会适度屏息,普通呼吸没有屏息;瑜伽呼吸呼气时间长于吸气时间,普通呼吸多数时候呼气比吸气时间短。

瑜伽练习将动物的生存法则运用于人体,对机体进行健康的维护、联结和调理,医治疾病和创痛,驯服大脑里那个上蹿下跳的猴子,伢它不再胡思乱想,让内心永远平和宁静,情感保持理智,所以是一项理想的预防和消除身心顽疾的生活艺术。瑜伽也被描述为在纷繁事务中所具有的工作智慧,是一种人与人、人与自然和谐相处、适可而止的智慧,有人称它为白领的朋友。瑜伽集哲学、科学、艺术于一身,除了具有消除烦恼、培养专注、增强快乐、聚积能量等神奇功能外,还拥有许多足以驱使自然的伟大力量,像一个智慧的勇士,不用一兵一卒轻松地驱逐出机体内一切妖魔鬼怪,益智延年,升华生命的品质,而感觉不到丝毫的痛苦。约翰·卡巴金说,"瑜伽,是上帝赐予人类最伟大的礼物"。这话有过之而无不及。

瑜伽，健康之使者

瑜伽经过数千年的发展演变已经拥有 84000 多种肢体练习，可以帮助人们净化机体水液,激活身体每一个细胞,锻炼每一块肌肉、每一根神经、每一个腺体,从整体营养和平衡身体每个系统。有助于消化、循环、呼吸、神经、肌肉、内分泌等系统保持和谐状态,使人的身体变得更加强健,充满活力。

许多瑜伽肢体练习通过挤揉腹部内脏,促进肠脏自然蠕动,刺激、旺盛消化系统,改善消化排泄功能,消除或减轻便秘,治愈胃气胀和其他胃肠毛病,增强胰脏活力,医治糖尿病,改变儿童挑食的不良习惯;强壮腹部脏器,使心脏得到按摩,有助于调整脑下腺。比如,肩倒立等坚定有力的下颌收束法可使大量的血液供应停留在颈部,对甲状腺和甲状旁腺都有很大益处,两腿、骨盆和腹部的充血减少,使血液自由流入心脏,为身体全面补充营养。

瑜伽轻柔地扭动、弯曲四肢、压迫、颠倒躯体等动作,增加血液中氧气的含量,促进血液循环,强壮五脏六腑、四肢以及背部肌肉,使身体肌肉更有弹性,以改进练习者的体态和平衡感。再比如,有规律地练习头倒立,使含有丰富氧气的血液流入心脏和头部,促进血液在颈部和胸部循环,有效排解身体堆积的毒素,舒缓神经系统,快速消除大脑疲劳,使脑细胞更加活跃,思维更加清晰。

有些前后弯曲的姿势使脊柱周围的肌肉受到挤压,神经得到额外血液的滋养而受益,背部肌肉群更富有弹性;向两侧扭动的动作可以增加脊柱中的血液流量,滋养脊柱神经,预防背痛和腰部风湿病的发生。

对男性而言,许多动作可以间接地按摩两肾,向生殖腺体区域输送新鲜血液,使男性膀胱和前列腺充满活力,有助于治愈阳痿、消除睾丸疼痛,培养性的控制能力。同样,瑜伽对于医治妇科杂症也有很好的疗效。

瑜伽呼吸在吸气与呼气之间适度地屏气,让呼吸充当意识载体,意识对呼吸进行适度有规律的跟踪和调控,致使呼吸变得舒缓、悠长、稳定和有节律,一方面使血液里携氧量比普通呼吸时大,给细胞带来更大的能量,强健呼吸系统,整个身体越来越有活力;另一方面,也使经络和神经系统得到镇静,精神得到净化,令人神清气爽,性情变得温和,能够理性地对待和处理问题。人的衰老缘于身体主要器官和腺体功能的退化,任何一种药物或食物的养分都无法阻止衰老的步伐,瑜伽呼吸为血液循环提供充足的氧气,为身体储备能量,使身体的主要器官得到营养,以此实现延年益寿的作用,让生命之树长青。

瑜伽,帮助建立纯真理性的自我

一个国家最大的不幸不是天灾人祸,而是政府与百姓之间互不信任、互相指责,且认为问题的根由在于对方,期许对方率先妥协走出困局。一个家庭,比贫穷更不幸的是父母和子女互相抱怨,而且各自据理力争,希望对方先软下来做出改变。但是,谁也不让步,彼此离心离德,永远无法凝聚心力。一如在学习上,父母总认为成绩上不去的原因是孩子不够踏实认真,因而整天唠叨;在孩子看来自己也想学好,已经下了很大功夫,就是读不进去,父母唠叨太多,让自己心烦意乱,结果,父(母)子间矛盾争执不断,时常充满火药味,始终无法找到家庭和睦的交集。

人生经验告诉我们,多数夫妻之间、父(母)子之间之所以谁也不理解谁,谁也说服不了谁,归根结底二者都过于自我,认为真理在自己一方,错误在对方,从而互不相让。

自我是一种受认知蒙蔽的自私而固执的虚假人格,站在自己的立场自以为是地把错的当成对的,并顽固地坚持错误。那些自我意识超强的人表面看似自信,事实上由于内里烦躁不安,多数时候非常不自信,在不自觉中做一些自认为正确的错事,而且丝毫不能察觉。或因为不切实际的期望未能实现而思想消沉,并在失败后怨天尤人,很少从自身找原因,沦为社会底层是他们的唯一归属。

人生在世从根本上说都是为了满足两种心理需要,一是愉悦;二是美善。愉悦和美善从表面上看没有太大的差异,但实质上却有着截然不同的两种境界。愉悦是感官直接感受到的包括金钱、吃喝享乐、名利等,当下最吸引眼球能够给人带来即时快乐的事,其华丽的外表令人想入非非,结果却因为迷恋外物而被感官欺骗,被欲望折磨。美善的事像学习、劳动创造、行善助人等,眼下不一定直接感受到快乐,甚至有些苦涩,然而,从长远看能够使生命价值最大化，给人带来久远的幸福。

　　自我的人偏重感性，缺乏独立精神，思想摇摆不定，凡事以满足感官为目的，一事当前，不是从事物的本质出发，而是从自我感觉需要出发，怎么舒服怎么来。当愉悦和美善的事物一同出现在面前时，不假思索地选择前者，经常透过眼睛、耳朵对直接感受到的外界事物有着特殊的喜好，看到美食就开始分泌唾液，钱不钱先不考虑，享受一番再说；看到自己喜欢的东西就想买，煞费苦心寻找东西来满足自己的欲望，要么为没有得到而沮丧，或因害怕得到的东西失去而痛苦，不折不扣成为外物的奴隶。部分激质性格的人，情感丰富且内心充满热望，满怀欲望与仇恨，嫉妒与欺骗，千方百计寻求个人幸福和家庭荣耀，为满足个人喜好，陷入幻想的圈套，沉溺于使自己快乐的事物，这种对感官的执着最终会使他坠入地狱。

　　每一个自私贪玩的想法都会埋下烦恼的种子，想法多，烦恼更多，心灵永远难以安静下来。一个中学生，每天放学回家都会为看电视或做作业而进行一阵思想斗争。自我意识超强的学生热衷于满足自己的愉悦心理，一进家门就惦记着精彩的球赛或演唱会录播，总会给自己找个玩一会儿的借口。电视一打开，绿茵赛场龙虎对决的精彩画面应接不暇，劲歌曼舞的绚丽色彩和震耳欲聋的尖叫声，早已把学习的事抛到九霄云外。转眼的工夫时光飞驰而过，做作业的时间所剩无几，真我会跳出来进行自责："我怎么这么没有毅力，咋就控制不住自己呢？"从而陷入一种深深的郁闷困境。

　　善于把追求美善事物作为首选的个体属于真我。真我乃纯真而理性的自我，是自我的主体，凡是从事物的本质规律出发，不受世俗的价值观约束，他的心永远是自由的，也称之为大我。相比而言，自我是真我在心灵上的反映，是复制的映像，是小我，是客体。

　　真我是自我的观察者，自我是被观察者。真我随时随地观察自我情绪变化和心理活动。比如，当人们遇到挫折或工作不顺心时，真我会感受（观察）到我有些郁闷、沮丧，这时的沮丧和郁闷是自我，并非真我，并提醒自我，放下，一切都会好起来的。再比如，人们都知道过量饮酒有害身体健康，（真我）平时会提醒（自我）再好的酒也不要贪杯。但是，感官（自我）就是经不起酒的醇香的诱惑，一端起酒杯就喝高，第二天酒醒后，想起醉酒后的难受，真我会再一次发出善意警告"下不为例"。然而,下一次自我总是经不住鼻子和眼睛的诱惑,仍然照喝不误。

在对待孩子的问题上,一个纯真理性的自我即真我,需要满足两个要件,一是认为自己的想法和行为方式是正确的,更善于吸收借鉴别人身上有益的东西;二是看清了对方的过错及原因,更知道用平和的方式使他们回到正确的轨道上来。一如家长要求孩子好学上进一点没有错,同时,还会看到孩子成绩上不去不全是他主观不努力,或许有一定的生理或先天因素,而且能够用富有爱心的行动来营造一种温馨的读书氛围让孩子安心学习。学生明白父母在学习上这样或那样的要求的初衷是为自己好,无恶意可言;同时,心里也很清楚:要想不再听到"唠叨"的声音,不是怎么样据理力争降服他们,而是如何提升自我。相信,只要努力地做了最好的自己,一般良善的父母都会把责备变为赏识。

具备纯粹而理性自我的学生内心相对平和,思维专注,自我臣服于真我,自制力超强,内心宁静延迟了欲望的满足,不再受自我的蒙蔽去贪求那些并非真心需要的东西,每每在愉悦和美善之间正确地选择后者。随时提醒自己:学习是学生的主业,一以贯之地在书本中满足自己的精神需求,享受知识带来的那种意味深长的乐趣,从而感受到学习长久的幸福和快乐,生命终将更加精彩。

自我意识太强,缘于视野狭窄和知识浅陋,从根本上说是焦虑紧张的产物,其生理性症结在于血液的纯净程度及其循环出了问题,导致精神偏执,心灵刻板而固执己见。凡是从自己需要出发的人,会挖空心思满足一己之利,很少客观理性地考虑问题,轻易不会认可和接受别人建设性的意见和见解,越是别人认为正确的东西,他们一概拒绝排斥。从而,失去修复自己的能力,明知自己错了,也转不过弯子,一错到底,结果到处树敌,害人又害己,会整天生活在歇斯底里地挣扎之中。

瑜伽是最好的放松艺术,对于放松身心具有独到之处。B.K.S.艾杨格在《光耀生命》理论中有这样的论述:"呼气是一种神圣的随顺和天然放松,可以消除精神的压力和紧张,心情变得平和,有忘我的感觉。"瑜伽练习将注意力集中在肢体运动和有节律的呼吸上,促进血液循环,打通人体血脉,对大脑进行锤炼，身体得到彻底放松，思想更有弹性，各种执着的念头随之平抑，冲动得以缓解。如此一来，那颗执着的心就会从感官和欲望中解脱出来，变得专注和纯一，人的意识保持清醒，并理性地认识到，自我想要的许多东西原来并不是自己心灵真正需要的，即使得到了也不能使自己保持永恒快乐。由此，学会以超脱的态度来体验心灵的感受，降低私欲，贪念不再那么强烈，对自我的需求保持警惕，从而较好地避免各种激越思想和消极情感的困扰。

当欲望受到束缚、自我得到较好控制时，心灵得以平静，视野更加开阔，自我的篱笆慢慢消融，大脑也变得清明透彻，让苏醒的灵魂跳出狭隘的小圈子，可以把人们从一叶障目的危险和无限牵绊中解救出来，更加科学辩证地看待生命意义。先前还是眼花缭乱，现在已经火眼金睛，一眼就洞穿了愉悦事物在华丽外表后面隐藏的陷阱，并以战略性眼光洞察到看似有些寂寥和苦涩的美善事物终会变得如甘露般甜美，毫无疑问地去选择美好的事物而放弃愉悦事物。

禅修和瑜伽在追求无我、实现思维专注方面有异曲同工之效，但是，对于一些精神紧张、性格抑郁倔强的人，禅修放松身心的效果有些逊色，无法在短时间内解决他们精神紧张的问题。瑜伽无疑是最好的选择，可以借助呼吸和肢体运动使身体和精神得到彻底放松，实现内心的和谐，走上自我完善的道路。

瑜伽仰卧放松休息术，会依次有意识地让平躺着的身体的每一个部位完全放松，一边在缓慢地呼吸中感觉身体的变化，一边在记忆中重现平静的湖面、美丽的草原、郁郁葱葱的田野或一望无际的大海，身临其境，忘我地陶醉于万物生灵之中，充分感受到大自然的和谐惬意，不再去追逐那毫无意义的蝇头小利。入睡前，简单地进行几分钟的放松休息，可以帮助人们提高睡眠质量，不需要休息太长时间，就会有一种清新爽快的感觉。从而，使思想进入一个更广阔的天地，进行自我重建，用一颗宽容的心对待身边的人，去追寻一种更有正面意义的人生之路。

不管在繁华的闹市或乡间，许多职业经理，企业高管都喜欢用瑜伽来放松精神，缓解工作的疲劳和竞争压力，让心灵获得安宁，以愉悦的心情在职场保持旺盛的精力，每时每刻都感受到创业的快乐和人生的幸福美好。

瑜伽,提升生命品质

在这个世界上,金钱可以满足人们吃喝住行等生理性需求,不过,金钱在让人富有的同时,也常常使人滋生贪婪、骄横和怠惰,对那些少数意志薄弱的人来说,金钱还可能诱发吸毒、抢劫犯罪,成为作恶之原罪。体育运动强壮身健,然而,肌肉过盛,必然打破心智平衡,淹没爱心,缺乏爱的强健体魄离鲁莽和冲动只有一步之遥。很多运动员虽然有发达的肌肉、优美的体型和良好的爆发力,但他们无法对大脑、智力和自我进行有效控制,不少人性格暴戾,常常凭借健壮的身体意气用事,因很小的事大打出手,从明星走向堕落的现象屡见不鲜。医疗技术治愈的是身体实体器官和精神疾病,无力塑造优雅的性格和坚强的意志品质。学习科学文化知识能够提高人们的专业水准和生活技能,但聪明过头的人往往自私狭隘,将学识变成刁钻、唯利是图,可能成为精致的利己主义者,不择手段地谋取个人私利。哲学使人明达事理,解决的仅仅是世界观和方法论问题,不可能根除机体中的生理疾患,自身的局限性使其功效显得比较单一。瑜伽,把肢体练习、呼吸和专注结合在一起,使人紧张的精神得到放松,身心得到自由,孱弱的身体更加健壮,散乱的思维也专注起来,过于主观的自我变得纯真理性,学习工作以及与人相处时更有耐心,为在黑夜里饱受心灵折磨和煎熬的人带来无限的光明,使一个平庸的人越发智慧。因之,瑜伽是一门不折不扣的身心灵整合的生命艺术。

溢智开慧。瑜伽呼吸被称为人类的隐形朋友,肢体扭动契合舒缓悠长的呼吸,给机体带来新鲜而充足的氧气,促进血液循环,让整个身体特别是脊柱神经充满活力,腹部脏器受到压缩,有效排除血液中的毒素。有助于改善疲劳、振奋精神,促使人从睡意沉沉或懒散慵倦的状态中清醒过来,保持头脑清醒和兴奋,增强敏锐性,愈来愈智慧。头倒立、肩倒立是瑜伽的黄金练习,使人体各个系统上下颠倒,再配合舒缓有序的呼吸,增加流入头部、上体的新鲜血液和血红蛋白含量,使脑细胞数量增多、活力得到加强,促进脑部神经——肌肉活动改善,大脑、眼睛、面部组织充满活力,有助于增强记忆力,培养更为警觉、清晰的心灵,思考能力不断提高。

瑜伽冥想通过持续不断地专注于一个目标(森林或山湖风光),进行深沉思索和想象，把我们带入自身灵魂最隐蔽处，内心渐渐恢复平静，获得对大脑的掌控，把人们从昏昏欲睡的梦中唤醒，挖掘出思想和身体的内在潜力，让神志清晰专一，不再迷茫，心灵获得安宁和平静，使每个人都变得更加机敏和富有创造力。

欧美国家很多中小学校包括一些私立学校都开设了瑜伽课程，引导青少年消除思想杂念，促进专注力的提高。在美国哈佛、耶鲁、哥伦比亚、密苏里州大学等高校，经常组织学生进行瑜伽冥想或心念练习。哈佛大学法学院还组织瑜伽讨论，帮助更多的青年学生驯服精神、提高专注力，克服浮躁心理。一些协会还组织商界精英进行严格的静修培训，帮助他们培养心念，减少压力。

在中国，也有不少瑜伽爱好者感受到了瑜伽的无穷魅力，精神面貌、气质、人生价值观都在悄悄地发生着神奇地变化。芮雪是一个具有超强学习能力的南京女孩，3岁上电脑自学，5岁开始阅读，能够背诵包括四书五经、庄子、老子、唐诗三百首等古文、诗词和国学典籍。除了浓厚的阅读兴趣外，还有广泛的业余爱好，10岁时钢琴达到十级，12岁开始学古筝、葫芦丝。13岁时竟然只身一人在南京租房子读书，而且自己管理自己，不要爸爸妈妈陪读。17岁被美国哈佛大学录取。在接受哈佛大学面试时，她与面试的教授很轻松地聊起了关于爱好和性格等问题。教授笑着说："你的优点在品质。"当我们迫不及待地要搞清楚"天才少年"的成功之道时，她的母亲介绍说，芮雪空闲时间喜欢瑜伽，每次临考前习惯用瑜伽和音乐放松身心，让自己保持淡定。我们无法知道芮雪的专注和淡定的秉性是天生的禀赋还是来自瑜伽和音乐的滋养，然而，有一点是肯定的，即，她专注、乐观和自信的秉性的确契合了瑜伽的精髓。

培养稳定气质。瑜伽练习对调节人的情绪有着立竿见影的实效。增颜脊柱伸展式、双角式等动作，有益于增加心脏供血，让心率慢下来，精神紧张得到缓解，有效消除容易沮丧或过分激动的不良情绪。帮助心烦易怒、失眠、头痛或焦虑的人减轻症状，超越习惯和性格上的缺陷，让我们变得随和而稳健。颈部练习轻柔地转动头部，使大脑得到放松，心灵得以安静，精神更加清爽，恢复身体能量，有助于产生平和宁静的感觉。瑜伽对于克服负面情绪有着不可替代的作用，被誉为在纷繁事务中所具有的一种让人适可而止的工作智慧和生活艺术。当面临困难或遇到挫折时，我们能够充满自信，找到有建设性的解决问题的办法。今天，瑜伽早已打破国界和种族，不同肤色的学者、公司白领等社会精英阶层，通过各种形式直观地感悟到了瑜伽是身心灵健康的保护神，并长期坚持不懈地习练瑜伽，内心获得了某种很深的轻松和愉悦，贪婪、幻想、激越等不良情感正在逐步消失，取而代之的是平静和安宁，不满、怨恨、愤怒很少再有发作的机会，惯常用建设性的方式处理人与人之间的纠纷，与人和谐相处逐渐成为纯真的人格品质。

夯实中心意志。瑜伽对人的意志有着积极的影响作用，树式或其他有意识地延长单脚站立时间，能够促进心身平衡，锻炼人的耐性，使我们精神和思维安然自制，自信心成倍增长。当遇到意想不到的困难时，第一反应不再是胆怯和恐惧，而是坚信另有超自然的力量来帮助我们，从而把机体内的全部智能释放出来，将那些看似不可能的想法变成现实。

学会克制自己。现代社会人们的心灵被物质财富和各种时尚的东西吸引，视金钱、美色、时尚以及享受高于一切，被外物束缚的人，当个人需求无法满足时就会铤而走险、报复社会。瑜伽通过平抑人的情绪，减少对财物、功名、游戏、色情等世俗享乐欲望的渴求，有效消除兴奋、痛苦和悲伤，实现思想上的克己。瑜伽让人收获正直、坦率和朴素品质，始终保持一颗平和的心态，带着一种坚定信念去工作和生活，不论得意或失败，内心都能做到宁静淡定，通过对别人优点的认可和尊重使自己获得尊严。瑜伽有助于培养制感，对肢体、舌头、言辞起到生理性约束的作用，任何情况下都会做到节制和非暴力，避免疯狂极端，不会只图一时痛快而信口开河冒犯他人。印度和英美等国的一些监狱，监管人员针对罪犯的贪婪心理，创建了冥想疗法诊所，组织在押人员练习冥想，力求分散他们对"猎物"的注意力，淡化物欲，消除不满和仇恨，使想入非非的欲望有所收敛，尽快回归正常人思维。

滋养善根。瑜伽包括禅修的根本宗旨都在于和气软心，借助肢体和心灵的修炼减轻疲劳，使僵硬的身体变得柔韧，培养平和宁静的内心世界，使人的声音甜美，举止优雅，体验到无法言表的快乐。不管是谁，只要接受了瑜伽练习就可以避免怒火焚心，成为一个具有善良慈悲仁爱的真正非暴力的人，即便是往日的对手和敌人出现在面前也能够从仁爱出发，用自身的善言善行使他们得到感化。老虎、狮子、猎豹等凶猛的野生动物，以捕食别的动物而生存。有意思的是，这些凶猛的家伙一般不会伤害瑜伽或禅修等境界高的人。原因是众多心灵修行者慈眉善目，没有把自我当成环境中心，一般不会给凶猛异常的兽类安全构成威胁，反倒让这些凶悍的野兽透过他们和善的目光误认为对方是自己同族类生命而产生亲近感。作为父母，精神中凝聚了没有任何附加条件的善元素，就等于拥有一颗包容一切、普利一切的心，也就具备了生命的最高道德。当孩子出现厌学、网瘾等不良问题时，这样的父母首先会表现出理解和同情，从真挚地反思自身教育方法入手，耐心地寻找帮助孩子的正确办法，一般不会自私地大动肝火进行责备，或趁火打劫给予惩处。孩子也会从父母身上散发出谦卑的芳香中，激发出善良的愿望，对自身的不良行为产生悔改之意，努力维护家庭的安宁和美。

美体健身。瑜伽伴随着舒缓轻柔的呼吸，通过身体上下颠倒、左右旋转、前后扭曲挤压身体脏器，使人的肌肉更加柔韧、富有弹性，不再僵硬，骨骼、脉络得到程度不同的训练和营养，带来肢体健康和神经系统的平衡。从健身美容的角度而言，许多动作有助于消除腹部脂肪和腰部赘肉，使身材更加匀称平衡强壮。当我们内心平静和谐时声音甜美，面色增添神采，面部表情僵硬的线条也消失得无踪无影，不需要刻意修饰外表为自己加分就能获得自信。美国NBA著名教练杰克逊在担任芝加哥公牛队教练时，经常邀请著名心理学家乔治·默德福组织自己的队员习练瑜伽、进行冥想，以便使队员在比赛前放松身体、很好地集中精力，赛后快速恢复身体，保持良好的体能和身体的协调性。

第四篇
对"网瘾"说"不"

互联网因其方便、快捷和交互性强而成为现代社会人们信息和情感交流的帮手,而网络游戏则以新奇、逼真、刺激、惊险和搞笑娱乐大众,满足人们的精神生活需要。其中,魔幻、武侠、PK(玩家杀人)为主要内容的网络游戏几乎占到八成以上,成为当今世界最让青少年着迷的神奇魔方。特别是格斗类游戏中,因为那些血腥、暴力等形象逼真的画面,极具渲染和震撼力的音响效果,可以两方或多方对垒厮杀,使身临其境的人直接体验到血雨腥风杀戮场景中的许多极限感受,从而让人把所有的烦恼和不快记忆忘得一干二净。

网络游戏趣味性强,其乐无穷,它以其虚幻的情节和侠义精神吸引眼球,娱乐大众和寄托情感。比起学习来,网络游戏非常容易入门,不像数理化那样枯燥、抽象难学,那么让人感到厌恶,而且容易取得成就和荣誉。网络游戏真是太迷人了,在那里,玩家就是上帝,永远是对的,非常受尊崇,花上钱都找不到批评你的人。对于涉世未深、缺乏辨别能力的青少年,不管学习多差,表现多么拙劣,都能在网络游戏中得到现实生活中失落的自信和后来居上舍我其谁的满足感、成就感,并且对虚幻的快餐文化产生兴趣并迅速成瘾。

没有玩过网络游戏的人一开始可能会认为游戏全是假的,一旦涉足就会发现自己委实外行了。很多的游戏承诺百分之百讲信誉,绝不掺假,给你的奖励千真万确,花你的钞票丝毫不用商量。只要你安心玩,在网上很容易就找到你所钟情的男女朋友;你可以随意杀人、放火,发泄不满,做掉你的仇人,且不必承担任何法律后果和责任。总之,游戏真真假假,虚虚实实,以假乱真,一些网络游戏创造的魔幻色彩,可以实实在在地控制青少年的意志和思维,让他们在现实与虚拟中来回穿越,云山雾水,而丝毫不知其所以然。

在网络游戏创造的这一宽松虚拟世界,但凡青少年沾上手,不想学会都不成,一旦学会,想扔都扔不掉,打完一关又一关,玩得昏天黑地,直到你上瘾神魂颠倒,连爹娘都难以分清。造成价值观被扭曲,学业荒芜,精神颓废,容易引发性格孤僻、怪异、暴躁等心理问题和反社会行为。有人觉得自己笨,学不会、玩不好。千万别小瞧自己,每一款游戏都十分人性化,由浅入深,由简单到复杂,内部逻辑性非常强,百分之百保证你一学就会,一会就精,一精就乐。在游戏世界里玩家的每一个小小长进、每一次成功都会得到喝彩鼓励,或兑换成积分和奖励,过不了三五天,再笨的人都会成为游戏高手。

一、电子海洛因

相当多的游戏和网络软件商本着追逐最大经济效益为目的,为了把更多的人心拴在这里,他们和网络互动联谊创造的魔幻色彩,控制青少年的思维和意志,让其长期穿梭在虚拟世界里,引起思想迷茫精神错乱,导致对现实世界的事物和人际交往毫不关心,如同吸毒、赌博一样难以根治,一旦玩上手便欲罢不能。

中国人永远忘不掉 19 世纪那场鸦片战争,数以万计同胞成了鸦片的牺牲品,小小魔丸使这个有着悠久历史的民族饱受屈辱。鸦片,俗称大烟,也叫阿芙蓉,最初只是一种强效止痛药。

一百多年前德国一家叫拜尔的药品公司利用鸦片合成出了既能让人止痛、又能止咳的药剂,并取了一个响当当的名字:"海洛因",德文意为"英雄"。海洛因从此名声大振,凡头疼脑热的病人争相服用,从婴幼儿、成年人到老人都是它的信众和消费群。当时,海洛因是采用口服方式,服用少量粉末混合剂对于缓解疼痛具有神奇的药效。此外,还可以治疗抑郁、支气管炎、哮喘、胃癌等疾患,使病人身心状况得到改善的同时还伴有轻微的欣快舒服感。按照海洛因倡导者里德尔的说法:"在当时人们了解的疾病中,只有很少几种不在海洛因的适用范围之内。"

由于用量适度(几毫克),药性发作慢,一般不会产生极度而疯狂的快感。于是拜尔公司自豪地称"海洛因不管怎么说也是吗啡的下一代产品,并且不会让人上瘾",要求医生们用"公认的出色的"海洛因医治当时泛滥的吗啡瘾。相当一部分医生称海洛因是高品质、安全的药物,毫无顾忌地将它作为止咳药给婴儿服用,富有想象力的德国杜塞尔多夫市的一位大夫还用它缓解"勃起疼痛";俄国的精神病医生甚至用海洛因去驱散"灵魂的痛苦",一夜之间海洛因成了包治百病的灵丹妙药。由于药效强劲、用途广泛,即便健康人也能从海洛因中找到很多乐趣。柏林一位药剂师米歇尔·德·里德尔曾在他的著作中这样描述了海洛因的上市和红极一时:"海洛因的问世,那是一个令人惊讶的时代,世界似乎是颠倒的,大家都很狂热。在这段'美好的旧时光'里,德国是世界上最大的海洛因生产国。"

然而,大凡服用过海洛因的患者很快发现,该药的耐受性不断增大,需要足够的剂量才能达到理想的疗效。不少在服用过程中被迫加大量剂,从而产生了对药物的心理依赖。吸食需求量越来越大,否则就难以过瘾。一旦切断"白粉"供应,即刻产生一种痛苦难忍的感觉,使人饱受精神折磨。与此同时,对"闪电"般快感的留恋以及对毒品断顿的痛苦体验,使吸毒者身陷毒潭,无力自拔,从而对毒品的依赖无法割舍。

更有甚者,一些瘾君子毒瘾发作后,用海洛因进行静脉注射,头部、神经系统会瞬间产生一种爆发式快感,整个身体沉浸在半麻醉状态,唯有快感存在,其他任何烦恼、失望、痛苦和悲伤荡然无存。然而,心醉神迷之时别无他念,只对白粉情有独钟,2~3个小时后快感消失,烦恼又重新找上门来,对毒品的向往和依赖魂不守舍。那些过量使用毒品者即出现惊恐、瞌睡、瞳孔放大、恶心、流口水等症状,呼吸由剧烈变得舒缓,心跳减弱,有的还会产生"病态的欲望",精神和身体开始崩溃。

随着大量瘾君子充斥医院,人们对海洛因的药用价值和身心造成的危害有了新的认识,这个曾经被神化了的"英雄"一下沦落成为千夫唾弃的魔鬼。全世界开始对海洛因进行严格控制,严禁再给患者直接服用。曾经每个家庭必备的良药从此被定性为毒品,生产该产品被定性为犯罪,贩卖毒品者在很多国家要付出掉脑袋的代价,吸毒者则作为等死的人被排斥于社会的边缘。

海洛因一旦成瘾,吸食物就会成为生命中须臾不可或缺的维生素,这种永久性依赖也就成了海洛因毒品最要命的魔力。一些瘾君子吸食毒品后,药物迅速与体内某些物质产生化学反应,其耐受性逐渐提高,只有摄入更大剂量的吸食物来抑制身体反应,才能满足生理渴求。同时,生理依赖与心理依赖相互强化,对毒品的依赖越发强烈。许多瘾君子可以不吃、不喝、不睡,甚至可以没有性生活等基本需求,但没有毒品会比要命还痛苦,毒品因此成了压倒一切的必需品。

　　大量临床观察发现,对毒品依赖的初期,吸食者尚能够保持正常的生活状态,甚至出于颜面,遮遮掩掩、偷偷摸摸不愿让别人知道,比较克制。对那些用药强迫症严重的瘾君子,会出现思维障碍,产生妄想和幻觉,往往在客观条件不具备的前提下对各种离奇、荒谬的想法保持坚信不疑的病态信念。同时,人生价值观、自尊心及生活模式则会发生颠覆性改变,如果对毒品的需要得不到满足,即可出现焦虑不安烦躁、发脾气等情绪障碍。很多人内心孤独、害羞,产生抑郁、自卑心理,经受不住失败与挫折,持破罐破摔的生活态度。有的为了满足药品的需求,甘愿牺牲家庭、事业,父母、爱人、孩子,包括个人健康、自尊、社会道义和法律等统统也可以置之度外。

　　吸食海洛因者上瘾容易但戒掉难。我曾与几名刚从戒毒所出来的"4号客(吸毒者)"进行过短暂交流,在他们看来,对毒品的依赖和戒除毒瘾是每个瘾君子每天所面临的精神折磨。一方面迫于外界压力,信誓旦旦要戒毒,痛改前非;另一方面由于毒瘾发作心如火燎般难受,千方百计寻找海洛因来缓解内心痛苦,导致每天都在挣扎中过活。同时,对毒品的过分依赖还会导致情绪冲动,不考虑行动后果行事。许多"瘾君子"为了搞到毒资,习惯性说谎,欺骗家人、朋友、亲戚,做出自残、自杀等愚蠢行为,有的吸毒者失魂落魄,铤而走险诱发抢劫、盗窃、卖淫等犯罪,搞得家破人亡。

　　网络游戏以其特有的乐群性、便捷性和内在逻辑性,让痴迷者趋之若鹜。游戏渲染的暴力和色情极大地满足了涉世未深青少年的好奇心,诱惑躁动的青春去寻求轻松快乐、自由自在的天地。在游戏世界没有人强迫他们去做作业,可以得到现实社会得不到的尊重和快乐,听到的只是褒奖而不是唠叨,如此大的亲和力、吸引力,自然使孩子们心驰神往。有些网络游戏以封官授衔为诱饵设置级别,以此满足未成年人在现实生活中无法满足的欲望,许多学生为了得到象征权利、成功、威信的高级别职衔,不惜一切代价购买精良装备,没日没夜地战斗、升级。网络游戏虚幻的情节和侠义精神,可以使玩家自豪地支配别人而不是被别人支配,实现现实生活中可望而不可即的追求,体现自身的价值,从而对游戏产生挥之不去的贪婪。大量黑网吧管理失控也为网络流行和泛滥创造了外部条件,以至于很多未成年人心被慑服,魂被牵走。

据粗略统计,我国现有的近1亿网民中,82%为青少年。所以,网络游戏产生的极大依赖性和吸毒、赌博没有两样,玩的时候欣快,不玩的时候浑身难受,坐立不安,想玩不能玩的时候就燥热难熬,魂不守舍。有人说,今天的网络游戏对青少年的毒害绝不亚于当年那场鸦片战争,说不清楚有多少懵懂花季少年心被慑服,精神颓废,走向沉沦,使无数个温馨家庭好端端地毁于一旦。如果说毒品以带来暂时的欣快为诱饵,造成灵肉上永远难以治愈的伤痛,那么网络游戏成瘾者则是以满足当下内心需求为代价造成终身精神残疾和灵魂消亡,从这个角度看网络游戏成瘾比海洛因有过之而无不及。其严重危害主要有以下表现:

荒废学业,精神颓废

从玩家身上吸金几乎是所有游戏的终极目的。开发商为了利益最大化,以娱乐大众为诱饵,往往寓游戏的趣味性、逻辑性和连贯性于一体,把玩家死死地摁在游戏机前,吸引消费,变着法子将玩家身上的钱掏光。对于青少年而言,更多的冒险、刺激场面形成的令人震撼的视觉冲击力,深深地镌刻在他们的大脑印记里,即便身在课堂,心仍然会沉湎于游戏的新奇幻觉之中,从而对网络游戏产生挥之不去的心理依赖。

有的游戏中设置了好多关口和陷阱,且环环相扣,使得游戏者一步一步沉迷其中,欲罢不能。假如某一关迟迟不能通过,会在心理上产生焦虑情绪,导致注意力分散,思维迟缓,记忆力减退,影响智力发展。某一个学校连续三年针对玩电脑这一群体进行智力综合测试,发现不少过度依赖电脑的学生,思维、阅读、表达能力,特别是动手能力急遽退化。

有的学生熬更守夜的游戏,在网络中穿越,大量时间被耗费,睡眠受到严重影响,白天课堂上精力不支,老师讲课时精神游离,对学生的主体生活——学习失去兴趣,读书热情锐减,自控能力下降,玩物丧志,继而旷课、逃学,学业荒废,精神颓废,美好的青春年华毁于一旦。

隆冬季节,南粤大地寒气袭人。在广汕公路华美路口立交桥下,随时可以看到一个骨瘦如柴、衣衫褴褛、蓬头垢面的少年,即使艳阳高照的当午,仍然缩着脖子,蜷缩在露着棉絮的褥子里,瑟瑟发抖。他白天睡觉,傍晚出动,捡垃圾和一天的饭食,有时也用捡来的砂锅生火做饭,与几个志同道合的浪友同舟共济打发日子。偶尔,有好心人给他点钱、送点饭,这个冷酷的少年也只是面无表情呆呆地看着对方,连一句感谢的话都说不出来。

这并非文学作品《三毛流浪记》虚构的一个故事情节,而是发生在岭南大地一个真实故事中的片断。知情人说,他叫小杰,虽然只有14岁,但已经在这里住了一年有余。小杰原本是一个聪明的男孩,自小学习棒极了。三年级时,见别的同学课余时间都在玩游戏,整天嚷嚷着要买一台电脑。父亲看到孩子成绩不错,认为买台电脑让孩子玩一玩,还能增长知识。没想到小杰学啥啥精,不到半年时间就成了资格的游戏高手。四年级的时候不知不觉中对游戏爱不释手,父母亲担心他陷得太深沾染其他不好习惯,只好把他转回到老家上学,由爷爷看管。没想到回到乡下后,山高皇帝远,小杰时常旷课偷偷去小镇上网。每天2块钱的早餐费,他省下1.5元交给网吧,很快就成了一个"不良网瘾少年",学习一落千丈,五六年级的时候每年都主动申请留级。

上了初中后,他仍然用欺瞒的办法,在老师和父母间躲闪着进网吧。父亲干脆抛下生意,亲自接送他上学,对这个捣蛋鬼严加看管,母亲也时不常罚他跪搓衣板,小杰收敛了许多。然而,或许父母教育方式过于严格,导致他性格叛逆,或许他在游戏熏染中培养起了暴戾之气,性格异常蛮横,两句话不对就动拳头。初一时,将同学的胳膊打断,被学校开除。

小杰的父母被这个浑小子折腾得束手无策,只好让他外出打工,接受现实生活的教育。来到广东后,他经常下班后到网吧消磨时光,工作时丢三落四,差错不断。一个月不到,离家时所带的盘缠花得精光。有一天,他从伯父衣服兜里偷了300块钱,受到数落,小杰一气之下走上了流浪的道路。父母几次想把他领回家,但是,走到半道他又悄悄地逃了,最终家人只好顺其自然。

危害健康,青春夭亡

青少年正处在生长发育的旺盛期,久坐不动,机械重复的操作可引起腰酸背疼,身体得不到相应的休息和锻炼,出现肩关节、肘关节、腕关节等无菌性关节炎症,对学生身体造成严重危害。有些学生玩电脑的时候忘记吃饭、不想睡觉,生活没有规律,导致过度疲劳,身体素质下降;长时间趴在电脑或游戏机前,电脑的辐射造成个体精神高度紧张,身体机能受到严重损害。有点医学常识的人都知道,长时间泡在游戏和网络世界,大脑处于高度兴奋状态,伴随着血液流动加速、心跳加快,人的体力、精力消耗很大,导致植物神经紊乱,体内激素水平失衡,免疫功能下降,轻则引发心血管疾病、肠胃神经功能病、紧张性头痛、焦虑、忧郁等疾病,重则丧命。一名16岁少年到网吧玩游戏,期间喝了很多饮料,但为了在游戏中不被敌人"杀死",连厕所也没顾得上。谁知17小时后,当他终于停止战斗起身去卫生间时,下体疼痛排尿困难。后经医生检查发现,膀胱已经胀得像西瓜一般。

值得一提的是,玩电脑游戏、上网时,眼睛处于紧张收缩状态,长时间对着电脑屏幕,严重时会导致角膜炎和暂时性失明。我经常在电梯里看到一些小学生戴个"二饼"子,非常痛心,上网、游戏无疑是罪魁祸首。最近,社会上还出现了一个"低头族",不少学生有事无事低着头玩手机游戏,导致视力出现问题,说网游是眼疾的第一杀手一点不为过。

一名13岁的初二学生蒋某,由于痴迷网络游戏,一次,他以学校组织学生到农村锻炼两天为由,向父母索要了50元生活费,然后,以生病为由请假,骗取了老师的同意,来到一家网吧上网。整整25个小时没有休息,仅仅吃了两包干脆面充饥。翌日,下午6时许,小蒋刚刚走出网吧,只觉眼前一黑,右眼便什么也看不见了,吓得"哇"的一声大哭起来,在好心人的帮助下他来到医院,后经医生诊断小蒋为视网膜脱落。这样的案例网上一抓一大把。

2004年,上海15岁的高一学生曾艺(化名)连续三天通宵达旦上网打游戏,因为过度兴奋、紧张、疲劳引起剧烈头痛。在网吧服务生的指点下,他准备去药店购买止痛药,可是,走到网吧大门口外就一头栽在路边晕了过去。在被"110"巡逻车发现送往医院抢救的途中,因脑室出血死亡,在当地引起强烈反响。

放纵欲望,道德沦丧

网络世界既是一个知识的宝库,也是不良信息的仓库,各种包罗万象的信息,不同文化习俗、伦理、道德互相碰撞,造成网民思想和价值观极度混乱,对传统的社会交往、婚姻观念、伦理和社会行为带来了非常大的冲击。

与现实社会相比,网络交流的随意性、隐蔽性非常强,约束力的弱化,造成网民比现实人的思想和行为更自由,人际关系随心所欲。许多网民借助网络散布不良信息,用低级下流的言行进行恶搞,攻击他人和社会。

网络的虚拟性质对真实身份的隐藏,使得违背道德的事情更容易出现,且一般无须承担责任和免遭惩罚,导致网络色情随处可见。据不完全统计,我国约有70%的大学生上网是为了聊天、玩游戏和收发电子邮件,纯粹查询和检索文献的仅占10%—20%,剩余的是浏览色情网站。

有一个叫《和美女打麻将》的网络游戏,打麻将赢一次,美女就脱一件衣服。试想,老玩这种游戏,女郎的性感造型必然使处于性蒙昽期的青少年把玩游戏的幻觉带到现实生活,迷茫困惑无处宣泄,难免想入非非地欣赏异性,渴望了解异性,甚至尝试某些性行为。

许多轻松交友和冒险刺激等新奇诱惑的不健康内容,常常使正值花季但免疫能力低下的未成年人产生心理冲动,无视道德法规,成为网络攻击的操盘手。北京海淀区法院曾办理过一起未成年人犯罪案件,某高中五名男生一名女生,共同猥亵了同班另一名女生。而这几名少年罪犯,有的还是班干部。办案人员侦查中发现,这个学校的学生一上初中就进入了"校园交友网",全班一大半男生都有老婆、女孩全有老公,平时很自然地以老婆、老公相称,谁有困难大家互相帮助,谁有了仇人情敌,大家该出手时毫不含糊,一块去整死他,从而,酿成了这起六名男女学生猥亵一名女孩的刑事案例。

一些黑心的游戏商家以满足那些寂寥落泊之人的精神需求为诱饵,在网站大肆渲染色情,用色情淫秽视频吸引眼球,放纵欲望,使得生理和心理发育不成熟、判断是非能力差、自我保护意识不强的青少年在正常的生活中追求感官刺激,跌入"温柔的陷阱",道德底线被击穿,成为网络游戏的受害者,甚至演绎畸形"网络婚姻"。

曾经在网上看到一标题为《网吧里"泡"出桩桩荒唐事》消息。嫣儿,是一个单亲家庭的女孩,妈妈为了给女儿创造一个良好的学习环境,花高价钱将女儿送到长春一所"全日制"中学寄读。有一天,妈妈在嫣儿的床底下发现了一本日记,出于对女儿的关爱,打开了嫣儿的日记。这一看,犹如五雷轰顶,女儿竟然已"嫁夫生子",日记上记录了与其年龄极不相称的沉重的"家庭日记"。

——"天气热了,老公让我陪他去买件T恤,他相中了重庆路一家店里的红色T恤,我相信他穿了一定很帅……"

——"为让老公戒烟,我想了很多办法去帮他,可是我们每天聊天时,他第一句话总是'烟'儿一个字……"

——"'儿子'快满月了,我和老公计划为他找个好保姆,并已做了'招聘'启事……"

震惊气恼的母亲随即赶到学校了解原委。令她哭笑不得的是,女儿这一切都是缘于一场"虚幻的网婚",而且沉迷其中难以自拔。原来,女儿从小学六年级开始迷恋上网络,并在不久之后开始了一场"网恋",网友的名字叫"青稞虫"。于是,妈妈果断地向公安机关报了案,经过半个多月的软磨硬泡,"青稞虫"终于同意与"网妻"见面。当"青稞虫"出现在约定地点时,令人大吃一惊:这位自称风流倜傥的高才生,竟是一个已辍学半年之久、在社会上流浪的小学六年级学生……

造成"网络性格",自控力丧失殆尽

以独生子女为主体的青少年学生,承受着繁重的学习任务,精神压抑而没有了"自我",又缺乏必要的宣泄途径,喜欢独来独往,人际沟通交流少,自私、懦弱、自卑、脾气暴躁等性格特征越发明显。医学临床观察发现,长期沉迷于网络游戏或网上交友的青少年,左前脑发育受到伤害,影响右脑发育,出现亚健康状态,直接导致心理障碍。一些青少年在互联网这个平台上游戏、聊天、交友得心应手,没有人督促他们做功课,很容易陶醉其中造成自我封闭。不少学生除了玩游戏、上网之外没有其他兴趣爱好,现实生活中缺乏人与人之间的面对面情感交流,导致性格内向,孤僻怪异,忌惮与陌生人打交道,不敢在"网下"的现实生活中展示自我,最容易形成孤独、冷漠的非社会化网络化性格。社会观念淡薄,家庭情感疏远,不懂得人情世故,对现实生活的人和事漠不关心,我行我素。

有些网络性格的人把独处当作独立有个性,但这其实是自我封闭,这也看不惯,那也不顺眼,人生之路越走越窄,生存空间小得可怜,破坏了与社会群体之间的正常关系,进取意识减弱,常常陷入痛苦焦虑之中。

在网络这个虚拟世界里,尽管很多时候网友们彼此可以大胆地表达自己的真实想法或无所顾忌地说一些掏心窝子的话,但是,人人都怕吃亏上当,往往以虚假的身份与对方交往,人际关系很少有真实可言。大家互相提防,出现信任危机,产生有意无意地欺诈别人,或遭受别人的欺诈的情况,使整个社会诚信严重缺失。统计表明,网上的无益信息占50%以上。如王小姐的电子邮箱在网上公布后,每天竟能收到近百封垃圾邮件。

很多青少年足不出户整天玩网络游戏,把全部精力投入虚拟世界,心智健康受到威胁,完全脱离了正常人的生活状态。一旦停止游戏和网络生活,很难对其他工作产生兴趣,感受不到人生意义。这种低迷的情绪,还会导致食欲不振,出现难以摆脱对游戏的渴望和冲动,形成精神依赖和相应的生理反应。有些网络游戏以"侠客""英雄""拯救世界"等字眼做幌子,对于那些缺乏辨别能力的青少年,难免把虚幻的游戏故事当成现实世界,做出令人啼笑皆非的荒唐事。

陆航(化名)是天津市某重点中学初一学生,各门功课优秀。可谁也没有想到,进入初二后他却经常逃课到网吧打游戏,不能完成作业,学习成绩直线下滑,导致语文、英语、物理不及格,往日的阳光男孩开始有些郁郁寡欢。有一次,陆航突然失踪,父母和亲人寻了两天一夜,终于把他从一家网吧找了回来。陆航哭着说:"我错了,我一定改!"尽管屡次保证不再进网吧,但却总是无法控制住自己的行为,之后又会接二连三的"失踪"。经常不吃饭睡觉,通宵泡网吧,身体消瘦,脸色蜡黄,走路说话有气无力,和那些瘾君子惊人的相像。

某一天,陆航被父亲从网吧找到后,他哭着说:"完了,我中了网络游戏的毒,管不住自己,成了废物啦。"令在场的亲戚朋友丈二和尚摸不着头脑。

次日，一个淫雨霏霏的下午，陆航爬上天津海河外滩一栋24层楼顶，模仿网络游戏中"超人"的英姿：双脚交叉、两臂平伸、纵身跃起、展翅飞翔，朝着东南方向的大海"飞"去，去追寻网络游戏中大第安、泰兰德、复仇天神以及守望者等英雄伟人。但是，就这一跃，从此与父母阴阳两隔，永远告别了人世。

陆航死后，在他留下的四本厚厚的笔记本中，写满了网络游戏的精彩故事，情节充满了游戏的魔幻色彩。由他自己扮演《守望者传》《英雄年代》故事中的主角，把自己全部融进了"神魔、精灵"世界；文中多次记录了"我"肉体死亡、灵魂升天的经历。

在一封封遗书中，不乏各种荒诞的感言："师父，小徒弟走了，没有人能为您解气了，我真遗憾。以后，你要高兴地活着哦！""即将离开这个世界了，我相信会有来生，会有天堂、地狱，来世如果我还是人，一定会是最好的孩子！""给暗夜小组们的朋友：保护好大自然，好好学习，好好玩，好好生活哦！""我是真正的垃圾，什么都干不好的。我崇拜的是S.H.E、守望者，他们让我享受到了一种快乐的感觉。"

陆航遗书中崇拜的偶像大第安、泰兰德、复仇天神都是网络游戏《魔兽争霸》中呼风唤雨的传奇式人物。暗夜是这款网络游戏中的一个种族名称，暗夜小组则是陆航和其他四位网络游戏朋友的代称，守望者则是这一种族中的头人，也是陆航游戏中虚拟的范儿。又是一个关于网瘾的引发的人间悲剧，一个鲜活的生命在网络中纠结后匆匆陨落，彻底告别了这个爱恨交加的网络世界。

人格异化，引发暴力犯罪

青少年时期，正是人生价值观形成的关键时期，好奇心强、自制力弱，极易受到异化思想的冲击。许多以"竞争、攻击、战斗"为主要内容的飙车、砍杀、爆炸、枪战等网络游戏，火爆、新奇，内容逼真，视听效果富有震撼力，淡化了虚拟世界与现实生活的差异，模糊了涉世未深的青少年道德认知和是非界限，价值观严重扭曲，就连破坏性极强的黑客行为也被贴上"英雄"的标签。一项来自甘肃某中学的调查表明，有56%的学生羡慕"黑客"技术，只有12%的学生注意到黑客的道德问题。

这种错误的人生价值取向，往往会带来一连串的不良反应，不择手段欺诈、偷盗甚至对他人施暴。有人还误认为这种伤害他人的侵权行为是虚拟的儿戏，致使网络引发的道德失范、行为越轨甚至违法犯罪的问题呈上升之势。

对于网络游戏依靠花钱买得暂时的"泡沫式"快乐，许多家长迫于无奈或许用经济封锁的方式阻止孩子上网游戏，乍一看是个不错的主意。实际情况远远没有那么简单，一些网虫失去经济来源后，采取说谎、欺骗甚至抢劫来获得经费，引发青少年犯罪，如此必然会给家庭带来次生灾难。

张某，一名重点中学的高三学生，每次考试从未出过年级前五名之外，学校已将他列入北京大学自主招生推优人选，可距离高考前二十多天祸从天降，这个18岁优秀学生下晚自习时突然被人杀害。

公安机关经过侦查很快锁定了犯罪疑犯，他们是与张某同龄的四名男青年。事发当晚，四名青年在一网吧上网时，没钱支付上网费，于是趁着黑夜动起了抢劫念头。正巧，下晚自习回家的小张被四名歹徒拦住了去路，只好从身上的二十多块钱中掏出十块钱给他们。歹徒见小张有些吝啬，开始对这个瘦弱的学生拳脚相加进行毒打，张某一边喊着求饶，一边掏出身上剩余的十多元钱，但是丧心病狂的歹徒哪肯罢休，掏出匕首朝躺在地上的小张的心脏刺去，可怜的少年才俊很快便失去了知觉。

据调查，四名案犯均是十七八岁的小青年，有两名因父母离异、一名父母常年在外打工，他们很早辍学与爷爷奶奶生活在一起，过上了无拘无束的流浪的生活。其中的小陈与死者小张同龄，小学和初一时学习成绩非常的棒，由于父母整天忙于裁缝生意，初二时，这个品才兼优的孩子因为上网而被弄得神魂颠倒，学习成绩开始下滑。父亲多次好言相劝，告诉他再这样下去会荒废学业，葬送美好的青春，不要再与喜欢上网的同学接触。性格倔强的小陈一句也听不进去，照样旷课进网吧，父亲每次把他从网吧找回来时就是一顿暴打。然而，小陈不知道是在长期挨打中练就了抗击打能力，还是在游戏中历练了坚强的意志，每次受到父亲修理时，既不反抗也不认错，像个活靶子一动不动地站在那儿让父亲"练习"，直到父亲不想打了，他又去上网。有一年春节前，小陈连续上网46小时，出门后头晕目眩，一头栽倒在地上,多亏抢救及时才保住了小命。

父亲与孩子之间没有语言沟通和爱的交流,只有拳头间的碰撞和对话,在一次次惩罚中这些年幼的孩子也学会了用暴力来解决问题。当办案人员询问小陈:张同学把钱都掏出来后为什么还要对他下毒手时?小陈若有所思地说,"我没有杀人,我是在玩PK游戏,和我平时坐在电脑前玩游戏一样,每打一拳、踢一脚都是那么刺激,当把刀子插入死者心脏时感到从未有过的痛快……"

当我们在这里为案例中的那个年轻生命痛惜的时候,不清楚还有多少学生正沉迷于虚拟世界之中,不知道还有多少学生美好的心灵正在被网络游戏所毒害,正徘徊在犯罪的边缘。

二、网络游戏成瘾探源

对于网瘾这个莫衷一是的概念，关于它的内涵或标准，不管是学术界还是现实生活中一直存在着很大分歧。有学者把昼夜连续上网游戏超过 20 小时视为"网络成瘾(IAD)"，认为对网络操作时间失控是其主要特征。目前，我国网游的群体中，这类青少年学生约占 7%。但同样有人提出单纯用上网时间衡量是否网络成瘾不够科学。我们不妨先把"网瘾"理解为，是在网络及其游戏诱饵下产生的上网行为失控、心理偏执，从而导致个体明显的社会、心理功能损害，长期饱受其心灵折磨又欲罢不能，或简称为互联网成瘾综合征。

游戏包括一个人玩的单机游戏和两人以上互动性很强的网络游戏，后者的玩家可以在网上"零距离"交流情感、短兵相接、格斗厮杀，充满了挡不住的诱惑，能够给人以持续不断的刺激，可以消磨时光，消解心中的烦恼，帮助个体寄托精神。让你足不出户就可以在虚拟世界实现现实生活中无法达成的目标，体现自我价值，享受到做人的尊严，以此满足人们绝大部分身体和精神上的需要。一般来说，对网络及其网游的行为和心理依赖大致要经过以下几个过程。

一是好奇期。冲着网游的温馨、刺激、好玩而来，或因其内容低俗无聊而去。

游戏开发商为了吸引客户，在软件设计时本着拟人化、人性化的原则，凭借良好的互动性以温馨、搞笑、刺激凝聚人气。每一款游戏都能够满足不同群体的心理和生理需求。只要进入网络游戏世界，娱乐、打斗、复仇、追求成功、获得至尊应有尽有，让你玩得心跳，流连忘返。你想得到爱情，或消解感情的寂寞,好说,漂亮型的、事业型的、温柔体贴型的,任你挑选,不需要彩礼,没那么多的唠叨,让你设身处地爱得死去活来,即刻感受到做新娘的甜美,当爷儿们的孤傲;让你身怀喜孕、坐月子,体验到当妈妈、当爸爸的自豪。你要展示强大的自我,找回自尊,算找对门了,这里宽阔的平台就是给你施展才华的地方,你可以在那里一试身手,交上天南地北的朋友,与各路高手同台切磋,边打边聊。然后,桃园三结义,互相倾诉衷肠,有人甘愿为你两肋插刀,过关斩将,让你雄霸一方。你要实现发财梦,太简单了,只要进入游戏世界保证你一夜暴富,瞬间成为腰缠万贯的富豪。你想升官,那算啥事,跨进游戏王国,想当什么官就有什么官,有精良的装备供你使用,有千军万马听从你的调遣,有你的封地、码头,你就是老大、至尊无上的王,你的指挥才能在这里准会得到淋漓尽致地发挥。总之,在网络游戏这个虚拟的世界里,人与人的交流绝对平等,很容易体会到人生的快乐和做人的价值。

然而,每个畅游过游戏海洋的人,一旦上岸后很快会发现,任何一个令人心潮澎湃的游戏都是美丽的童话故事,在游戏的世界里再美好的东西都是转瞬即逝的泡沫,玩的时候把你的胃口吊得很高,离开电脑回到现实,生活一切如故,啥也不是,这样的心理落差除了失望、懊悔一无所获。

对于学业成绩好、能够在学习上找到自己的兴奋点及其价值所在的学生,他们学生角色定位清晰,知道学习是自己的主业,打内心里会鄙视游戏这种充满穿越和魔幻虚无的快餐文化,更多的时候能够在看书学习中找到恒久快乐,或利用课余时间在小制作、篮球、足球、象棋活动中展现生命的张力,轻易不会对游戏产生兴趣。

有的学生郁闷时,到游戏厅玩一阵子、过把瘾,很快又会进入学习状态,或进得去、出得来,对游戏这种虚幻的"小玩意儿"保持警惕,充其量在无聊时拿它消遣解闷。很多学生按照家长的规定每周双休日玩一个小时,以健康的心理形成了良好的学习生活习惯。我本人对游戏没有一点兴趣,但有上网的习惯,不过每天控制在半个小时左右,把大量的时间用于工作、写作和其他研究。

即便一些好奇心强、注意力不是特别专注但有一定自控能力的学生,对网络及其游戏的渴望和依赖,仅仅是热衷于某种虚幻和想象,尚能够清醒地意识到网游是在用一处虚构的故事来填补内心的空虚，寻求一种暂时的精神安慰，对自身现实生活没有丝毫帮助，并对其保持一个理智的态度，玩归玩，学归学，有所节制，说停就能停下来，不玩的时候也没有痛苦感觉。

二是挣扎期。体味到网游的快乐是昙花一现，却因为深陷其中欲罢不能而痛苦不堪

一部分青少年伴随着学习压力增大，思想困惑和烦恼增多，很难在成长中找到真正属于自己的那份乐趣，就会跑到网吧消磨时光。他们一旦进入游戏世界所有烦恼被忘得一干二净，即刻会感受到学习或其他工作中无法体味到的欣快。一些学生好奇心的天平可能会从学习向游戏发生倾斜，受到老师和父母指责诟病时就会想到游戏，有意无意把它当作寄托情感的精神家园，网游开始在思想上占据主导地位。慢慢地对游戏、网络的渴望一发不可收拾，成为游戏世界那些英雄、"偶像"的粉丝，学生的角色定位悄悄出现动摇乃至淡化，心灵被游戏慑服，泡网吧的时间越发增多，学习成绩及其积极情感准备则每况愈下。

然而，走出游戏世界，蓦然回首才发现他们熬更守夜得到的只是浮云式的满足，而流逝的却是美好的时光，走下网络及其游戏内心依然空荡荡的，人生愈发感到茫然。平静的时候，也许良心使然，经常会发生思想冲突：一方面，知道再游戏下去要荒废学业，人生跑偏，愧对父母，下决心要走出游戏的魔掌；另一方面，游戏的神奇魔力，将他们的神经死死拽住不放，越想脱身走出来，越无能为力，于是，出现精神焦虑。

令人欣慰的是，此时绝大多数学生只能说玩游戏、上网的时间比一般人多，尚能保持正常的思维和警觉，有相对健康的是非价值观，做人的良心和人情味还算完整，知道悔悟，有走出困境的愿望，愿意接受他人帮助，还谈不上成瘾。很多网络心理援助机构经常接到青少年的信件和电话，内心发出苦苦的求助声音：我中游戏毒了，很痛苦，帮帮我吧；我被游戏缠住了，前途毁了，对不起父母亲啊；我被"网瘾"缠住了，救救我吧。此时，如果能够得到家长、老师正确的教育引导，他们完全可以走出游戏的泥潭，重新进入正常的学习生活。

然而，苦于学习成绩没有突破，始终得不到家长和老师的认可，找不到自己的人生价值所在。不少家长看到不成器的孽子泡在网上，爱心和包容心荡然无存，除了发脾气指责、打骂，似乎再没有其他更好的帮教办法。可怜的孩子们一次次怀着向善的愿望不断呐喊，期望从游戏的漩涡中挣扎出来，家长和老师却用冷漠的眼光打量他们，无心用爱的双手将他们拽上岸来。孩子们失去最后一根救命稻草，又"扑通"一声掉了下去，改过向善的勇气和信心荡然无存，青春的梦想从此被鼠标键盘敲得粉碎，不少人就此破罐子破摔起来。

三是依赖期。视网游为精神支柱，自卑、无奈，从此对生活失去信心

一些学生在现实社会体会不到生活的意义，在虚拟世界获得的乐趣也只是昙花一现，无法感受到真正的快乐，拼命地挣扎着想走出游戏这个染缸，但又得不到父母、老师和社会的心理支持，向善的愿望可能彻底泯灭，游戏便成了唯一的精神支柱。走投无路的当口，只好再次回到游戏世界，快乐一刻是一刻，好过一天是一天。

长时间泡在虚拟的游戏世界，会麻木我们的神经，降低玩家对饥饿、疼痛的反应，不再关心自己的身体健康问题，更不会在意别人怎么评价，也不喜欢与人计较。研究人员乌利希·维格做过这样的试验，他以一组游戏玩家组成的志愿者作为被试对象，进行忍痛性试验，结果发现，当"玩家"以某种角色扮演者长时间沉浸游戏时，对疼痛的耐受性较其他常人有很大提高，以至于影响到人性变化。许多游戏角色扮演越来越逼真，而且互动性非常强，容易让"玩家"鬼迷心窍，进入一种灵魂脱壳的境地。像机器人一样呆板，对自己身体感知度越来越小，不再关注自己的生活和真实存在。

再次陷入网络及其游戏的泥潭，他们业已对生活失去信心，不再对外界抱有任何希冀，几乎毫无顾忌，食欲、性欲可以没有，游戏不能一刻没有。耳濡目染暴力和杀戮逻辑，除了满足自己的欲望外，不再关注现实社会，不再念挂父母亲人，从此，心无旁骛地投入游戏世界二心无挂。

网络游戏说白了是依据人性的弱点兜售一种虚假的快乐和暂时的满足。开发商为了实现利益最大化，往往会营造一个与现实社会并行的虚拟世界，置伦理道德而不顾，给游戏玩家提供一个超现实的刺激和满足，以此慑服凝聚人心,捞取黑金。许多青少年沉迷其中,身体力行虚拟世界的暴力和杀戮行为,很容易"角色"真实化,把虚拟世界现实化,造成是与非界限混乱。对游戏难分难舍,不能满足时万分痛苦;同时,心理满足永远是暂时的,且除了暂时的刺激之外对任何事都没有兴趣,更无喜悦可言。回到现实生活仍然觉得两手空空,一无所获,从而对其虚幻颇觉无聊,越发想绝地反弹,却又因积重难返,无力回天更加失落,甚或出现严重精神焦虑。许多人发现自己心灵被游戏绑架,与社会格格不入,痛恨自己愚蠢卑微,在良心的感召下开始绝望,直至最后丧失了应有的勇气,自残、自杀就在所难免了。

安徽一位年仅16岁的少年胡冰(化名),因为深陷网络游戏泥潭不能自拔,有一次,在游戏厅连续狂玩了11个昼夜,一开始每天吃一袋方便面,后来,三天吃一袋,实在支持不住时,躺在拼起来的椅子上睡上一会儿,后终因身体严重虚脱,精神颓废,喝下一瓶剧毒农药离开了人世。临死前,躺在病床上的他手还像打游戏一样在动,并一遍又一遍有气无力地对父母说:"有妖怪过来了,杀光!杀光!"

一向豁达而乐观的胡冰父亲,对于儿子的轻生感到百思不得其解。在这个长者看来,他们知道儿子学习成绩不好,平时也没有过多地给他施加压力,相反还一再宽慰儿子:只要身体好,干什么都能吃碗饭。直到有一天,看了胡冰留下的一封遗书才明白了个中原因。"爸妈,我不是有意气你们,也不是存心对不起爸爸妈妈,我白天、黑夜心里老是想着游戏,脑子不听使唤,管不了自己的腿,控制不住自己,想玩游戏想得要发疯,不玩睡不着,难受。""我已经玩够了,想早点离开人世,大家都少受点罪。"

四是梦幻期。网游成了生命的唯一,谁反对我游戏谁就是我的敌人

网络游戏看似给网民提供了一个娱乐、交流、满足生理心理需求的平台,实际上是游戏商家从玩家身上捞取黑金的把戏。一种是拼命把玩家心拴在游戏上,让玩家消费流量。游戏商为了扩大消费市场,设计了与现实世界一样的报复、杀人、色情诱惑、封官许愿、实现自我等游戏,以此满足不同玩家的心理和生理欲望,吸引眼球,聚拢人气,把"玩家"死死地摁在游戏上,成宿成宿地玩(消费),以便商家赚取流量钱。另一种是以升级晋职为诱饵,靠兜售装备赚取黑金。针对人性的弱点，商家瞄准玩家试图追求成功以及获取显赫地位的虚荣心理，把升级晋职与拥有装备捆绑在一起，拥有越多越先进的装备，就能获得更多的晋职晋级机会，诱惑游戏玩家用现实中的金钱去购买虚拟的装备。为了招揽更多客户，一开始他们打着免费的招牌诱惑网民入门，一旦进去之后，游戏商凭借所购买的虚拟装备给你升级封官获得殊荣。一些游戏开发商为了利益最大化，不断推出花样翻新的新奇超能装备、道具，招揽客户，然后一招一式按照为你提供的连木制的"红缨枪"都不是的虚拟装备，把你兜里真实的钱掏光，这是一个多么可怕的画饼充饥的陷阱。毫不夸张地说，是千千万万个深陷网络游戏的青少年和数以万计因网络游戏支离破碎的家庭，成就了网络公司和游戏开发商的发财梦，使他们赚得盆满钵满。

在游戏世界里，如果不花钱，没有足够的装备，就会变得弱小、地位卑下，处处受人欺负，任何一个角色或者机器人都可以羞辱你，把你灭掉。很多人不得不硬着头皮购买装备，从而导致一些自制力差的玩家们深陷其中动弹不得。

当游戏玩家进入梦幻期，不再是好奇心和依赖的问题，游戏已经成为生活的唯一。对游戏的难舍难分，使他们部分或完全脱离现实社会，被虚拟世界"角色化"，出现人格分裂和反社会情绪。一切按照虚拟世界的游戏规则行事，游戏中的暴力、极端功利和自私狭隘的成功文化会造成思维混乱，传统的人生价值观被彻底颠覆，礼义、道德底线被一一击穿，现实世界的是非观荡然无存，完完全全进入一种幻觉状态。人在现实社会，灵魂却在虚拟世界，从此，不再焦虑，也不会因为沉浸于网游世界被人看不起而内疚懊悔，一不做二不休，玩起游戏来不再遮遮掩掩，而是肆无忌惮。

"PK"是一种最流行的网络杀人游戏，本来是两个人之间相互较量、单挑，但在网络游戏世界里，它却是血腥和暴力的代名词，是玩家之间彼此残酷厮杀，直到一方把另一方置于死地。由于"PK"游戏超级刺激，以角色扮演模式让玩家与游戏高度契合，现场参与感非常强。假如你觉得生活没意思，还可以换另外一种活法，让生命为所欲为，自由自在，深受游戏玩家的广泛喜爱。从而，造成很多青少年角色混乱，时常出现"没有理由的自杀、杀人"。

一个人有无数条生命,被杀死后还能再次复活,在现实生活中当然是痴人说梦,然而,在虚拟的游戏世界却是千真万确,不容置疑。现实与虚拟本来泾渭分明,不过在游戏中杀红了眼的玩家却常常对此混淆不清,像中了邪似的,唐庚就是其中一个。打高中一年级始,小唐就迷上了网络游戏,三天两头逃学,后来,因为学习成绩跟不上,背着父母亲办了辍学手续,成天泡在网吧玩消磨时光。日复一日地勤学苦练,很快成了圈内小有名气的网游高手。

在一次偶然的 PK 游戏厮杀中,他认识了另一位名叫古世龙的高手,不久,两人惺惺相惜成了要好的朋友,经常在一起切磋技艺,唐庚对古世龙的超人本领佩服得五体投地,二人还成了拜把兄弟。在一次格斗中,唐庚"杀死"了古世龙的朋友,古打抱不平帮他朋友"做掉"了唐庚。唐庚便骂古世龙"背信弃义,为何要阋墙残杀"。古世龙说:"你杀死我的弟兄,作为大哥,我当然不能见死不救。"唐庚气愤地说:"既然如此绝情,咱兄弟情谊就此一刀两断。"傲气十足的古世龙毫不示弱,告诉唐庚:"随你的便。"二人从此便结下了梁子。在以后游戏中爆发了一次次你死我活的殊死较量,古世龙毕竟技高一筹,先后 23 次将唐庚杀死,还霸占了唐庚虚拟世界的"老婆"。唐庚原本打算从此退隐江湖,等待时机成熟时卷土重来。然而,没想到古世龙欺人太甚,多次在网上挑衅,警告唐庚尽快离开这个世界,否则让他脑袋搬家。

早已羞愤不已的唐庚此时似乎搞不清楚他和古世龙的仇恨是在虚拟世界或现实社会,决定灭一灭古世龙的嚣张气焰。有一天,他约了网游圈的四个朋友,想教训一下古世龙。双拳难敌四手,一顿乱棍将古世龙活活打死。更为蹊跷的是,当办案人员讯问他们杀人原因时,四个人承认古世龙是他们杀死的,同时又异口同声地表示,本来只是想教训一下古世龙,并没有真正想杀死他,完全是一个意外。一场虚拟世界里的游戏,没想到却演变成了一场现实社会的肉体厮杀,令人愕然。

许多网络游戏鼓吹依靠暴力征服世界,用掠夺得以实现个人狭隘的成功,对未成年人的价值观冲击相当大,从根本上颠覆了传统的道德底线。一旦他们把自己当作游戏里面的角色时,自己就是老大,可以按照游戏的程序想杀谁就杀谁;只要舍得多花钱和时间,要买哪个宝物,要报复谁,一切由我做主,谁也阻挡不了,时时彰显出一种强烈的成就感。

17岁的吴民(化名),勤奋好学,聪明过人,不但学习成绩好,他还是一个网络游戏高手。但是,由于学习成绩拔尖,又长期沉浸在虚拟的网络暴力角斗中,他变得不可一世,内心充满了"征服一切"的强烈欲望。随着高考的临近,他时而感到一种莫名的兴奋,时而又觉得压抑,总想找机会发泄一下。然而作为一名高中生,现实世界却迟迟找不到展现"强悍自我"的舞台。

一个周六下晚自习后,他搭上了一辆出租车准备返回家中。当出租车从灯光闪烁的县城大街驶入幽暗的郊区时,窗外寂静的夜空让他强烈地感受到自己仿佛进入了那个熟悉的梦幻般的游戏世界,顿时内心升起一种与人厮杀格斗的奇怪冲动。

他靠在副驾驶座上,眯着双眼,脑子里不停地闪现出游戏中格斗搏杀的场面,平添了一种刺激的快感。侧目看了一眼身旁的女出租车司机,内心瞬间闪现的恶念让他灵魂随之冲动起来。当出租车行至一片荒无人烟的庄稼地时,他顿时感觉到热血沸腾,全身上下充满一种罕见的张力。他让的姐陈清停下车,顺手一个直勾拳朝的姐的脸部打去。机警的的姐见势不妙推开车门落荒而逃,并发出求救声。吴民内心升腾起的"征服欲望"越发强烈,完全沉浸在游戏中与玩家疯狂的格斗中。他狂追不舍,一脚将的姐踹翻在地,然后掏出随身携带的尖刀,朝的姐胸部乱捅数刀。直到的姐动弹不得,吴民才感觉到在"游戏中获胜"和"自我的强大",潇洒地走到出租车旁,背起自己的书包踏上了回家的路程。

当办案人员询问吴民,为何对一个无怨无仇的的姐痛下杀手时。吴民一开始只是摇头不语,后来在民警的开导下他才支支吾吾地答道:"想释放心中的压抑,表现出自己的强悍。"让在场的每一个人不寒而栗。

长期沉溺于网络游戏,容易使未成年人道德底线被击穿,出现心理变态。如不加以疏导甚至会产生反社会人格,由此引发的抢劫、强奸、凶杀等犯罪案件的层出不穷。特别是当决定游戏命脉的金钱中断时,一些青少年玩家就会无视道德的存在,不择手段地追求金钱,和吸毒者一样变卖家具、盗窃抢劫、卖淫。谁敢阻挡我,谁就是我的敌人,弄不好会成为我的"刀下鬼",一步步走上犯罪的深渊。

17岁的李京(化名),初中没有毕业就辍学打工,因为学历低,只能发个小广告、做物流跑推销,经常被老板使来唤去,尊严全无,闲暇时只能靠玩网游消磨时光。一玩起打怪、升级游戏,就会感觉到少有的兴奋和至尊,一夜之间他就成了呼风唤雨的长老、雄踞一方的山寨霸主,好比一言九鼎的皇帝,可以掌控一切,像刚吸了海洛因一样飘飘然。玩得时间长了,李京游戏水平突飞猛进,开始玩一些高仿真网络游戏。

李京个性十分要强,追求"至尊地位"是他坚定不移的人生信念,只要服务器里面别人有的装备,他想方设法也要有。正当他雄心勃勃地想称霸一方的时候,一位"高参"向他推荐了"屠龙刀"这个盖世无双的神器,有了那把刀,全服务区都会成为他的"地盘"。然而,报价"需要两套房子换得一把屠龙刀",一听到这个天文数字就把他吓跑了。不过,李京虽然没有买到那把天价"屠龙刀",但为了确保在游戏世界的老大地位,他无止境地投入金钱,不断更换装备,少则几百、多则几千元往里砸钱,不遗余力地购买最威猛的"现代装备",终于在虚拟世界里打造出了装备精良的霸业,不过,仅仅一周时间几千块钱也就因此打了水漂。

网络游戏的巨大诱惑力,常常把人带到一个非玩不可的地步。然而,游戏世界从来没有免费的午餐。李京玩游戏的胃口被吊起来后,资金却出了问题。自己没有工作,缺少来钱的路,父亲是一名普通工人,每回撑死给十几、二十块钱,玩普通游戏还行,网游是连续性的,必须跟着不断投钱,否则前功尽弃。

"PK"游戏无限渲染暴力情节给李京提供了超出现实生活的刺激和快乐,在满足生理需求的同时,也使他的胆量超过常人,完全混淆了虚拟与现实的界限,在内心埋下了暴力的种子。李京回忆说:"那段时间,一天到晚迷迷糊糊,要是稍微清醒一点,也不会干这蠢事(杀人)。""有一天,刚玩网游回来,我眯眯瞪瞪,一个哥儿们给我说:'断顿了(没钱玩游戏啦),想弄点经费,'并详细告诉我,怎么抢、何时下手、如何快速制服对手等等。每个招式几乎全是网络游戏的翻版。后来,我亲身体验了,还真管用,把人杀了就完了。"

为了保住自己在游戏中的尊荣,他开始打起了钱的主意,从敲诈同学转向参与抢劫团伙,以黑车司机为目标,谋财害命,先后制造了8宗命案,其中

5个人死在他一人手下,从此走上了一条不归之路。

7年的牢狱生活,李京与网络游戏完全隔绝,终于如梦初醒。他深有感触地说:"当初,玩游戏的时候根本搞不懂游戏究竟是个啥东西,只有一个感觉,特别刺激。现在明白了,后悔也晚亦。所以我要告诉每个年轻朋友,游戏带给的快乐是假的,造成的痛苦千真万确。当你迈进游戏的第一步时,一定要三思而行,否则被痛苦缠住想甩都甩不掉。"

三、啼血的拯救

网络游戏一旦沾上手,成瘾容易戒除却难,我们经常会听到关于青少年网虫引发的悲剧性故事,不少家长眼睁睁地看着孩子染上"网瘾"后一天天堕落,把美好的青春葬送,让数以万计的家庭变得支离破碎。公开数据显示,我国有青少年网民 1.6 亿以上,10%存在不同程度的网瘾,即约 1600 万人。北京市 171 万中小学生中,有 30 多万人去过网吧,有四成经常光顾色情网站,网络正在成为引发青少年走向歧途的头号敌人。

武汉一位母亲把从《新华每日电讯》《文汇报》《光明日报》《湖北日报》等 30 多家报纸刊登的有关游戏机、网吧危害青少年健康的 200 多篇报道剪贴成集,到处巡展。打开剪报集全是网瘾引起的各种触目惊心的恶性事件:一少年连续 20 小时玩电脑游戏导致眼睛暴盲;高中生几天几夜不下网,闷死在简陋的网吧内;沉迷网络导致精神失常、不识双亲;中学生因母亲阻挠进网吧,竟然毒母不成转而弑母;两少年长期泡吧为筹上网钱而抢劫杀害网吧业主;网聊网恋就像两条毒蛇缠住了孩子;为见网友而离家出走,少女被拐骗强奸、引发命案;由上网而发展到网下卖淫、打架……

这位母亲锲而不舍地奔走于湖北各地,大声疾呼"救救孩子",加强对网吧、网络的监管,取缔"黑网吧",坚决清除网络不良影响。真切地呼唤:青少年要远离网络游戏,不要被"电子海洛因"把魂勾走,让悲剧远离生活,远离我们的家庭!

黑心教育

天津赵先生彭女士夫妻俩靠打工、卖小吃维持一家五口人的生计,还要还房贷。正在上初中的儿子小宝却迷上了网络游戏,父母经常提醒他,不能再去网吧了。但是,小宝除了玩游戏对什么都不感兴趣,把父母给的零用钱、资料费、吃早餐的钱省下来上网吧。好几回以学校训练、补课为名半夜不回家在网吧玩砍大刀、僵尸等网络游戏,被妈妈逮个正着。有一次,小宝逃学泡网吧被母亲强行拽了回去,心里不爽,还与妈妈发生口角。回到家看到那只小狗,赌气地跟妈妈说:"你再给我难看,我就把小狗扔下楼去。"正在气头上的妈妈说:"你这样不听话,每天气我们,别扔狗了,干脆把我扔下去得啦!"说着奔阳台去。小宝看到妈妈走到阳台边,急忙说:"妈我错了,别这样。"说话间,彭女士已经爬上了阳台的栏杆,小宝一把将妈妈拽住,坚持了十多分钟,没拽住,只听"扑通"一声,妈妈从四楼坠了下去。经医院检查,彭女士脊柱三节骨折、脚跟骨、盆骨粉碎性骨折,不排除瘫痪的可能。面对突如其来的家庭变故,小宝非常内疚,长时间跪在母亲病床前痛哭流涕,终于表示出了悔改之意,在妈妈病情稳定之后重新回到了学校学习。然而,亲眼目睹母亲跳楼的一幕,给他13岁幼小的心灵蒙上了一层沉重的阴影,由于压力过大,精神出现异常,好几回上学途中迷路,竟然蹿到了高速路上而被警察送了回来。

两位母亲的护犊之心及良苦用心实属不易,然而,我们必须承认再激昂的呼喊、再动听的说教和严格管理,在网络游戏面前都显得那样渺小和苍白无力,当然更没有人支持彭女士那样以血唤醒"网瘾"浪子的做法。于是,有人看好了"网瘾少年"这个目标群体和"差生"市场,他们打着"反传统教育、帮助顽固不化的逆子戒除网瘾"的幌子谋取钱财。令人遗憾的是,多数不明真相的家长费尽千辛万苦好心好意把孩子带进了沟里。

北京的小宇,自父母离婚后因为成绩下滑开始厌学,不听招呼,先后4次转学,上初中后成了游戏厅的常客。2007年春节,在万家团圆的日子里,小宇却独自泡在网吧里彻夜不归,还与劝他回家的妈妈冯女士大打出手,屡次以跳楼威逼。

对小宇的教育已走入绝境的冯女士,看到一则"重庆大东方行走学校"的招生广告,实施"择差教育",专门进行潜能生、后进生的教化工作,已使1500多名有网瘾的"问题学生"改邪归正。

冯女士与小宇爸爸武先生商量好,以"旅游"名义把刚刚13岁的儿子

"骗"到重庆,交了19910元的学费,让小宇参加了一个为期半年的培训班,协议书里写着"可以进行适当的惩戒教育"等条款。小宇爸妈认为,男孩子打两下、踢两脚算不了什么,也就默认了。

夫妇俩离开重庆后,冯女士每周都能接到小宇的来信,"教官对他千好万好,自己认识到以前的错误,请妈妈原谅"云云。小宇妈心里有一种说不出的高兴。一个月后的某一天,冯女士突然接到"小宇住院"的消息,即刻和小宇爸赶到重庆。来到重庆看到躺在重症监护室的儿子满身是伤,小宇妈妈当场哭成泪人瘫软在地。

医院诊断书上写着:食道烧伤,右手桡骨骨折,上下唇摔裂,多颗牙齿摔断、松动,眼部充血、头部右侧水肿。庆幸的是,经过医护人员的抢救最终把小宇从鬼门关拉了回来。

原来,小宇因为不堪忍受教官的体罚殴打,又无法和家里取得联系,只好用自残的办法找机会逃出狼窝,没想到差点丢了小命。病情稳定后,小宇在媒体配合下揭开了"重庆大东方行走学校"的惊人黑幕。

入校第一天,教官见面问他是否很调皮,小宇反问道:"你小时候不调皮吗?"教官不由分说地对他拳脚相加进行殴打,足足打了约10分钟,给他来了个下马威,这也是他噩梦的开始。从此,只要有一点没做好就要挨揍,有时候还用电线、皮带、竹鞭抽他(包括头部)。教官打累了,又让宿舍室友打,室友如果打得不"认真",也会遭到和他同样的惩罚。

一天晚上,小宇看新闻联播时玩小动作,教官把他拖到洗手间,一边罚做俯卧撑,一边用皮带抽他的背部,楼上的同学都能听到小宇痛苦的号叫声。

最刻骨铭心的惩罚是,一次站军姿,冷不防被人从后面推了一掌,小宇没站稳打了个趔趄。教官说他偷懒,一个飞腿狠狠地把他踢倒在地,两眼直冒金花,当时,小宇只有想死的感觉。

这样悲惨的遭遇不单是小宇一人,全校90多名学生不管听不听话,每个人都受过皮肉之苦,轻则不让睡觉、扇耳光、用戒尺打,重则罚吃烟丝,用脑袋撞墙。有时不管犯没犯错误,只要教官心情不好,就打学员发泄私愤。很多同学身上留下多处瘀血,狠心的教官还往伤口上撒盐,有几个"不听话"的学生，还吐了血。

有一天，小宇鼓足勇气来到张副校长办公室，把身上的伤给他看。负责学校全面工作的副队长赖某突然间一脚踹开了张副校长的门，质问小宇："你在瞎说什么？"没过多久，这位张副校长被炒了鱿鱼。后来校方证实，正是由于冯女士没有答应赖某的诈骗要求，有意安排学生和教官有意地对小宇进行"特殊"关照。赖某利用"职权"诈骗学生家长钱财的事曝光后，很快也就不辞而别。

小宇忍受不了这些非人的遭遇，和几个同学密谋逃跑。但没想到"脱狱"计划走漏风声，约定行动的那天中午，校方突然搜查学生宿舍，发现了碎玻璃、刀片、棍棒等器械，计划落败，"主犯"小宇受到了严厉惩罚。

小宇再也无法忍受这种非人生活，有一天，从医务室"偷了"四颗高锰酸钾吞服了下去，药性发作后烧得在地上直打滚，同学赶紧把他扶起来靠在楼梯护栏上。过了一会儿，小宇顺势从二楼跳了下去，重重地摔在一楼的花岗岩地板上，躺在了血泊中。

听着儿子的诉说，心痛不已的冯女士终于明白了早先收到的"平安信"原本是"骗安信"，背后却是惨无人道的暴力。此时，她忽然想起一个月前曾接到过一个陌生电话，提醒她：孩子在学校遭受体罚。冯女士不相信，没想到一个月后，小宇真的出事了。

小宇妈妈重新联系了那个叫荆红的陌生女士，她曾是小宇的兼职心理老师。据荆老师讲，第一次跨进这所学校，发现这个临时教室没有桌子和黑板，满屋灰尘，破烂不堪。上课前，只见4个满脸煞气的教官走进教室，一脚把挡在道上的藤椅踢开。下面40多名孩子进来坐在自带的小板凳上，乖乖地接受教官肆意呵斥。

荆老师渐渐了解到，这些被父母从全国各地送来的孩子，年龄在13—18岁之间，大都有上网和厌学、打架、抢劫、早恋等问题。看到一个个目光呆滞、神情紧张的样子，荆红试图用轻松的话语打破僵局，但孩子们若有所思，仍然低头沉默不语。突然，最后排的一个学生走上讲台塞给她一张纸条："我的胸口很疼，今天吐了血，他们还不带我去医院。""这里太黑暗了，完全是个骗局。妈妈，快来救救我吧！不然就见不到我了。"这个学生叫周雨，请求老师一定按所留电话让爸爸来救他。荆红一开始认为孩子借机偷懒,示意他先坐下。周雨急了,转过身撩起衣服,让老师看他背上青一块、紫一块的伤痕。

紧接着,一个男孩说,他因为偷偷抽了一口烟,被教官用警棍打了40多下,直到吐血。没等老师反应过来,更多的学生站了起来,轻手轻脚地走上前来,把一张张小纸条塞到她的手提包里。一个眼睑有些红润的孩子,递了纸条后还拉着她的衣袖不放,他就是小宇。荆红老师发现情况不妙,说,先上课,下课后再说。

放学回到家,荆红赶紧把包里的纸条翻出来,在灯下逐一翻看:"这里是监狱!"

"我会死在这里!"

"他们说打死人当活埋了!"

"他们把我当动物,不当人!"……

近30张纸条全是孩子们控诉被打的经过和求救的电话。后来,小宇多次悄悄地问她:"我爸妈什么时候来。"

接下来的几天里,荆红不时听到孩子们诉说自己的不幸遭遇,了解了学校更多的黑幕。14岁的重庆女孩刘慧父母从来没有动过她一指头,入学第二天,因为蛙跳动作不标准,被教官扇了一耳光,伤心地在被窝里哭了半宿。没过几天,又因为在宿舍里坐姿不好,被一个当过兵叫陈影的教官抓住刘慧的头发往墙上撞。还有一天晚上,宿舍的下水道堵了,陈影命令刘慧她们7个女生一人喝一杯地上的积水。至今,刘慧一想起那件事就恶心呕吐。

孩子们还反映,学校的实际情况与当初对外宣传的完全不一样。入学前所说的植树、跨省行军、拜访名胜古迹、速记、珠算等项目无一展开,每天都是枯燥的走队列或体能训练。没有一位"专家级"教官,每周仅有的4个课时的国学、思维等文化课也只坚持了一个多月。而且,入校三个月内的学生不允许和家长见面或通电话,所有写给家长的信只能说好的,不符合要求的一律重写。

面对60多封求救信及孩子们声泪俱下的控诉,荆红逐一拨打上面的电话,暗示家长们到学校看看孩子。冯女士也接到了荆红的电话,但和大多数家长一样,认为是孩子的"苦肉计",没把这事放在心上。不过此事却引起学校的极大不满,几天后,荆红老师接到校长陈华的电话,斥责她不经同意擅自联系学生家长,散布谣言,被迫辞职。此时,被蒙在鼓里的孩子们还翘首期盼父母来接他们。一个月过去了仍然杳无音讯,学生中弥散着一种失望情绪,有的流露出绝望心理,有的女生用碎玻璃在手上划了多道血痕,进行自残。

小宇在社会各界的关怀下,虽然身体得到康复,并获得赔偿,但经过医院检测,烧伤的食道很可能有萎缩的危险。回家后,且脾气变得很暴躁,整天把自己关在房间里玩电脑,喜怒无常,充满暴戾之气,毫无先兆地指着父母大骂:"我恨死你们了!"见到穿迷彩服或剃光头的人就想打架,有明显的躁郁症状。

此事一经媒体曝光,舆论一片哗然,"大东方"被喻为暴力手段残害青少年的"集中营""渣滓洞",受到千夫所指、万人唾骂,被教育部门勒令关门,并责成警方展开调查。

重庆大东方培训学校"择差(差等生)教育"中"以打为教"的方式是中国人"不打不成才"传统文化中的"奇葩",不否认他们试图借助"反传统教育"手段来帮助"问题孩子"解决特别难以改掉的恶习,但再漂亮的理由都掩饰不了其教育方法的无知和非人性面目。

敢问路在何方

"择差教育"的始作俑者是江苏省淮安市的徐某,他从对儿子的"魔鬼教育"中得到启发,于1996创办了中国第一所行走学校——徐××教育训练工作室。学校对外宣称,以"行走+惩罚(戒尺)"实行半军事化封闭管理为办学理念,旨在借助"择差教育"把"后进生"、"潜能生""转化为"优等生",并用"一千公里定人生"这样响亮的口号来招揽生源。

徐某教育训练工作室在培训方式上有两个鲜明的特点,一是行走,学生不分年级,只根据受训时间和体能状态分为若干纵队进行野外拉练。早期学校没有固定地址和生源,学生来去自由,可以跟随学校行走一个月,也可以走完全程。学校有9辆大卡车改装成的房车,连同其他餐车、指挥车、医疗车等,同时可以满足200多名学生行走训练。培训除了野外行走、体能训练外,没有太多的文化课程。二是惩戒。进行惩戒是"择差学校"另一大"特色"。我们不能给"校长"徐某妄下缺乏文化内涵的结论，但这个所谓"校长"自己一句"惩戒为教育的最高形式"的经典语录，把他对教育的肤浅乃至无知暴露无遗。在"择差培训"学生的眼里，所谓惩戒教育，其实就是打，集合慢了要挨打、不服从管理要挨打、动作不到位要挨打、吃饭说话要挨打、逃跑被抓回来要挨打、泄露天机（学校管理方式）要挨打等。因之，每个来这里受训的孩子无一例外地都会接受挨打的"修理"。

杨先生因为看了该校网站上"一千公里定人生"的广告后，新年的第一天匆匆将女儿涓涓从河北送到行走学校。下午 4 时，办完半年培训相关手续，交纳了 1.7 万元费用后，将女儿留在校园，期望半年后能看见一个"不一样"的女儿。但谁也想不到，第二天凌晨，他们还未离开宾馆，杨先生突然接到女儿声嘶力竭的求救电话："爸，他们打人，我受不了啦，快接我回去。"夫妻俩急忙赶到营地，一见面，看到女儿脸上和双手血迹斑斑，鼻子和眼睛又红又肿，哆嗦着扑进了妈妈的怀抱，一遍又一遍喊着"我要回去！"。

据涓涓描述，自从进入学校，两次遭到管带非人的虐待。先是因为环境太差她向一位姓毛的女管带提出退学想法，还没说两句话，管带就像"母老虎"一样扑过来扇耳光、箍着脖子将她拖到帐篷里摁倒在地。她稍作反抗，另外一个管带上来又狠狠地踢了她几脚，其他学员都听见涓涓从帐篷里发出的惨叫声。

次日凌晨，涓涓打算逃跑，被一个姓王的男管带发现，一掌将她推倒在地上，恶狠狠地踹她的腿，警告她："看你还跑不跑。"涓涓忍无可忍骂了两句，管带将她拉起来，接着一拳打在她的鼻子上，并像发怒的狮子一样大吼："再骂就 3 秒钟打你一次！"

涓涓依旧不依不饶，两名管带又将她死死摁在面包车的后排座位上，抽耳光、扯头发，还抓着她的头朝车厢上撞，足足打了 10 分钟，直到涓涓父母赶到。打人事件发生后，校方向涓涓的父母承诺处理两名打人的管带，并希望涓涓的父母不要再声张此事，否则将涓涓的"劣迹"背景通过网络向社会公布，于是，涓涓父母和其他家长一样都选择了沉默。

"择差培训"的施教对象基本是一群"问题少年"，也就是我们中小学校中成绩后 10 名的学生。在常规学校中,老师只关注升学率,一般把主要精力都集中在前 10 名的学生身上,成绩差的后 10 名学生成了被遗忘的对象,老师看都不看你一眼。这些孩子在学校被遗忘,没有人帮助他们"解惑",回到家里,父母觉得他们没有出息,被漠视,感受不到家庭温暖成了情感的弃儿,只好浑浑噩噩地混日子。

精明的徐某恰好看中了"差等生"市场这块诱人的蛋糕,在行走和惩戒中把一种极端的关爱运用得淋漓尽致,使孩子得到了暂时的精神慰藉,从而俘获了无数"问题孩子"父母焦躁不安的心,"择差培训"在一片争议中逐渐被人视为教育经典案例。

面对全社会对"择差培训"非人性惩戒铺天盖地的质疑声,起先把无知当胆大的"校长"徐某并没有回避,曾经大言不惭地认为:"只要打得有道理,并不是一种过错。"辩解说:"对于这种不服从管教的学生就该打,如果是我可能打得更厉害,否则他日后受到的是法律制裁。"多么令人悲哀的混蛋逻辑。徐某因为以打为教的教学模式被学生称为"魔鬼教父""我的野蛮校长"。

人们不仅会好奇地问,"择差培训"如此低劣的教育模式,为什么还有那么多家长愿意"花钱让孩子挨打"呢,而且起来反抗的学生只是少数,其中的奥妙也许只有领教过这样教育的学生能够说得清楚。一部分从"择差培训"出来的学生承认,刚来时天天挨打,稍微不慎就可能有教鞭落在身上,只要一进这个学校的大门几乎人人都受到过皮肉之苦,相当一部分学生认为管带没有人性。但是,当问到是否恨那些打过你的管带时,回答是肯定的,也有个别学生说:"开始恨,但渐渐就不恨了。"因为"以前的中学老师觉得自己没什么前途,就不大管我了,这里的管带 24 小时都和我们泡在一起,同吃同住"。幼稚的学生压根儿不知道父母掏了一两万块钱,他们不泡在一起钱怎么来呢,你以为人人都是活雷锋。

对于为什么不起来反抗的问题,一些学生回答得很干脆:"不敢。因为父母就是让我来吃苦,来受惩戒的,在打骂中我得到以前没有的关注。"还有个别学生离开时还有些依依不舍的感觉,不时回望营地。

我们不折不扣正处在一个"傻瓜社会",相当一部分成年人长期受到大一统思想文化的影响,早已没有了独立人格,思维肤浅得让人无法相信,别人说什么是什么,基本丧失了独立思考判断的能力。一事当前,从不去分析思考事物内在本质,而是把流行当作风向标,大家都这么说、这么做,随大流跟着感觉走,一定没有错,造成当下社会谣言盛行,一有风吹草动人心惶惶,就是最好的例证。在一些家长脑子里,对教育的理解除了说服,就是打,除此再没有其他办法。徐某的"择差培训"模式有意无意给那些头脑简单的父母传递了一种理念:"孩子不听话,自己管不了,来这里被打两下吃点苦就能改邪归正。"因此,当孩子被打时,很少有人去谴责打人者的责任。即便很多孩子想起曾经受到的粗暴甚至是违背人性的"惩戒"相当愤怒,但是,对于那些很长一段时间被人看不起的"弃儿"又能感受到久违了的"关注"和温存,最终对这种"极端的打骂式关注"听之任之。

一些学生还有这样的感受:"在那里的确没有学到什么,但是,至少这种打骂式教育让人隐约体会到自己的存在,觉得我还行,应该珍惜现在一切。"自然成了周瑜打黄盖,一个愿打一个愿挨。或许这才可以解释,为何有那么多家长对黑暗的"择差培训"趋之若鹜,希冀把孩子送到那里磨炼成人,从而使徐某的学校在责骂声中不断发展壮大。

简单粗暴的惩戒式教育在一些地方取得了成功,折射出现行教育对"差等生"关注和尊重的严重缺失,显然"网瘾少年""问题孩子"这个特殊群体,尚没有进入更多有真知灼见专家的视野,相当多的家庭对这些"特别孩子"的成长教育问题存在着肤浅的认识和严重的焦虑,只能把粗暴式的甚或法律明令禁止的惩罚作为最主要的教育手段。假如,这些学业困难的孩子能够得到老师更多的尊重,父母能够给予更多的理解关爱,使他们有一个宽松的成长环境,就不会有那么多的行走学校出现。由此看来如何避免"小宇式悲剧"再度发生,减少一个个父母亲心碎是整个社会刻不容缓认真思考的问题。

身为"问题少年"母亲的程某绝对算得上一个敢说敢为有责任感的妈妈,为了纠正自己孩子的行为偏差,在乌鲁木齐发起成立了一个名叫"坏孩子妈妈联盟",经常组织她们到当地权威教育机构听亲子讲座,教子观念发生了很大变化,对孩子多了一分理解宽容和尊重。然而,妈妈联盟的成员很快发现自己含辛茹苦的付出,孩子似乎并不领情,父母的一片好心反倒被孩子当成了"驴肝肺",他们把家长的善良愿望当筹码,变本加厉,爱怎么办就怎么办。一些孩子恶习不改,成天东游西逛,抽烟喝酒,打架斗殴,和社会上的混混没有两样,一些女孩子动不动离家出走几个月或长达一年多时间。

父母仁至义尽却拯救不了顽劣的孩子,程某想起了"择差培训",做出了一个大胆的决定,即,在乌鲁木齐成立了华龙青少年成长研究中心,招了一帮退伍军人当教官,来调教这些"滚刀肉",试图用这最后一根救命稻草拯救这些正在走下坡路的孩子。尽管有专家提醒她这种培训方式不够科学,但是,已经被孩子逼到墙脚的程某还是打算用这种不是办法的办法尝试一下,希望奇迹出现。

培训中心仍然沿袭了"行走 + 戒尺"的办学模式。戒尺,是用塑料尺子打手掌心,或者屁股,五下、十下、十五下不等,还有深蹲、仰卧起坐、俯卧撑,最多不超过 300 次。首批学员包括程某儿子在内共有 17 人。然而,开学短短十多天时间,不断有家长把孩子送进来,最多时,中心有 100 多个孩子,半年学费 1.6 万元。

单身母亲张女士,一直和儿子唐飞(化名)相依为命。唐飞初中毕业后不再读书,迷上了电脑,几乎每天待在家里,一向把母亲的教导当作"耳旁风"。一个偶然的机会,张女士看到华龙青少年成长研究中心的广告,而且对该研究中心的法人程某的个人经历和影响早有耳闻,慕名把儿子唐飞送了进来,希望能够点石成金。随后的日子,张女士每天都憧憬着儿子的未来。然而,两周后,祸从天降,儿子与他阴阳两隔,彻底把他"望子成龙"的梦想击得粉碎。

唐飞报到的第二个礼拜,中心组织野外拉练,十多个孩子一起徒步走得好好的,身体稍胖,向来好吃懒做的唐飞走了 5 里路开始感到体力不支,一屁股坐在地上不走了,加之性格叛逆,教官问他原因,他啥也不说。领队教官认为他耍赖,令其他孩子连推带拽拖着走,唐飞勉强走完了当天 10 公里的拉练。回来后脚上打出了水泡,教官给他弄热水泡了脚,第二天还非常人性化地安排他休息。

谁知唐飞是个不省油的灯,可能一个人在家太无聊的缘故,不知道哪根神经抽了风,趁别人训练之时,悄悄往同学水壶里撒了尿,引起同学的极大愤慨。

　　当晚，教官按规定用戒尺对他进行了惩罚，唐飞拒不认错还极力反抗，教官当然不会让他占到便宜。也许出手太重，第五天唐飞因为持续高烧，在被送往医院的路上死亡。尸检结果显示，肢体及臀部广泛性软组织损伤，引起挤压综合征致肾功能衰竭、全身循环衰竭而死亡。动手打人的两名教官被一并被告上了法庭。

　　唐飞事件曝光后，程某被骂得狗血淋头，几乎到了精神崩溃边缘，相关责任人受到刑事处罚，华龙中心履行了经济赔偿被勒令关闭。很多网友呼吁，作为校长的她"应该走上断头台"。此时，程某也冷静地认识到了惩戒式教育存在的严重弊端，的确违背了教育的根本宗旨。她盘算着等家长把这些孩子领走，自己啥也不干了，好好歇息一下。然而，令她骑虎难下的是，在她做出解散学校决定时，有40多个家长却不愿意把孩子接走。在他们看来，孩子待在这里显然比没有人管出问题的概率要低得多，社会没有一个更理想的机构来帮教这类孩子，也没有人给他们指出一条更好的教育办法。

　　的确是一个令人悲催的现实，现行的教育体制是"唯分数论"的精英教育，学习成绩好老师、家长喜欢，同学喝彩，学校乃至整个社会吹捧。对于成绩较差、行为习惯不好的学生，老师、家长见不得，可怜的孩子们得不到社会的关注和家庭的关爱，心理上得不到应有的尊重，思想叛逆，只好浪迹社会，惹是生非，谁见谁讨厌。一些家长又失去管束能力，怕他们在社会上浪坏了，希望她能够把学校继续办下去。

　　半年后，程某在好心人的支持下，又一次做出了一个无奈的选择，成立了天道智成公司，更换了学校营地，刊发了"让问题孩子没问题"的广告，旨在通过体能训练、拉练、打球、上英语、心理辅导、书法、学《弟子规》等课，对学员的思维、能力、行为、性格进行矫治和培养，促进潜能和智力开发，半年学费为1.6万元。许多家长在走投无路的情况下带着赌博的心理把孩子送了进来，很少有人预料到它潜在的风险，难免要付出鲜血和生命的代价。

　　17岁的小丽姑娘因为喜欢上网、厌恶学习，被父母送进了天道智成公司，除了参加军事化训练外，还要6:30起床去拔棉花苗。一个半月后的一天，小丽从宿舍的12层楼上坠下身亡，窗户上还搭着一条由被单、床单联结成的绳子。

后来从小丽的工作日志看到这样的留言,"如果平时不听话,就会被扇耳光、挨胶皮管子,而教官称之为'自由搏击'";"当了一个半月的苦力,生活太压抑了,真是度日如年,学员们想集体逃跑"。

据中国少工委统计显示,目前全国有"问题少年"5000万—7000万名。一些唯利是图但对教育一窍不通的投机分子看中了潜在的商机,打起了办学校的主意。为了省去"行走"中的车马费用,打着"反传统教育"的招牌,干脆把"行走+惩罚(戒尺)"改为"封闭式驻训+惩罚(戒尺)",用"改变问题少年,不打是不行的"的理念,"让家长买单,孩子挨打"。期许这栏单纯的惩罚(戒尺)教育让孩子回归正路,结果,彻底扯掉了教育应有的爱和人文关怀这最后一块遮羞布,与真正的明理育人彻底背道而驰。

刚上初一的小锐,调皮、上网、不学习,"差等生"的条件门门占齐。陈先生把儿子送到了成都一家"反传统教育"培训中心,并支付了3.24万元的"教育基金"。一个月后,小锐回学校参加期末考试后,哭着对父母说再不去培训中心了。在陈先生的追问下,儿子终于道出了原委:报到的第二天,他因为"爱顶嘴",培训中心安排3名身强力壮的男老师轮流用竹板打他的头、胳膊、脖子,打了差不多2小时,直到竹板开裂为止。晚上睡在地板上感到耳鸣、直冒冷汗。第二天一起床,小锐刚站起来感觉两眼发黑,一头栽倒在地上。老师还不准将这些委屈告诉父母,否则后果严重。心痛不已的陈先生一气之下把该教育机构告上了法庭。

诛心论之,青少年群体中出现的所谓"网瘾"问题,并没有家长和学校想象得那么严重,很多孩子一开始不过出于好奇玩玩,或不满意父母太多的唠叨,上网解解闷。然而,家长却过于敏感,只要孩子上网时间稍微长点,就给贴上"网瘾少年"的标签,让孩子无所适从而产生叛逆心理。有些家长严苛的教育失效时,要么采取放任不管的态度,使孩子备受冷落;要么送到培训机构帮助教育。事实上,真正的教育需要的是一种介于"极端关爱"与"放任不管"之间的理性关注和爱的滋养,而不是无原则放纵,或疾风暴雨式的管束修理。

身为教师的杨女士,丈夫陈先生是一名医生,本是个殷实的小康之家。儿子陈实(化名)出生后,细心的杨女士就写日记将儿子成长的点点滴滴记录下来,现在已经写了好多本,准备把这些无价之宝作为送给儿子的结婚礼物。

后来性格强势的杨女士发现儿子虽然成绩不错,也听话懂事,很少调皮。美中不足的是有点"娘""男子汉"味不够,怕今后在社会上吃不开。

杨女士无意中发现百度"倍腾学校吧"专门致力于"困惑少年"转变教育,校训为"博怀、真爱、睿智、和谐",夫妇俩经过一番考察,打算把儿子送去磨炼磨炼。但是,怎么开口对孩子说这事,让他们犯了难。有一天,学校招生办老师为杨女士支了一招,说,"来这里的孩子,90%都是父母编个理由骗来的,剩下的10%是家长和教官绑来的"。杨女士和丈夫心领神会商量着将儿子"骗"到了长沙。送进长沙倍腾学校后,交了半年2.23万元的学费,返回江苏。临走前还留下一张纸条:"儿子,请原谅,爸妈不是成心要骗你,这都是爱啊! 温柔呵护那是爱,严厉训斥那是爱,善意的谎言那也是爱,请你理解爸妈的苦心,带你来这里全都是因为爸妈爱你……"可谁也没有想到这份沉甸甸的爱,却把儿子送上了不归之路。

两天后,杨女士突然接到湖南长沙的一个电话,告诉,儿子陈实病危住院。当他们赶到长沙时陈实已经躺在了太平间里,冰冷的身体上有多处硬伤,学校承认是他们教员打死的。陈实这个曾经朝气蓬勃的生命永远定格在了15岁上。

事后,杨女士家人发现在这个挂着"湖南省青少年教育研究基地"的牌子的培训基地大门两侧,一边是各种奖励的牌匾;另一侧的墙壁上大字写着"伸出双手,关爱青少年,构建未来和谐社会"的标语。

而在内部教育管理中关于惩戒是这样规定的:手法一:狂打屁股N下(N大于等于100);手法二:狂打手板若干下。动作详解:让学生俯卧撑趴着,然后打,跪倒一次就接着打……"

粗略统计,目前全国治疗"网瘾"、打架、偷东摸西等问题的学校或机构有300多家,基本上以强制性治疗为主。封闭式管理或戒尺(暴力)训练也罢,吃药打针、电击电疗也罢,从媒体曝光的情况看,多数以盈利为目的,一个月收费少则三五千,多的上万元,林林总总,都无法从根本上解决青少年"网瘾"、学业困难、行为有偏差等不良习惯和问题。大量血的事实表明,这些方法非但没有治疗效果,反而造成了第二次伤害和人格障碍,对父母产生强烈的怨恨、报复情绪,加深了青少年的心理问题和反社会行为。

山东临沂的"网络成瘾戒治中心",是由杨某独创的"醒脑疗法"。治疗方式为电击,孩子入院时大多被强行管理,然后用 1—5 毫安的电流刺激太阳穴或手指,将被治疗者的不良行为与电刺激之间建立起条件反射,一旦这一不良行为出现就予以电刺激,使被治疗者产生厌恶体验,并服用精神类药物,达到治疗网瘾的效果。

巴甫洛夫运用他的经典条件反射理论做过这样一个实验,在一只刚刚死去的羊身上涂抹了可以令狼恶心呕吐的药物,然后把羊放在野外,狼老远看到自己的猎物开始分泌唾液,满怀喜悦准备饱餐一顿。可是,当它们来到"美食"身旁时,羊身上弥散的药物味道立即使狼呕吐不止,从此,狼再见到羊就会恶心躲得远远的。

"醒脑疗法"看似与巴甫洛夫的经典条件反射如出一辙,逼过厌恶刺激让网民不再接触网络及游戏。先不说此方法效果如何,退一步讲,即便醒脑疗法有一定效果,但是,仍然没有解决不让他玩游戏又让他干什么的问题。而且,这种强烈的厌恶刺激对青少年身心带来的次伤害不能低估,凡经历过这种疗法的网友大都认为,电击治疗网瘾的方法纯属对人体的摧残,如同地狱。有人甚至形容"就像用毛线针从太阳穴一边扎进去,再从另一边扯出来,让人疼痛难忍生不如死"。

香港某大学一位教授被一个学校邀请去做关于如何戒除网瘾的报告,讲了自己亲身经历的例子。他的儿子 16 岁时,曾被送到"醒脑疗法"戒网瘾中心接受治疗。治疗结束后,他和爱人接孩子回家,没想到儿子见到他们说的第一句话是:"告诉你们,我活着就是让你们痛苦的。从此我不读书,不上大学,不结婚,不生孩子,让你们断子绝孙。"这样的案例有些极端,但是,根据以往的经验,在很多极端思想和行为背后一定曾经历过一个极端刺激和痛苦。

四、用爱唤回理性

如果说"行走学校"有什么诱人的可借鉴的地方,那就是"行走"。我们知道,散步是让内心苦闷之人放松心情的最廉价精神补品,人在心情郁闷时,到房前屋后走走,或外出旅游一趟,散散心,烦恼就没了。精神压抑的学生参加真正的"行走学校",从那个曾经让人伤心落泪的地方来到一个崭新的环境,离别强迫他们学习的老师、父母,眼不见心不烦,距离产生美,可以暂时与网络游戏进行物理隔离,或割断往昔那些痛苦的昨天。行走,像旅游一样边走边玩,可以饱览异样的田园山水风光,好奇心得到满足,新环境带来的新鲜感也能增加精神的愉悦。行走本身又能使身体得到放松和锻炼,吐故纳新,吸收更多的新鲜空气,改善血液成分,把笼罩在心中的阴霾一扫而光,当然能够产生暂时的心理满足。乐生善,一个人内心有了快乐,就会激活良善的愿望,培养积极心态,与包括父母在内的其他人友好相处,积极理性地看待长者在教育方面的良苦用心。因之,即便孩子们在行走学校百分之百受到皮肉之苦,但可贵之处更在于他们或多或少能够在这里感受到一点久违了的快乐,不少学生在行走和惩罚中进步了,变得快活了,有了正常人的情感,知道体贴帮助他人。这也许是行走学校的唯一能够对孩子教养有所帮助的神奇之处。

然而,我们不得不承认,所有"行走学校"带给孩子的喜乐心都来之新鲜的生活环境,意味着孩子们的良性变化只是暂时的,在他们的内心世界抑郁的根系没有清除,网络诱惑依然存在,"心灯"依然会摇摆不定。不少学生回到原先那个聒噪的环境,受大气候的影响,还会旧病复发,最终只有极少部分人能够发生根本性变化。

不过"行走学校"留给人们的启发还是很有借鉴意义的,即青少年的健康成长离不开一个轻松活泼愉悦的生活环境，学习压力太大，成长空间压抑，必然导致沮丧、叛逆，对青少年身心健康造成不良的影响，甚或走向歧途。

游戏或网络用一种非常友善的方式取悦网民，一旦沉浸于网络世界，心被游戏中的暴力、色情和虚假的满足所征服，满脑子充斥着虚幻的东西，很多学生就会上网游戏成瘾，与现实社会脱节，四体不勤，五谷不分，导致六亲不认。

尽管网络游戏给青少年健康成长造成难以估量的伤害，互联网带来的大量鱼龙混杂的信息可能成为危害社会治安、诱发犯罪的温床，但它同时又是现代社会发展文明的强大支柱之一，任何人都不能简单地将它拒之门外，使广大青年学生失去获得信息、开阔思维、方便交流和交往这个难得的帮手。事实上，纵令你有三头六臂也无法阻止网络和游戏的强势发展。现实社会许多家长和老师谈"网"色变，视网游为"洪水猛兽"，每每采取"堵"的方式，比如，在家里把电脑拆了、锁起来，不准上网；规定学生不许进网吧……如此因噎废食，饮鸩止渴，把学生与网络进行物理隔绝，都不是解决问题的真正办法。因为网络的工具属性产生的建设性意义远远大于其负面影响，任何人都无法扭转这样一个现实。

在一个高速发展的时代，遵守交通法规，可以规避驾驭车辆可能发生的事故隐患。同样，在虚拟世界里也需要掌握网络游戏的安全规则，以防不测。既然互联网有着无与伦比的社会作用，再能干的人也"封杀"不了，面对伴随着互联网长大的一代，单纯用堵的办法阻止孩子们不要上网，远离游戏，真的不是办法。我们需要从专业的眼光向学生灌输游戏及其网络成瘾在生理和心理上造成的不良影响，逐步使网络道德意识、责任意识成为每个学生的惯常行为，避免在使用网络这一工具时落入游戏的陷阱。

全社会都有责任在科学疏导上做文章，通过媒介素养教育，告诉孩子们哪些内容对心身健康有益，哪些有害无益，让他们了解长时间连续不断地上网玩游戏、引发慢性自杀的严重性和猝死的原因，帮助他们擦亮眼睛，防止被虚拟世界蒙蔽。同时，还要提供富有内涵更具吸引力的知识性读物让孩子脱离低级趣味，培养其浩然正气，增强孩子抵御网络不良信息侵害的能力。

对于学校和家庭而言，重要的是教会孩子在网络世界如何识别游戏及网上交友、聊天的陷阱，认识什么是鲜花，什么是毒草，引导他们学会如何对待电子游戏中的刺激场面，增强对网络文化的识别知觉能力、自律抗诱能力，对这一大众传播媒介保持必要的克制和足够的警惕。还可以借助多媒体技术组织互动式教学论坛，探讨网络伦理道德问题，让熟知网络技术的教师帮助学生过滤不良信息，引导孩子们树立对待网络的科学态度，提高辨别能力，增强网络防范意识。

"开花的佛桌"

"网络风暴"给青少年的健康成长带来的强大杀伤力有目共睹，但是，我们没有任何理由对一个思想行为上受到病毒浸染的孩子袖手旁观。在这个世界上，每个生命即便劣迹斑斑，内里仍然充满着向善的张力，在其漫长的成长过程中都有一种天然向上的勃勃生机，抓住了这一闪光的瞬间他们美好的愿望完全可以变成令人惊讶的现实。也就是说，锲而不舍的真诚关爱是帮助网络成瘾者良知复苏、重塑人生的灵丹妙药。尤其是对于那些灵魂被"网瘾"俘虏，正在走向颓废的学生，不但要伸出温暖的双手让他们摆脱困境，还要鼓励他们好好活着，活得有意义，直到能够按照真正自我的节律活出自在和精彩，绝不可以轻易放弃。相信只要我们保持足够的耐心，用你炽热的爱将一颗冰冷的心融化，什么奇迹都可能出现。

在我国民间广泛流传着"开花的佛桌"这样一个故事。有一个小和尚，深得方丈宠爱，打算将毕生所学悉数传授给他，希望他能成为出色的佛门弟子。没想到，小和尚一夜之间动了凡心，偷偷下山，被五光十色的城市迷住了眼睛，从此在花街柳巷放浪形骸，令方丈大失所望。

20年后的一个深夜，窗外月色如洗，澄明清澈地洒在小和尚的掌心。他对自己违犯戒律幡然悔悟，披衣而起，快马加鞭回到寺里请求师父原谅。方丈早已对他放荡不羁的行为深恶痛绝，不愿再收他为弟子并对他说："你罪孽深重，必堕阿鼻地狱。要想佛祖饶恕，除非眼前这个石桌开花。"小和尚失望地离开了自己的恩师。

第二天，方丈踏进佛堂时，惊讶地发现佛桌开满了鲜艳的花朵，老方丈瞬间大彻大悟，连忙下山寻找弟子，谁知却为时已晚。心灰意冷的浪子又一次堕入荒淫的生活，而佛桌上的那些花朵只开放了短短一天就枯萎了。是夜，方丈圆寂，临终遗言："世上，没有什么歧途不可以回头，没有什么错误不可以改正。"

浪子回头金不换。一个真心向善的念头是最罕见的奇迹，好像佛桌上开出的花朵。而让奇迹陨灭的，不是错误，是一颗冰冷的、不肯宽容、不肯相信的心。既然石头都能开花，我们有理由相信每一个活着的生命在合适的生活环境下一定能够绽放出绚丽的色彩。

塑形必先熔化

生铁性能坚硬而质脆，抗拉强度不够，塑性很差，故不能锻轧，且断口晶粒粗糙不规则，光泽较暗，只能用于铸造各种机床座、铁管等。熟铁延展性好，可以拉成丝，容易锻造和焊接，且断口光洁，但因为强度和硬度均较低，容易变形，用途上局限性仍然很大。

钢，不但具有优良的铸造、切削、加工和耐磨性能，还有一定的弹性，硬度和柔韧性适度，可以广泛用于制造曲轴、齿轮、活塞等高级铸件以及多种机械零件、刀具、建筑钢材等等，使其用途得到广泛拓展。

然而，要改变生铁的性能，拓展其用途，生拉硬拽、强行弯曲或切割，费半天劲要么被折断，要么出现明显的裂纹，很难达到所要的弯曲效果。因此，把普通生铁变成熟铁或钢，首先要做的是用高温把它加热到1000℃以上，将其熔化改变其力学性能，才能达到所要的硬度和柔性。再比如，虽然普通钢材制成的刀具比较锋利，但远远没有达到"斩金断玉，削铁如泥"的程度，唯有将块炼铁反复加热折叠锻打百余次，使钢的组织致密、成分均匀、杂质减少，才能提升刀剑的质量，这就是所谓的"百炼成钢"。而在炼钢过程中持续不断地加热煅烧淬火是关键中的关键，可以说，没有加热炼钢就无从谈起。

同样要把一个"问题孩子"变成优秀学生，也需要给予温暖关爱，才能够唤醒他们向善的愿望。

畅先生原先是河南省洛阳的一家公司副总经理,妻子漂亮贤惠,儿子畅明博(化名)学习优秀,好一个幸福美满的家庭。但是,明博六年级时每天放学回来很晚,成绩也不断下滑,有两门主课不及格。为了弄清楚问题到底出在哪里,畅先生一连几天对儿子上下学的时间进行跟踪,终于发现这个浑小子迷上了网络游戏,一放学就直奔网吧。

畅先生煞费苦心告诉明博上网的危害,但是,儿子像中了邪似的一句也听不进去,有时还逃学把父母给的生活费、资料费拿去玩网络游戏。气急败坏的老畅唯一能想到的就是"棍棒底下出孝子"。一开始,打骂还管点用,教训一次能管上个把礼拜,明博不敢再去上网。然而,一个礼拜后又会偷偷往网吧钻,老畅从网吧里拽回来就用扫帚、皮带狠狠地收拾一顿。

真像许多人说的那样"网瘾胜过毒(品)瘾"。虽然老畅对儿子的体罚一次次升级,但始终阻止不了儿子对"网瘾"的依赖,并开始对肉体惩罚表现出了很强的适应能力。有一次,明博打游戏回来知道自己错了,主动站在那里说,"爸,你打我吧。"一副"死猪不怕开水烫"的样子让老畅哭笑不得。

有一年春节前,一个网吧老板跑上门来,索要畅明博欠下的上网费,这让老畅精神彻底崩溃。打发走老板,见儿子放学还没有回家,他便到网吧挨个儿找,找了一宿,不见人影。第二天早上7点多钟,老畅刚回到家躺下睡觉,听到了儿子回来的开门声。此时老畅不愿再搭理这个不知好歹的东西。只听他妻子说道,"你还知不知道你爹亲、娘亲,还是游戏亲?"儿子随口来了一句:"游戏最亲。"早已气得七窍生烟的老畅翻身下床走出卧室,狠狠地打了儿子两巴掌,明博嘴巴顿时鲜血直流。然而,让他万万没有想到的是,高出老畅半头的儿子开始还手了,两拳一挥就把老畅推倒,死死压在地上,老畅拼命反抗,一家人打成了一团。后来女儿叫来楼下两个保安,才结束了这场家庭格斗。老畅两口子气得满脸铁青,坐在那里大口大口地喘着粗气。

面对这样的尴尬,老畅开始对自己的教育方法有些后怕,可是,除了打骂这一招,不知道还有什么办法可以拯救这个忤逆之子。思前想后,既然打骂行不通,只好放弃"棍棒"教育,又想到了另一招——釜底抽薪。不给零花钱,进行经济封锁,不就断了他上网的路吗。

真是"道高一尺,魔高一丈"。令他想象不到的是,明博这个浑小子心里憋得慌,偷偷把家里的书、凉席及其他电器拿出去卖了进网吧,气得老畅两口子不知如何是好。

老畅毕竟是个聪明人,想到明博好赖总归是自己的儿子,也不能眼看着这个小祖宗就此烂下去。他和妻子一合计,决定辞去公司经理的职务,回家专门研究如何让儿子摆脱网瘾。他买来所有能找到的关于家庭教育的书籍,一本一本地研究。但只是看书,总觉得不过瘾,又到北京听讲座,找专家支招,四年多时间花光了全家的七八万元积蓄。

从专家的分析中,他深深地觉悟到,痴迷于上网,看似儿子的问题,根子却在自己和爱人的教育方法上。明博原本是一个非常聪明好学的孩子,小学时成绩一直在年级名列前茅,但是,每次考完试成绩再好,他和妻子都觉得不是最好,希望他继续努力,很少给孩子正面肯定和表扬也就罢了,偶尔考砸了还会招来一顿臭骂。六年级时,明博十分郁闷,开始与同学进网吧解闷,没想到一玩就上了瘾。后来,又采取"棍棒式"教育,强压之下明博越发叛逆,与父母水火不容。

经过前思后想,老畅醒悟了,觉到来硬的的确不是上策,从比,改变过去一骂二打三断钱的做法,对儿子的态度来了个一百八十度的大转弯。要与孩子化干戈为玉帛,儿子想去网吧,他还主动掏钱。不过,事先要约定上网时限,在协商玩多长时间前提下,然后按时定量给钱,并且明确了惩罚措施,超时要受到惩罚,按时回来,及时表扬奖励。儿子开始有了信誉,一般都能按时回家。偶尔回来晚了,老畅好有风度,不再像以前那样生气,而是主动把饭送到网吧给儿子吃。看到明博玩得来劲,饭搁凉了,他骑着自行车拿回去热了再送来给孩儿子吃。大概送了十多天饭,儿子多数时候都能提前(收工)回家。有一天,儿子说:"爸,你不要再送饭了,免得同学笑话。"老畅一本正经地说:"你正是长身体的时候,老爸怕你吃不好影响身体发育。"也许老畅无微不至的关爱感动了上帝,催生了铁石心肠儿子机体中善良的细胞,明博开始减少了玩游戏的时间。暑假结束前的一天,明博说:"老爸,我投降了,从今往后再不上网了!"听到这句话,老畅眼睛里翻滚着激动的泪水。

当儿子成功摆脱网瘾彻底走出游戏泥潭后,如何帮助他重新找到学习的乐趣,成了摆在他面前的一个难题。连续在网吧混迹四五年时间,明博成绩落了一大截。老畅想到儿子过去喜欢英语,希望他以此为突破口,先把学习兴趣培养起来。看到儿子学习上有些畏难情绪,他自己也学起了英语,希望儿子成为自己的家庭老师。明博有些不情愿,但看到老爸那么虔诚,且每天起早贪黑背单词,挺刻苦勤奋,就同意了老爸的要求。见儿子学习兴趣起来后,老畅暗暗高兴,一有空就与明博到洛阳牡丹广场找老外进行英语交流,很快英语水平有了大幅度提升。随着学习兴趣和信心的提升,其他学科成绩也有了明显提高。两年后,明博因为学习成绩优异,口语水平突出,学校以交换生的身份推荐他去了美国读高中,老畅忐忑的心从此踏实了很多。

在农村给猪、牛和马等打针时,为了防止家畜受惊暴跳,事先都会让熟悉这些畜生脾性的饲养员用手先给它们搔痒痒,等它们浑身舒服了,就会乖乖地安静下来配合医生注射针药。对于性格叛逆、厌学、有严重"网瘾"和暴戾之气的"特别孩子",神经受到麻痹,部分自我调接功能和判断是非界限的能力受到损伤,成长过程中充斥着无休止的挫折和烦恼,内心始终处于戒备防备状态,对成人的说教置若罔闻。常常把父母阻止他们上网玩游戏看作是跟自己过不去,连一般的说教和关心都很难打动那颗僵死的心。因之,教育方法绝对急不得、逼不得、更打不得。畅先生观察到孩子的这一脾气秉性后,采取"顺毛毛摸"的方式来一点点感化这头"犟驴"。儿子想上网就主动给钱、还把饭送到游戏厅,以一颗滚烫的爱心去呵护他们,一步步走进孩子的心灵。常言道,人都是感情动物。当我们炽热的真情融化了对方那颗冰冷的心,孩子们就会体味到父母的良苦用心都是为了他好,进而对你产生敬畏之心和向善的动机。那些还在为如何帮助孩子摆脱网瘾而头痛的家长、教师,是不是可以从老畅身上得到什么启示呢?

"不能做"与"该怎么做"

一提到教育,很多家长老师都是哑巴吃黄连有苦难言,有人可能会说,现在的孩子油盐不进,我们磨破了嘴皮,恨不得跪下来叫他们一声"爷",好说歹说这些"小祖宗"就是左耳进、右耳出。此说法不奇怪,单单告诉孩子这不该,那不能,就想让他们立地成佛,并没有那么简单。

当下教育最大的悲哀莫过于,一些貌似权威的家长和专家,除了指责、抱怨，我们究竟给孩子提供了哪些具体有益可操作性的指导？很多人习惯于告诉孩子这不准，那不能，至于应该怎么正确地做，他们自己也很难说得清楚。这好比一个长者，一会儿告诉迷路人不能朝左，一会儿又说不能朝右，唯独没有告诉行者到底该怎么走，迷路者只能在十字路口徘徊。

每年一到暑假，不少家长为孩子们"蜗居"在家里的空调凉房，在电脑前玩转"天下"而愁眉不展。不乏有些高智商的潮爸潮妈们别出心裁，与那些"网虫"斗智斗勇。某一天，从网上看到了《妈妈给儿子的便条》的帖子，引起了我的极大兴趣。

"亲爱的儿子：如果你看到了这张便条，那一定是你的电脑出了网络故障，你不用给网络供应商打电话，也不用查看浏览器，别着急，只要按我的提示一步一步地操作，一切都 OK 了。"儿子打开下个菜单，屏幕上出现的是妈妈和风细雨的提示。

儿子按照妈妈的提示继续操作，屏幕上出现了"要有孝心，学会与人打交道"的留言，内容是：购物。先去楼下药店给爷爷买一盒药，然后顺便到药店旁边超市买一盒'三元'牛奶。记住留好收据！现在就去好吗，祝你好运！"

儿子愉快地下楼完成了采购任务，之后，出于好奇继续往下操作，电脑出现了第二个提示："生活学习两手抓，数学作业少而精。"内容是："作业。回来后抓紧时间写作业，尽管今天的作业只有数学，不过，这绝不是你一直拖到深夜的理由。打开教材 116 页、118 页和 121 页，一共三道练习题。第三道题结尾有答案，但要看清楚，这道题是要列出方程，不是只简单地写出计算结果。"

儿子做完作业迫不及待地往下操作。屏幕上出现了第三个提示："自己的事自己做，收拾房间。"内容是："做完作业后，把自己的房间收拾一下，所有的东西都放回原位后，数一下箱子里有多少辆小汽车。"

正当儿子一脸茫然时，屏幕自动弹出"请输入密码"的窗口，妈妈提示密码为：三道数学题的答案、一盒"三元"酸奶收据上的金额，以及玩具汽车的数量，即可。留言的最后是一段温情的话语："相信你一定能够顺利上网，晚上下班回来后我给你讲一个女黑客成功袭击微软服务器的故事。吻你，妈妈。"儿子从这个搞笑圈套中体味到了妈妈的良苦用心。

当然生活中不是每个妈妈都像"007"一样要如此犀利，这样的案例只不过是帮助家长拓宽教导孩子的路数。

心灵的觉醒

有人可能会说，生活中像前文中的畅先生那样有耐心的父亲毕竟凤毛麟角，绝大多数母亲也不像"007妈妈"那么专业智慧。在网络如此发达的情势下，"网瘾"问题解决起来的确不是一件容易的事，有必要从源头上探个究竟。

"网络少年""问题孩子"的出现，原罪并不全在网络本身和孩子自己，而是一个与家庭、学校以及社会环境等多种因素相互作用的结果。我们不得不承认，许多孩子上网成瘾是父母逼就的，家长对孩子的过度（畸形）关爱，使孩子十分自我又失去自我；有些父母早出晚归忙于打拼事业、挣钱、玩牌、喝酒应酬，父（母）子间沟通交流少之又少，孩子成了情感上的孤儿；一些家庭吵吵闹闹，夫妻关系不和，或某些单亲家庭孩子得不到关爱。在我们身边，不少父母以打骂代替教育，破坏了家庭最纯真的感情纽带，那些失去亲情和母（父）爱的孩子不得已便想到去网络世界寻找感情寄托。

很多孩子本来不具备学习天赋，父母却无视个体智力上的差异，视上大学为至高无上的荣誉，期望自己的孩子能够考出优等成绩。如此，以爱的名义实施暴力，满足自己功利性目的。孩子始终达不到父母的要求，父母永远不满意孩子的表现，孩子得不到父母的认可只有痛苦的感受，丝毫没有快乐的体验，日复一日，年复一年，使青少年的灵性丧失殆尽，剩下的只是不满和抱怨。还有一些家长把自己功利的择业观强加在孩子头上，无视生命的自然属性，从根本上背离了人才成长规律，孩子不能干自己喜欢的事，体内的潜能长眠不醒，没有活力和激情，只能在网上消磨时光。

许多家长发现孩子沉迷于游戏，三天两头进网吧。于是，不分青红皂白横加阻拦，进行物理隔断，必然激化矛盾，造成父子反目。更糟糕的是，一部分性格激越的父母见讲道理孩子听不进去，又不忍心看着他们因为游戏荒废学业，一天天堕落下去，拿出"棍棒下面出孝子"的看家本领，试图用强硬的办法让他们远离游戏。缺乏爱的严厉无异于鲁莽，下"猛药"迫使他们立马改邪归正，必然给孩子心灵造成伤害，在父（母）子间形成难以弥合的对立和仇恨。

学校"唯分数论"，视升学率为GDP，以成绩优劣论英雄，漠视青少年的天然爱好。很多学生明知长时间玩游戏很无聊，然而，由于社会评价体系过于单一，唯有成绩好的学生能受到老师的器重赏识，而把文学艺术、音乐、小小发明、手工制造看作不务正业，受到鄙视、讽刺和挖苦。所以，不少学生硬着头皮去学不愿学的东西，由于学习成绩差，人格上得不到起码的尊重，从此对校园生活产生厌倦。责任感缺失，思辨能力降低，当稀奇古怪的游戏和铺天盖地的网络信息出现时，人生就会开始偏离正确方向。学校又忽视了心理健康的辅导，造成未成年人长时间利用网聊、网上交友以获得暂时的心灵慰藉，满足现实世界无法得到的需求，价值观错位，上网成瘾在所难免。

当然社会不良风气导致青少年的世界观与人生观扭曲，游戏开发商和网络公司提供的不良信息以及社会对黑网吧的管理失控等，都变相地放纵了网络游戏的泛滥。

有鉴于此，有必要放在更广阔的社会背景下来看待网络问题。对于伦理道德观念尚待塑造的中小学生，老师和家长要正视个体的智力乃至于学习成绩上的差异，崇尚自然成长成才观。尤其要尊重学业困难学生的内心需求，对他们学业困难进行归因时，绝不能无视遗传和生理原因，仅仅把学业困难看作学习态度出了问题，对孩子横加指责。

陶行知先生指出：有什么样的生活就是什么样的教育。在多元文化的社会里，人的兴趣爱好和价值取向是多样的，一个青少年只要能够快乐地面对生活，成为一个自食其力的人就算成功地迈出了人生第一步，都值得社会的尊重。因之，父母和老师有必要用发展的眼光看待孩子的兴趣爱好和个性化选择的问题，相信孩子只要是学他们喜欢的专业，干他们愿意干的事就能学得专注，做得踏实，活得有滋有味；大凡在自己的专业领域找到兴奋点的学生，很少再有闲工夫把精力用在网络和游戏上。

这样的道理说起来或许大家都能够认同和接受，但是，包括我们成年人都认为自己是按照"正确的想法"在做事，其实，由着性子做事十有八九都不靠谱。看来一个人要想改变自己的认知和行为方式的确不是那么容易的，因为真正的改变在于启发个体心灵的觉醒，进行自我救赎。

网络游戏成瘾的最大特点是心理依赖，因此，帮助孩子戒除网瘾单单停留在淡化对游戏的概念，或采取物理隔离的方法阻止上网远远不够。社会和家庭管得了孩子们的腿，约束不了心，在家里能够控制得了他们，一些孩子耐不住寂寞无聊或承受不住外界诱惑，会往网吧里钻。特别是那些缺少完整家庭结构，被父母感情疏远的孩子，心灰意冷的时候，只好在网络游戏中寻找缺失的爱。

一位诗人曾说："当心灵之花绽放之时，蜜蜂自然会来。"对待"网瘾少年"聪明的办法是，用真诚的爱让孩子回归理性，唤醒他们良善的愿望。当孩子上网正在兴头上时，家长不妨先让他玩，同时，还要一如既往地给予关爱，用一颗炽热的爱心把他们坚硬的心门形成的防御墙融化，让曾经饱受冷落的孩子感受到人间温情。待他们玩过瘾，心情愉悦，精神放松下来，不再戒备、充满敌意时，再去沟通讲道理，启发他们心归正路。相信，这个时候大多数孩子的内心自然会理解父母的良苦用心，产生自我反省的动机和勇气，并设法改变自己的不良爱好。当孩子思想上发生可喜的变化迹象时，父母还要不失时机地鼓励他们积极参加社会活动，从点滴小事做起，学会一定的生存技能，看到自身的闪光点，帮助他们建立自信，树立正确的人生价值观。

每个家长都是从学生过来的人，曾经有过美好的憧憬，有失败的过去，也都历经了那个淘气、不懂事、不成熟的童年。人类成长经历告诉我们，学业困难、思想叛逆、充满戾气的孩子，不是一天两天形成的，多半是因为自小受批评惩罚太多，总觉得没有人看得起他，经常用提防的表情告诉别人："烦着呢，别理我！"拒绝他人提醒建议，似乎只有这样才能保护自己的心灵免受伤害。

这些问题的症结不全在主观态度上，或许缘于机体的生理器官，比如，肝失条达，肝气郁滞，气机不畅，导致心有不平，情有所逆，对别人的劝导和批评比较敏感，多数时候都会采取戒备抵触心理。一块铸铁要加工成别的器具，需加热熔化后才能锻造出想要的机具，生搬硬弯，必然使器物折损，得不偿失。对于这些油盐不入、不领情的孩子，他们执拗，感情用事，为人父母者作为成人不能没有智慧，也没必要跟小孩子一般见识，不可以对他们拙劣的表现失望而抛弃不管,当然更不能采用强硬办法来制服他们,还是要一如既往地把父母当好,把老师当好,做一个慈悲的长辈,用关爱温暖融化他那颗僵硬的心,让他们打开思想,放弃心理执着。相信人心本善,只要父母是真心诚意,孩子们还是会回心转意的,倦鸟总会有返途的时候。这样包容孩子好像是没有原则,放弃了自我,实质上并非如此。包容的本意是用善良接纳他人,软化对方,包容越多感化的力量就越大,总有一天他们冰冷的心会被你的真诚所融化。

即使他们还是"气阻"想不通,让他们继续发泄一下,这好比盲肠开刀之后让他放个屁气通了,病就好得快些。不过,改变孩子的前提是,家长先要放下晚辈必须听从长辈的心理执着,让他感受到你能够尊重他的人格,理解他的所为,只有首先接受你这个人,才能领受你所倡导的思想理念。当然,这样的要求对每一个父母的耐心和包容度是一个颇大的考验。

然而,对于禅修和瑜伽来说,这点要求的确太微不足道,它借助有意识的呼吸,让做父母的先放松自己的身心,敞开胸襟,将原来部分堵塞的脉络疏通,打开能量管道,使内心平静下来。机体拥有了全新的体验和欢喜,使欲望、抱怨带来的烦恼慢慢减少,超然于物外,就不会再执着于功利和得失。如果你是一个悟性和造诣很高的人,灵魂一定会从小我的圈子进入一个更加广阔的天地,生活中能够平和地看待事物,一切顺其自然,不再渴求那些本不该属于自己的东西。在与孩子相处时,也就不会过分地要求他们,习惯于用辩证的眼光打量孩子,高看孩子一眼。有了这样的积极心态,自然就能够多给孩子一份真诚的关爱,少一点唠叨和抱怨。没有压力或压力小的孩子,大都充满阳光,通情达理,长得直溜,很少节外生枝。

过去我遇到儿子犯浑不讲理的时候,有时也会因为受到刺激而在瞬间把理性忘得一干二净,用训斥或拳头来对付这些忤逆之子,结果往往事与愿违,自认为正确的教育演变成了破坏性结局。平心而论,这些不理智行为并非有意而为之,从医学心理学的角度看在于应激阈限较低,导致人的耐心程度和自制力低下,思想失去弹性,遇到不符合自己意愿的事容易烦躁,无法驾驭自己情绪,勃然大怒,表现出极端的不理智行为,事后也对自己的失态举动感到内疚。后来,我喜欢上了呼吸这种智性运动,坚持有意识地呼吸练习,以此放松精神,舒展身体,调理心意和精神世界,帮助平息心意风暴。当孩子再次无理取闹时,我的内心较此前平静理性了很多,也不那么着急了,遇到儿子耍小孩脾气时,首先想到他是青春期反应引起的心理躁郁,绝非有意而为之。有了这样的归因,就会以同理心对儿子的异常举动产生怜悯和同情,对他如此糟糕的所为给予理解,不再去和一个"有病"的人计较,甘愿做出让步,用长者的宽容让孩子受到不言之教。

有个亲戚书读不进去,什么事都干不好,找一份工作干不到一两个月不是让老板炒了,就是自己干不下去,你给他支招他还蛮有自己的道理;指出他的毛病非但不认错,还冲我发火,认为别人不理解他,错在对方。后来倒是我想得很开,既然他不认错,在当时的情境下一定有其自身原因,我只好先调整自己,权当他是正确的,先顺着他。过了两天,等到他心情平静时,我又提起前一天发生的事,心平气和地和他沟通,他终于慢慢转过弯子。然后,我又告诉他如何通过调理呼吸向内心求安静,来控制自己烦躁不安的心境,他的性格从此变得平和了许多。试想,如果当时跟他据理力争,实际上是把他推向了对立面,没准他会在错误的方向越走越远。

让孩子心归正路

人类很大程度上属于群居动物,机体中的每一个细胞、每一个器官都是贯通的,每一个人和其他生命也是通过气息相连,这就是常说的心心相印。每个个体出于安全的考虑,生命里都有一种力量促使我们寻找自己的确定性,寻求人与人之间互相搀扶,都需要一定的社会心理支持。然而,青少年在学习压力和竞争之下,一直处在一种感觉不确定、价值观不确定、生存不确定的状态,丧失自我,找不到归属,导致内心孤独和精神空虚。"网瘾少年"或学业困难、行为顽劣的学生,在学校受人白眼和蔑视,回到家父母不给好脸色,瞧不上,这就会使他们在感情上与同学、老师和父母出现隔阂;自己喜欢的事不能干,父母偏偏逼着他们硬着头皮读死书,心灵受虐,人生价值也因此发生偏差。

想想看,本来是一个充满理想的花季少年,却与身边的人感情联结弱化,迷失了生活方向,看不到活着的意义,时时觉得自己情感上孤立无援,内心凄凉,对未来悲观失望,什么都不满意,事事不如人,有一种成为社会"弃儿"的感觉。在这种寂寞、无聊、恐惧的心境下,人就会变得非常自我,而自我意识越强,烦恼就越多,越发自以为是,从而开始与身边的人势不两立,觉得没有一天过得舒心。人在心情不爽的时候必生私心杂念,心中会萌发太多的欲望,从此就不得安生,浮躁接踵而至。一个青少年学生内心太多烦躁,注意力难以集中,学习上必然出现问题,网络游戏肯定会找上门来,拉他"下水"。

人的心好比一盏灯,需要机体提供燃油,身体连接减弱或断裂就意味着能源供应不畅和情感阻隔,这盏心灯就会随风飘动,即便加了防风罩,遇到刮风下雨依然存在被扑灭的危险。人活一口气,呼吸是生命的本源,是联结身体和心意、情绪的桥梁。儒家亚圣孟子说,健康的人中气旺盛,内里任何时候都会表现出一股浩然正气。给内心那盏灯接上强劲的地气,让心与宇宙联结,深深地植根于磐石之中,汲取大自然的养分和能量,最后心灯面对狂风暴雨岿然不动,就将会气静神定。

从现实看,联结绝不是一句空话,瑜伽和禅修了不起的地方在于它们都具有联结的本领,通过调理身体特别是呼吸,对身体、心意、精神乃至灵魂进行整合,帮助人们打通中脉,中脉通了,身体上的气才会一通百通,使人体呼吸与宇宙节律同步,给我们的心灯接上源源不断的地气。呼吸顺畅了可以激活体内潜藏的巨大能量,机体焕发出的热情足以融化那颗冰冷的心,帮助焊接断裂,从而架起心灵的桥梁。把根深深扎在大地去滋养生命之树,最终使心意稳如磐石,面对各种诱惑轻易不会波动,烦恼随之减少。

客观地说,不少"问题孩子"成长过程中因为无一例外地累积了太多失败的记忆,导致思想平衡被打破,时常把自己失败受伤害归因于父母及社会对自己不公。所以,很多人习惯于给自己套上一副"盔甲",把心灵的大门紧紧关闭并进行自我保护,结果,"盔甲"没有挡住狂风暴雨袭扰,却把明媚的阳光严严实实遮挡在了外面。有些可爱的孩子也没有想到,自己虽然用"盔甲"挡住了他人侵犯,免受皮肉创伤,内心却因为缺少必要的阳光照射和滋养,器官逐渐衰竭。从此把自己的情感闭锁起来,站在沟坎的另一边看着父母,与家人保持很大距离,让至爱无法亲近,即便是爱的呼唤也很难叫醒这些"装睡的人"。

盲目地自大自我，或与人斗气，看似心硬、坚毅、有个性，实际上是任性固执的表现，世界再没有比它更愚蠢的举动。当一个人带着极大的怨恨与人赌气较劲，甚至死磕时，胸口就会像压了一块巨石，胸部肌肉绷得很紧，肺部痉挛，准会感到胸闷，呼吸急促且浅表，体内的废气、浊气聚集无法排出，大自然中的清气难以进入，导致血液中的毒素增加，情绪越来越差。因此，用"盔甲"锁住心扉等于锁住了情感，拒绝健康，每天都会受到精神的折磨，结果只能眼看着情感慢慢疏远而丝毫不觉得可惜。不但无法保护自己，还把幸福和快乐拒之门外，有生之年过上好日子的愿景或许成为一种奢望。

对这些学生来说，借助瑜伽或禅修将注意力集中在呼吸上，培养精神的制感，对心意进行控制，保持平常心，会逐渐体验到平静的心境，慢慢地使灵魂实现从物质到精神的升华，减少外物以及游戏对自己的纷扰。一旦摆脱了感官束缚，走过浑化去蔽的过程，不再执着，等于超越了对错、善恶二元论的禁锢，当然会把功利的、物质的自我升华到精神的、喜乐的智性自我。

当我们的注意力被冥想和坐禅所吸引，心灵的雾霾被智慧驱散，就能清醒地认识当前时刻的体验，完全能够看穿游戏和网络的本来面目，看清楚对网游的心理依赖仅仅是痴迷于某种虚构的想象，是在用一种虚幻的故事来填补内心的虚空，寻求暂时的精神安慰，对我们个人前途和家庭生活没有丝毫帮助；让我们清醒地看到网络游戏控制人的大脑，麻痹神经，使我们成为它的奴隶，不折不扣是我们痛苦和狂躁的根源。心灵上有了这样的觉醒就可以鄙视游戏，对网络保持适度距离，把这些虚拟的东西抛在脑后，不再去想它。即便有人在我面前把游戏说得天花乱坠，你也会觉得这些东西与眼下的学习和生活没有一点关系。随着精力越发专注，开始感受到单纯的轻松和喜悦，灵魂苏醒，能量暴涨，容易把精神力集中在读书上，并在学习中找到久违了的快乐，转识成智，从此神智更加清醒，尽情地享受其中的纯美和愉悦。

当身体的断裂得到联结，实现了生命的修复，说来也怪，身体和心意都会发生意想不到的变化，不知从何时起我们的呼吸更加舒缓柔和，心灵得到适度控制而更加清澈，不再激越傲慢，可以告别此前固执僵化的状态，等于使生命去伪存真，回归更加真实的自我。这样一来，内心的自我和谐实现了，在生活中就能心平气和，眼前的一切都会发生异样的变化。晚辈们就会感到原来唠叨的父母变得亲切温和了,身边的人说话也中听了很多。

与我们毗邻的越南,网民数量约占全国总人口的 25.14%。尽管越南政府很早前就明确规定:14 岁以下的未成年人上网需要有人监护,要求网吧要通过减少积分等方式限制连续网游 5 小时以上的玩家等管理措施。然而,网络游戏对青少年的诱惑力仍然防不胜防,越来越多的人依靠网络浏览新闻、在线听歌、看电影、娱乐、算命、查找明星八卦。为数不少的青少年沉迷于网络游戏,患上了挥之不去的心理疾病,因赌博、网络暴力等产生的消极影响日益蔓延,吸毒、卖淫、抢劫产生的社会毒瘤和刑事犯罪案件时有发生。

在政府倡导下,不少让网络逼得伤透脑筋的家庭为了尽快摆脱网瘾对孩子的折磨,利用假期或周末,每天清晨把孩子送到寺院,希望借助佛经禅法打坐静心,感化孩子,戒除网瘾,重归现实。那些在家衣来伸手、饭来张口的"网瘾"少年到禅院前,不准带手机、电脑,每天至少要坐禅一个半小时,接受禅师的教导和感化。

一些学校和社会团体主办的青少年中心,试图通过情感交流、文体活动、社交联谊活动等,把孩子们从虚拟世界拉回到现实生活中来。很多孩子通过"禅修"心灵得到净化,学会了感恩和料理生活,能够从事简单的劳动,开始有了集体意识和责任感,并重新学会与人交往,部分孩子的人格得到重塑,学习兴趣被渐渐激活,重新走进了教室。

感谢在后

在《磨刀石》即将面世之际,我首先要向恩师——中国科学院心理研究所教授、博士生导师张梅玲女士,研究员吴瑞华先生深深地鞠躬。诚挚地感谢两位耄耋之年的老师对此书进行通审,并提出了诸多建设性见解,给我以智慧的启发。同时,感谢中国青少年研究中心副主任孙云晓先生,在百忙之中阅读书稿,并对此书做出精彩点评。

我要对尔锋、小军、晨铭、志民、陈琳、勉义、周焱先生道一声:谢谢!你们以超然无私的态度在此书的写作、出版过程中,给予我极大的精神鼓励和智力支持,让我有了更多的文化自信。

尤其要感谢本书的责任编辑以锲而不舍、认真负责的态度,对此书做了最精细的校改。

同时,还要感谢佐武、昌水、程默、坦辉、伟民、双龙、王滨、建国、东升等昔日战友同学,都从不同侧面给予我极大支持和真诚帮助。当然,我深知朋友们对本书出版的鼎力相助,不单是对我本人的厚爱,更主要的是对子孙后代的关爱,是在用各自的力量为祖国的未来奠基培土。

黄晓春
2014.2.28

参考书目

施良方.学习论.北京:人民教育出版社,2001.
彭聃龄等.普通心理学.北京:北京师范大学出版社,2004.
林崇德.发展心理学.北京:人民教育出版社,2009.
傅文青等编.人格心理学.北京:人民卫生出版社,2007.
姚淦铭.老子与百姓生活.北京:中国民主与法制出版社,2006.
张登本等.中医学基础.北京:中国中医药出版社,2003.
圣严法师.开释人生.北京:北京工业大学出版社,2010.
迈克尔〔英〕.J.A.豪.解读天才.北京:中国青年出版社,2001.
戴·冯塔纳〔英〕.教师心理学(第三版),北京:北京大学出版社,2000.
罗斯.W.格林博士〔美〕.如何引导暴躁的孩子.北京:中信出版社、沈阳:辽宁教育出版社,2003.
沃尔特·艾萨克森〔美〕.史蒂夫.乔布斯传.北京:中信出版社,2011.10.
威廉·沃克·阿特金森〔美〕.呼吸的科学.天津:天津人民出版社,2012.
查尔斯·哈尼尔〔美〕.心灵的秘密.南京:凤凰出版社,2011.
马克思·斯多姆〔美〕.生命之光.北京:中信出版社,2011.
理查德·怀斯曼〔英〕.59秒.太原:山西人民出版社,2009.
罗伯特·奎因.格瑞特·奎因〔美〕.儿子,你能行.北京:中央编译出版社,2004.
周弘著.赏识你的孩子.广州:广东科技出版社,2004.
罗永浩.我的奋斗.昆明:云南出版集团公司,2010.
丁廷福.一路保送到北大.北京:海潮出版社,2007.

（京）新登字083号

图书在版编目（CIP）数据

磨刀石：专注与圆融解码/黄晓春著. —北京：中国青年出版社，2014.4
ISBN 978-7-5153-2313-8

Ⅰ.①磨… Ⅱ.①黄… Ⅲ.①心理学 Ⅳ.①B84

中国版本图书馆CIP数据核字（2014）第060249号

＊

中国青年出版社 出版 发行

社址：北京东四12条21号 邮政编码：100708
网址：www.cyp.com.cn
编辑部电话：(010)57350512 门市部电话：(010)57350370
三河市世纪兴源印刷有限公司印刷 新华书店经销

＊

700×1000 1/16 23.5印张 4插页 356千字
2014年10月北京第1版 2014年10月河北第1次印刷
印数：1—5000册 定价：48.00元
本图书如有印装质量问题，请凭购书发票与质检部联系调换
联系电话：(010)57350337